Zerstörungen des Jerusalemer Tempels

Geschehen – Wahrnehmung – Bewältigung

herausgegeben
von

Johannes Hahn

unter Mitarbeit von Christian Ronning

Mohr Siebeck

JOHANNES HAHN, geboren 1957, Studium der Philosophie, Geschichte und Archäologie in München, Heidelberg, Oxford und Berlin, M.A. 1982 in Philosophie in Berlin, 1986 Promotion, 1993 Habilitation in Alter Geschichte in Heidelberg. Nach Lehrtätigkeit an den Universitäten Heidelberg, Erfurt, Köln und Freiburg seit 1996 Professor für Alte Geschichte an der Universität Münster.

CIP-Titelaufnahme der Deutschen Bibliothek

Zerstörungen des Jerusalemer Tempels : Geschehen – Wahrnehmung – Bewältigung / Hrsg.: Johannes Hahn. Unter Mitarb. von Christian Ronning. – Tübingen : Mohr Siebeck, 2002
  (Wissenschaftliche Untersuchungen zum Neuen Testament ; Bd. 147)
  ISBN 3-16-147719-7

© 2002 J.C.B. Mohr (Paul Siebeck) Tübingen.

Das Buch wurde von Computer Staiger in Pfäffingen aus der Times-Antiqua gesetzt, von Gulde-Druck in Tübingen auf alterungsbeständiges Werkdruckpapier gedruckt und von der Großbuchbinderei Heinr. Koch in Tübingen gebunden.

ISSN 0512-1604

Vorwort

Der vorliegende Band führt die Ergebnisse eines interdisziplinären Kolloquiums zusammen, das am 17./18. November 2000 in Münster unter dem Titel „Zerstörungen des Jerusalemer Tempels. Geschehen, Wahrnehmung, Bewältigung" durchgeführt worden ist. Mit diesem Kolloquium trat der zu Jahresbeginn 2000 mit Unterstützung der Deutschen Forschungsgemeinschaft, des Landes Nordrhein-Westfalen und der Universität Münster eingerichtete Sonderforschungsbereich 493 zu „Funktionen von Religion in antiken Gesellschaften des Vorderen Orients" erstmals an eine weitere Öffentlichkeit.

Veranstaltet wurde das Symposium vom Teilprojekt B 1, „Tempel und Tempelzerstörungen – Verlust religiöser Zentren", das sich mit den durch Niedergang, Zerstörung oder Verlust von Heiligtümern verursachten existentiellen Krisen von Kultorten und religiösen Konzepten beschäftigt und deren Wirkung auf Trägerkreise, Gesellschaft und Kultur untersucht. Für diese Fragestellungen vermag der Jerusalemer Tempel mit seinen Zerstörungen in den Jahren 587 v. Chr. und 70 n. Chr. eine paradigmatische Stellung zu beanspruchen: Keine Zerstörung eines Heiligtums hat eine hinsichtlich Folgen, Dauer und Reflektionsdichte auch nur vergleichbare Wirkungsgeschichte entwickelt – eine Geschichte, die bis in die jüngste Zeit fortdauert, wie die unter radikalen jüdischen Gruppen ungebrochen lebendigen Vorstellungen von der Erbauung eines dritten Tempels bezeugen, die auch Einfluß auf das gerade in diesen Tagen von tragischen Auseinandersetzungen beherrschte Geschehen in Israel zu nehmen suchen.

Die beiden Zerstörungen des Jerusalemer Tempels markieren tiefe Einschnitte in der Geschichte des jüdischen Volkes und des Vorderen Orients. Der gewaltsame Verlust des Tempels in Jerusalem, zugleich religiöse Mitte der Gemeinschaft und zentraler Bezugspunkt ihres sozialen und politischen Lebens, erschütterte – weit über die unmittelbar betroffenen Gruppen und Generationen hinaus – die religiöse und politische Identität und Selbstwahrnehmung der Juden. Dies galt seit dem 1. Jh. n. Chr. auch für die Christen, für die das zerstörte Heiligtum gleichfalls einen primären theologischen Bezugspunkt der eigenen Identität darstellte; in der folgenden schmerzhaften Auseinandersetzung mit der jüdischen Religion fungierte es gleichermaßen als Symbol und Argument.

Der Untergang des Tempels und des Opferkultes erschütterte das Gottesverständnis und theologische Geschichtsbild, zerstörte das System politischer Legitimation und tragende Strukturen der gesellschaftlichen Ordnung und stellte tradierte Identitäts- und Wahrnehmungskonzepte radikal in Frage. Das Miterleben dieser Katastrophen erzwang, über die unmittelbare Betroffenheit hinaus, die nachhaltige Auseinandersetzung mit dem Geschehen, verlangte nach Verstehen, Deutung, Bewältigung, nach Neuorientierung und Neuanfang. Theologische Antworten waren hierbei ebenso notwendig wie politische, gesellschaftliche und ökonomische Konfliktlösungen und Neupositionierungen.

Es ergibt sich somit ein außerordentlich weitgespanntes Spektrum von Aspekten und Fragestellungen, deren Diskussion nur im Rahmen eines fächerübergreifenden Gedankenaustausches sinnvoll schien. Auf dem Kolloquium – und in diesem Band – hielten sich bei der Erschließung der Thematik dabei zwei hauptsächliche Herangehensweisen, die historische und die theologische, weitgehend die Waage. Die Spannbreite der Beiträge, die nun in überarbeiteter und auch erweiterter Form vorliegen, umfaßt in zeitlicher und religiös-kultureller Hinsicht den alten Orient, das alte Israel, die hellenistische Welt und das römische Reich, das biblische und nachbiblische ebenso wie das rabbinische Judentum, aber auch das frühe Christentum, die Alte Kirche und heidnische Kreise.

Einen außerordentlichen Gewinn für das Kolloquium bedeutete die Mitwirkung von Hermann Lichtenberger, Tübingen, und Günter Stemberger, Wien: Sie trugen nicht nur mit ihren Vorträgen, sondern ebenso mit ihren ungemein kenntnisreichen Diskussionsbeiträgen wesentlich zum Gelingen des interdisziplinären Gespräches bei. Dank gilt weiterhin Konrad Schmid, Heidelberg, der sich auf Anfrage hin bereit erklärte, zu dem Sammelband einen Beitrag über das Vierte Esrabuch beizusteuern und so eine andernfalls schmerzliche Lücke in Hinblick auf die apokalyptische Literatur schließen zu helfen.

Die Durchführung des Kolloquiums wie auch die Vorbereitung des vorliegenden Sammelbandes ist mit außerordentlicher Sorgfalt von Christian Ronning, M.A., mitgetragen worden. Dafür gilt ihm mein herzlicher Dank. Dank gebührt weiterhin den studentischen Mitarbeiterinnen Simone Eßlage, Katrin Haghgu, Verena Schulze und Nina Wienker, die mit großem Engagement bei den vielfältigen anfallenden Aufgaben mitwirkten. Bei der Organisation des Kolloquiums konnte ich zudem immer auf die Unterstützung von Dr. Sabine Panzram zählen. Schließen möchte ich mit einem persönlichen Dank – er gilt Rainer Albertz, dem Sprecher unseres SFB: für Inspiration, Verständnis und Freundschaft.

Münster, im Frühjahr 2002   Johannes Hahn

Inhaltsverzeichnis

WALTER MAYER
Die Zerstörung des Jerusalemer Tempels 587 v. Chr. im Kontext
der Praxis von Heiligtumszerstörungen im antiken Vorderen Orient 1

RAINER ALBERTZ
Die Zerstörung des Jerusalemer Tempels 587 v. Chr.
Historische Einordnung und religionspolitische Bedeutung 23

KARL-FRIEDRICH POHLMANN
Religion in der Krise – Krise einer Religion.
Die Zerstörung des Jerusalemer Tempels 587 v. Chr. 40

ARIANE CORDES / THERESE HANSBERGER / ERICH ZENGER
Die Verwüstung des Tempels – Krise der Religion?
Beobachtungen zum Volksklagepsalm 74 und seiner Rezeption
in der Septuaginta und im Midrasch Tehillim 61

HERMANN LICHTENBERGER
Der Mythos von der Unzerstörbarkeit des Tempels 92

FOLKER SIEGERT
„Zerstört diesen Tempel ...!"
Jesus als „Tempel" in den Passionsüberlieferungen 108

STEFAN LÜCKING
Die Zerstörung des Tempels 70 n. Chr. als Krisenerfahrung
der frühen Christen 140

SABINE PANZRAM
Der Jerusalemer Tempel und das Rom der Flavier 166

KONRAD SCHMID
Die Zerstörung Jerusalems und seines Tempels als Heilsparadox.
Zur Zusammenführung von Geschichtstheologie und Anthropologie
im Vierten Esrabuch 183

GÜNTER STEMBERGER
Reaktionen auf die Tempelzerstörung in der rabbinischen Literatur 207

JOHANNES HAHN
Kaiser Julian und ein dritter Tempel?
Idee, Wirklichkeit und Wirkung eines gescheiterten Projektes 237

Autorenverzeichnis 263

Stellenregister... 265

Personenregister 274

Sach- und Ortsregister 276

Die Zerstörung des Jerusalemer Tempels 587 v. Chr. im Kontext der Praxis von Heiligtumszerstörungen im antiken Vorderen Orient

von

WALTER MAYER

I. Vorbemerkung

Die meisten Quellen zur Geschichte des Alten Orients geben im Normalfall Geschehnisse aus der Sicht eines Königs, eines Staatskults oder einer lokalen Priesterschule wieder – ob es sich dabei um die Erfolgsberichte assyrischer Könige handelt oder um die Darstellung der tragischen Gestalt des letzten babylonischen Königs Nabonid durch die Mardukpriesterschaft. Für den Historiker ist es wichtig, zu erkennen, wie in solchen Quellen jeweils „der andere" kreiert wird. Für die Frage der Zerstörung von Heiligtümern und ihrer Bewältigung bedeutet dies: Die vorliegenden Quellen sind durchweg aus der Sicht der Führung des Siegers abgefaßt – das Alte Testament sei hierbei bewußt ausgeklammert. Auch eine Siegermacht legt sich kaum mutwillig mit fremden Göttern an. Der Tempel gilt als Wohnpalast der Gottheit. Altar und Opfer sind Voraussetzung für die Verbindung zur Gottheit und damit für den Bestand des Volkes. Wird das Heiligtum zerstört, können Opfer und Kult nicht länger praktiziert werden. Es gibt aber immer eine Vorgeschichte, wie es zur Zerstörung gekommen ist – die Geschichte einer Krise also, die in einer solchen Zerstörung kulminierte. Die Details solcher Vorgeschichten bleiben für uns aber bei der Quellenlage, wie sie ist, weitgehend im Dunkeln. Meist lassen sich nur aus Berichten über andere Ereignisse und anhand von Analogien und zwanghaften Abläufen notwendige Voraussetzungen und damit ein gewisses Muster erschließen. Der Einblick in die Sicht des Unterlegenen, vor allem auch in eine eventuelle Bewältigung seiner Krise bleibt dem Betrachter normalerweise verschlossen.[1]

In bezug auf die Quellenlage stellt die Zerstörung des Jerusalemer Tempels im Jahr 587 v. Chr. einen Sonderfall dar. Über dieses Ereignis liegen keine Nachrichten des Siegers vor. Statt dessen wird im alttestamentlichen Schrifttum ausführ-

---

[1] Für eine Bewertung der assyrischen Quellen s. MAYER, Kriegskunst, 21–60.

lich über die Entwicklungen in Juda berichtet, die letztendlich zur Zerstörung des zentralen Heiligtums führten. Diese Texte wurden aber offenbar zu einem späteren Zeitpunkt mit ganz bestimmten religiösen und politischen Intentionen abgefaßt. Von daher erscheint es als unmöglich, diese Berichte ohne eine sorgfältige sachkritische Prüfung auf ihren Quellenwert hin als historisch zu akzeptieren. Diese Tempelzerstörung erfolgte im Rahmen einer im Alten Orient geübten Praxis, die sich über mehr als ein Jahrtausend nachweisen läßt, und vor diesem Hintergrund sollte sie auch gesehen werden.

Im Rahmen der schriftlichen Überlieferung Mesopotamiens ist durchgängig eine enge Beziehung zwischen der Bevölkerung einer politischen Einheit, deren Gottheit und dem Herrscher als dem Sachwalter dieser Gottheit festzustellen. Im südlichen Mesopotamien, in Babylonien also, hatte jede Stadt ihren Gott, zu dem wiederum eine Familie und ein Hofstaat oder Haushalt gehörten. Jeder Babylonier wird zunächst immer und in erster Linie die Gottheit seiner Heimatstadt verehren, ohne dabei die Existenz anderer Götter in Frage zu stellen. Auch nachdem das System der Stadtstaaten durch größere politische Gebilde abgelöst worden war, hat sich daran wenig geändert. Bis auf die Spätzeit gibt es in Babylonien nicht das, was man als Reichsgott bezeichnen könnte. Erst vom 8. Jh. an nimmt Marduk, ursprünglich der Stadtgott von Babylon, eine solche Position ein.

Außerhalb Babyloniens sieht das anders aus. Hier entsteht der Eindruck, als dächte man eher überregional. Genannt seien nur der Wettergott von Aleppo, der auch in Anatolien und am Rande Irans verehrt wurde,[2] und die Šauška oder Ištar von Ninive, deren Bild man zu Heilzwecken sogar nach Ägypten schickte. Mit dem Gott Assur entsteht in Assyrien auch erstmals für uns greifbar die Konzeption eines aus einem lokalen Numen hervorgegangenen Reichsgottes, der in dieser Eigenschaft als der machtpolitisch erfolgreichste beispielgebend wird für andere Götter: so für Haldi wohl um die Jahrtausendwende in Urartu; für Marduk im 8. Jh. in Babylonien und um diese Zeit vielleicht auch für Jahwe in Juda; spätestens zu Beginn des 7. Jh.s wohl auch für den iranischen Ahuramazda und für den syrischen Mondgott, der möglicherweise nach den Vorstellungen des letzten babylonischen Königs Nabonid in der bevorstehenden Auseinandersetzung mit Iran die aus Lokalgottheiten hervorgegangenen Reichsgötter Assur und Marduk ablösen sollte.[3]

---

[2] KLENGEL, Wettergott.
[3] Vgl. dazu MAYER, Erben.

II. Fallbeispiele

Nach diesen allgemeinen Erwägungen sollen im folgenden einige konkrete Fall-
beispiele von Heiligtumszerstörungen in chronologischer Abfolge behandelt
werden, wobei Vollzähligkeit nicht angestrebt ist. Generell sind hierbei drei Kategorien zu unterscheiden: 1. Fälle, in denen von einer Heiligtumszerstörung *ex-
pressis verbis* berichtet wird; 2. Fälle, in denen aufgrund des Kontextes eine solche vorausgesetzt werden muß, und 3. den Sonderfall der Deportation, die auf jeden Fall eine schwere wirtschaftliche, gesellschaftliche und religiöse Krise und
zugleich eine absolute Krise der Identität darstellte.

Den Völkern des Alten Vorderasien war der Gedanke, einem Unterworfenen
eigene Gottheiten zu oktroyieren, völlig fremd. Nach dem allgemeinen Verständnis waren die Götter jedoch in das politische und militärische Geschehen einge-
bunden. Wenn sich beispielsweise auf Feldzügen in die Bergländer die Bevölkerung einer Region dem assyrischen Zugriff widersetzte, dann wurden die betref-
fenden Götter nach Assyrien deportiert und in den hauptstädtischen Tempeln
interniert, womit sie fortan den assyrischen Göttern überantwortet waren – Tiglatpilesar I. (1114–1076) berichtet dies zweimal.[4] In der Zeit der Nachfolger von
Sargon II. (721–705) begegnen auch Fälle, in denen die Götter arabischer Stäm-
me deportiert und später – natürlich nur bei politischem Wohlverhalten – zurück-
gegeben wurden.[5] Dem Widerstand in aufständischen Regionen war durch die
Wegführung der heimischen Götter die kultische Basis entzogen. In diesem Zusammenhang konnte ein altes Heiligtum auch gründlich zerstört werden, wie es
beispielsweise Arine in Muṣri durch Salmanasar I. (1273–1244) widerfahren ist.
Solche Fälle waren aber wohl eher die Ausnahme. Wenn später in großem Stile
Deportationen durchgeführt wurden, dann gingen die jeweiligen Götter mit. Dies
betraf die Hausgötter eines Herrschers ebenso wie die Gottheiten einer Bevölkerung. In einer Zeit, in der eine Gottheit mit einem festen Herrschaftsbereich oder
einem Territorium verbunden war, war dies eine einschneidende Maßnahme. Mit
der Wegführung verloren die Götter ihren Machtbereich, denn in dem Gebiet der
Neuansiedlung herrschten bereits andere Numina, sofern diese nicht bereits vorher ebenfalls deportiert worden waren und so ein religiöses Machtvakuum bestand. Die hohe Zeit der Deportation von unbotmäßigen Fürsten, Völkern und
Göttern aus unruhigen Reichsteilen in andere war das 1. Jahrtausend.

Schwerpunktmäßig werde ich mich im folgenden auf die beiden erstgenannten
Kategorien konzentrieren, da eine ausführliche Behandlung der ursprünglich von
den Hethitern, seit dem 13. Jh. von den Assyrern und später auch von Urartäern

---

[4] GRAYSON, Assyrian Rulers 2, 87.1 II 56–62; IV 32–39. Darüber hinaus wird die Deportation
von Göttern in seinen Inschriften mehrfach erwähnt.

[5] Beispielsweise BORGER, Beiträge zum Inschriftenwerk Assurbanipals, B § 51, und STRECK,
Assurbanipal, 216–218; 222–224.

und Babyloniern praktizierten Deportation, die ohne Zweifel hierher gehört, den Rahmen dieser Untersuchung sprengen würde.[6]

1. Sumer (3./2. Jt.)

Die Außenpolitik sumerischer Stadtstaaten im 3. Jt. weist bis zu einem gewissen Grad neurotische Züge auf. Angesichts der engen Belegung Südmesopotamiens mit städtischen Zentren würden Verhaltensforscher wohl vom *Cage effect* sprechen. Kriegsberichte liegen in den inschriftlichen Quellen nicht vor – wenn, dann werden solche Vorgänge nur sehr pauschal erwähnt.[7] Erhalten ist aber die literarische Gattung der sumerischen Klagelieder.[8] Bei diesen Texten handelt es sich um Klagen über die Zerstörung von Städten und Heiligtümern, aber auch über deren Verfall. Als literarische Kompositionen, die oft nur in jüngeren Abschriften vorliegen, sind sie aber meines Erachtens, was ihre historische Aussagekraft angeht, prinzipiell mit Vorsicht zu genießen. Soviel läßt sich immerhin entnehmen: Zerstörungen und Plünderungen können im Zuge der nachbarschaftlichen Kriege oder von außen durch „Barbaren" – also entweder semitische Nomaden oder Elamer – erfolgen. Ein solcher Fall liegt beispielsweise in der Klage über die Zerstörung von Ur vor.[9] Für die Mesopotamier war Elam allzeit das Land der Hexen und Teufel – von daher war trotz der kulturellen Beziehung nichts Gutes zu erwarten, und den Elamern waren die mesopotamischen Götter wohl gleichgültig – ihre Tempel waren nur Schatzhäuser, die man plündern konnte. Generell darf dabei aber nicht vergessen werden, daß wir gewohnt sind, Elam fast ausschließlich durch die mesopotamische Brille zu sehen, da das Verständnis der eigenständigen elamischen Schriftzeugnisse bisher sehr limitiert ist.

In den Inschriften der Könige von Akkad (ca. 2350–2150) wird im Rahmen der Kämpfe nicht über Zerstörungen von Heiligtümern berichtet. Dies kann natürlich ein Versuch sein, die lokalen Götter nicht mehr als unbedingt nötig aufzubringen. Andererseits besteht aber auch die Möglichkeit, daß die semitischen Akkader durch eine lange Symbiose mit den Sumerern weit stärker akkulturiert waren als die ebenfalls semitischen Neuzuwanderer oder gar die Elamer zu Beginn des 2. Jt.s.[10]

Im 2. Jt. sind vom 18. Jh. an die Quellen für Heiligtumszerstörungen im wesentlichen Königsinschriften aus den hethitischen und assyrischen „Randgebieten" Mesopotamiens. Dabei muß die Zerstörung von Heiligtümern vorausgesetzt

---

[6] Vgl. dazu vorläufig ODED, Mass Deportations.

[7] Vgl. beispielsweise für eine Rekonstruktion der Konflikte zwischen Umma und Lagaš im 3. Jt. auf der Basis des inschriftlichen Materials COOPER, Reconstructing History.

[8] KRECHER, Art. Klagelieder; eine Neubearbeitung der Texte hat W. H. Ph. RÖMER in Aussicht gestellt.

[9] MICHALOWSKI, Lamentation.

[10] Eine detaillierte Untersuchung von Heiligtumszerstörungen im 3. und beginnenden 2. Jt. erfolgt an anderer Stelle.

werden. Wenn die Ruinen einer eroberten Stadt als ganzes durch das Ausstreuen von Unkrautsamen oder Salz tabuiert wurden, so müssen die Heiligtümer dieser Stadt zwangsläufig mit eingeschlossen gewesen sein. Von daher ist bei den nachfolgend aufgeführten Fällen Hattuša, Irrite und Ardine von einer gezielten Zerstörung der städtischen Tempel auszugehen.

2. Hattuša (18. Jh.)

Erstmals ist eine Tabuierung nach der Eroberung des möglicherweise hattischen Hattuša durch den Hethiter Anitta von Kušara belegt.[11] Es handelt sich bei seinem Bericht wohl um einen der ältesten hethitischen Texte überhaupt, wenngleich er nur in späteren Abschriften erhalten ist.

> „Die/der Stadt Hattuša aber [..........] [fü]gte? er [zu]. Ich (ver)ließ sie. Als sie danach aber Hunger litt, lieferte sie mein Gott Šiu der Throngöttin Halmašuit aus, und in der Nacht nahm ich sie mit Gewalt. An ihrer Stelle aber sä[te] ich Unkraut.
>
> Wer nach mir König wird und Hattuša wieder besiedelt, den soll der Wettergott des Himmels treffen."

Die Gründe, die Anitta zu seinem Vorgehen veranlaßt haben, bleiben im Dunkeln. In der Folgezeit erwies es sich jedenfalls als wirkungslos. Obwohl Anitta jeden, der für alle Zukunft das Tabu verletzen sollte, vehement verfluchte, bauten bereits wenige Generationen später hethitische Könige – wobei nicht auszuschließen ist, daß es sich dabei sogar um Familienangehörige handelte – Hattuša zur Metropole des jungen Reiches aus.

3. Irrite (c. 1300)

Das syrische Stadtfürstentum Irrite war im 17. Jh. eine Sekundogenitur der Hegemonialmacht Aleppo – sicherlich also eine wichtige Stadt.[12] Auch innerhalb der Symmachie der Hurri-Länder unter der Hegemonie des Königs von Mitanni muß sie zu Beginn der 2. Hälfte des 2. Jt.s eine bedeutende Rolle gespielt haben. Im 14. Jh. scheint sie die Funktion einer zweiten Hauptstadt innegehabt zu haben. Schließlich war es die letzte Hauptstadt des – je nach Standpunkt – hethitischen oder assyrischen Vasallen Hanigalbat. Als dann der assyrische König Adadnērāri I. (1305–1274) den, wie er es sah, Vertragsbruch Wasašattas, des letzten Herrschers von Hanigalbat, rächen mußte, wurde die Stadt erobert und zerstört, wobei auch das Umland verwüstet wurde. Wasašatta hatte offenbar versucht, seine Familie in der Stadt in Sicherheit zu bringen. Sie fiel aber dennoch bei dieser Aktion den Assyrern in die Hände und wurde zusammen mit der Bevölkerung und der gesamten Beute nach Aššur deportiert. Es ist dies die erste Erwähnung ei-

---

[11] NEU, Der Anitta-Text, 12: 44–51.
[12] Zur möglichen Identifizierung mit Tell Chuera im syrisch-türkischen Grenzgebiet s. MAYER, Kriegskunst, 199 Anm. 5.

ner Deportation in assyrischen Quellen überhaupt. Die Ruinen der Stadt und der benachbarten Orte wurden symbolisch für alle Zeit tabuiert: [13]

„Ich erobeú(e, verbrannte und zerstörte die Stadt Irrite und die Ortschaften im Distrikt Irrite und säte Salzpflanzen über sie."

4. *Arine (c. 1270)*

Adad-nērāris Sohn Salmanasar I. (1273–1244) unternahm seinen ersten Feldzug in das nordöstliche Bergland, das Stammland des späteren Herrscherhauses von Urartu. Im weiteren Verlauf der Kampagne wurde Muṣri unterworfen, wobei die Stadt Arine zerstört und tabuiert wurde: [14]

„Die Stadt Arina, die heilige Stadt, festgegründet im Fels, die zuvor rebelliert hatte: Mit der Unterstützung Assurs und der großen Götter, meiner Herren, nahm ich diese Stadt ein, zerstörte (sie) und säte Salzpflanzen über sie. Ich sammelte Erde von ihr und in einem Tor meiner Stadt Assur schüttete ich sie für künftige Tage auf."

Diese Zerstörung stellte einerseits wiederum die Bestrafung für einen Vertragsbruch dar. Andererseits kann sie aber auch als Versuch konzipiert worden sein, dieses überregionale Kultzentrum als potentiellen Kristallisationspunkt eines Widerstandes in dem wegen der Rohstoffe strategisch so wichtigen Randbereich des assyrischen Einflusses zu liquidieren. Sollte dies die Absicht gewesen sein, so war diesem Versuch auf die Dauer jedoch kein Erfolg beschieden. Die Stadt, die erstmals im 18. Jh. bezeugt ist, ist gut 150 Jahre nach Salmanasar wiederum das Zentrum, das bis zum letzten verteidigt werden soll – wobei diese Tatsache von Tiglatpilesar I. (1114–1076) sogar respektiert wird. Im 1. Jt. ist die Stadt, die die Assyrer dann Muṣaṣir nennen, das kultische Zentrum Urartus – urartäische Könige müssen sich auf jeden Fall in Muṣaṣir krönen lassen. Die Bedeutung wird nicht zuletzt auch dadurch unterstrichen, daß es, obwohl nach assyrischem Verständnis nicht zu Urartu gehörig, von den Urartäern zur Sekundogenitur gemacht wurde. Auffallend ist, daß die Assyrer die Tatsache, daß die Stadt das Reichsheiligtum ihres gefährlichsten Gegners in ihren Mauern barg, bis 714 anscheinend generell respektiert haben – jedenfalls erfahren wir aus den Quellen nichts mehr über Angriffe auf die Stadt, wohl aber auf die Region.

5. *Hunusa (1109)*

In seinem fünften Regierungsjahr (1109) unternahm Tiglatpilesar I. (1114–1076) ebenfalls einen Feldzug in die Bergländer, nach Muṣri. Der assyrische König passierte auf diesem Zug zunächst das Gebirge Elamuni, das am Oberen Zāb gelegen haben muß, da dieser Name schwerlich von dem von Sargon II. (721–705) über-

---

[13] GRAYSON, Assyrian Rulers 1, 76.3. Gleichlautend nur auf Irrite bezogen GRAYSON, Assyrian Rulers 1, 76.3: 35–36.
[14] GRAYSON, Assyrian Rulers 1, 77.1.

lieferten einheimischen Namen Elamunia für diesen Fluß zu trennen ist.[15] Der erste Teil des Feldzugs dürfte demnach dem Lauf des Oberen Zāb aufwärts gefolgt sein. Über die Gebirge Tala und Harusa wurde das Gebiet von Muṣri erreicht und geplündert. Interessant ist dabei, daß Muṣri, dessen Kult- und Machtzentrum Arine mit dem Heiligtum des späteren urartäischen Reichsgottes Haldi war, von Hilfskontingenten aus dem Einflußbereich des anderen großen Kultzentrums in diesem Teil der Bergländer, nämlich Kumme[16], der Stadt des Wettergottes, unterstützt wurde. Die Einheimischen zogen sich auf Arine zurück, das offenbar als *last stand* verteidigt werden sollte. Da die Tabuierung, die Salmanasar I. durchgeführt hat, ohne Erfolg geblieben war, zog Tiglatpilesar vor, die Kapitulation zu akzeptieren.

Der Rückweg nach Assyrien sollte offenbar auf derselben Route erfolgen. Am Berg Tala blockierte ein neues Kontingent aus Kumma/enê den Weg. Die assyrischen Truppen konnten sich jedenfalls durchsetzen, und die geschlagenen Bergbewohner wurden in Richtung Muṣri verfolgt. Tiglatpilesar aber nutzte die Gelegenheit und suchte nun Kumma/enê heim.

Das Verständnis des nachfolgenden Berichts über die Tabuierung der nur hier belegten Stadt Hunusa ist mit einigen Schwierigkeiten verbunden, die durch die zeitlich eindimensionale Darstellungsweise bedingt sind. Sieht man von der Möglichkeit simplen Terrors ab, dann muß der ausführliche Bericht über die Zerstörung und die nachfolgende Tabuierung besondere Gründe gehabt haben, da beides in keiner Weise der sonst von Tiglatpilesar in den Bergländern geübten Praxis entspricht.[17] Es ist nicht ersichtlich, daß in Hunusa neben Kumme und Arine ein weiteres überregional bedeutendes Kultzentrum gewesen sein könnte, das als potentieller Kristallisationspunkt eines antiassyrischen Widerstandes hätte ausgeschaltet werden müssen, zumal die Assyrer die Wirkungslosigkeit dieses Verfahrens inzwischen wohl erkannt hatten, wie das Beispiel von Arine zeigt – natürlich kann ein Erklärungsversuch immer nur einen hypothetischen Charakter haben.

„Hunusa, ihre feste Stadt, warf ich nieder, (so daß) sie einer Fluthalde glich. Mit ihren Truppenmassen hatte ich heftig bei der Stadt und im Gebirge gekämpft (und) ihre Niederlage hatte ich bewirkt. Ihre Krieger ließ ich wie Schafe mitten im Gebirge liegen. Ihre Köpfe ließ ich wie Lämmern abschneiden (und) ihr Blut ließ ich durch die Schluchten und über die Hänge des Gebirges fließen. Die besagte Stadt (aber) eroberte ich. Ihre Götter brachte ich weg (und) holte ihre Beute, ihre Habe (und) ihren Besitz heraus (und) brannte die Stadt nieder. Ihre drei Mauern, die aus Backstein aufgeführt waren, und die gesamte Stadt zerstörte ich, verwüstete ich und verwandelte ich in einen Schutthügel und streute *Salz* über sie aus. Ein Blitzbündel aus Bronze fertigte ich an (und) beschriftete es (mit einem Bericht,) wie ich

---

[15] „Den Oberen Zāb, den die Bewohner von Na'iri und Habhe Elamunia nennen, überquerte ich." MAYER, Sargons Feldzug: Z. 323.

[16] Zu Kumme s. MAYER, Kumme.

[17] Vgl. dazu detailliert MAYER, Kriegskunst, 237–239.

die Länder mit Assur, meinem Herrn, erobert hatte, (und mit der Warnung,) besagte Stadt (künftig) nicht zu besiedeln und ihre Mauern nicht wiederaufzubauen. Auf dem (Ruinenhügel) errichtete ich ein Gebäude aus Backstein und deponierte darin besagtes Blitzbündel.

Mit der Hilfe Assurs, meines Herrn, nahm ich die Wagen und meine Krieger (und) schloß die Stadt Kipšuna, ihren Herrschersitz, ein. Der Herrscher des Landes Kummanê fürchtete einen energischen Angriff im Kampf mit mir, erfaßte meine Füße (und) ich verschonte besagte Stadt. Ich befahl ihm, die große Mauer und ihre Türme aus Backsteinen zu schleifen, und er riß sie ein von ihren Fundamenten bis zu ihren Zinnen (und) verwandelte sie (so) in einen Schutthaufen. Auch 300 Familien, Frevler seiner Wahl, die sich Assur nicht gebeugt hatten, deportierte er. Ich empfing (sie) von ihm (und) nahm (sie) als seine Geiseln. Tribut und Abgabe – höher als zuvor – erlegte ich ihm auf. Das weite Land Kummanê habe ich in seiner Gänze erobert (und) mir unterworfen.“

Die wahrscheinlichste Deutung dürfte sein, daß sich der Fürst von Kipšuna und Hegemon von Kummanê nach der Niederlage und der Verfolgung durch die Assyrer auf dem Schlachtfeld oder in seiner Nähe Tiglatpilesar unterworfen hatte. Es steht dabei zu erwarten, daß ein solcher Akt nicht ohne das Einverständnis des oder der Verantwortlichen von Kumme, dem Sitz des Wettergottes und eigentlichen Herrn des Gebietes, erfolgt ist. Wenn eine solche Unterwerfung mehr oder weniger formlos im Felde erfolgt ist, dann mußte sie in aller Form und offiziell am Sitz des Hegemon wiederholt werden. Die einzige Alternative dazu wäre gewesen, ihn gebunden nach Assur zu bringen und ihn dort den Vasalleneid schwören zu lassen. Das Erscheinen Tiglatpilesars mit Wagen vor Kipšuna spricht für eine auf Öffentlichkeitswirkung angelegte Veranstaltung. Wagen konnten angesichts einer stark befestigten Stadt, wie Kipšuna es offensichtlich war, nur einen *show-effect* gehabt haben – für eine Belagerung wären sie völlig nutzlos gewesen. Die Ordre zur Schleifung der Stadtmauern und die Auslieferung der Geiseln waren symbolträchtige Handlungen von höchster politischer Relevanz.

Es ist aber keineswegs gesagt, daß auch alle Fürsten von Kumma/enê mit der Entscheidung ihres Hegemons für die Unterwerfung einverstanden waren. Der Fürst von Hunusa könnte sich, gestützt auf seine starken Befestigungsanlagen, widersetzt haben. Bei allen Fortschritten war die assyrische Armee zu dieser Zeit vom Leistungsniveau des 8. und 7. Jh.s noch weit entfernt. Vor allem war sie noch stärker abhängig vom agrarischen Zyklus, zumal sie auf jeden Fall nach Assyrien zurückgekehrt sein mußte, bevor die Wege durch den Einbruch der Kälte – in den Bergländern spätestens Ende September – unpassierbar wurden. Daher hätte der Fürst von Hunusa durchaus versucht gewesen sein können, gestützt auf seine starken Befestigungsanlagen eine Belagerung auszusitzen. Damit hätte er sich aber im Zustand der Rebellion befunden, nicht nur gegen seinen Hegemon und den assyrischen König, sondern vor allem auch gegen seinen Wettergott und Assur, für die stellvertretend die beiden Herrscher den Vasallenvertrag zu schließen hatten. Wie die Eroberung der Festung so rasch erfolgen konnte, berichtet Tiglatpilesar nicht. Wahrscheinlich fand der Fürst von Hunusa keine Unterstützung bei seinen fürstlichen Kollegen, es könnte aber auch Verrat im Spiel gewesen sein.

Angesichts der strategischen Gesamtlage des Reiches – insbesondere des bevorstehenden starken Engagements im Westen – konnte Tiglatpilesar nicht die Kräfte erübrigen, die erforderlich gewesen wären, um ausgedehnte Territorien in den Bergländern zu erobern und die assyrische Herrschaft in diesen Gebieten zu sichern und auszuüben. Mit anderen Worten, er war nicht in der Lage, sie in das Reich zu integrieren. Daher war er auf die – wenn auch erzwungene – Loyalität des zum Vasallen gemachten Hegemons angewiesen. Bei der prekären politisch-militärischen Lage in den frisch unterworfenen Bergländern durfte Tiglatpilesar den energischen Widerstand eines lokalen Fürsten, der zwangsläufig auf einen Machtkampf mit dem Hegemon hinauslaufen mußte, nicht zulassen, wollte er nicht den Erfolg der ganzen Kampagne aufs Spiel setzen. Der Schutz und die Stützung eines loyalen Vasallen gehörten ebenso zu den Prinzipien assyrischer Machtpolitik wie die Abschreckung.

Aus Tiglatpilesars Inschriften kann der Eindruck entstehen, er hätte eine starke persönliche Bindung an den assyrischen Wettergott Adad gehabt. So wird beispielsweise bei Weihgeschenken aus der Beute Adad meist stärker bedacht als Assur.[18] In Hunusa wurde ein bronzenes Blitzbündel – im ganzen Alten Vorderasien das Symbol des Wettergottes – angefertigt, mit einer Inschrift über die Eroberung und Tabuierung der Stadt versehen und dauerhaft deponiert. Diese Maßnahme könnte natürlich im Zusammenhang mit Tiglatpilesars persönlicher Vorliebe für Adad stehen. Wahrscheinlicher ist aber, daß sich hier die Anerkennung des Wettergottes von Kumme als der von den machtpolitischen Verhältnissen unabhängigen religiösen Ordnungsmacht der Region widerspiegelt. Der lokale Fürst von Hunusa hatte sich, wie bereits erwähnt, seinem Hegemon, dem assyrischen König und Assur, widersetzt, vor allem aber auch seinem Wettergott, der dem Gott Assur gegenüber nunmehr für seinen Herrschaftsbereich verantwortlich war. Durch die spektakuläre und abschreckende Ausschaltung dieses Widerstandes präsentierte sich Tiglatpilesar in Kummanê als Vollzugsorgan beider Götter, das in Übereinstimmung den göttlichen Willen vollstreckte.

Arine/Muṣaṣir und Kumme lassen erkennen, daß in den Bergländern kultische und politische Zentren nicht identisch sein müssen. Zentrale Kultstätten haben in dieser Region offenbar politische Veränderungen überdauert – ethnische Veränderungen sind bis in das 9. Jh. hinein nicht erkennbar. Die assyrische Führung hatte jedenfalls schon frühzeitig die Rolle erkannt, die den Kultorten als Kristallisationskernen eines Widerstandes gegen jede Einflußnahme von außen zukam. Dies zeichnete sich bereits am Vorgehen Salmanasars I. gegen Arine ab und wird in den Aktionen Tiglatpilesars erneut deutlich.

---

[18] Beispielsweise GRAYSON, Assyrian Rulers 2, 87.1 II 58–62; IV 5–6. 32–39.

6. Babylonien (12. Jh.)

Texte berichten über die Plünderung und Zerstörung von babylonischen Heiligtümern durch die Elamer im 12. Jh. So soll beispielsweise das Kultbild des Marduk, des Stadtgottes von Babylon, von Kutir-Nahhunte nach Elam verschleppt und durch Nebukadnezar I. (c. 1125–1104) zurückgeführt worden sein. Daß die Elamer, wie schon am Ende der Ur III – Zeit, auch im 12. Jh. tatsächlich Raubzüge nach Babylonien unternommen haben und daß Nebukadnezar erfolgreich gegen Elam Krieg geführt hat,[19] steht außer Frage.[20] Da die elamischen Quellen bisher weitgehend unverständlich sind, bleiben nur die babylonischen übrig. Bei diesen Texten handelt es sich allerdings um historisch-literarische Kompositionen[21] und nicht um zeitgenössische Königsinschriften im eigentlichen Sinne. Die Mehrzahl der erhaltenen Exemplare sind zudem Abschriften aus der Bibliothek Assurbanipals (668–627) in Ninive. Aber auch die aus Babylon oder Babylonien stammenden zeigen eine neubabylonische Schriftform. Von daher stellt sich die Frage, ob hier nicht babylonische „Propaganda"-Texte aus der Zeit Sanheribs (704–681) oder seiner Nachfolger vorliegen, die Zukunftsvisionen oder die Auseinandersetzung mit aktuellem Zeitgeschehen in die Vergangenheit verlegen.[22] Der historische Quellenwert dieser Texte für Ereignisse und Zustände im 12. Jh. ist meines Ermessens höchst fragwürdig.

7. Muṣaṣir (714)

Wie bereits erwähnt, war die alte Stadt Arine im 12. Jh. von Adad-nērārī I. zerstört und tabuiert worden. Tiglatpilesar hatte 1109 die Kapitulation akzeptiert. Vom 9. Jh. an erscheint die Stadt als Muṣaṣir in den assyrischen Quellen. Singulär ist nun der Fall des Feldzuges von 714, den Sargon II. gegen Urartu führte. Diese Aktion war ein großartiger strategischer Erfolg. Nur, da Sargon keine Beute machen konnte, die er den Bürgern seiner guten Stadt Assur hätte zeigen können, hätte ihm dort niemand den Erfolg abgenommen. Um diesem Mißstand abzuhelfen, lieh er sich auf dem Rückweg repräsentative Beute aus, indem er mit nur 1000 Reitern Muṣaṣir überfiel, das völlig abseits seines Weges lag. Der Palast des Fürsten, der Tempel des urartäischen Reichsgottes Haldi und das dazugehörige Arsenal wurden bis zum letzten Nagel ausgeräumt. Reliefs illustrieren diesen Vorgang und auch die anschließenden Siegesgelage, bei denen einzelne geraubte Weihgegenstände zu identifizieren sind. In dem zufällig erhaltenen Bericht des

---

[19] Vgl. etwa die *kudurru*-Inschriften KING, Babylonian Boundary Stones: Nr. 24, und FRAME, Rulers of Babylonia: Nr. B.2.4.11.

[20] So wurde beispielsweise die Stele mit dem Codex Hammurapi in Susa gefunden. Assurbanipal erwähnt die aus Mesopotamien geraubten Reichtümer, die er in den Schatzkammern von Susa vorfand (s. u.: Susa).

[21] FRAME, Rulers of Babylonia: Nr. B.2.4.5–10.

[22] Zur Chronik P und anderen Texten, die in diese Kategorie der meinungsbildenden Schriften gehören dürften, vgl. MAYER, Kriegskunst, 27–28 und 230–231.

Königs an den Reichsgott Assur werden alle Gegenstände sorgfältig aufgelistet.[23] Aus dem folgenden Jahr ist die Abschrift eines Briefes Sargons an Urzana, den Fürsten von Muṣaṣir, erhalten, aus dem hervorgeht, daß dieser in einem früheren Schreiben um die Rückgabe des Besitzes des Haldi gebeten hatte. Sargon stimmte in seinem Brief dem zu unter der Bedingung, daß Urzana ihn über alle urartäischen Aktivitäten in seinem Fürstentum auf dem laufenden hält.[24] Die Eponymenliste verzeichnet für dieses Jahr 713 auch tatsächlich die Rückkehr des Besitzes des Haldi nach Muṣaṣir.[25]

8. Babylon (689)

Im 7. Jh., in den letzten acht Jahrzehnten der assyrischen Geschichte, ist ein Übergang von Eroberungskriegen und Kriegen zur Sicherung von Territorien und Einflußsphären zu reinen Vernichtungskriegen zu beobachten. Dabei häufen sich die Fälle von geradezu maßlosen Zerstörungen, auch von Heiligtümern – *solitudinem faciunt atque ubi pacem appellant.* Abgesehen von der Tatsache, daß die Beschreibungen der einzelnen Kampagnen in den Annalen generell ausführlicher werden, kann darin nur eine Eskalation und ein äußeres Zeichen für den bevorstehenden Todeskampf Assyriens erkannt werden.

Zu nennen ist hier zunächst die Zerstörung Babylons durch Sanherib im Jahre 689.[26] Sanherib stand zwei Jahre nach der Schlacht bei Halulê (691), in der er den Babyloniern und ihren Verbündeten eine vernichtende Niederlage beigebracht hatte, unter den Mauern Babylons. Nachdem die Assyrer das Umland offensichtlich schon vorher weitgehend kontrollierten, wurde nunmehr die Stadt eingeschlossen, und die Pioniere begannen ihr Werk. Wahrscheinlich verfügten die Bewohner nur noch über eine geringe Widerstandskraft, so daß die Stadt relativ rasch eingenommen werden konnte. Das Strafgericht, das jetzt aber über Babylon hereinbrach, sucht in der Geschichte des Alten Orients seinesgleichen. Den ausführlichsten Bericht bieten die Bavian-Inschriften:[27]

„Auf meinem zweiten Feldzug zog ich eiligst nach Babylon, das ich erobern wollte. Wie ein aufkommendes Unwetter stürmte ich (heran) und warf es wie Nebel nieder. Die Stadt schloß ich ein und mit Minen und Rampen [eroberte ich sie] eigenhändig. Gefangene, [.....] ihre Bevölkerung – klein und groß – verschonte ich nicht, vielmehr füllte ich mit ihren Leichen die Plätze der Stadt. Šūzubu, den König von Babylon, brachte ich mit seiner Familie und seinen [.....] lebendig in mein Land. Den Reichtum dieser Stadt – Silber, Gold, erlesene Steine, Hab und Gut – verteilte ich an meine Leute, und sie eigneten es sich an. Die Götter,

---

23 S. dazu MAYER, Finanzierung, und DERS., Kriegskunst, 328–334.

24 PARPOLA, Correspondence I, 7; Correspondence II, 146; 147.

25 MILLARD, Eponyms, 47.

26 Zu Sanherib und seiner Babylonienpolitik s. MAYER, Sanherib, und DERS., Kriegskunst, 342–380. In beiden Arbeiten wurde fälschlich 690 als mögliches Jahr der Schlacht bei Halulê diskutiert. An der Beschreibung der Verhältnisse und der Situation ändert dies nichts.

27 Vgl. FRAHM, Einleitung in die Sanherib-Inschriften, T 122.

die in ihr wohnten, ergriffen meine Leute, zerschlugen sie und plünderten ihre Habe und ihr Gut.

Adad und Šala, die Götter von Ekallātum, die Marduk-nādin-ahhē, der König von Akkad, zur Zeit von Tiglatpilesar (I.), dem König von Assyrien, geraubt und nach Babylon gebracht hatte, holte ich nach 516 Jahren aus Babylon heraus und führte sie an ihren (angestammten) Platz in Ekallāte zurück.

Die Stadt und die Häuser – von den Fundamenten bis zu den Zinnen – riß ich ein, zerstörte und verbrannte ich. (Was) die Innen- und Außenmauer, die Tempel und die Zikkurat (angeht): Ziegel und Erde, soviel es gab, riß ich heraus und warf sie in den Arahtu (-Kanal). Inmitten dieser Stadt grub ich Gräben und ihren Boden ebnete ich mit Wasser ein. Die Anlage ihrer Fundamente zerstörte ich und ich brachte über sie mehr Zerstörung als die Sintflut. Damit in Zukunft das Gebiet dieser Stadt und die Tempel nicht wiedererkannt werden können, löste ich sie in Wasser auf und machte sie vollends zu einer Sumpfwiese."

In der Bīt-akīti-Inschrift aus Assur berichtet Sanherib zusätzlich, daß der Euphrat die Erde Babylons bis nach Dilmun gespült habe, was wiederum die Bewohner Dilmuns zur raschen Huldigung veranlaßte.[28] Ferner habe er zur Beruhigung seines Reichsgottes Assur, zu seinem Ruhme und zur Anschauung für künftige Generationen Erde von Babylon im Bereich des Akītu-Hauses zu Haufen aufgeschüttet.[29] Der Zerstörung der Fundamente kam eine besondere symbolische Bedeutung zu, nachdem der Name des „Turms von Babel" É.TEMEN.AN.KI „Haus des Fundaments von Himmel und Erde" lautete.

Sanheribs Vorgehen gegen Babylon im Jahre 689 bedeutete einen totalen Bruch mit der bis dahin praktizierten assyrischen Babylonienpolitik. Sucht man bei Sanherib nach Motiven, so sind zwei Gründe persönlicher Art deutlich zu erkennen: zum einen das Verlangen nach Rache für seinen Sohn Aššur-nādin-šume, der babylonischem Verrat zum Opfer gefallen war, und zum anderen die Frustration über das Scheitern seiner Bemühungen um eine Beruhigung der Lage. Das Vorgehen gegen die Götter war dadurch bedingt gewesen, daß die Priesterschaften der verschiedenen Tempel, vornehmlich aber die Marduks, ihre Schätze für die Bezahlung elamischer Unterstützung zur Verfügung gestellt hatten.

Im Jahr 648, am Ende des vierjährigen Bruderkrieges zwischen Assurbanipal und Šamaš-šum-ukīn, wurde Babylon erneut zerstört – die Heiligtümer waren diesmal aber ausdrücklich ausgenommen.[30]

9. *Susa (646)*

Eine ähnliche Orgie des Hasses wie 689 in Babylon tobte 646 in der elamischen Metropole Susa, als der staatlichen Existenz des assyrischen Erbfeindes Elam ein Ende gemacht wurde.[31] Die Feindschaft elamischer Fürsten, auch solcher, die bei

---

[28] SCHRÖDER, Keilschrifttexte, Nr. 122, 36–44.
[29] SCHRÖDER, Keilschrifttexte, Nr. 122, 44–47.
[30] BORGER, Beiträge zum Inschriftenwerk Assurbanipals, A § 41.
[31] Zur Vorgeschichte s. MAYER, Kriegskunst, 385–386 und 404–408.

früheren Gelegenheiten nach Assyrien geflohen und erst von Assurbanipal wieder eingesetzt worden waren, boten dem assyrischen König hinreichende Anlässe, um unmittelbar einzugreifen. In insgesamt fünf Feldzügen wurde Elam systematisch verwüstet und zerschlagen. Auf der letzten dieser Kampagnen wurde Susa mit allen Heiligtümern ausgeplündert und zerstört. Hier ging es nicht länger um die Etablierung einer Herrschaft oder um eine Eroberung, die für die Assyrer auch kaum zu halten gewesen wäre, sondern um die endgültige und restlose Vernichtung des Gegners.

Einen der ausführlichsten Berichte über diesen Feldzug gegen Elam und die Zerstörung Susas bietet die Prismenklasse F §§ 25–35. Eine kritische Edition der akkadischen Texte wurde von R. Borger in mühsamer Arbeit aus den zahlreichen Exemplaren zusammengestellt.[32] Die §§ 25–30 berichten vom Beginn und den ersten Erfolgen des Feldzugs. In § 34 wird die Rückführung des Bildes der Göttin Nanâ nach Uruk vermeldet, die früher von den Elamern geraubt worden war. In § 35 schließlich wird über die Verteilung der Beute Rechenschaft abgelegt. Nachfolgend wird eine zusammenhängende Übersetzung der §§ 31–33 geboten. Dieser Bericht über die Zerstörung der Susiana dürfte für sich selbst sprechen.

„Banunu nebst dem Bezirk von Tasarra eroberte ich vollständig. Zwanzig Ortschaften im Bezirk von Hunnir, an der Grenze von Hidālu eroberte ich. Bašimu und die Ortschaften in seiner Umgebung verwüstete und zerstörte ich. Ihre Einwohner schlug ich vernichtend. Ich zerschlug ihre Götter. Das Gemüt des Herrn der Herren[33] besänftigte ich. Seine Götter, seine Göttinnen, seinen Besitz, sein Eigentum, die Leute, klein und groß, führte ich nach Assyrien fort. Sechzig Doppelstunden[34] weit bin ich auf das Geheiß von Assur und Ištar, die mich beauftragt hatten, in Elam eingedrungen und siegreich umhergezogen.

Auf meiner Rückkehr, als Assur und Ištar mich über meine Gegner triumphieren ließen, eroberte ich Susa, die große Kultstadt, den Wohnsitz ihrer Götter, die Stätte ihrer Geheimnisse. Auf Geheiß von Assur und Ištar zog ich in seine Paläste und ließ mich dort mit Freuden nieder. Ich öffnete seine Schatzkammern, in denen Silber, Gold, Besitz (und) Eigentum aufgehäuft waren, welche die früheren Könige von Elam bis zu den Königen dieser Zeit gesammelt und deponiert hatten, woran kein anderer König außer mir (je) seine Hand gelegt hatte – ich holte (all dies) heraus und rechnete es zur Beute. Silber, Gold, Besitz (und) Eigentum aus Sumer und Akkad sowie aus ganz Babylonien, welches die früheren Könige von Elam bei sieben Gelegenheiten erbeutet und nach Elam gebracht hatten, rotgleißendes Gold, leuchtendes Silber, Edelsteine, kostbaren Schmuck, Reichsinsignien, welche die früheren Könige von Akkad und Šamaš-šum-ukīn zum Zwecke eines Bündnisses mit ihnen nach Elam weggegeben hatten, Roben, Schmuck, Reichsinsignien, Wehrgehänge für den Kampf, Ausrüstung, alles, was zum Kämpfen gehört, für seinen persönlichen Gebrauch, alles Gerät (und) Mobiliar seiner Paläste, worauf sie gesessen und gelegen hatten, woraus sie gegessen und getrunken hatten, womit sie gebadet und sich gesalbt hatten, Streitwagen, Prunkwagen, Gefährte, eingelegt mit rotem Gold und hellem Silber, Pferde und große

---

[32] BORGER, *Beiträge zum Inschriftenwerk Assurbanipals*, 49–59 (Transkription); 239–242 (Übersetzung).

[33] Das heißt Assur.

[34] Knapp 650 km.

Maultiere, deren Geschirr aus Gold und Silber bestand, führte ich nach Assyrien weg. Den Tempelturm von Susa, der in blau glasierten Ziegeln ausgeführt war, zerstörte ich (und) schlug seine Hörner ab, geformt aus leuchtender Bronze. Šušinak, ihr geheimnisvoller Gott, der im verborgenen wohnt, dessen göttliches Wirken niemand sieht, Šumudu, Lagamaru, Partikira, Ammankasibar, Uduran, Sapag/k, Ragiba, SunGAMsarā, Karsa, Kirsamas, Šudānu, Ajapag/ksina, Bilala, Panintimri, Silagarā Nab/psā, Nabirtu (und) Kindakarb/pu – besagte Götter und Göttinnen mit ihrem Schmuck, ihrem Eigentum und ihren Geräten nebst den *sangugē-* und *b/puhlalē-*Priestern führte ich nach Assyrien fort. 32 Königsstatuen, geformt aus Silber, Gold, Bronze und Alabaster, aus Susa, Madaktu und Hurādu, nebst einer Statue des Ummanigaš, des Sohnes des Umbadarā, einer Statue des Ištarnanhundi, eine Statue des Hallusu und eine Statue des späteren Tammaritu, der auf Geheiß von Assur und Ištar mir gehuldigt hatte, nahm ich mit nach Assyrien. Ich entfernte die *šēdu-* und *lamassu-*Schutzgötter, die Tempelwächter, soviele es gab. Ich riß die grimmigen Wildstiere aus, die zu den Toren gehörten. Die Heiligtümer von Elam zerstörte ich restlos. Seine Götter und seine Göttinnen rechnete ich zum Wind. In ihre versteckten Wälder, in die kein Fremder eindringt oder (nur) deren Grenze betritt, drangen meine Kampftruppen ein. Sie sahen ihr Geheimnis und verbrannten (sie) mit Feuer. Die Grabstätten ihrer früheren und späteren Könige, die Assur und Ištar, meine Herren, nicht fürchteten und meine königlichen Vorfahren erregten, verwüstete (und) zerstörte ich (und) zeigte (sie) dem Sonnengott. Ihre Gebeine nahm ich mit nach Assyrien. Ihren Geistern legte ich Ruhelosigkeit auf. Totenopfer und Wasserspenden versagte ich ihnen.

Auf einer Marschstrecke von einem Monat und 25 Tagen verwüstete ich die Bezirke Elams vollständig. Salz und Kresse streute ich darüber. Königstöchter und Königsschwestern nebst den älteren und jüngeren Familien(zweigen) der Könige von Elam, die Beamten und Bürgermeister besagter Städte, soviele ich erobert hatte, Bogenschützenkommandeure, Statthalter, Streitwagenlenker, Streitwagenkommandanten, Reiter, Bogenschützen, Eunuchen, Schmiede, alle Handwerker, soviele es gibt, männlich und weiblich, klein und groß, Pferde, Maultiere, Esel, Rinder und Kleinvieh, zahlreicher als Heuschrecken, führte ich nach Assyrien fort. Erde von Susa, Madaktu, Haltemaš und ihren übrigen Kultstätten sammelte ich ein, nahm sie nach Assyrien mit. Wildesel und Gazellen, Getier des Feldes, soviel es gibt, ließ ich dort auf grüner Weide lagern.[35] Den Lärm der Menschen, den Tritt der Rinder und des Kleinviehs, das Ertönen eines freudigen Arbeitsliedes hielt ich von seinen Feldern fern."

Dieser und ähnliche Berichte werden auch durch Reliefs in Assurbanipals Palast in Ninive illustriert.[36] Wie groß die Erbitterung in den vorangegangenen Jahrzehnten geworden war, läßt sich hier deutlich erkennen, wenn die Elamer sogar gezwungen wurden, eigenhändig die Gräber der Ahnen zu schänden und deren Knochen zu zerschlagen – eine neue Maßnahme in dem nicht gerade kleinen assyrischen Repertoire an Strafen für Besiegte.

Assurbanipals Bericht wirft auch ein deutliches Licht auf die Vorgehensweise. Nach der Besetzung der Stadt wurden die Inventare des Palastes und der Tempel gesichtet, registriert und für den Abtransport vorbereitet, wobei das ursprünglich aus Babylonien stammende Inventar offenbar ausgesondert wurde. Ähnliches

---

[35] Das heißt: Das entvölkerte Kulturland wurde zum Lebensraum für Steppentiere.
[36] BARNETT, Sculptures.

muß für die Erfassung der für die Deportation vorgesehenen Bevölkerungsteile und möglicherweise auch für die Staatsarchive vorausgesetzt werden. Assurbanipal hauste in der Zwischenzeit im Palast. Erst nach Abschluß dieser Tätigkeiten und vor dem Abrücken der Truppen konnte die Orgie der Verwüstung beginnen. Dies bedeutet, daß zwischen dem Einzug Assurbanipals und der endgültigen Zerstörung ein Zeitraum verstrichen sein muß, über dessen Länge nur spekuliert werden kann.[37]

10. Assyrien (614–610)

Die Reichshauptstadt Assur ereilte ihr Schicksal dann 614, Kalah wohl 613 und Ninive 612. Einem bewährten Rezept folgend, kamen die Babylonier jeweils zu spät, um das medische Morden zu verhindern.[38] Das Ausmaß von Mord und Zerstörung, das die Meder anrichteten, war so ungeheuerlich, daß Herodot keinerlei Nachrichten über Assyrien in Erfahrung bringen konnte und Xenophon, der 401 die nachgenutzten Metropolen passierte, nicht einmal die Namen der ruinierten Städte, über deren Ausmaß er sich wunderte, ermitteln konnte.

Mit der völligen Auslöschung Assyriens hatten sich die Meder letztlich aber selbst der Chance beraubt, in ihrem Teil der Beute die Nachfolge als Großmacht antreten zu können. Anders die Babylonier – hier reichte der Prozeß der Loslösung weiter zurück. In den letzten Dekaden vor der endgültigen Auslöschung war eine der größten Stärken Assyriens, nämlich seine innere Stabilität, in Rebellionen und Bürgerkriegen zerbrochen. Dadurch wurde ohne Zweifel ein starkes Potential an in Assyrien und in seiner Armee geschulten Persönlichkeiten – in erster Linie wohl Aramäer – freigesetzt, das die spätbabylonischen Könige nun nutzen konnten – Nabupolassar (625–605) dürfte selbst durch diese Schule gegangen sein. Marduk war seit dem 8. Jahrhundert nach Assurs Vorbild zu einem Reichsgott geworden, und die Könige versuchten nun, sich auch die militärischen und politischen Praktiken Assyriens anzueignen, um so seine Nachfolge als Großmacht realisieren zu können.

Als eines der ersten Opfer dieser neuen „assyrischen" Politik der Babylonier, die bis dahin niemals einer Machtpolitik fähig gewesen waren, ist wohl Harrān zu nennen. Der syrisch-aramäische Mondgott war den Babyloniern weitgehend fremd – ihr Mondgott residierte in Ur. Zudem hatte sich das zentrale Heiligtum in Harrān über lange Zeit des Wohlwollens und der Förderung seitens der assyrischen Könige erfreut. So wurde es auch bei der Eroberung 610 geplündert, das Kultbild wurde nach Babylonien weggeführt, dort eingelagert und erst über ein halbes Jahrhundert später vom letzten babylonischen König Nabonid (555–538),

---

[37] Dieses Faktum als solches gewinnt eine gewisse Bedeutung für die Interpretation der Vorgänge bei der Zerstörung des Tempels in Jerusalem.
[38] Mayer, Kriegskunst, 412–418.

der als Abkömmling des assyrischen und des babylonischen Königshauses eine
besondere Bindung an Harrān hatte, zurückgeführt.[39]

11. Jerusalem (587)

Das bekannteste und folgenreichste Beispiel einer Heiligtumszerstörung ist ohne
Zweifel das der Zerstörung des Tempels von Jerusalem durch die Truppen des
spätbabylonischen Königs Nebukadnezar II. (604–562) im Jahre 587. Da babylonische Könige keine Kriegsberichte in ihre Inschriften aufnehmen, ist die einzige
keilschriftliche Quelle zum politischen Geschehen die Babylonische Chronik,
die neben den späten Jahren Nabupolassars (625–605) auch die ersten elf Regierungsjahre Nebukadnezars abdeckt.[40] Für die Eroberung und Zerstörung Jerusalems (587) liegen also keinerlei keilschriftliche Zeugnisse vor. II Reg 23,29–
25,21 und die Propheten Ezechiel und Jeremia liefern ein anschauliches Bild einer äußerst unruhigen Zeit für Juda zwischen 609 und 587. Gekennzeichnet sind
diese Jahre nach der gängigen Meinung durch heftige Auseinandersetzungen
zwischen einer national-religiösen und einer reformorientierten Partei. Es ist allerdings kaum denkbar, daß ein solcher religiöser Konflikt innerhalb Judas für die
dominierende Großmacht einen hinreichenden Anlaß für so schwerwiegende
Maßnahmen geboten hätte, wie sie die Zerstörung des Tempels und die Deportation letztlich waren. Im folgenden soll daher versucht werden, das Vorgehen der
Babylonier aus der assyrischen und nunmehr babylonischen Tradition heraus zu
beleuchten. Dazu ist es nötig, nahezu anderthalb Jahrhunderte zurückzugehen.

Wie die meisten seiner Nachbarn wurde Juda unter seinem König Ahas 734
assyrischer Vasall. Das bedeutete, daß Tribut zu entrichten und Heeresfolge zu
leisten war und daß für die assyrische Armee Dienstleistungen, wie beispielsweise die Gestellung von Verpflegung, zu erbringen waren. Tiglatpilesar III. (745–
727) operierte von 734–732 in der Region. Die Eroberungen von Damaskus und
von Samaria fielen in die Zeit von Salmanasar V. (726–722). Als Salmanasars
Bruder Sargon II. (721–705) die Herrschaft übernahm, wurde zunächst ein Aufstand in Samaria niedergeschlagen. Das Jahr 720 brachte schließlich den großen
Syrienfeldzug, der bis Gaza führte. Von wenigen Aufständen wie dem von Ašdod
711 abgesehen, herrschte dann in der Region bis etwa 705 eine *pax assyrica*. Diese Auflistung zeigt eine häufige Präsenz der assyrischen Armee. Auch ohne kriegerische Auseinandersetzungen bedeutete dies in Verbindung mit den Tributzahlungen und Kontributionen einen verheerenden Aderlaß für die Wirtschaft der
Vasallen in der Region.

Hiskia von Juda glaubte offensichtlich, den überraschenden Tod Sargons aus-
nützen zu können und in der Hoffnung auf Thronwirren in Assur und auf assyri-

---

[39] S. dazu MAYER, Nabonid.
[40] GRAYSON, Chronicles, 99–102; zur Syrienpolitik von Nebukadnezar II. vgl. zuletzt LIP-
SCHITS, Nebuchadrezzar's Policy.

sche Probleme in Babylonien durch eine *imitatio Assyriae* vollendete Tatsachen schaffen zu können. Er stellte die Tributzahlungen ein und versuchte eine Herrschaft über seine Nachbarn zu etablieren. Diese Fehleinschätzung der politischen Lage hatte er 701 mit großen Gebietsverlusten und einem ungeheuren Tribut zu bezahlen – beide ließen ihn bankrott und auf das Bergland von Juda beschränkt zurück.[41] Manasse erscheint in einer Inschrift von 673 als Lieferant von Hölzern und Steinen für einen Palastbau in Ninive. Im Jahr 667 hatte er Assurbanipal mit Tributen und Hilfstruppen auf seinem ersten Ägypten-Feldzug zu unterstützen.

Während des Zusammenbruchs des assyrischen Reiches gelangte die ägyptische Führung wohl zu der Einsicht, daß eine *balance of power* in Vorderasien auf jeden Fall im ägyptischen Interesse läge. Ein mit ägyptischer Hilfe überlebendes Assyrien würde wenig gegen ein ägyptisch dominiertes Syrien-Palästina ins Feld zu führen haben, wohingegen jeder Sieger über Assyrien die Rechtsnachfolge für sich in Anspruch nehmen würde – auch die Herrschaft über Syrien-Palästina und möglicherweise auch die über Ägypten. Josia von Juda wiederum scheint das machtpolitische Vakuum ausgenutzt zu haben für eine Wiederbelebung der Ideen Hiskias. Das Ergebnis waren 609 erneut schwere Tribute und Kontributionen – diesmal für Ägypten (II Reg 23,33).

Der Babylonischen Chronik zufolge hat Nebukadnezar in seinem Akzessionsjahr (605) und in den ersten drei Regierungsjahren jeweils einen Feldzug nach Syrien unternommen. Der erste brachte den Sieg bei Karkemiš und die Verfolgung der Ägypter bis Hama. Der von 604 führte nach Palästina und endete mit der Eroberung und Zerstörung von Askalon. Letzteres dürfte, da es ganz der assyrischen Praxis folgte, ein warnendes Zeichen für die ganze Region gewesen sein. Folgt man der Babylonischen Chronik, so haben sich die meisten syrischen Fürsten in den Jahren 605–602 mehr oder weniger freiwillig unterworfen und ihre Tribute entrichtet. So dürfte 604 auch das Jahr gewesen sein, in dem sich Jojakim von Juda Nebukadnezar unterworfen hat.

Das Jahr 601 führte Nebukadnezar, der sich ganz offensichtlich als Rechtsnachfolger der Assyrer sah, erneut in die Region. Sein Vorstoß nach Ägypten endete jedoch mit einer Niederlage, die so schwer war, daß im fünften Regierungsjahr ein Feldzug unterbleiben mußte. Jojakim könnte dies als Gelegenheit zur Einstellung der Tributzahlungen angesehen haben. Für 599 wird ein babylonischer Feldzug gegen Araber vermeldet, der möglicherweise der Flankensicherung diente. Schließlich kommt es 598 zum ersten Angriff auf Jerusalem. Die Kapitulation kam zwar der Eroberung und Zerstörung zuvor, die Deportation von Eliten und Spezialisten und hohe Zahlungen waren aber unvermeidbar. Nebukadnezars Feldzüge des 8., 10. und 11. Jahres führen wiederum nach Syrien, der des 9. bringt ein Zug in das südliche Osttigris-Gebiet, und im 10. kommt es zudem zu

---

[41] MAYER, Sennacherib.

einem Aufstand in Babylonien. Damit endet die Babylonische Chronik, und es ist Zeit für eine Zwischenbilanz.

Juda widerfuhr in dem Zeitraum zwischen 734 und 598 das, was vom 13. Jh. an den meisten Staaten Mesopotamiens und Syrien-Palästinas widerfahren ist – der Weg vom selbständigen Staatswesen über den Vasallenstatus zur Provinz. Im Unterschied zu anderen war dieser Weg für Juda länger, was durch die geringe strategische Bedeutung des Berglandes bedingt gewesen sein mag. Tribute und die damit verbundenen Dienstleistungen und Kontributionen waren immer so hoch festgesetzt, daß kein Staat mittelfristig in der Lage war, wirtschaftlich zu überleben. Eine Ausnahme bildeten lediglich die phönizischen Seehandelsstädte, die sich, gestützt auf ihre überseeischen Ressourcen, die Tribute leisten konnten. Die Tributzahlungen waren zunächst vom Fürsten und – wenn die Mittel des Fürsten nicht ausreichten – von den Tempeln zu entrichten. Es ist aber davon auszugehen, daß beide Institutionen und auch der Adel ihre Belastungen und Einbußen nach unten an die Bevölkerung weitergaben. Die Gestellung von Vieh, Getreide und Futtermittel für eine stationierte oder auch nur durchziehende Armee – Assyrer, Ägypter oder Babylonier – traf vor allem die Landbevölkerung unmittelbar.[42] Am Ende standen für den Staat der wirtschaftliche Ruin und für die Bevölkerung eine totale Verarmung. Beides mußte sich aber zwangsläufig in schweren sozialen Unruhen und Aufständen äußern, die sich gegen die jeweilige Macht oder auch gegen einen loyalen Fürsten richten konnten.

Für die Assyrer war ein Vasall meist ertragreicher als eine Provinz. Daher war die Annexion immer nur die *ultima ratio* – sie kam immer erst dann zur Anwendung, wenn sich Aufstände mehrfach wiederholt hatten. Nicht übersehen werden darf dabei, daß die Assyrer, seit sie im 14. Jh. damit begonnen hatten, die Herausforderungen von Politik und Umwelt mit imperialistischen und militaristischen Lösungen zu beantworten, immer unter dem Zwang standen, jeden Aufstand unterdrücken zu müssen. Wäre nur einer erfolgreich gewesen, hätte sich die Flamme der Rebellion wie ein Steppenbrand über das ganze Reich ausgebreitet. Die Babylonier, die anders als die Assyrer in ihrer Geschichte nie einer konsequenten Machtpolitik fähig gewesen sind, folgten nach der Zerschlagung Assyriens in jeder Beziehung dem assyrischen Vorbild. Sie erzwangen Vasallenverhältnisse – die meisten Syrienfeldzüge Nebukadnezars scheinen nur dem Einsammeln der Tribute mit dem nötigen Nachdruck gedient zu haben. Sie bedienten sich auch des Mittels der Abschreckung, wie das Beispiel Askalon zeigt. Die Einstellung der Tribute führt zwangsläufig zur Intervention. Die rechtzeitige Kapitulation verhinderte zwar 598 die Zerstörung von Jerusalem, sie konnte aber nicht den Austausch des Fürsten, noch höhere Zahlungen und die Deportation von Spezia-

---

[42] Die assyrische Geschichte zeigt, daß normalerweise ein Feldzug nur zweimal, höchstens dreimal in aufeinanderfolgenden Jahren in dieselbe Region führte. Danach konnte sich die Armee nicht länger aus dem Lande verpflegen. Zur Logistik vgl. MAYER, Kriegskunst, 431–434.

listen und Teilen der Elite verhindern. Die Präsenz der Armee und die Wegführung von Spezialisten belasteten die Ökonomie zusätzlich. Damit ist aber nach dem Abzug der babylonischen Armee der nächste Aufstand nur noch eine Frage der Zeit. Als der von Nebukadnezar eingesetzte Zedeqia dann wohl 589 erneut den Tribut verweigerte, weil das Land ruiniert war, erschien – genau nach assyrischem Vorbild – der babylonische König umgehend, um diesen Unruheherd unter Ziehung aller Register assyrischer Poliorketik und durch einen Bevölkerungsaustausch endgültig zu bereinigen.

König Zedeqia hatte durch die Einstellung der Tributzahlungen den Vasallenvertrag gebrochen, den beide Könige stellvertretend für den babylonischen Reichsgott Marduk und den judäischen Jahwe geschlossen hatten. Als Vertragsbrecher aus babylonischer Sicht wurden er und – durch die Zerstörung des Tempels – auch sein Gott bestraft. Diese Zerstörung erfolgt nicht aus der Erstürmung der Stadt heraus. Der Unterschied zwischen dem Zeitpunkt der Eroberung und dem der Zerstörung läßt sich sicherlich nicht mit etwaigen babylonischen Skrupeln gegen eine solche Vorgehensweise erklären, da ihnen ein Jahrhundert früher (689) selbst eine ähnliche Katastrophe widerfahren ist. Wie im Falle von Susa, für den ein ausführlicher Bericht vorliegt, mußten auch in Jerusalem erst das Inventar, die Archive und die zu deportierende Bevölkerung erfaßt und für den Abtransport vorbereitet werden. Die Zerstörung des Tempels war nur der letzte Schritt.

12. Babylon (zwischen 486–465)

Als letztes Beispiel sei hier noch die erneute gründliche Zerstörung des Marduktempels in Babylon in der Regierungszeit des Xerxes (486–465) erwähnt. Zwar wird dies neuerdings in Frage gestellt[43] – die Maßnahme läge aber durchaus auf Xerxes' machtpolitischer Linie. Hatten seine Vorgänger noch die Ämter eines Großkönigs, eines Königs von Babylonien, eines Pharao usw. in Personalunion vereinigt – also Vielfalt in der Einheit –, so scheint Xerxes eher das Bild eines straff zentralisierten Staates vorgeschwebt zu haben; er wollte offensichtlich nur noch Großkönig und nicht auch noch Pharao und König von Babylonien sein. Damit verlor er aber in dem jeweiligen Landesteil die Legitimation und wurde zum reinen Fremdherrscher. Babylon war schon zu Darius' Zeiten ein Hort fortgesetzter Rebellion gewesen, und Xerxes könnte versucht gewesen sein, dem ein Ende zu machen. Alexanders Pläne für einen Wiederaufbau des Zentralheiligtums gelangten nicht mehr zur Ausführung.

---

[43] ROLLINGER, Überlegungen zu Herodot.

III. Zusammenfassung

Im Normalfall dürfte ein siegreicher Eroberer immer bemüht gewesen sein, sich die jeweiligen Götter des Gegners gewogen zu erhalten, sofern er mit ihnen vertraut war. Gerade das 2. Jt. bietet deutliche Beispiele dafür, daß ein Sieger ein überregionales Kultzentrum – nicht unbedingt aber die jeweilige Stadt – verschont und den Kult gepflegt oder gar gefördert hat. Ein solches Beispiel ist Aleppo, dessen Wettergott allen Eroberungen und Zerstörungen der Stadt zum Trotz nie in seiner Bedeutung gefährdet war. Ein anderer Fall ist der Dagān von Tuttul. Die Stadt – später Nikephorion und Kallinikon genannt, heute Tall Bi'a bei Raqqa – ist schon im 3. Jt. als überregionales Kultzentrum gut bezeugt. Im 18. Jh. wurde Tuttul von Māri erobert und dem zu dieser Zeit entstehenden Reich eingegliedert. Dabei wurde, wie die Ausgrabungen zeigen, der Königspalast zerstört und für die Nachnutzung freigegeben. Es finden sich auch alle Spuren von Kriegsgreueln, wie sie von den Assyrern später beschrieben werden – das Heiligtum des Dagān aber scheint nicht angetastet worden zu sein. Vielmehr finden sich zahlreiche Briefe meist prophetischen Inhalts an den späteren König von Māri, die deutlich machen, welche hervorragende Rolle der Dagān von Tuttul in der Folgezeit gespielt hat – seine Spuren lassen sich letztlich bis zum 13./12. Jh. verfolgen. Im 1. Jt. rühmen sich mehrere assyrische Könige, die mit und in Babylonien Kriege führten, der von ihnen praktizierten Verschonung und Pflege babylonischer Tempel.

Einen Sonderfall von Religionspolitik scheint in der mittelassyrischen Zeit die Tabuierung gegnerischer Kultzentren nach vorangegangener Eroberung und Zerstörung dargestellt zu haben, bei der die Ruinenstätten mit Salz oder Unkrautsamen bestreut, verflucht und dadurch für alle Zeit unbrauchbar gemacht wurden. Die Assyrer folgten hier wie auch in vielen anderen Fällen ohne Zweifel einem hethitischen Vorbild. Da sich diese Praxis aber wohl als wirkungslos erwiesen hatte, wurde sie allem Anschein nach im 1. Jt. aufgegeben. Vom 7. Jh. an häufen sich dann Fälle von Heiligtumszerstörungen: Babylon 689, Susa 646, die assyrischen Metropolen 614–612, Jerusalem 587 und erneut Babylon unter Xerxes.

Die Motive für solche Vorgehensweisen können sehr vielfältig gewesen sein. Wenn der Feind und seine Götter als fremd und nicht als dem eigenen „Kulturkreis" zugehörig erachtet wurden, dürfte die Hemmschwelle für eine Tempelzerstörung niedrig gelegen haben. Die Tempel waren dann in erster Linie Schatzhäuser, die man plündern konnte. Dies gilt sicher für alle Auseinandersetzungen mit Elam, aber wohl auch für Harrān (610).

Abschreckung war für die Assyrer und in ihrer Nachfolge auch für die Babylonier ein wirksames Mittel der Machtpolitik. Zerstörungen von Städten und besonders von Heiligtümern waren immer auf Abschreckung angelegt. Dies dürfte neben dem Gesichtspunkt der Beute für alle hier besprochenen Fälle gelten. Der Abschreckung kam eine besondere Bedeutung in Gebieten zu, die man aus strate-

gischen Gründen zwar kontrollieren mußte – wie beispielsweise die rohstofffrei-
chen Bergländer –, die man aber andererseits aufgrund der topographischen Ge-
gebenheiten nicht dauerhaft besetzen oder als Provinz in das Reich integrieren
konnte. Charakteristische Beispiele dafür sind Arine und Hunusa.

Nicht zu trennen vom Faktor der Abschreckung ist die Bestrafung für den
Bruch eines bestehenden Vasallenvertrags. Daß ein Vasallenvertrag gebrochen
wurde oder daraus resultierende Verpflichtungen nicht eingehalten wurden, läßt
sich – abgesehen von dem unbekannten Befund von Hattuša – in allen angeführten Fallbeispielen aus assyrischer und babylonischer Sicht als Ursache für die
Zerstörung von Heiligtümern ermitteln. Ein solcher Vertrag wurde immer vor den
großen Göttern als Zeugen geschlossen, zwischen dem lokalen Gott oder dem
dynastischen des unterworfenen Fürsten und dem jeweiligen Reichsgott des Siegers – Assur oder Marduk. Vertreten wurden die Götter durch den unterworfenen
Fürsten und den siegreichen König. Vertragsbruch galt im Alten Orient als eines
der schlimmsten Vergehen. Da ein Vasallenvertrag aber immer auf zwei Ebenen
abgeschlossen wurde – der göttlichen und der menschlichen –, konnten im Falle
der Verletzung der Vertragspflichten nicht nur der schuldige Fürst an seinem Leben, sondern auch sein Gott durch die Zerstörung seines Tempels bestraft werden,
wodurch dem Gott seine Wohnstätte, sein Besitz und die Versorgung mit Opfern
genommen wurden. Dies konnte um so leichter geschehen, wenn der betreffende
Gott als fremd empfunden wurde.

Letztlich erfolgte in allen besprochenen Fällen die Zerstörung eines Heiligtums ausschließlich aus politischen Gründen als *ultima ratio*. Sieht man von den
assyrischen Städten ab, die schlicht der Rache zum Opfer fielen, so wurden Kultzentren immer dann zerstört, wenn eine Keimzelle eines politischen, eines na-
tionalistischen Widerstandes anders nicht auszuschalten war – Susa, Babylon und
Jerusalem dürften dafür die besten Beispiele liefern.

Literatur

R. BARNETT, Sculptures from the North Palace of Ashurbanipal at Niniveh, London 1976.

R. BORGER, Beiträge zum Inschriftenwerk Assurpanipals. Die Prismenklassen A, B, C = K,
D, E, F, G, H, J und T sowie andere Inschriften, Wiesbaden 1996.

J. COOPER, Reconstructing History from Ancient Inscriptions: The Lagash-Umma Border
Conflict, Sources of the Ancient Near East 2/1, Malibu 1983.

E. FRAHM, Einleitung in die Sanherib-Inschriften, Archiv für Orientforschung Beiheft 26,
Wien 1997.

G. FRAME, Rulers of Babylonia. From the Second Dynasty of Isin to the End of Assyrian
Domination (1157 – 612 BC), The Royal Inscriptions of Mesopotamia: Babylonian Periods 2, Toronto / Buffalo / London 1995.

A. K. GRAYSON, Assyrian and Babylonian Chronicles, Texts from Cuneiform Sources 5,
Locust Valley 1975.

–, Assyrian Rulers of the Third and Second Millenium BC (to 1115 BC), The Royal Inscriptions of Mesopotamia: Assyrian Periods 1, Toronto / Buffalo / London 1987.

–, Assyrian Rulers of the Early First Millenium BC I (1114 – 859 BC), The Royal Inscriptions of Mesopotamia: Assyrian Periods 2, Toronto / Buffalo / London 1991.

L. W. KING, Babylonian Boundary Stones, London 1912.

H. KLENGEL, Der Wettergott von Ḫalab, Journal of Cuneiform Studies 19 (1965), 87–93.

J. KRECHER, Art. Klagelieder, Reallexikon der Assyriologie VI (1980–83), 1–6.

O. LIPSCHITS, Nebuchadrezzar's Policy in ‚Ḫattu-Land' and the Fate of the Kingdom of Judah, Ugarit-Forschungen 30 (1998), 467–487.

W. MAYER, Der Gott Assur und die Erben Assyriens, in: R. ALBERTZ (Hg.), Religion und Gesellschaft. Studien zu ihrer Wechselbeziehung in den Kulturen des Antiken Vorderen Orients, AOAT 248, Münster 1997, 15–23.

–, Nabonids Herkunft, in: M. DIETRICH / O. LORETZ (Hgg.), dubsar anta-men. Studien zur Altorientalistik. FS W. H. PH. RÖMER, AOAT 253, Münster 1998, 245–261.

–, Sanherib und Babylonien. Der Staatsmann und Feldherr im Spiegel seiner Babylonienpolitik, in: M. DIETRICH / O. LORETZ (Hgg.), Vom Alten Orient zum Alten Testament. FS W. VON SODEN, AOAT 240, Kevelaer / Neukirchen-Vluyn 1995, 305–332.

–, Die Finanzierung einer Kampagne (TCL 3,346–410), Ugarit-Forschungen 11 (1979), 571–595.

–, Die Stadt *Kumme* als überregionales religiöses Kultzentrum, in: O. LORETZ / K. METZLER / H. SCHAUDIG (Hgg.), *Ex oriente lux*. FS M. DIETRICH, AOAT 281, Münster 2002 (im Druck).

–, Politik und Kriegskunst der Assyrer, Abhandlungen zur Literatur Alt-Syriens-Palästinas und Mesopotamiens 9, Münster 1995.

–, Sargons Feldzug gegen Urartu – 714 v. Chr. Text und Übersetzung, Mitteilungen der Deutschen Orient-Gesellschaft 115 (1983), 65–132.

–, Sennacherib's Campaign of 701 B.C.: The Assyrian View, in: L. GRABBE (Hg.), Shut up Like a Bird in a Cage: The Invasion of Sennacherib in 701 BCE, Journal for the Study of the Old Testament Supplement (= European Seminar in Historical Methodology 4), Sheffield 2002 (im Druck).

P. MICHALOWSKI, The Lamentation over the Destruction of Sumer and Ur, Mesopotamian Culture 1, Winona Lake 1989.

A. MILLARD, The Eponyms of the Assyrian Empire 910–612 B.C., State Archives of Assyria Studies 2, Helsinki 1994.

E. NEU, Der Anitta-Text, Studien zu den Boğazköy-Texten 18, Wiesbaden 1974.

R. ODED, Mass Deportations and Deportees in the Neo-Assyrian Empire, Wiesbaden 1979.

S. PARPOLA, The Correspondence of Sargon II, Part I, State Archives of Assyria 1, Helsinki 1987.

–, The Correspondence of Sargon II, Part II, State Archives of Assyria 5, Helsinki 1990.

R. ROLLINGER, Überlegungen zu Herodot, Xerxes und dessen angeblicher Zerstörung Babylons, Altorientalische Forschungen 25 (1998), 339–373.

O. SCHRÖDER, Keilschrifttexte aus Assur historischen Inhalts II, Leipzig 1922.

Die Zerstörung des Jerusalemer Tempels 587 v. Chr.

Historische Einordnung und religionspolitische Bedeutung

von

RAINER ALBERTZ

I. Einleitung

Die gängigen Darstellungen der Geschichte Israels widmen der Zerstörung des ersten Jerusalemer Tempels 587 v. Chr. keine besondere Aufmerksamkeit. Wenn etwa H. Donner kurz und bündig konstatiert: „Die Stadt wurde dem Erdboden gleichgemacht, der salomonische Tempel niedergebrannt" (Geschichte des Volkes Israel, 412), dann scheint er davon auszugehen, daß zur Eroberung der Stadt Jerusalem die Brandschatzung ihres Tempels selbstverständlich dazugehört habe.[1] Doch wird eine solche Annahme allein schon durch die häufig übersehene Tatsache fraglich, daß die Eroberung Jerusalems und die Zerstörung von Stadt und Tempel zwei auch zeitlich gesonderte Akte darstellten. Mit Recht notierte S. Herrmann: „Es verdient Beachtung, daß die Zerstörung des königlichen Palastes und des Tempels nach 2. Kön. 25,8–17 erst rund einen Monat nach der Einnahme der Stadt erfolgte, und zwar durch einen hohen babylonischen Offizier, den Nebu-sar-adan, der eigens dazu nach Jerusalem gekommen war. Er handelte auf Weisung des Großkönigs" (Geschichte Israels, 347). Doch welche Bedeutung dieses merkwürdige Detail der Ereignisgeschichte, das sich später sogar in zwei verschiedenen Gedenktagen widerspiegeln wird,[2] für das Verständnis der Zerstörung des Jerusalemer Tempels hat, ließ auch Herrmann im Dunkeln.

Im folgenden soll darum zu klären versucht werden, warum sich der Großkönig Nebukadnezar II. nicht sogleich bei der Eroberung, sondern offenbar erst nach einigem Zögern entschloß, den Jerusalemer Tempel in Schutt und Asche zu legen, und was dies für seine Reichs- und Religionspolitik bedeutete. Dabei gehe

---

[1] Ebenso unkommentiert erscheint die Tempelzerstörung zum Beispiel bei GUNNEWEG, Geschichte Israels, 115; TADMOR, Die Zeit des Ersten Tempels, 197f.; gar nicht erwähnt wird sie von MILLER / HAYES, A History of Ancient Israel and Judah, 415.

[2] Vgl. Sach 7,1–6; 8,18. In der Exilszeit wurde sowohl ein Fastengottesdienst im vierten Monat zum Gedenken an die Eroberung als auch im fünften Monat zum Gedenken an die Zerstörung der Stadt begangen. Hinzu kamen noch zwei Gottesdienste zum Gedenken an den Beginn der Belagerung im zehnten und an die Gedalja-Ermordung im siebten Monat.

ich von der Einsicht W. Mayers aus, daß Tempelzerstörungen in der vorderorientalischen Geschichte keineswegs die Regel, sondern die Ausnahme darstellten.[3] Diese Fragestellung ist insofern neu, als die alttestamentliche Forschung bisher dazu neigte, den staatlichen Untergang Israels beziehungsweise Judas mehr oder minder parteilich vornehmlich aus der Opferperspektive zu beschreiben. Dabei blieben die Beweggründe der neubabylonischen Sieger meist ganz außerhalb des Interesses. Hier dagegen soll, indem auch der babylonischen Sicht gebührende Beachtung gezollt wird, versucht werden, die Zerstörung des Jerusalemer Tempels als Ergebnis eines Konflikts zwischen zwei – zugegeben ungleichen – Partnern zu beschreiben, deren beider Außenpolitik stark religiös, aber dabei keineswegs notwendig antagonistisch geprägt war.

II. Die historische Einordnung

Die Vorgeschichte des Untergangs Judas beginnt mit dem Tod des Königs Josia im Jahr 609 v. Chr. Mit ihm zerstoben alle Hoffnungen auf den Wiederaufbau eines erneuerten und unabhängigen judäischen oder sogar großisraelitischen Staates, die man sich in Juda nach dem Zurückweichen des assyrischen Reiches ab den 30er Jahren des 7. Jh.s gemacht hatte. Auch die Ägypter sahen ihre Chance, ihren Einflußbereich nach langer Zeit erneut Richtung Palästina und Syrien auszudehnen. Um seine Rechte auf Palästina anzumelden und die Entstehung einer neuen mesopotamischen Großmacht zu verhindern, zog Pharaoh Necho II. 609 nach Nordsyrien, um das dortige assyrische Restreich um Harran gegen die erstarkenden Neubabylonier zu verteidigen. Natürlich lag auch das Wiedererstehen eines davidischen Großreichs vor der eigenen Haustür nicht im ägyptischen Interesse. Josia erkannte die Gefahr und stellte sich Necho bei Megiddo in den Weg; doch er fiel, bevor die Schlacht begonnen hatte (II Reg 23,29). Auf dem Rückzug machte Necho Juda zur ägyptischen Provinz und nahm Josias Nachfolger Joahas gefangen (II Reg 23,33). An seiner Stelle setzte er einen anderen Sohn Josias, Jojakim, der zuvor bei der Thronfolge übergangen worden war, zum Vasallenkönig ein. Und dieser rächte sich an den Notablen, indem er den Tribut, den Necho ihm abforderte, als Steuer auf das Land umlegte (II Reg 23,35).

Doch diese ägyptische Expansionspolitik hatte nicht lange Bestand. Schon vier Jahre später wandte sich das Blatt. Der junge babylonische Kronprinz Nebukadnezar siegte im Sommer 605 in Karkemisch über die verbündeten assyrisch-ägyptischen Heere und ging, nachdem er nach dem Tod seines Vaters Nabopolassar im gleichen Jahr den neubabylonischen Thron bestiegen hatte, sofort dazu über, durch mehrere Heerzüge nach Syrien und Palästina seinen Anspruch auf das assyrische Erbe im Westen anzumelden. Im Jahr 604 stieß er schon bis Askalon

---

[3] S. o. in diesem Band, S. 1–22.

vor, 603 eroberte eine weitere befestigte Stadt, vielleicht Sidon. Unter dem Eindruck der expandierenden neubabylonischen Macht unterwarf sich auch der ägyptische Vasall Jojakim dem babylonischen König. Doch kaum daß 601 die Entscheidungsschlacht zwischen Nebukadnezar und Necho im ägyptischen Grenzgebiet unentschieden ausgegangen war, fiel er schon wieder von ihm ab (II Reg 24,1) und setzte erneut auf die ägyptische Karte. Dies provozierte die erste babylonische Strafaktion gegen das abtrünnige Juda: Nachdem Nebukadnezar zuvor schon die östlichen Nachbarn Judas ermutigt hatte, in Juda einzufallen, marschierte er im Winter 598 selbst nach Jerusalem und belagerte es. Noch während der Belagerung ist Jojakim offenbar gestorben. Nur dadurch, daß sich sein Sohn Jojachin freiwillig ergab, konnten eine militärische Erstürmung und eine mögliche Zerstörung der Stadt abgewendet werden. Nach der babylonischen Chronik nahm Nebukadnezar Jerusalem am 2. Adar seines 7. Regierungsjahres, das heißt etwa am 16. März 597, ein.[4] Er deportierte Jojachin, seinen Hofstaat und dazu einen erheblichen Teil der Oberschicht, der Kriegsleute und kriegswichtigen Handwerker und setzte an seiner Stelle seinen Onkel Zedekia „als König seines Herzens" ein (Z. 13; vgl. II Reg 24,10–17). Zu dem Tribut, den Nebukadnezar ihm auferlegte, gehörten auch kostbare Tempelgeräte (II Reg 24,13; Jer 28,3).

Es verwundert, daß die babylonische Chronik die Einnahme Jerusalems als einziges Ereignis des 7. Regierungsjahres festhält. Offenbar hatte die Strafaktion gegen die vergleichsweise kleine und entlegene Provinz für Nebukadnezar eine hohe Bedeutung. Diese wird erst erkennbar, wenn man sie in den weiteren Horizont seiner Außenpolitik einordnet: Das neubabylonische Reich war im Befreiungskampf gegen die Assyrer entstanden. Die Kriege des Reichsgründers Nabopolassar waren von 626 bis 616 andauernde Scharmützel gegen die assyrische Besatzungsmacht gewesen, bis schließlich mit tatkräftiger Unterstützung der Meder in den Jahren 614 und 612 die assyrischen Machtzentren Assur und Ninive erobert werden konnten. Dabei hatten die Verbündeten offenbar das assyrische Erbe unter sich aufgeteilt: Die Meder beanspruchten den Osten und Norden, die Neubabylonier erhielten den Westen zugesprochen. Da nun die Ägypter in der Schlußphase der Kämpfe mehrfach massiv auf Seiten der Assyrer eingriffen und ihrerseits das assyrische Erbe im Westen beanspruchten, rückten sie für Nebukadnezar automatisch an die Stelle des assyrischen Erbfeindes. Seine Kriegszüge nach Ḫatti, die dem Sieg über die Assyrer und Ägypter in Karkemisch folgten, hatten das Hauptziel, Ägypten als letzten Verbündeten Assyriens aus dem ehemals assyrischen Herrschaftsgebiet in Syrien-Palästina endgültig zu vertreiben und neue Expansionsversuche ein für allemal zu vereiteln. Dies war mit dem

---

[4] BM 21946 Rs. 11–13, vgl. WISEMAN, Chronicles of the Chaldaean Kings, 72f.; GRAYSON, Assyrian and Babylonian Chronicles, 102; GALLING, Textbuch zur Geschichte Israels, 74. Die Datierung in das 8. Regierungsjahr Nebukadnezars, die II Reg 24,12 vornimmt, rechnet offenbar sein Akzessionsjahr 605/4 als erstes Regierungsjahr. Richtig ist die Datierung in Jer 52,28 vorgenommen. Zu den Datierungsproblemen s.u. 27–28.

Feldzug 601 weitgehend erreicht. Wohl war Ägypten nicht besiegt, aber seine Einflußsphäre war klar auf sein Ursprungsgebiet beschränkt.[5] Dem kleinen Juda kam in dieser antiägyptischen Strategie Nebukadnezars nur deswegen Bedeutung zu, weil es an der neuralgischen Südwestgrenze seines Reiches lag. Wurde dieser Vasall untreu, bot er Ägypten die willkommene Gelegenheit, sich erneut in die Politik auf der palästinisch-syrischen Landbrücke einzumischen und damit seine Einflußsphäre auszuweiten. Deswegen war es für Nebukadnezar von großer Bedeutung, daß es ihm mit seinem Feldzug 598/7 gelungen war, Juda und Jerusalem erneut fest in seinen Herrschaftsbereich einzubinden und damit das ägyptische Einfallstor zu schließen.

Nebukadnezar hat sich ganz offensichtlich bemüht, in Juda einen ihm treu ergebenen Vasallenstaat zu schaffen. Auf der einen Seite blieb er mit seiner Strafaktion maßvoll: Jerusalem blieb unzerstört, und der Staat blieb – abgesehen von einigen Gebietsverlusten – weitgehend intakt. Andererseits wurde Juda eines Teils seiner Elite und kriegswichtiger Berufsgruppen beraubt (II Reg 24,14.16), um, wie es der Prophet Ezechiel ausdrückte, „sein Königtum niedrig zu halten" (Ez 17,14) und damit die Lust an weiteren Aufständen zu nehmen. Garant für die zukünftige Vasallentreue sollte ein weiterer Sohn Josias, Zedekia, sein, den Nebukadnezar persönlich ausgesucht und von dessen antiägyptischer Einstellung er sich überzeugt hatte. War doch auch schon sein Vater – wie Nebukadnezar selbst – Gegner der Assyrer und Ägypter gewesen.

Doch Zedekia dankte Nebukadnezar das in ihn gesetzte Vertrauen nicht. Schon bald nach seinem Regierungsantritt 597 geriet er teilweise unter den Einfluß einer national-religiösen Partei in Juda, die ihn erneut in proägyptische und damit antibabylonische Richtung drängte.[6] Nachdem 595 eine Rebellion in Babylon ausgebrochen war und im gleichen Jahr der tatkräftige Pharaoh Psammetich II. den ägyptischen Thron bestiegen hatte, beteiligte sich Zedekia 594 maßgeblich an einer antibabylonischen Konspiration der palästinisch-phönizischen Kleinstaaten, die in Jerusalem stattfand (Jer 27,1–3). Die National-Religiösen erwarteten zu dieser Zeit einen baldigen Zusammenbruch der babylonischen Herrschaft und eine Rückkehr der Exilierten von 597 (Jer 28,2–4), während Jeremia mit einem Joch auf dem Nacken gegen die antibabylonische Hochstimmung demonstrierte (Jer 27f.). Doch schon bald saß Nebukadnezar wieder fest im Sattel, und Zedekia beeilte sich, eine Ergebenheitsadresse mitsamt seinem Tribut nach Babylon zu schicken (Jer 29,1–3; 51,59). So ging die Sache glimpflich aus.

---

[5] Wahrscheinlich bezieht sich auf diese im Jahr 601 erreichte klare Abgrenzung der Einflußsphären die Bemerkung von II Reg 24,7: „Der König von Ägypten zog nicht mehr aus seinem Lande; denn der König von Babel hatte ihm alles genommen, was dem König von Ägypten gehört hatte, vom Bach Ägyptens bis an den Euphratstrom."

[6] Zum Streit zwischen der national-religiösen und der reformistischen Partei im letzten Jahrzehnt Judas vgl. ALBERTZ, Religionsgeschichte, 360–373.

Der gescheiterte Aufstandsversuch schreckte Zedekia nicht davon ab, sich schon bald wieder in ein neues Abenteuer zu stürzen. Im Jahr 591 hatte Psammetich II. einen glänzenden Sieg in Nubien errungen und nutzte seinen Erfolg in einer religiös-diplomatischen Propagandareise durch Palästina.[7] Davon ermutigt, kündigte Zedekia auf Drängen der national-religiösen Partei seinen Vasallenvertrag mit Nebukadnezar 591 oder 590 auf (II Reg 24,20; 25,1); wahrscheinlich hat er schon vor oder nach dem Nubienkrieg ein regelrechtes, vielleicht anfangs noch geheimes Militärhilfeabkommen mit Ägypten geschlossen.[8] Eine ganze Reihe von Texten reflektiert eine angeblich fest zugesagte ägyptische militärische Unterstützung (Thr 4,17; Ez 17,7.15.17; 29,6; vgl. II Reg 18,21), ohne die das Risiko eines Abfalls nach den Erfahrungen von 597 auch zu groß gewesen wäre. Hinzu berichtet der Lachisch-Brief III von einer Mission eines judäischen Generals nach Ägypten,[9] die gut auf einem solchen Abkommen beruhen könnte.

Mit dem Abfall Zedekias erlitt Nebukadnezar einen empfindlichen politischen Mißerfolg. Seine Eingrenzungspolitik gegenüber Ägypten schien nicht nur erneut bedroht, sondern angesichts des festen Bündnisses zwischen Juda und Ägypten regelrecht gescheitert zu sein. Hinzu kam die persönliche Kränkung, daß er selbst einen Vasallenkönig ausgesucht hatte, der ihm nun frech die Stirn bot. Es mag als Ausdruck der Verachtung für seinen judäischen Vasallen gewertet werden, daß sich Nebukadnezar an der zweiten Strafaktion gegen Jerusalem nicht mehr persönlich beteiligte. Er leitete den Feldzug vom südsyrischen Ribla aus (II Reg 25,6), gut 300 Kilometer nördlich vom Ort des Geschehens.

Leider steht uns die babylonische Chronik für diese Zeit wegen Abbruchs der Tafel[10] nicht mehr zur Verfügung, so daß die genaue Datierung der nun folgenden dramatischen Ereignisse nicht ganz sicher ist.

Die Forschung ist sich immer noch uneins, ob das Jahr der zweiten Exilierung Judas und damit auch das der Zerstörung des salomonischen Tempels in das Jahr 587 oder 586 v. Chr. anzusetzen ist.[11] Da der Hauptstrom der biblischen Überlieferung sie in das 19. Jahr Nebukadnezars datiert (II Reg 25,8; Jer 52,12; vgl. Jer 32,1), hätte sie nach der babylonischen Chronik (Vs. Z.12–15), die bestätigt, daß das Jahr 605 als sein Akzessionsjahr zu zählen ist, im Jahr 586 stattgefunden. Doch tut sich damit folgendes Problem für die Regierungszeiten der letzten judäischen Könige auf: Das Jahr der Schlacht von Karkemisch 605/4 war nach Jer 46,2

---

[7] Vgl. den Bericht in dem demotischen Papyrus Rylands IX 14,16–15,9 (GRIFFITH, Catalogue II, 64f.); vgl. Teilübersetzung bei MILLER / HAYES, A History of Ancient Israel and Judah, 411.

[8] Ein Teil dieses Abkommens beziehungsweise ein Ergebnis der Konspiration von 594 könnte die Beteiligung von semitischen Söldnern am Nubienfeldzug gewesen sein, die ihre Namen als Grafitti in Abu Simbel hinterlassen haben, vgl. JAMES, Egypt, 718.

[9] Vgl. Z. 13–18; RENZ / RÖLLIG, Handbuch der Althebräischen Epigraphik I, 418f.

[10] Sie endet mit dem Jahr 594/3 v. Chr.

[11] Vgl. im einzelnen die Diskussion bei ALBERTZ, Exilszeit, 69–73.

das 4. Regierungsjahr Jojakims; das Jahr des Todes Josias (609) galt also als sein Akzessionsjahr, und seine elf Regierungsjahre überstrichen die Jahre 608/7 bis 598/7. Wenn aber die zweite Exilierung in das Jahr 586/5 zu datieren wäre, begönne die elfjährige Regierungszeit Zedekias erst im Jahr 596/5. Damit würde aber eine Lücke von einem Jahr zwischen der ersten Exilierung 598/7 und seinem Regierungsantritt klaffen. Nun könnte man zwar annehmen, daß sich die Thronerhebung Zedekias noch in das Jahr 597/6 hingezogen habe und dieses Jahr als sein Akzessionsjahr zu zählen sei. Doch bliebe das Problem, daß dann dieses Jahr – dem Prinzip der nachdatierenden Zählweise folgend – noch den Vorgängern Zedekias hätte zugeschlagen werden müssen. Will man nicht mit der komplizierten Annahme verschiedener Jahresanfänge beziehungsweise differenter Interkalierungen in Babylonien und Juda rechnen, so ist als die einfachste Lösung des Problems anzunehmen, daß die Datierung der zweiten Exilierung ins 19. Jahr Nebukadnezars dadurch zustande kommt, daß aus dem Rückblick heraus das Jahr der berühmten Schlacht von Karkemisch (605 v. Chr.) fälschlicherweise schon als 1. Regierungsjahr Nebukadnezars gezählt wurde.[12] Dadurch würde zugleich erklärt, wie es zu der fehlerhaften Ansetzung der ersten Exilierung ins achte (II Reg 24,12), statt ins siebte Jahr Nebukadnezars (so die babylonische Chronik) kommt. Die nach dieser Annahme richtige Datierung der zweiten Exilierung Judas wäre somit das 18. Regierungsjahr Nebukadnezars, das Jahr 587/6.[13] Diese findet sich in Jer 52,29; Dan 4,1 LXX; Judith 2,1; Ios. ant. Iud. X, 146; c. Ap. I, 154 überliefert.

Bei einer solchen zeitlichen Ansetzung haben wir nicht mit einer unverhältnismäßig langen Belagerungszeit von ca. 2 1/2 Jahren, sondern mit der kürzeren von ca. 1 1/2 Jahren zu rechnen.[14] Angesichts der Tatsache, daß zum Beispiel selbst eine so große Stadt wie Babylon 690/89 nur 15 Monate der assyrischen Belagerung widerstand, ist dies realistischer.

Wenn Nebukadnezar nicht umgehend seine Truppen in Marsch setzte, so wahrscheinlich deswegen, weil auch er von der militärischen Stärke Psammetichs beeindruckt war. Doch sofort nach dessen überraschendem Tod 589 sah er den Zeitpunkt gekommen, in das durch den Regierungswechsel geschwächte judäisch-ägyptische Bündnis hineinzustoßen.[15] Wahrscheinlich am 15. Januar 588 nahm

---

[12] So explizit in Jer 25,1, wo das 4. Jahr Jojakims (605 v. Chr.) mit dem 1. Jahr Nebukadnezars geglichen wird.

[13] Ich folge hier weitgehend KUTSCH, Das Jahr der Katastrophe, 523–534; vgl. auch HARDMEIER, Prophetie, 247–251.

[14] Dies widerspricht nicht der Angabe von II Reg 25,1f., daß die Stadt vom 9. bis ins 11. Regierungsjahr Zedekias belagert wurde, da das judäische Jahr im Frühjahr begann und damit der Belagerungsbeginn im Januar noch in das Jahr 589/8 fällt.

[15] Nach Ausweis von Ez 21,23–28 hoffte man unter den 597 Exilierten offensichtlich bis zuletzt, daß sich der neue Feldzug Nebukadnezars wohl gegen Rabbat-Ammon richten werde. Demgegenüber suchte sie der Prophet durch eine Zeichenhandlung zu überzeugen, daß Nebukadnezar, und zwar durch übereinstimmende göttliche Orakel bewogen, Jerusalem als Kriegsziel

das babylonische Heer seine Belagerung von Jerusalem auf (II Reg 25,1). In diese
Zeit, als die übrigen judäischen Festungen noch über freien Zugang verfügten
(vgl. Jer 34,7), gehört wohl der oben erwähnte Lachisch-Brief III. Der General
Konjahu zog mit einer Schar von Soldaten nach Ägypten, wahrscheinlich um
vom neuen Pharao Apries (589–570, Hophra Jer 44,30) die zugesagte Militärhilfe
zu erbitten.

Auch wenn ägyptische Quellen darüber fehlen, so ist es ziemlich sicher, daß
die Ägypter dem judäischen Hilfeersuchen Folge leisteten. In Jer 37,5 wird berichtet, daß die Kunde vom Aufmarsch des ägyptischen Heeres die Babylonier
dazu veranlaßte, die begonnene Belagerung Jerusalems abzubrechen. Dies wird,
wie wir aus den zwischen dem 17. Januar (Ez 29,1) und 2. Juni 588 (Ez 31,1) datierten Ägypten-Orakeln im Ezechielbuch rekonstruieren können, am ehesten im
Frühsommer des Jahres 588 gewesen sein.[16] Die Tatsache, daß die Babylonier
alle Kräfte auf die Abwehrschlacht gegen die Ägypter konzentrierten und dafür
bereit waren, schon erreichte Erfolge bei der Abschnürung Jerusalems aufzugeben, spricht dafür, daß es Nebukadnezar auch bei dieser zweiten Strafaktion gegen Jerusalem wieder primär um die Vertreibung der Ägypter von der palästinisch-syrischen Landbrücke ging. Wir wissen zwar nichts von dem näheren Verlauf dieser babylonisch-ägyptischen Kämpfe. Doch muß die Niederlage für die
Ägypter verheerend gewesen sein. Denn sie verzichteten von da an völlig darauf,
ihren Einfluß Richtung Syrien-Palästina zu Lande zu erkämpfen. Vielmehr ver-
legte sich Apries verstärkt auf den Ausbau der Flotte, um von der See her die
ägyptischen Macht- und Handelsinteressen im östlichen Mittelmeer geltend zu
machen.[17]

---

auswählen werde. Wir wissen nicht, ob die Ammoniter an der antibabylonischen Revolte von
591/90 beteiligt waren; sicher ist allerdings, daß sie an der antibabylonischen Konspiration 594
teilgenommen hatten und ihr König Baalis auch noch nach der Eroberung Jerusalems national-
religiös gesinnten Judäern Zuflucht gewährte und gegen den babylonischen Statthalter von Juda
aufhetzte (Jer 40,13–41,10). Bei der hier vertretenen Auffassung, daß es Nebukadnezar bei seinem geplanten Feldzug primär gar nicht um Jerusalem, sondern um eine Eindämmung Ägyptens
ging, wird es leichter erklärlich, daß er eine Zeitlang schwanken konnte, welchen der unsicheren
palästinischen Kandidaten er sich vornehmen sollte, um die Ägypter zu einer offenen Feld-
schlacht zu provozieren und sie dann zurückzuschlagen. Nach Ios. ant. Iud. X, 181 hat Nebukadnezar im Jahr 582 im Gefolge der Eroberung von Coele-Syrien auch gegen Moab und Ammon
Krieg geführt, das heißt in demselben Jahr, als er nach Jer 52,30 in Juda eine dritte Deportation
durchführen ließ. Falls Josephus hier nicht nur Völkerworte des Propheten Jeremia extrapolierte
(vgl. Jer 48; 49,1–6), könnte es sich dabei um eine nachgeholte Strafaktion gegen die Ammoniter
handeln, die vielleicht durch die Verwicklung von Baalis in die Gedalja-Ermordung ausgelöst
worden war. Wenn das Völkerwort Ez 25,3 die Ammoniter besonders darüber höhnen läßt, daß
der Jerusalemer Tempel zerstört, das Land verwüstet und die Bevölkerung deportiert wurde, dann
mag das mit der Enttäuschung der geschlagenen Judäer darüber zusammenhängen, daß der ehe-
malige Verbündete anfangs noch verschont worden war.

[16] Vgl. dazu im einzelnen HARDMEIER, Prophetie, 257–286.
[17] JAMES, Egypt, 718f.

Die Belagerungspause vom Frühsommer 588 hat eine kaum zu überschätzende Bedeutung für die innerjudäischen politischen und theologischen Auseinandersetzungen gehabt. Anti- und probabylonische Gruppen stritten heftig darum, was wohl der Abzug der Babylonier zu bedeuten habe. Während die national-religiöse Partei die Meinung vertrat, die Babylonier seien endgültig abgezogen (Jer 21,2), und Jerusalem schon wie durch ein Wunder gerettet sah, verkündete Jeremia, die Babylonier würden wiederkehren und die Stadt einnehmen (Jer 37,6–10; vgl. 34,22). Währenddessen schwankte Zedekia hilflos zwischen den Fronten (Jer 37,1ff.17ff.; 38,1–6). Wenn es Nebukadnezar primär um Ägypten ging, dann konnte er sich vielleicht Hoffnung machen, noch einmal ungeschoren davonzukommen. Allerdings mußte er sich auch im klaren sein, daß er ohne ägyptische Unterstützung keinerlei Chance hatte, einer babylonischen Strafaktion zu widerstehen. Jeremia, der während der Belagerungspause Jerusalem verließ, um eine familiäre Angelegenheit in Benjamin zu regeln, wurde unter dem Verdacht, mit den Babyloniern zu kollaborieren, festgenommen und in eine Zisterne geworfen (Jer 37,11–16; vgl. 32,6–15).

Jeremia sollte mit seiner Prognose recht behalten. Nach ihrem Sieg über die Ägypter kehrten die babylonischen Truppen wieder nach Jerusalem zurück und nahmen spätestens im Spätsommer 588 erneut die Belagerung auf. Obgleich ihre Lage militärisch hoffnungslos war, hielt die Stadt noch etwa ein Jahr den babylonischen Belagerern stand. Zwar riet Jeremia dem König Zedekia, sich freiwillig zu ergeben, um so sein Leben und die Stadt vor Zerstörung zu retten (Jer 38,17f.); doch dieser hatte Angst, von den probabylonisch eingestellten Judäern, die schon zu den Babyloniern übergelaufen waren, wegen seiner verheerenden Politik gelyncht zu werden (V. 19). So blieb er lieber in den Fängen der National-Religiösen, die weiter zum Durchhalten aufriefen.

Als die Stadt nach etwa einem Jahr soweit ausgehungert war, daß keine Gegenwehr mehr stattfand, wurde am 29. Juli 587 von den babylonischen Mineuren eine Bresche in die Stadtmauer geschlagen (II Reg 25,3f.).[18] Damit war die Stadt erobert. Während Jeremia auf königliche Anordnung von babylonischen Offizieren aus der Haft befreit wurde (Jer 39,11–14), in die er wegen des Vorwurfs der Wehrkraftzersetzung geraten war (Jer 38,4), wurde Zedekia, der in der Nacht mit einer kleinen Truppe zu fliehen versucht hatte, von einem babylonischen Greiftrupp in Jericho gefangengenommen[19] und zur Aburteilung zu Nebukadnezar nach Ribla gebracht (II Reg 25,4–7; Jer 39,4f.). Die Neubabylonier wußten somit hervorragend über den innerjudäischen Streit Bescheid und behandelten Schuldige und Unschuldige, zumindest was die Führungskräfte anbelangt, deutlich unterschiedlich. Als untreuer Vasall und einer der Hauptschuldigen für die Aufstandspolitik wurde Zedekia hart bestraft; er mußte mit ansehen, wie seine Söhne

---

[18] Jahr und Monat sind aus Jer 39,2 und 52,6 zu ergänzen.
[19] Wohin Zedekia fliehen wollte, lassen die Texte offen.

vor seinen Augen getötet wurden; danach wurde er geblendet und in Ketten nach Babylon abgeführt (II Reg 25,7; Jer 39,6f.).

Etwa einen Monat lang blieb in der Schwebe, was die Babylonier mit der eroberten Stadt machen würden. Nach übereinstimmender Darstellung von II Reg 25,4–8 und Jer 39,6–8 hat Nebukadnezar den Befehl zu ihrer Ausplünderung und Brandschatzung erst nach dem Verhör und der Aburteilung Zedekias in Ribla erteilt. Er wurde vom Obersten der Leibwache, Nebusaradan, um den 25. August[20] 587 v. Chr. herum ausgeführt.

II Reg 25,8	Am siebten Tage des fünften Monats, das ist das 19. Jahr Nebukadnezars, des Königs von Babel, kam Nebusaradan, der Oberste der Leibwache, der Bedienstete[21] des Königs von Babel, nach Jerusalem.
9	Dann verbrannte er das Haus JHWHs, das Haus des Königs und alle Häuser Jerusalems, vor allem die großen Häuser verbrannte er im Feuer.
10	Die Mauer Jerusalems ringsherum, sie riß das ganze Heer der Chaldäer, das dem Obersten der Leibwache unterstand, nieder.

Nach diesem Bericht im Zweiten Buch Könige richtete sich das Zerstörungswerk der Babylonier insbesondere gegen den Tempel und den Palast, die einen zusammenhängenden Baukomplex bildeten. Dieses religiöse und politische Zentrum steht betont am Anfang. Hinzu kamen die Häuser der Wohnbevölkerung, und davon wieder vor allem, wenn man das *waw* des zweiten Satzteils explikativ verstehen darf, die großen Stadthäuser der hohen Beamten, Militärs und Großgrundbesitzer. Die totale Schleifung der Mauer, zu der die ganze Truppe eingesetzt werden mußte, sollte Jerusalem dauerhaft der Möglichkeit berauben, jemals wieder als Basis antibabylonischer Aufstände fungieren zu können. Wenn in II Reg 25,13–17 – offenbar aus einer anderen Quelle – eine detaillierte Schilderung angefügt wird, wie die Babylonier die bronzenen Gerätschaften des Tempels, insbesondere die beiden kunstvoll bearbeiteten Säulen, die dessen Eingang geziert hatten, zerschlugen und abtransportierten, dann wird damit im Bericht der Königsbücher die Zerstörung des Tempels durch die Babylonier nochmals hervorgehoben und zugleich Trauer und Empörung über ihr brutales Vorgehen provoziert.[22] Daß die Tempelzerstörung im Vernichtungswerk der Babylonier offenbar

---

[20] Das Datum schwankt zwischen dem 7. (II Reg 25,8 MT), 9. (LXX[L], Syr) und 10. Av (Jer 52,12).

[21] II Reg 25,8 verwendet den unspezifischen Begriff עֶבֶד; Jer 52,12 liest „der vor dem König stand" und hebt damit auf die hohe Vertrauensstellung Nebusaradans ab.

[22] Wie ich an anderer Stelle nachzuweisen versucht habe, stammt das Deuteronomistische Geschichtswerk, das die Bücher Dtn bis II Reg umfaßte, wahrscheinlich aus Kreisen der Nachfahren der national-religiösen Partei, die nach Babylonien deportiert wurde, s. ALBERTZ, Deuteronomisten, 333–337. Die Tendenz des Zerstörungsberichts wird von dieser Herleitung her besser verständlich. Gegen die in II Reg 25,13–17 vermittelte Sicht, Opfer blindwütiger babylonischer Zerstörungswut geworden zu sein, wird von den deuteronomistischen Bearbeitern des Jeremiabuches, die sich aus den Nachfahren der Reform-Fraktion speisten (vgl. ebd., 330–333), polemisch festgehalten, daß der Verlust der restlichen Tempelgerätschaften hätte verhindert werden können, wenn man auf Jeremia gehört hätte (Jer 27,16–20).

einen neuralgischen Punkt für die Betroffenen darstellte, wird aus dem Umstand erkennbar, daß sie im weithin parallelen Eroberungsbericht Jer 38,28b–39,10 unerwähnt bleibt:

Jer 39,8   Und das Haus des Königs und das Haus des Volks verbrannten die Chaldäer im Feuer und die Mauer Jerusalems rissen sie ein.

Offenbar wollten die Tradenten des Jeremiabuches, die durchweg probabylonisch eingestellt waren, die Babylonier vor dem Vorwurf, das Sakrileg einer Tempelzerstörung begangen zu haben, in Schutz nehmen.[23] Meinten sogar sie, Nebukadnezar sei damit zu weit gegangen?

III. Die religionspolitischen Gründe für die Tempelzerstörung

Wir haben keinerlei Quellen dafür, was Nebukadnezar in Ribla bewog, zusammen mit der Zerstörung der Stadt auch die Plünderung und Brandschatzung des Tempels anzuordnen. Wir können seine Motive nur indirekt erschließen.

Ausschließen kann man wohl die Möglichkeit, daß es sich um ein technisches Versehen gehandelt habe, das heißt, daß der Tempel mehr oder minder unabsichtlich dem Feuer zum Opfer fiel, das man in der Stadt gelegt hatte. Denn durch seine exponierte Lage hoch auf dem Zionberg nördlich des eigentlichen Stadtgebiets wäre es ein leichtes gewesen, den Tempel bei der Brandschatzung der Stadt unbehelligt zu lassen.

Ausschließen kann man auch die Möglichkeit, Nebukadnezar habe mit der Tempelzerstörung die JHWH-Religion vernichten wollen. Auch wenn in der Wirkungsgeschichte die Zerstörung des Jerusalemer Tempels später von judäischer Seite immer wieder als Angriff Nebukadnezars auf JHWH selbst hochstilisiert wurde (Jer 50,29; 51,11; Dan 4,22 [LXX]), so ist es doch extrem unwahrscheinlich, daß der babylonische König irgendeinen religiösen Exklusivanspruch hat durchsetzen wollen. Ein solcher war einer polytheistischen Religion, wie sie die babylonische darstellte, völlig fremd; und es bereitete keinerlei Schwierigkeit, ihr auch die Götter unterworfener Völker zuzuordnen. Im konkreten Fall läßt sich sogar der Gegenbeweis führen: Wenn Nebusaradan dem Propheten Jeremia, das heißt einem herausragenden Propagandisten der JHWH-Religion, generös eine Apanage in Babylon anbot (Jer 40,4), dann beweist dies, daß keinerlei religiöse Aversion die babylonische Juda-Politik leitete. Auch die Einsetzung Gedaljas

---

[23] Möglich ist auch, daß sie den Tempel hinter dem merkwürdigen Ausdruck „das Haus des Volks" versteckten. Sollte dies der Fall sein, dann sprachen sie dem Tempel ihrer Zeit in der Nachfolge der Kritik Jeremias (Jer 7,1–15) ab, noch Haus JHWHs gewesen zu sein. Dazu daß die deuteronomistischen Redaktoren des Jeremiabuches zum Jerusalemer Tempel eine deutlich kritischere Haltung einnahmen als die deuteronomistischen Historiker, vgl. ALBERTZ, Deuteronomisten, 328f.

zum Statthalter (Jer 40,6ff.), der aus der prominenten Schafan-Familie stammte, die hinter der religiösen Erneuerung der Josia-Zeit gestanden hatte, stellt klar, daß man von babylonischer Seite durchaus bereit war, prominente Vertreter der JHWH-Religion in die eigene Herrschaft einzubinden, sofern sie nicht antibabylonisch orientiert waren. Hinter der Tempelzerstörung stand also keinerlei religiöse Intoleranz von seiten der Babylonier.

Aber was können es sonst für Gründe gewesen sein? Ich möchte hier die These vertreten, daß die Zerstörung des Jerusalemer Tempels eine ganz große Ausnahme in der imperialen Politik der neubabylonischen Könige darstellt, ja, sogar der babylonischen Reichstheologie zuwiderlief. Dazu muß man wissen, daß Babylon ein Jahrhundert zuvor selbst Opfer einer katastrophalen Tempelzerstörung geworden war. Entnervt durch die nicht enden wollenden Aufstände des Chaldäers Marduk-apla-iddin (Merodachbaladan), der übrigens freundschaftliche Kontakte mit dem judäischen König Hiskia unterhielt (II Reg 20,12–19), hatte der Assyrerkönig Sanherib am 9. Kislev 689 Babylon nach 15monatiger Belagerung erobert und daraufhin die Stadt samt ihrer zahlreichen Tempel verwüstet und dabei sogar die Marduk-Statue zerstört. Er hatte sich nicht gescheut, den Euphrat über das Stadtgebiet umzuleiten, so daß Babylon für ein Jahrzehnt unbewohnbar geworden war. Es läßt sich nun zeigen, daß dieses himmelschreiende Sakrileg, das beispiellos in der Geschichte Mesopotamiens dasteht, wesentlich dazu beigetragen hat, daß sich die divergierenden babylonischen Gruppen zu einem gemeinsamen Widerstand gegen die assyrische Besatzungsmacht vereinten.[24] Mehr noch, es läßt sich belegen, daß der Gründer des neubabylonischen Reiches, Nabopolassar, seinen Befreiungskampf gegen die Assyrer ausdrücklich als Vergeltung für die Zerstörung Babylons durch Sanherib, insbesondere die Zerstörung und Ausraubung des Mardukheiligtums Esangila legitimierte. Er sah sich vom Gott Marduk zum König berufen, um dessen Rache für Babylon an den Assyrern zu vollziehen.[25] Von daher erklärt sich die schonungslose Eroberungspolitik gegen die Assyrer, die nun auch deren Hauptstädte in Schutt und Asche legte. Von daher erklärt sich auch noch die zähe Eindämmungspolitik Nebukadnezars gegen die Ägypter, die letzten Verbündeten der Assyrer, in deren Zusammenhang, wie oben gezeigt wurde, auch die beiden Kriegszüge gegen Jerusalem zu sehen sind.[26]

---

[24] Vgl. dazu FRAME, Babylonia, 52–58. Erst Asarhaddon begann elf Jahre später mit dem Wiederaufbau der Stadt; zu einer vollen Restitution des Mardukkultes in Babylon kam es wohl erst unter Šamaš-šuma-ukin im Jahr 552; doch schon bald machte sich im Bürgerkrieg (652–648) mit seinem Bruder Aššurbanipal erneut der babylonische Unabhängigkeitswille Luft. Diesmal versuchten die Assyrer schonender vorzugehen. Bei der erneuten Eroberung Babylons 648 wurden die Tempel auf ausdrücklichen Befehl des Königs verschont. Doch war der babylonische Unabhängigkeitswille nicht mehr zu besänftigen.

[25] S. seine „Kriegserklärung" gegen Assyrien, BM 55467, bes. Vs. Z. 3f.10–13; Rs. Z. 3–9; vgl. GERARDI, Declaring War, 34–37.

[26] Auch die 13jährige Belagerung von Tyros, wahrscheinlich von 585–572 v. Chr. zu datieren, gehört in diese antiägyptische Stoßrichtung seiner Politik hinein. Es galt, Ägypten, das über

Wenn aber eine traumatische Tempel- und Stadtzerstörung so etwas wie den „Gründungsmythos" des neubabylonischen Reiches[27] ausmachte, dann kann man davon ausgehen, daß die neubabylonischen Könige auf ganz besondere Weise für das Thema Tempelzerstörung sensibilisiert waren und noch weniger, als dies sonst im Vorderen Orient üblich war, leichtfertig damit umgingen. Wohl ist es wahrscheinlich, daß Nabopolassar und auch Nebukadnezar sich an der Zerstörung assyrischer Tempel beteiligten. Nachweisen läßt sich dies für die Sin-Tempel in Harran.[28] Doch handelte es sich hier noch um eine Ausnahmesituation, die durch das Theologumenon von der „Rache Marduks für Babylon" gedeckt war.[29] Berücksichtigt man jedoch, wie der letzte neubabylonische König Nabonid in seiner Basalt-Stele die Schuld für die Zerstörung der assyrischen Tempel dem wilden Meder-Haufen in die Schuhe zu schieben versucht (II 14–31'; X 14f.) und behauptet, Nabopolassar habe nicht Hand an die Kulte der Götter gelegt, sondern währenddessen trauernd auf nacktem Boden gelegen (II 32'–41'),[30] dann wird erkennbar, für wie unvereinbar man später selbst diese anfänglichen Tempelzerstörungen zur Zeit der Reichsgründung mit dem frommen Selbstverständnis der neubabylonischen Könige ansah. Wohl war JHWH kein Gott des mesopotamischen Pantheons, und es ist zu vermuten, daß sich Nebukadnezar ihm nicht persönlich verbunden fühlte. Aber immerhin war er seit 17 Jahren einer der vielen Götter seines Reiches, und es war darum untunlich, ihn mutwillig zu kränken. So ist zu vermuten, daß die einmonatige Verzögerung, die zwischen Eroberung und Tempelzerstörung liegt, auch mit der Schwierigkeit der Entscheidung zusammenhängt, vor die sich Nebukadnezar gestellt sah. Wenn er sich nach längerer Bedenkzeit zur Tempelzerstörung entschloß und damit ein Stück weit die theolo-

---

Tyros wesentlich seinen Handel mit der Levante abwickelte, auch auf See den Zugang nach Syrien-Palästina zu versperren. Die Aufhebung der Belagerung hängt wohl damit zusammen, daß die aktive Flottenpolitik im 6. Jh. Ägypten zu einem gefährlichen Konkurrenten für die phönizische Handelsflotte machte, auf die das neubabylonische Reich angewiesen war. Die antiägyptische Stoßrichtung der Außenpolitik Nebukadnezars setzte sich auch dann noch fort: Bekanntlich korrigierte der Prophet Ezechiel seine gegen Tyros gerichtete Prophetie 572 dahingehend, daß Nebukadnezar für seine vergebliche Mühe bei der Tyros-Belagerung von JHWH Ägypten zugesprochen erhalte (Ez 29,17–21). Zwar ist es nicht zu der offenbar allseits erwarteten Invasion nach Ägypten gekommen (Jer 43,8–13; 46,13–26; Ez 29,17–21; 30–32) – die dem entsprechenden Schilderungen bei Ios. ant. Iud. X, 182, sind unglaubwürdig –, aber immerhin ist für das Jahr 568 eine militärische Auseinandersetzung zwischen Nebukadnezar und dem Pharaoh Amasis aus einer fragmentarischen keilschriftlichen Quelle belegt, vgl. Nbk. 48, Langdon, Die neubabylonischen Königsinschriften, 206ff.

[27] So Beaulieu, The Reign of Nabonidus, 115; vgl. Albertz, Exilszeit als Ernstfall, 26–34.

[28] Obgleich Nabonid diese Tatsache geflissentlich übergeht, kann er nicht verschweigen, daß sich in Babylon ein kostbares Siegel der Statue des Sin von Harran befand, vgl. die Basaltstele X 32ff.; Schaudig, Inschriften, Nr. 3.3.

[29] BM 55467, Vs. Z. 13f., vgl. Gerardi, Declaring War, 35; Basaltstele II 11'–13'; vgl. Schaudig, Inschriften, Nr. 3.3.

[30] Vgl. Schaudig, Inschriften, Nr. 3.3.

gischen Grundlagen seines Reiches verriet, dann muß er dafür zwingende Gründe gehabt haben.

Es darf vermutet werden, daß die Informationen, die sich aus dem Verhör des gefangenen Zedekia in Ribla ergaben, wesentlich zu der radikalen Entscheidung beigetragen haben. Da aufgrund dieses Verhörs auch der Oberpriester des Tempels, Seraja, und seine Stellvertreter, Zephanja und drei führende Mitglieder der Tempelpolizei, hingerichtet wurden (II Reg 25,18), ist es wahrscheinlich, daß das Jerusalemer Heiligtum eine führende Rolle bei der antibabylonischen Aufstandspolitik gespielt hat.[31] Es gibt sogar einige Hinweise dafür, daß es nicht nur die organisatorische, sondern auch die ideologische Basis der national-religiösen Partei darstellte, die Zedekia zur Bündnispolitik mit Ägypten und zur Aufkündigung des Vasallenvertrages gedrängt hatte.

Der erste Hinweis stammt aus dem Jahr 609, das heißt noch aus der Zeit vor der babylonischen Vorherrschaft. Es ist belegt, wie in diesem Krisenjahr, als der Tod Josias und die rigiden Eingriffe Nechos die judäische Gesellschaft erschütterten, dem Jerusalemer Tempel eine wichtige heilsversichernde Rolle zukam. Priester und Tempelpropheten suchten der verunsicherten Bevölkerung, die zu den Gottesdiensten in das Heiligtum strömte, Mut zu machen. Wenn dabei der Ausruf: „Der Tempel JHWHs, der Tempel JHWHs, der Tempel JHWHs ist dies!" skandiert wurde (Jer 7,4), so wurde damit ein Topos der alten Zionstheologie aufgegriffen, daß JHWH inmitten Jerusalems anwesend sei (Ps 46,6) und damit die Gottesstadt sowohl vor dem Ansturm der Feinde (V. 7) als auch der Chaosmächte (V. 2–4) schütze.[32] Der Tempel als Stein gewordenes Symbol dieser Anwesenheit JHWHs verbürgte sozusagen materialiter die Unverletzlichkeit Jerusalems. Im Rückgriff auf diese alte Tempeltheologie, die eigentlich schon in der josianischen Zeit eine gewisse Vergeistigung erfahren hatte,[33] ließ sich also direkt eine massi-

---

[31] Es läßt sich sogar wahrscheinlich machen, daß die führende Familie der Jerusalemer Priesterschaft, die Hilkiaden, auch die Führer der national-religiösen Partei stellte, vgl. HARDMEIER, Prophetie, 440–449; ALBERTZ, Religionsgeschichte, 367. I Chr 5,39f. I Chr 5,39f.; Esr 7,1 überliefern die Filiation Hilkia, Asarja, Seraja. Möglicherweise ist Seraja mit dem in Jer 36,26 genannten Seraja ben Asriel identisch. Sein Großvater Hilkia spielte neben dem Schreiber Schafan eine führende Rolle bei der josianischen Reform (vgl. II Reg 22,4ff.), bevor sich nach dem Tod Josias die Reformkoalition spaltete. Der zweite Priester Zephanja ist in Jer 21,1; 29,25.29 und 37,3 erwähnt; er scheint einen gewissen Respekt vor Jeremia gehabt zu haben (Jer 29,29), verzichtet er doch auf eine Maßregelung des Propheten. Allerdings wird er in der Zeit der antibabylonischen Konspiration wohl nicht zufällig von den national-religiös Gesinnten unter den Exilierten angeschrieben worden sein, die sich über Jeremias Brief, in dem er die Exilierten zum Einrichten in der Fremde aufgefordert hatte, ereiferten (Jer 29,26f.; vgl. V. 4–7). Wenn sie dabei ihrem Ansinnen, Jeremia zu foltern, mit einem Hinweis auf die gerade erfolgte Beförderung Zephanjas Nachdruck zu verleihen suchten, dann scheint dieser sein hohes Amt wesentlich den national-religiösen Gefolgsleuten unter der Priesterschaft verdankt zu haben.

[32] Zur Zionstheologie vgl. ALBERTZ, Religionsgeschichte, 200–212. Zwar ist ihr Alter umstritten, doch belegt Mi 3,11, daß sie zumindest am Ende des 8. Jh.s schon voll ausgebildet war.

[33] Nach Ansicht der deuteronomischen Reformer hatte JHWH Jerusalem erwählt, um dort seinen Namen wohnen zu lassen, vgl. Dtn 12,11; 14,23; 16,2.6.11; 26,2. Allerdings bestand zwi-

ve und unbedingte kollektive Schutzzusage in der Krise ableiten, so wie sie schon
ein Jahrhundert früher von dem Propheten Micha kritisch auf die Formel gebracht
worden war: „JHWH ist in unserer Mitte, es kann kein Unheil über uns kommen"
(Mi 3,11). Schon damals opponierte der Prophet Jeremia scharf gegen ein solches, seiner Meinung nach falsches Vertrauen auf den Tempel (Jer 7,4) und kündigte dem Heiligtum, das damit schamlos zur Sicherung sozialen Unrechts miß-
braucht würde, die völlige Zerstörung durch JHWH an (Jer 7,9–15).[34] Die blas-
phemisch klingende Ankündigung, die Jeremia durch Verweis auf das zerstörte
Heiligtum von Silo[35] zu bekräftigen suchte, löste einen gewaltigen Tumult im
Tempel aus (Jer 26), dem Jeremia nur knapp dank des Eingreifens eines Mitglieds
der Schafan-Familie entkam (V. 24).

Der zweite Hinweis stammt aus der Zeit der antibabylonischen Konspiration
594 v. Chr. Hier fällt auf, daß der Tempelprophet Hananja seine Verkündigung,
daß die Exilierten von 597 schon in drei Jahren wieder heimkehren würden, voll-
tönend mit der Ankündigung begann, daß die von Nebukadnezar nach Babylon
verschleppten Tempelgeräte wieder nach Jerusalem zurückkehren würden (Jer
28,3). Dahinter steht offensichtlich die Vorstellung, daß der Raub des kostbarsten
Teils des Tempelinventars ein Sakrileg darstellte, das JHWH nicht länger hinneh-
men könne. JHWHs Sorge um seinen Tempel bildete für die national-religiös
Gesinnten somit die Basis für die Hoffnung, daß es schon bald zu einer Änderung
der politischen Machtverhältnisse kommen müsse (Jer 28,11). Auch dieser Ansicht haben Jeremia (Jer 28,6ff.) und seine deuteronomistischen Tradenten (Jer
27,16ff.) vehement widersprochen.[36]

Der dritte Hinweis stammt wahrscheinlich aus der Belagerungspause im Frühsommer 588. Chr. Hardmeier[37] hat wahrscheinlich gemacht, daß es sich bei der
Hiskia-Jesaja-Erzählung II Reg 18,9ff.* ursprünglich um eine Propagandaerzäh-
lung der national-religiösen Partei aus dieser Zeit handelt, mit der sie anhand des
historischen Beispiels, daß Jerusalem im Jahr 701 durch göttliches Eingreifen vor
der Eroberung durch Sanherib verschont worden war, beweisen wollte, daß auch

---

schen dem Gottesnamen und seiner „Person" immer noch ein relativ enger Bezug, und die exzep-
tionelle Bindung JHWHs an Jerusalem, die sich in der Erwählungsvorstellung (בחר) ausdrückt,
wurde durch die Kultzentralisation noch verstärkt. Daß auch die national-religiös Gesinnten auf
dem Boden der josianischen Kultreform standen, zeigt II Reg 18,22.

[34] Eine ähnliche Ankündigung hatte schon ein Jahrhundert zuvor der Prophet Micha ausgesprochen (Mi 3,12).

[35] Diese Tempelzerstörung ist wahrscheinlich den Philistern im 11. Jh. anzulasten. Der Verweis zeigt, wie traumatisch auch in Israel Tempelzerstörungen erfahren und noch über Jahrhunderte erinnert wurden.

[36] Die ausführliche Auseinandersetzung, welche die deuteronomistischen Bearbeiter in Jer
27,16–22 um die Rückkehr der Tempelgeräte führen, zeigt, wie virulent die Frage auch noch in
der Exilszeit war. Unter dem Vorwurf, mit ihrem Festhalten an der Gerichtsverkündigung Jeremias die „heiligsten Güter der Nation" aufzugeben, sahen sie sich genötigt, ein Heilswort zu formulieren, das die Rückkehr der Tempelgeräte zu einem späteren Zeitpunkt erwartete (V. 22).

[37] HARDMEIER, Prophetie, 278ff.

diesmal die Stadt – entgegen der Gerichtsverkündigung Jeremias und Ezechiels – auf wunderbare Weise gerettet werden würde und das babylonische Heer endgültig abgezogen sei. Es handelte sich dabei also um den Versuch einer geschichtlich-politischen Bewahrheitung der Jerusalemer Tempeltheologie.[38] Darin begründeten die National-Religiösen ihre Geschichtsinterpretation mit einem JHWH-Orakel, das in der Tat auf der Zionstheologie fußt:

II Reg 19,32   Daher so spricht JHWH über den König von Assur.
               Nicht wird er in diese Stadt hineingelangen
               und nicht wird er dort Pfeile schießen und nicht Schilde aufstellen
               und nicht wird er gegen sie einen Belagerungswall aufschütten.
        33   Auf dem Weg, auf dem er gekommen ist, wird er zurückkehren,
               aber in diese Stadt wird er nicht hineingelangen.
               Spruch JHWHs.
        34   Ich werde diese Stadt schützend umhegen,
               um sie zu retten um meinetwillen
               [und um Davids, meines Knechtes, willen.][39]

Diese fast beschwörende Zusage der Uneinnehmbarkeit der Stadt, die hier dem Propheten Jesaja in den Mund gelegt wird, beruht auf der schützenden Anwesenheit JHWHs, die durch den Tempel verbürgt ist. Es wird argumentiert: Weil sich JHWH selbst durch die assyrische, sprich babylonische Belagerung tangiert sehe, würde er Jerusalem wie einen Garten einfrieden (גנן) und damit alle Eroberungsversuche zunichte machen. Das bot einen unbedingten und in jeder Belagerungskrise gültigen Vertrauensgrund. Dagegen wurden die Gegenargumente Jeremias und Ezechiels, etwa von der Unzuverlässigkeit der Ägypter (vgl. II Reg 18,21 mit Ez 29,6f.), in der Erzählung dem assyrischen Heerführer in den Mund gelegt und damit als Feindpropaganda entlarvt.

Wohl fehlen die entsprechenden Belege für die Zeit zwischen dem Beginn des letzten Aufstandes 591/90 und der Wiederaufnahme der Belagerung 588/87. Doch es ist sehr wahrscheinlich, daß es ebendieser Glaube an eine durch den Tempel verbürgte Unverletzlichkeit Jerusalems war, der einen wesentlichen Teil der Eliten Judas dazu trieb, das Risiko eines Aufstandes gegen das babylonische Großreich auf sich zu nehmen und den Widerstand gegen seine militärische Übermacht bis zum letzten durchzuhalten. Von da aus wird nun aber auch verständlich, warum Nebukadnezar schließlich die Zerstörung des JHWH-Tempels von Jerusalem anordnete: Nachdem er im Verhör Zedekias erfahren hatte, daß ebendieser

[38] WANKE, Zionstheologie, hat die These vertreten, daß die Zionstheologie aus der geschichtlichen Erfahrung der Bewahrung Jerusalems im Sanherib-Feldzug 701 heraus entstanden sei. Doch wird daraus ihre stark mythische Fundierung nicht erklärbar.

[39] Bei diesem Satzteil handelt es sich wahrscheinlich um eine deuteronomistische Ergänzung, mit der sie ihrer Ansicht Ausdruck geben, daß die Verheißung, die auf David ruhte, mehrmals das Gericht JHWHs über das Südreich hinauszögerte und abmilderte; vgl. II Sam 7,14–16; I Reg 2,4; 8,25; 9,5; 11,12f.34; 15,4; II Reg 8,19; vgl. ALBERTZ, Religionsgeschichte, 405–408.

Tempel und seine Theologie Basis und Stimulans für den Aufstand gegen ihn gebildet hatten, mußte er allein schon aus Sicherheitserwägungen dieses gefährli-
che religiös-politische Widerstandsnest ausräuchern.[40] Er wollte damit wahrscheinlich bewußt das ideologische Zentrum der national-religiösen Partei zerschlagen, vielleicht sogar ihr das Scheitern ihrer riskanten Theologie sinnfällig
vor Augen führen. Ob er dabei wußte, daß der Prophet Jeremia schon im Jahr 609
die Zerstörung des Jerusalemer Tempels angekündigt hatte, sei dahingestellt. Da
die Babylonier gut über die innerjudäischen Auseinandersetzungen informiert
waren und Jeremia auf ausdrücklichen Befehl Nebukadnezars befreit wurde (Jer
39,11), ist dies keineswegs ausgeschlossen. In diesem Falle hätte Nebukadnezar
die im Rahmen babylonischer Reichstheologie durchaus problematische Anordnung sogar theologisch rechtfertigen können: Er hätte mit der Zerstörung des Jerusalemer Tempels nur den prophetisch autorisierten Willen des judäischen Gottes JHWH selbst vollzogen. Aber wie dem auch sei, auf jeden Fall hat Nebukadnezar durch die Tempelzerstörung und seine übrigen Strafmaßnahmen die
Position der national-religiösen Partei geschwächt und damit die Stellung der
probabylonisch eingestellten Reformpartei gestärkt. So ist es kein Zufall, daß Nebukadnezar einen ihrer prominentesten Vertreter, den Schafan-Enkel Gedalja,
zum Statthalter ernannte. Doch zeigt dessen baldige Ermordung, daß nicht zuletzt
die Zerstörung des Jerusalemer Tempels, so konsequent und notwendig sie aus
Sicht babylonischer Sicherheitsinteressen auch gewesen sein mag, Aggressionen
bei Teilen der judäischen Bevölkerung geweckt hat, die den Aufbau stabiler politischer Verhältnisse in Juda nach der Eroberung Jerusalems sehr erschwerten.[41]

Es war somit eine aggressive und aus heutiger Sicht realitätsferne politische
Instrumentalisierung der Jerusalemer Tempeltheologie gegen die babylonische
Großmacht durch einen Teil der judäischen Elite, die zur Zerstörung des salomonischen Tempels führte. Seine traditionell stark ausgeprägte Schutzfunktion in
der Krise erwies sich, als sie von Teilen der judäischen Bevölkerung unkritisch in
Anspruch genommen und weit überspannt wurde, als selbstzerstörerisch und
stürzte das gesamte Gemeinwesen in die schwerste Krise seiner bisherigen Geschichte.

---

[40] In ähnliche Richtung ging schon die Erwägung von METZGER, Grundriß der Geschichte
Israels, 138: „Mit der Zerstörung des Tempels wollte Nebukadnezar alle Hoffnungen, die sich an
das Heiligtum hätten knüpfen und zu neuen Aufständen führen können, zunichte machen." Er
scheint aber eine solche Rolle des Tempels nur als eine – irreale – Möglichkeit anzusehen.

[41] Wahrscheinlich wurde Gedalja 582 v. Chr. umgebracht, was zu einer weiteren babylonischen Strafaktion führte (Jer 52,30). Der deportierte König Jojachin wurde wahrscheinlich aus
diesem Anlaß von Nebukadnezar ins Gefängnis geworfen, wo er bis zur Thronbesteigung von
Amel-Marduk im Jahr 562 verblieb (II Reg 25,27). So scheint Nebukadnezar nach 582 sein Interesse an Juda mit seinen ständigen Querelen verloren zu haben.

Literatur

R. ALBERTZ, Die Exilszeit. 6. Jahrhundert v. Chr., BE 7, Stuttgart 2001.

–, Die Exilszeit als Ernstfall für eine historische Rekonstruktion ohne biblische Texte: Die neubabylonischen Königsinschriften als ‚Primärquelle‘, in: L. GRABBE (Hg.), Leading Captivity Captive. ‚The Exile‘ as History and Ideology, JSOT.S 278, ESHM 2, Sheffield 1998, 22–39.

–, Religionsgeschichte Israels in alttestamentlicher Zeit, Bd. 1, GAT 8/1, 2. Aufl., Göttingen 1996; Bd. 2, GAT 8/2, 2. Aufl., Göttingen 1997.

–, Wer waren die Deuteronomisten? Das historische Rätsel einer literarischen Hypothese, EvTh 57 (1997), 319–338.

P.-A. BEAULIEU, The Reign of Nabonidus, King of Babylon 556–539 B.C., YNER 10, New Haven 1989.

H. DONNER, Geschichte des Volkes Israel und seiner Nachbarn in Grundzügen, 2 Bde., GAT 4/1–2, 2. Aufl., Göttingen 1995.

G. FRAME, Babylonia 689–627 B.C. A Political History, Leiden 1992.

K. GALLING, Textbuch zur Geschichte Israels, 2. Aufl., Tübingen 1968.

P. GERARDI, Declaring War in Mesopotamia, AfO 33 (1986), 30–38.

A. K. GRAYSON, Assyrian and Babylonian Chronicles, Text from Cuneiform Sources 5, Locust Valley 1975.

F. L. GRIFFITH (Hg.), Catalogue of the Demotic Papyri in the John Rylands Library I–III, Manchester 1909.

A. H. J. GUNNEWEG, Geschichte Israels bis Bar Kochba, TW 2, 2. Aufl., Stuttgart 1976.

CHR. HARDMEIER, Prophetie im Streit vor dem Untergang Judas. Erzählkommunikative Studien zur Entstehungssituation der Jesaja- und Jeremiaerzählungen in II Reg 18–20 und Jer 37–40, BZAW 187, Berlin 1990.

S. HERRMANN, Geschichte Israels in alttestamentlicher Zeit, München 1973.

T. G. H. JAMES, Egypt: The Twenty-Fifth and Twenty-Sixth Dynasties, in: CAH III, 2. Aufl., Cambridge 1991, 677–750.

E. KUTSCH, Das Jahr der Katastrophe: 587 v. Chr. Kritische Erwägungen zu neueren chronologischen Versuchen, Biblica 55 (1974), 520–545.

S. LANGDON, Die neubabylonischen Königsinschriften, VAB IV, Leipzig 1912.

M. METZGER, Grundriß der Geschichte Israels, 4. Aufl., Neukirchen-Vluyn 1977.

J. M. MILLER / J. H. HAYES, A History of Ancient Israel and Judah, Philadelphia 1986.

J. RENZ / W. RÖLLIG, Handbuch der Althebräischen Epigraphik I-III, Darmstadt 1995.

H. SCHAUDIG, Die Inschriften Nabonids von Babylon und Kyros' des Großen. Textausgabe und Grammatik, AOAT 256, Münster 2001.

H. TADMOR, Die Zeit des Ersten Tempels, die babylonische Gefangenschaft und die Restauration, in: H. H. BEN-SASSON (Hg.), Geschichte des jüdischen Volkes I, München 1978, 115–228.

G. WANKE, Die Zionstheologie der Korachiten in ihrem traditionsgeschichtlichen Zusammenhang, BZAW 93, Berlin 1966.

D. J. WISEMAN, Chronicles of the Chaldaean Kings (626–556 B.C.) in the British Museum, London 1956.

Religion in der Krise – Krise einer Religion

Die Zerstörung des Jerusalemer Tempels 587 v. Chr.

von

KARL-FRIEDRICH POHLMANN

I. Einführung

Abgesehen von den Verwüstungen im Lande, den Verlusten an Menschen, den Versorgungsschwierigkeiten, dem Zusammenbruch eigenstaatlicher Ordnung etc. sahen sich die Überlebenden nach der Eroberung und Zerstörung Jerusalems 587 v. Chr. durch die Babylonier zusätzlich mit dem großen Problem konfrontiert, die auf Grund der Ereignisse eingetretenen geistig-religiösen Irritationen bewältigen zu müssen.

Der Tempel Jahwes und der damit verbundene Kult waren zerstört (vgl. II Reg 25,9; Jer 39,8; 52,13);[1] das davidische Königtum war liquidiert.[2] Es waren ja nicht nur die bis dahin tragenden Säulen des Staates eingerissen worden. Hinfällig geworden waren damit auch die Grundpfeiler bis dahin geltender Glaubensüberzeugungen. Noch die Klagetexte in Threni[3] widerspiegeln deutlich, auch wenn man ihre Entstehung in einem größeren Abstand zu den angesprochenen Ereignissen selbst ansetzt, daß die Vernichtung des Tempels, die Zerstörung der Gottesstadt[4] und die Liquidierung des Königtums für die Überlebenden „nicht allein eine politische, sondern zugleich und mehr noch eine religiöse Katastrophe"[5] bedeuteten.[6]

---

[1] Die Trümmerstätte des Tempels wird in Thr 5,18; Hag 1,4; 1,9 genannt; Jer 41,5 erwähnt einen Trauerzug von Männern aus Sichem und Samaria mit Opfergaben auf dem Wege zum „Haus Jahwes"; BUSINK, Der Tempel von Jerusalem, 778, meint, daß „lokale Heiligtümer […] wieder zu Ehren gekommen" wären (Verweis auf den „Solar Shrine" zu Lachisch [ebd., 779]).

[2] Vgl. zum Beispiel die Klage in Thr 4,20: „Unser Lebensodem, Jahwes Gesalbter, wurde gefangen in ihren Gruben, von dem wir dachten: In seinem Schatten werden wir leben unter den Völkern".

[3] Nachträglich Jeremia zugeschrieben als Klagelieder Jeremias.

[4] Vgl. Ps 48,2.

[5] KAISER, Klagelieder, 139.

[6] Vgl. Thr 2,1: Jahwe „gedachte nicht des Schemels seiner Füße am Tage seines Zorns […]"; Thr 2,7: er „hat seinen Altar verworfen und sein Heiligtum entweiht"; Thr 2,6: „Vergessen ließ Jahwe in Zion Feiertag und Sabbat und verwarf in seinem grimmigen Zorn König und Priester".

Jahwe, wie ihn die vorexilischen Textanteile von Ps 48 hymnisch preisen, „groß und sehr zu rühmen in der Stadt unseres Gottes, auf seinem heiligen Berge" (V. 1), Jahwe auf dem Zionsberg, bekannt als Schutz, Jahwe, der seine Stadt auf ewig gegründet und festgemacht hat (V. 9), dieser Jahwe, der als „der königliche Deus praesens in seinem Heiligtum inmitten seines Landes und seiner Verehrer, unsichtbar und unverfügbar, aber gegenwärtig und heilsam erfahrbar" wohnte und thronte,[7] mußte infolge der Zerstörung Jerusalems und zumal im Blick auf die Zerstörung seines Tempels unter Ohnmachtsverdacht geraten. Für die Zeit nach 587 v. Chr. ist „anzunehmen, daß sich unter den meisten Deportierten und auch den in den Trümmern Zurückbleibenden dumpfe Verzweiflung ausbreitete, sie sahen sich von einem unerklärlichen Schicksalsschlag getroffen, der alles was ihnen von Priestern, Tempelpropheten und Hoftheologen als Grundlage des offiziellen Jahweglaubens vermittelt worden war, in Frage stellte. Wo war denn der auf dem Zion thronende Jahwe, der mit Hilfe seines Gesalbten die Welt regierte? Hatte er nicht sinnenfällig seine Ohnmacht gegenüber den babylonischen Göttern erwiesen (Jes 50,2), da die Feinde triumphierten?"[8].

Es ist demnach keine Frage, daß mit der Einnahme Jerusalems und der Zerstörung der Stadt und des Tempels durch die Babylonier 587 v. Chr. die betroffene Generation nicht nur wegen der katastrophalen Auswirkungen im Land,[9] sondern auch wegen der Infragestellung bisheriger religiöser Überzeugungen in eine äußerste Krise[10] geraten war: Eine bisher erklärbare und verfügbare Welt war als nicht mehr erklärbar und verfügbar erfahren worden. Im Blick auf diese Situation ist die Fragestellung „Religion in der Krise" im doppelten Sinn aufzunehmen: Einerseits ist zu sondieren, inwiefern die für die fragliche Zeit zu veranschlagende „Krise der Religion" eingetreten und woran sie konkret festzumachen ist; zum anderen ist zu klären, inwiefern Religion dann doch wieder eine wichtige Funktion bei der Verarbeitung der damaligen Krise zukam. Offen ist hier zumal, ob schon im Angesicht der Katastrophe oder gar schon längst vorher religiöse beziehungsweise theologische Denkmuster vorgegeben waren, die zur Bewältigung einer solchen Situation dienen konnten.

Ich meine Anhaltspunkte dafür zu haben, daß das nicht der Fall war. Dagegen nimmt zum Beispiel R. Albertz an, daß der Zusammenbruch des Staates zwar „[f]ür die Mehrheit der national-religiös Orientierten [...] das totale politische

---

[7] So umreißt SPIECKERMANN, Heilsgegenwart, 10, die wesentlichen Merkmale einer vorexilischen Gestalt einer zionsorientierten Tempeltheologie in den Psalmen „nach ihren zentralen Aussagen".

[8] So ALBERTZ, Religionsgeschichte Israels, 384.

[9] Daß die Situation im Land weithin als hoffnungslos eingeschätzt wurde, ist zum Beispiel den Hinweisen auf die Flucht- beziehungsweise Absetzbewegungen nach Ägypten in Jer 41,16ff. zu entnehmen.

[10] Zum Krisenbegriff vgl. zum Beispiel STEIL, Krisensemantik.

Scheitern und den Zusammenbruch ihres theologischen Weltbildes"[11] bedeutete, auf der anderen Seite aber „[f]ür Jeremia und kleine Gruppen der Reformfraktion […] Befreiung, Erleichterung und Bestätigung ihrer Prognose, aber gerade deswegen konnten sie ihn als gerechtes Gericht Jahwes über Juda erkennen und anerkennen (Jer 37,3–40,6)"[12]. Jeremia wäre letztlich zur Zeit Jojakims (608–598 v. Chr.) wegen des Versagens besonders der Oberschicht, „die gesellschaftliche Praxis nach dem Willen Gottes zu verändern"[13], „zu dem vernichtenden Urteil" gekommen, „daß diese kopflose und zerrüttete Gesellschaft von Jahwe insgesamt verworfen und dem Untergang geweiht war (6,30)"[14]. Demnach hätte also direkt nach der Katastrophe, ja bereits vorher, eine theologische Deutekonzeption – eben die Auffassung von einem gerechten Gericht und einer entsprechenden Geschichtslenkung Jahwes – zur Erklärung der Ereignisse und damit zur Bewältigung der religiösen Krise beziehungsweise Orientierungslosigkeit vorgelegen. Die Entscheidung der Frage, ob eine solche Annahme zutrifft, kann hier zunächst zurückgestellt werden. Unübersehbar ist in jedem Fall, daß das alttestamentliche Schrifttum jetzt theologische Konstrukte enthält, die sich mit dem Jahwe gegenüber aufgekommenen Ohnmachtsverdacht auseinandersetzen und seine Widerlegung darstellen sollen.

Im folgenden werde ich daher zunächst knapp über Reflexe dieser Art referieren, und zwar zum einen über theologische Deutungen und Sichtweisen allgemein, mit deren Hilfe eine religiöse Neuorientierung versucht wurde, und zum andern über die, die sich speziell auf die Zerstörung und den Verlust des Tempels beziehen.

Die vorhin aufgeworfene Frage, die sich jetzt anschließen müßte, ob schon im Angesicht der Katastrophe oder gar schon längst vorher solche oder ähnliche theologische Denkmuster vorgegeben waren, die zur Bewältigung des Tempelverlustes aufgenommen werden konnten, werde ich in einem Exkurs behandeln.

In einem weiteren Teil soll es um die Frage gehen, ob sich im alttestamentlichen Textgut noch Reflexe im Sinn von unmittelbaren Reaktionen auf die Katastrophe allgemein sowie auf die Tempelzerstörung im besonderen sondieren lassen, die dann einen gewissen Einblick gleichsam in die „Seelenlage" der Betroffenen ermöglichen.

Zuletzt ist dann noch kurz zu berücksichtigen, daß abgesehen von auf Jahwe fixierten theologischen Kompensationsstrategien der Verlust des Kultzentrums

---

[11] „Die Stadt, die sie in den Bahnen der Zionstheologie für uneinnehmbar gehalten hatten (Thr 4,12), war erobert, der Tempel, in dem sie Jahwe selber anwesend gesehen hatten (2,1), war verwüstet und von Heiden entweiht (1,10), und der König, der ihnen Leben und Sicherheit zu garantieren schien (4,20), war hingerichtet oder deportiert" (ALBERTZ, Religionsgeschichte Israels, 384).

[12] Ebd., 384.

[13] Ebd., 366.

[14] Ebd., 366.

auch anderweitig zu bewältigen versucht wurde (Stichwort „Hinwendung zu anderen Kulten"; „Religionswechsel").

II. Theologische Erklärungen und Rechtfertigungen der Katastrophe

Im Ringen um den Nachweis, daß Jahwe eben nicht ohnmächtig die Vernichtung seiner eigenen Stadt, seines eigenen Heiligtums hatte zulassen müssen und daß er selbst nicht mit der Zerstörung des Tempels desavouiert und unterlegen war, nahmen die sogenannten Deuteronomisten den ersten Platz ein. Darunter sind in exilischer und nachexilischer Zeit einflußreiche und auch literarisch wirksame Gruppierungen zu verstehen, die sich seit etwa 560 v. Chr. mit der theologischen Auf- und Verarbeitung der nach der Katastrophe von 587 v. Chr. eingetretenen Sinn- und Glaubenskrise befaßten. Das Attribut „deuteronomistisch" wurde diesen Theologen, deren literarisches Wirken nicht nur im sogenannten „deuteronomistischen Geschichtswerk" (Dtn, Jos, Jdc, I/II Sam, I/II Reg), sondern auch in den Prophetenbüchern (vgl. besonders Jer[15]) greifbar ist, deswegen beigelegt, weil ihre theologischen Denkbemühungen sehr stark an Vorstellungen und Forderungen des Deuteronomiums (5. Buch Mose) orientiert sind. Die entsprechenden theologischen Reflexionen über die Hintergründe der Katastrophe liefen darauf hinaus, daß – wie es Thr 2,17 formuliert – Jahwe getan hat, „was er geplant, hat vollstreckt sein Wort, wie er es vor Zeiten entboten".[16] War nach dieser Vorstellung das Vernichtungswerk des Jahres 587 längst angekündigt, und zwar als ein göttliches Gericht, so war daran Jahwes bleibende Macht über die Geschichte und seine absolute Überlegenheit über andere Mächte abzulesen.[17]

---

[15] Die Bedeutung deuteronomistischer Bearbeitungen des Jer- Buches kann kaum überschätzt werden. Theologiegeschichtlich kommt ihnen neben dem deuteronomistischen Geschichtswerk die entscheidende Rolle bei der Bewältigung der Katastrophe von 587 v. Chr. zu (vgl. dazu zum Beispiel KAISER, Grundriß 2, 72). Zum deuteronomistischen Geschichtswerk vgl. zum Beispiel KAISER, Grundriß 1, 85ff.123ff.

[16] Das in Thr 2,17 vorausgesetzte Theologem vom Plan Jahwes läßt „sich zeitlich gesichert erst bei Deuterojesaja nachweisen" (KAISER, Klagelieder, 136).

[17] Um dieses Ziel ging es auch dem auf die Gattung „Prophetenbuch" hinauslaufenden literarischen Gestaltungswillen; denn das Konzept „Prophetenbuch" dient ebenfalls dazu, den seit 587 v. Chr. aufgekommenen Ohnmachtsverdacht zu widerlegen, weil mit der hier vorliegenden Beweisführung (Weissagung – Erfüllung; schließlich dreigliedriges eschatologisches Schema [Unheilsworte gegen das eigene Volk – Unheilsworte gegen fremde Völker – Heilsworte]) sichergestellt werden soll, daß trotz der schmerzhaften und wirren Erfahrungen der Vergangenheit ein planvolles Geschichtswirken Jahwes vorausgesetzt werden darf. In den zum literarischen Entwurf „Prophetenbuch" führenden Bemühungen geht es nach dem Verlust des Tempels als der kultischen Mitte, also gleichsam im nachkultischen Raum (zum Begriff vgl. STOLZ, Psalmen, besonders 18ff.), auf neue Weise darum, sich Jahwes zu vergewissern.

Der allerdings weit kritischere Punkt schließlich, nachdem die Frage der Souveränität Jahwes über die Vorstellung einer Geschichtsplanung und -lenkung entschärft war, bestand in der Schwierigkeit, den Untergang Jerusalems als ein von Jahwe *gerechterweise* gewolltes und geplantes Gericht nachzuvollziehen und zu akzeptieren. Das wird daran deutlich, daß sowohl im deuteronomistischen Geschichtswerk als auch in den Prophetenbüchern, besonders Jeremia und Ezechiel, das sukzessive Bemühen ins Auge sticht, den Jahwes gerechtem Gericht entsprechenden Schuldnachweis[18] zunehmend zweifelsfreier zu erbringen und entsprechend den Horizont der Schuldaufweise hinsichtlich der Schuldverursacher, des Verschuldungszeitraums sowie der Verschuldungsweisen und -auswirkungen auszuweiten.[19]

In die gleiche Richtung gehen die ebenfalls deuteronomistischen Verweise auf die Propheten als die die Sündengeschichte Israels begleitenden Umkehrprediger.[20] Indem so zu belegen versucht wurde, daß es dem Jahwevolk nie an gottgesandten Männern sowie göttlichen Zurechtweisungen gefehlt hatte, wollte man der Sorge entgegentreten, daß die Katastrophe von 587 v. Chr. aus einem Willkürhandeln Jahwes resultieren könnte; es sollte auf diese Weise deutlich werden, daß Jahwes Unheilshandeln die Ahndung des permanenten und hartnäckigen Ungehorsams des Volkes darstellte.

Nur en passant kann hier auf die Rede vom „Zorn Jahwes"[21] als ein den deuteronomistischen Erklärungsversuchen höchstwahrscheinlich noch vorausgehendes Reflexionsstadium[22] verwiesen werden.[23] Mit dem Zorn von Gottheiten

---

[18] Vgl. anders sumerische Klagen über den Niedergang oder die Zerstörung einer Stadt, die sogenannte Balag-Kompositionen oder Eršemma-Lieder; darin ist nach KRECHER, Sumerische Kultlyrik, 49, die „Grundhaltung der Klagelieder [...] nun nicht etwa die Frage nach der Schuld der Menschen, die diese göttliche Strafe verdient hätten"; vgl. auch VON SODEN, Altorientalistik, 176: „In den Klageliedern über öffentliche Katastrophen spielt die Schuld der Betroffenen kaum eine Rolle. Ein Grund dafür kann sein, daß man menschlichem Tun ein zu geringes Gewicht beimaß, um Entscheidungen der großen Götter wesentlich beeinflussen zu können"; vgl. auch Klagen Assurbanipals (668–627 v. Chr.) im Blick auf Turbulenzen in seinem Reich: Klar ist hier, daß für solche Widrigkeiten eine Gottheit verantwortlich ist. „Of the reason nothing is said: there is not a word here about any guilt or transgression on the part of the king" (ALBREKTSON, History, 34).

[19] Zum Ezechielbuch vgl. POHLMANN, Ezechielstudien, 56ff.; im Jeremiabuch vgl. zum Beispiel 32,22ff.: „(22) ... hast ihnen dieses Land gegeben, wie du ihren Vätern geschworen hast [...] ; (23) aber als sie hineinkamen und es in Besitz nahmen, gehorchten sie deiner Stimme nicht, wandelten auch nicht nach deinem Gesetz [...]"; vgl. anders die Abgrenzung der Sündengeschichte in Jer 32,31: „Denn seit diese Stadt (= Jerusalem) gebaut ist, hat sie mich zornig und grimmig gemacht [...]"; Jer 15,4 „um Manasses willen, des Sohnes [...], für alles, was er in Jerusalem begangen hat" (vgl. II Reg 21,10 – 13); s. ferner in II Reg 21,15: Jahwe wurde erzürnt etc. „von dem Tage an, da ihre Väter aus Ägypten gezogen sind, bis auf diesen Tag".

[20] Vgl. zum Beispiel II Reg 17,13f.; Jer 25,4f.

[21] Vgl. zum Beispiel Thr 2.

[22] Daß die Rede vom Zorn Jahwes als problematisch empfunden wurde, weil damit ja zugleich so etwas wie ein spontanes und chaotisches Agieren Jahwes mitgedacht war, belegt zum Beispiel Ez 20!

wird in der Regel nach den Katastrophen, also im Rückblick darauf, argumentiert.[24]

Daß man für den Fall einer umfassenden Katastrophe wie den Untergang, die Vernichtung des eigenen Gemeinwesens eine reflektierte Theologie des Gotteszornes jeweils parat hatte, ist deswegen nicht anzunehmen, weil häufig im Nachhinein einer Katastrophe diese zwar auf den Zorn einer Gottheit zurückgeführt wird, aber ohne daß Argumentationen mit dem Zorn der Götter die Gründe für den Zorn erkennen lassen. Der göttliche Zorn scheint in diesen Fällen nicht als Strafe für eine Schuld zu fungieren; die entsprechende Rede versucht vielmehr angesichts eines undurchsichtigen Unheilsgeschehens[25], das der Vorstellung von einer göttlich garantierten Weltordnung zu widersprechen scheint, am Walten der Götter festzuhalten; das erfahrene Chaos wird auf chaotisches göttliches Wirken, und so eben auf göttliches, des eigenen Gottes Wirken zurückgeführt.

III. Theologische Reflexionen nach der Tempelzerstörung über Jahwes Verhältnis zu seinem Tempel

Abgesehen von der drängenden Frage nach der Souveränität Jahwes angesichts der Katastrophe war natürlich wegen der bislang so engen Bindung des Jerusalemer Gottes an den Zion[26] und sein dortiges „Haus" besonders sein Verhältnis zum Tempel neu zu durchdenken.

Diese Aufgabe war um so dringlicher, falls sich, wie das in neueren Arbeiten wieder vertreten wird, im Jerusalemer Tempel eine Jahwe-Statue befunden hat,[27]

---

[23] Vgl. zum Thema „Zorn" einer Gottheit zum Beispiel VAN DER TOORN, Sin and Sanction, 56ff.; ALBREKTSON, History, 31ff.

[24] Vgl. hier zum Beispiel die Mescha-Stele in Zeile 5/6: „denn Kamosch zürnte seinem Land"; dazu MÜLLER, König Mêša' von Moab, 378; s. auch den Verweis auf den „Zorn des Wettergottes von Hatti" im sogenannten 2. Pestgebet Muršilis II., § 5 Ende (vgl. die Übersetzung von C. KÜHNE in: Religionsgeschichtliches Textbuch zum AT, hg. v. W. BEYERLIN, Göttingen 1975, 194); vgl. auch die Babel-Stele Nabonids (Übersetzung in TUAT I, 4, 407): Hier wird die Entführung der Marduk-Statue aus seinem Tempel durch Sanherib und der 21 Jahre während Verbleib der Statue in Assur mit Marduks Zorn erklärt, ohne daß allerdings die Gründe für diesen Zorn angegeben werden; erst als „sich der Zorn des Königs der Götter beruhigte", habe Marduk seines Tempels und Babels gedacht.

[25] Vgl. dazu ALBREKTSON, History, 33f.

[26] Vgl. zum Beispiel Ps 48,1–4.

[27] Dafür, daß das der Fall gewesen sein könnte, sprechen bestimmte fest geprägte und daher möglicherweise traditionelle Redewendungen wie „das Antlitz Jahwes suchen" (vgl. zum Beispiel Ps 63,3); da „ein Tempel im Alten Orient als Wohnort einer Gottesstatue angesehen wurde" (LORETZ, Gottes Thron, 261f.), wodurch „die göttliche Präsenz nicht nur visuell angezeigt, sondern auch garantiert" (ebd.) wurde, ist auch für den vorexilischen Jerusalemer Tempel mit der Möglichkeit zu rechnen, daß es hier eine figürliche Darstellung Jahwes gab und daß „man auch in Jerusalem vor dem Angesicht der Gottesstatue Brote auslegen und in Verbindung mit Kulthandlungen zum Anschauen der Gottesstatue den Tempel besuchen" konnte (ebd.); zur Diskussion,

die dann im Zusammenhang mit den Ereignissen von 587 v. Chr. deportiert[28] beziehungsweise zerstört[29] wurde. Auf diesen Punkt ist später noch einmal zurückzukommen.

Im wesentlichen sind es zwei Denkmodelle,[30] die aus Reflexionen über Jahwes Verhältnis zu seinem Tempel resultieren, und zwar a) die sogenannte Kabod-Vorstellung und b) die Schem-Theologie.

a) Die Kabod-Vorstellung

Wie sich an Ez 8–11[31] verdeutlichen läßt, geht es der Vorstellung von Jahwes Kabod, seiner Herrlichkeit/Majestät, darum, im Hinblick auf die Katastrophe von 587 v. Chr. klarzustellen, daß Jahwe selbst von der Katastrophe nicht tangiert wurde. „ … die Vision dramatisiert das Ende der göttlichen Gegenwart im Tempel"[32]: Nach Ez 11,22f. hätte der Prophet längst vor der Katastrophe wahrgenommen, wie sich Jahwes den Jerusalemer Tempel auszeichnende „Herrlichkeit" von diesem löste,[33] woraufhin der Untergang Jerusalems wie auch die von den Babyloniern bewußt geplante Einäscherung des Tempels (II Reg 25,8f.) auf höherer Ebene als von Jahwe selbst planvoll arrangiert erscheinen konnten.

Sollen die Darlegungen zumal in Ez 10 und in ihrer Weiterführung in Ez 11,22f. sicherstellen, „daß im Vollzug des von Ezechiel selbst angekündigten Gerichts über Jerusalem die Majestät des im Tempel thronenden Gottes nicht getroffen wird"[34], so korrespondiert dem, daß dann in der großen Tempelvision

---

die hier nicht aufgenommen werden kann, vgl. zum Beispiel LORETZ, Gottes Thron, 258ff.; vgl. auch jüngst NIEHR, In Search; nach UEHLINGER, Cult Statuary, 152, „there is growing and indisputable evidence which contradicts the claim that the cult in the southern kingdom of Judah was essentially aniconic"; zu „references to an anthropomorphic cult statue of Yahwe" im Alten Testament vgl. ebd., 148f.

[28] Zu Deportationen ebenso wie zu Rückführungen von Götterbildern seitens der Assyrer vgl. zum Beispiel SPIECKERMANN, Juda, 354ff.

[29] Vgl. die Notiz über die erst nach Ablauf von fast einem Monat nach der Einnahme Jerusalems offensichtlich geplant vorgenommene Zerstörung des Tempels (II Reg 25,9; par. Jer 52,13).

[30] Eine dritte Position „verdrängt" das Problem, indem eine enge Bindung Jahwes, seine Gegenwart im Tempel, von vornherein bestritten wird (vgl. I Reg 8,27: „Sollte Gott wirklich auf Erden wohnen?" mit I Reg 8,12f.).

[31] Vgl. zum folgenden POHLMANN, Hesekiel, 123ff.

[32] VOGT, Ezechiel, 53.

[33] Vgl. ähnlich im akkadischen Erra-Gedicht (Entstehung nach VON SODEN, Altorientalistik, 209, zwischen 765 und 763 v. Chr.; zum Problem der Datierung s.a. ALBREKTSON, History, 31f.; zu Einzelheiten [sowie für eine deutsche Übersetzung] vgl. TUAT III, 4, 781ff.); hier verläßt Marduk, Stadt- und Hauptgott Babylons, veranlaßt durch eine List Erras, des Gottes des Krieges und der Zerstörung, seinen Thron im Tempel zu Babylon mit der Folge, daß es zur Katastrophe kommt und jegliche Ordnung zusammenbricht. – Vgl. ferner: Nabonids (555–539 v. Chr.) Mutter erklärt die Verwüstung des Tempels in Harran damit, daß der Mondgott Sin aus Zorn über seine Stadt seinen Tempel verlassen habe und in den Himmel aufgestiegen sei, woraufhin Stadt und Tempel verwüstet wurden; vgl. ANET[3], 560 (i); vom blindwütigen, rasenden Zorn Jahwes als Hintergrund der Katastrophe spricht Thr 2,1–6.

[34] WESTERMANN, Art. *kbd* schwer sein, THAT I (1978), 811.

(Ez 40–48) der Wiedereinzug der „Herrlichkeit" Jahwes in den künftigen Tempel vor Augen gestellt wird.[35]

Insgesamt will die Kabod-Vorstellung darauf hinaus, daß zum einen die Annahme einer absoluten Präsenz Jahwes im Tempel aufzugeben ist, zum anderen aber doch eine enge Bindung auch an den zweiten Jerusalemer Tempel über Jahwes Kabod dort garantiert ist.[36]

b) Die deuteronomistische Schem-Theologie beziehungsweise
Namen-Theologie[37]

Damit ist gemeint: „Jahwe wohnt (šakan) nicht mehr direkt auf dem Zion, wie die Zionstheologie behauptet hatte,[38] sondern nur noch sein Name (šem); nur in seinem Namen [...] ist Jahwe Israel in Jerusalem kultisch gegenwärtig"[39] (vgl. I Reg 8,29 im Gegensatz zu I Reg 8,12f.; Ps 46,5 u.ö.).

Zwar meint man verschiedentlich,[40] daß für diese Konzeption schon deuteronomische Theologen der Josiazeit verantwortlich gewesen wären, denen es darum ging, so „die massive Vereinnahmung Jahwes, die von der Zionstheologie vorgenommen worden war, aufzulockern"[41]. Doch kann die Begründung dieser These nicht überzeugen.[42] Es leuchtet eher ein, daß die sogenannte Namen-Theo-

---

[35] Vgl. Ez 43,1–4; zur Kabod-Konzeption des Ezechielbuches vgl. besonders RUDNIG, Heilig und Profan, 337ff.

[36] Bei der Darstellung des Visionsvorganges in Ez 1 scheinen diese Punkte zwar nirgends eine Rolle zu spielen oder auch nur anzuklingen, was in dem Vorstellungsrahmen von Ez 1 auch gar nicht verwunderlich ist, weil hier im Erscheinen der Himmelsthronherrlichkeit Jahwes seine in der Jerusalemer Thronherrlichkeit gedachte Bindung an den Jerusalemer Tempel kompensiert war. Aber die Frage nach den Auswirkungen der Zerstörung des Tempels auf das Verhältnis Jahwes zu seinem Tempel (auch zum wiedererrichteten) war damit ja nicht erledigt oder beantwortet. In Ez 1, wo „die Struktur der Vision durch die Verbindung zweier Motive ganz verschiedener Herkunft bestimmt" ist, „nämlich durch die des traditionellen Kommens Jahwes im Gewittersturm mit der Herrlichkeit des thronenden Gottes" (KEEL, Jahwe-Visionen, 190), artikuliert sich die Überzeugung von einer allem Weltlichen und Menschlichen gegenüber uneingeschränkten Überlegenheit des Himmelsgottes Jahwe (vgl. so auch Jes 40,22; ferner Jes 66,1ff.), der allgegenwärtig wirkend auf dem Plan sein kann.

[37] Vgl. dazu zum Beispiel METTINGER, Dethronement, 123ff.; KELLER, Namenstheologie.

[38] Vgl. zum Beispiel Ps 46,5; 76,3; 84,2; 132,7.

[39] ALBERTZ, Religionsgeschichte Israels, 353.

[40] Vgl. zum Beispiel ALBERTZ, Religionsgeschichte Israels, 353.

[41] Ebd., 353.

[42] Daß von diesen deuteronomischen Theologen „die gefährlichen Identifikationen Jahwes mit Staatsmacht und Staatskult, welche in der Jerusalemer Königs- und Tempeltheologie vollzogen worden waren, [...] als theologischer Irrtum erkannt" (ALBERTZ, Religionsgeschichte Israels, 354) worden wären, wird mit dem Einfluß und der Wirkung der seit dem 8. Jh. v. Chr. einsetzenden „umfassenden theologischen Ideologiekritik" seitens der Propheten erklärt (ebd., 354 mit Verweis auf ebd., 276). Albertz beruft sich auf Stolz' These, daß die Propheten des 8. Jh.s im Gegensatz zum „durchschnittlichen vorexilischen Israel", als Jahwe „ganz selbstverständlich in Analogie zur Welt gedacht und behandelt" wurde, „sich an der Differenz zwischen Gott und Welt zu orientieren" begonnen hätten (vgl. STOLZ, Monotheismus, 177). Dabei ist allerdings voraus-

logie letztlich erst nach der Tempelzerstörung entwickelt[43] und entfaltet wurde[44], weil es erst jetzt unumgänglich war, von einer absoluten „Differenz zwischen Gott und Welt" auszugehen.

Exkurs zur Frage bereits vor und um 587 v. Chr. vorgegebener theologischer Denkmuster zur Bewältigung der Katastrophe

Im Jeremiabuch wie auch im Ezechielbuch lassen sich bei näherem Hinsehen in ihren älteren Textanteilen noch deutliche Spuren von theologischer Irritation und Orientierungslosigkeit nachweisen. Daraufhin melden sich Zweifel an, daß bereits vor den Ereignissen von 587 v. Chr. Zeitgenossen – zum Beispiel ein Jeremia, wie R. Albertz meint – den Zusammenbruch „als gerechtes Gericht Jahwes über Juda erkennen und anerkennen"[45] konnten. Gegen diese Einschätzung sprechen zudem folgende Überlegungen:

Der Textbefund im Jeremiabuch wie auch in den meisten sonstigen Prophetenbüchern ergibt zunächst nur, daß in zahlreichen Texten in der Tat umfassende und unabwendbare Unheils- oder Untergangsgeschehen als von Jahwe intendiert ins Auge gefaßt sind und daß im näheren Umfeld dazu Schuldaufweise als die dazugehörigen Unheilsbegründungen vorliegen. Daß es in diesen Texten darum geht, über die Hintergründe für die totale Katastrophe zu reflektieren und eine erklärende Theologie anzubieten, ist keine Frage; aber was nötigt dazu oder spricht dafür, ein solches Anliegen bereits als das Ergebnis von Denkprozessen der vorexilischen Propheten einzustufen? Der Textbefund an sich in den Prophetenbüchern zwingt jedenfalls nicht dazu. Er läßt sich auch so erklären, daß die entscheidenden Aussagen das Resultat erst nach der totalen Katastrophe von 587 v. Chr. aufkommender theologischer Denkbemühungen darstellen, als es darum gehen mußte, die eingetretenen Irritationen beziehungsweise die Infragestellung des Jahweglaubens zu bewältigen, also diese Katastrophe und ihre Hintergründe theologisch durchsichtig zu machen. Außerdem ist folgendes in Betracht zu ziehen: Unterstellt man den vorexilischen Propheten das „Urteil, daß diese kopflose

---

gesetzt, daß sich diese Propheten schlicht anders als ihre Zeitgenossen „durch einen Vorsprung der Beobachtungsschärfe, der Urteilskraft, ganz allgemein: des Denkens" auszeichneten (so STOLZ, Streit, 29). Doch das, was Stolz als „Vorsprung" beziehungsweise „eigentümliche Kraft des Denkens" (ebd., 30) ansieht, als „Dezentrierung des Denkens" (ebd., 29), die darin besteht, sich „für neuartige, dem eigenen Wunschdenken widersprüchliche Realitäten" offen zu halten, leuchtet viel eher ein als Folge der in den Ereignissen von 587 v. Chr. manifest gewordenen und äußerst schmerzhaft erfahrenen Zerstörung der bisherigen politischen und religiösen Mitte. – Zur kritischen Hinterfragung der Thesen von Stolz (und von SCHMID, Altorientalische Welt, insb. 31–63) vgl. POHLMANN, Prophetenexegese.

[43] METTINGER, Dethronement, 50: „… the Name theology presents us with a transcendent God who is invulnerable to any catastrophe which might possibly affect his Temple […]"; vgl. hier auch NIEHR, In Search, 91f., der davon ausgeht, daß die deuteronomistische und die priesterliche kābôd-Theologie als Kompensation für den Verlust des Kultbildes aufzufassen sind.

[44] Vgl. METTINGER, Dethronement, 59ff.

[45] Siehe o. Anm. 12.

und zerrüttete Gesellschaft von Jahwe insgesamt verworfen und dem Untergang geweiht war"[46], beziehungsweise die Erkenntnis „einer heillos gestörten Welt"[47], so impliziert diese Unterstellung, daß sie zunächst einmal Jahwe als eine Gottheit hätten wahrnehmen müssen, die als der nach den bisherigen Denkvoraussetzungen zuverlässige Garant des bisherigen, national ausgerichteten Ordnungszusammenhangs versagt hatte und gescheitert war; wie sonst hätten sich die Jerusalemer „heillos gestörte Welt" beziehungsweise eine „kopflose und zerrüttete Gesellschaft" entwickeln können.

Ferner ist zu bedenken: Wenn die Botschaft der Propheten „in ihrem beherrschenden Grundzug [...] von der selbstverständlichen Voraussetzung des Zusammenhangs von Tat und Ergehen"[48] getragen ist, wenn für sie gilt, „die Tat muß auf den Täter zurückfallen, das ist zwingende Notwendigkeit, wenn über der Welt ein Rechtszusammenhang walten soll"[49], dann ist gerade nicht nachzuvollziehen, wie es überhaupt möglich gewesen sein soll, im Rahmen des vorausgesetzten Rechtszusammenhangs wie auch immer geartete Schuldzustände im Volk etc. als „globale Schuld" zu qualifizieren und eine nun „heillos gestörte Welt" zu konstatieren beziehungsweise entsprechend ein Totalgericht, also den Untergang der Eigenwelt zu erwarten. Ist eine solche Sicht überhaupt schon zu Zeiten vorstellbar, da die Eigenwelt Judas und Jerusalems mit ihren tragenden Grundpfeilern Tempel und Kult, Königtum als Ordnungswelt grundsätzlich noch als intakt gelten mußte, selbst wenn man an deutliche Anzeichen von Perversion (soziale Mißstände) innerhalb dieser Ordnungswelt denkt und auf bedrohliche Entwicklungen verweist, die von außen eine Gefährdung bringen mußten? Welche außerordentliche Veranlassung sollte es gegeben haben, plötzlich davon abzugehen, daß die erkannten und angemahnten Mißstände im Innern mit Hilfe der bewährten Institute des Kultes wie bisher abzustellen waren, also auf Grund der prophetischen Schuldaufweise auch abgestellt werden sollten? Welchen Anlaß sollte es gegeben haben, aus der Beobachtung von Verschuldungen, in welchem Bereich und in welchen Kreisen auch immer, den Schluß zu ziehen, daß nun die Ordnungswelt anders als bisher nicht mehr nur partiell gestört, sondern völlig verdorben sei, also auch anders als bisher weder durch Bereinigung der schuldverursachenden Mißstände noch durch Maßnahmen Jahwes vor dem völligen Verderben zu bewahren sei?[50] Es sind also Bedenken gegenüber der Einschätzung angebracht, daß der Blick der vorexilischen Propheten auf die Wirklichkeit die Erkenntnis einer „heillos gestörten Welt" zur Folge hatte. Es ist keineswegs zwingend, daß die Propheten des 8. Jh.s von ihren Denkvoraussetzungen her auf Mißstände anders

---

[46] ALBERTZ, Religionsgeschichte Israels, 366.
[47] STOLZ, Monotheismus, 177.
[48] So SCHMID, Altorientalische Welt, 49f.
[49] Ebd., 50.
[50] Vgl. POHLMANN, Die Ferne Gottes, 140ff.

reagierten als ihre „Kollegen" in früheren Zeiten, in denen ja auch Perversionen im Innern und Bedrohungen von außen erfahren und verarbeitet werden mußten.

Zudem hätte ja die Erkenntnis einer „heillos gestörten Welt" die vorexilischen Propheten gleichsam zwangsläufig zuerst einmal in äußerste Irritation und Zweifel an Jahwes bisherigen Kompetenzen und Machtmöglichkeiten stürzen müssen. Ob und wie angesichts einer solchen Wahrnehmung der Wirklichkeit überhaupt noch mit Jahwe gerechnet werden durfte, wäre nämlich die erste, bedrängende Frage gewesen. Es ist dann aber keineswegs durchsichtig, wie die Propheten aus solchen Irritationen und Zweifeln an Jahwes bisherigen Kompetenzen und Machtmöglichkeiten zugleich und noch vor der erwarteten Katastrophe zu einer neuen Theologie gelangt wären, die Jahwes Souveränität und Machtmöglichkeiten nun in einem grundsätzlich umfassenderen Sinn veranschlagen konnte und unterstellte, daß er selbst es ist, der den von ihm einst initiierten und garantierten Jerusalemer Ordnungszusammenhang zur Disposition stellen wollte. Diese Erwägungen sprechen also dagegen, daß bereits vor und bei Eintritt der Katastrophe ihre Interpretation als ein von Jahwe initiiertes gerechtes Gericht möglich war. Zudem ist, wie bereits angedeutet, einigen Texten, die eindeutig im Rückblick auf den Zusammenbruch formuliert sind, auf Grund der sich darin widerspiegelnden Betroffenheit zu entnehmen, daß im Gegenteil kein theologisches Denkmuster zur Erklärung bereitstand.[51]

IV. Reflexe der Irritation und Orientierungslosigkeit nach der Katastrophe

Bislang wurden sehr verkürzt Belege für die Frage vorgeführt und illustriert, inwiefern die aus der Katastrophe von 587 v. Chr. resultierende Infragestellung des Jahweglaubens theologisch verarbeitet und bewältigt wurde und inwiefern theologische Konzeptionen, also Religion, schließlich mit dazu beitragen konnten, die wegen der Katastrophe als nicht mehr erklärbar und nicht mehr verfügbar erfahrene Welt wieder als erklärbar und verfügbar herauszustellen.

Im folgenden fragen wir nach Anhaltspunkten im alttestamentlichen Textgut, aus denen das tatsächliche Ausmaß der Krise des Jahweglaubens noch abzulesen

---

[51] Vgl. POHLMANN, Prophetenexegese; SPIECKERMANNs Untersuchungen zur „Psalmtheologie" (Heilsgegenwart, 158f.) kommen zu dem gleichen Schluß, nämlich, daß sich darin „die umfassende und andauernde Wahrnehmung von Geschichte […] [erst] spät und eher widerwillig" vollzog. „Denn sie war zunächst keine selbstgewählte positive Zuwendung zur Heilsgeschichte, sondern unausweichliche Konfrontation mit der Unheilsgeschichte des Exils, in die auch die Tempeltheologie durch den Verlust des Heiligtums in Jerusalem tief verstrickt und somit zur theologischen Reaktion gezwungen war. Wie sehr ihr dazu jede Vorbereitung fehlte, war Ps 137 zu entnehmen, welcher wohl nur als theologische Kapitulationserklärung verstanden werden kann. Eine Theologie, die schon immer die Geschichte des Volkes umfassend begleitet und reflektiert hätte, wäre wohl nicht zu dieser Sprachlosigkeit verdammt gewesen".

ist. Gibt es im alttestamentlichen Schrifttum noch Zeugnisse unmittelbarer Reaktionen und Reflexe auf Jerusalems Untergang und den Verlust des Tempels und damit der Ansprechbarkeit Jahwes? Und: Inwiefern läßt sich damit belegen, daß eine bisher erklärbare und verfügbare Welt als in der Tat nicht mehr erklärbar und verfügbar erfahren worden sein muß?

Von vornherein in Rechnung zu stellen ist folgendes: Es liegt in der Natur der Sache, daß sowohl diejenigen, die mit dem Desaster direkt konfrontiert waren, als auch die, die aus welchen Gründen auch immer nicht direkt betroffen waren, ihre Gefühle und Gedanken nicht sofort festgehalten haben. Somit ist wohl von vornherein für die meisten in Frage kommenden Zeugnisse ein gewisses Element von Reflexion und Interpretation zu veranschlagen.[52] Wir müssen also „energischer, als dies gewöhnlich geschieht, damit rechnen, daß uns die unmittelbaren Erfahrungen dieses Gottesverlustes und die eigentlich impulsive Anklage nur gefiltert […] in Zitatfragmenten […] überliefert sind"[53].

Immerhin, so läßt sich zeigen, erlauben auch solche in „Zitatfragmenten" gefiltert festgehaltenen Erfahrungen gewisse Rückschlüsse; zum anderen stößt man verstreut doch noch auf Aussagen, die sogar einigermaßen ungefiltert deutliche Hinweise auf das Ausmaß der Infragestellung des Jahweglaubens, der Irritationen und Orientierungslosigkeit enthalten.

In früheren Studien meine ich im Jeremia- sowie im Ezechielbuch einige Klagetexte sondiert zu haben, die, weil darin noch keine theologischen Reflexionen und Aspekte zur Erklärung oder Rechtfertigung der Ereignisse von 587 v. Chr. auftauchen, noch eine deutliche Nähe zu den Ereignissen selbst und entsprechend eine direkte Betroffenheit widerspiegeln. Charakteristisch für sie ist der Rückgriff auf das vorgegebene Muster profaner Totentrauer (vgl. zum Beispiel Jer 8,18–23 und 9,16–21).[54] Sie lassen deutlich erkennen, daß man die Erfahrung von Untergang und Zerstörung in der gleichen Weise zu verarbeiten suchte, wie das im Fall des Todes eines wichtigen Menschen Sitte war.[55] Die Berührungen gehen noch weiter: In alttestamentlichen Totentrauerritualen sind keine theologi-

---

[52] So mit ACKROYD, Exile, 39.

[53] PERLITT, Anklage, 295.

[54] Dazu POHLMANN, Die Ferne Gottes, 161ff.

[55] Vgl. hierzu HARDMEIER, der betont, „daß es zu den gemeinaltorientalischen Sitten gehört hat, Zerstörung und Untergang eines Tempels, einer Stadt bzw. einer Volksgemeinschaft, die mit dem Fall einer Hauptstadt (zB Babylon) und der Zerstörung ihres Tempels ausgelöscht war, in vergleichbarer Weise zu betrauern wie einen einzelnen Toten" (Texttheorie, 325). Hardmeier postuliert im Blick auf die von ihm angeführten altorientalischen Textbeispiele (zu Einzelheiten vgl. ebd., 325ff.) „ein altorientalisches Zeremoniell der Untergangstrauer", „in welch vermittelter Form auch immer dieses der Totentrauer verwandte Zeremoniell in den einzelnen Texten bezeugt ist" (ebd., 329); vgl. auch den Hinweis (ebd., 154 Anm. 1), „daß die Klageformen der sogenannten Untergangs- oder Zerstörungsklage anläßlich der Zerstörung von Städten oder Ländern, das heißt von politischen Einheiten weitgehend identisch sind mit den zeremoniellen Klageformen der individuellen Totenklage".

schen Reflexe erkennbar; nirgends ist ein Bezug zu Jahwe auszumachen; und ebensowenig taucht darin der Aspekt „Schuld" auf. Auf den gleichen Befund stößt man auch in den fraglichen auf Untergang und Zerstörung bezogenen Klagetexten.

Da für die Totentrauer im alten Israel allgemein gilt, daß sie wie der Bereich des Todes selbst nicht mehr zu jener Sphäre gehört, für die Jahwe zuständig ist,[56] liegt für die die Katastrophe von 587 v. Chr. thematisierenden Klagetexte der Schluß nahe, daß darin der Bezug auf Jahwe deswegen fehlt, weil es hier Phänomene zu bewältigen galt, für die man analog zum Phänomen „Tod" keine Möglichkeit mehr sah, sie mit Jahwe in Verbindung zu bringen und entsprechend an Jahwe klagend zu appellieren. Mit anderen Worten: Die Katastrophe von 587 v. Chr. wurde offensichtlich in einer Qualität wahrgenommen, die alles widerlegt hatte, was bislang für Jerusalem als Kompetenzbereich Jahwes veranschlagt worden war. In der Notlage direkt danach, das erfahrene Unheil und die gegenwärtige Unheilssituation bewältigen und verarbeiten zu müssen, erschien offensichtlich jeglicher Weg versperrt, im Rahmen des bisherigen Jahwekults zu reagieren und zu agieren.[57]

Der Rückgriff auf die profane Totenklage beziehungsweise der Einsatz der sich an der Totenklage orientierenden Untergangsklage wie auch die Übernahme der entsprechenden Veranstaltungen etc. läßt folglich die Dimensionen der Krise erahnen, in die die bisherigen Glaubensüberzeugungen angesichts der Katastrophe geraten waren.

Auf ähnliche Zeugnisse wie im Jeremiabuch stößt man auch im Ezechielbuch. Verwiesen sei kurz auf eine Sammlung nichtprophetischer Texte, die unbestritten zur ältesten Schicht im Ezechielbuch zählen; es handelt sich um Ez 19,1–9; Ez 19,10–14, Ez 31 und Ez 23/16, die in der hypothetisch zu erschließenden Urform als Klagetexte in engster zeitlicher Nähe zur Katastrophe von 587 v. Chr. entstanden sein müssen.[58]

Ich zitiere als Beispieltext hier lediglich die in Ez 19,10–14 erhaltene Klage (Urform[59]), die auf den Verlust des Jerusalemer Königtums reagiert:

---

[56] Vgl. zum Beispiel KAISER, Tod, 48–52.
[57] Vgl. POHLMANN, Die Ferne Gottes, 178f.
[58] Vgl. POHLMANN, Hesekiel, 292ff.
[59] Zur Begründung dieser dem überlieferten Text vorausgehenden Klagefassung vgl. POHLMANN, Hesekiel, 287ff.

19,10 „Deine Mutter, wie ein Weinstock […] an Wassern gepflanzt;
  fruchtbringend und voller Zweige war er, wegen der vielen Wasser.
19,11a *Und es wurden ihm mächtige Äste zu Herrscherstäben.*

19,12aβ Aber der Ostwind dörrte aus seine Frucht,
19,12b es verdorrte sein kräftiger Ast.
19,14aβ *Und es blieb nicht an ihm ein mächtiger Ast, ein Stab zum Herrschen.*"[60]

Das besondere Interesse am Jerusalemer Königtum, seine hohe Wertschätzung (hier erkennbar am traditionell vorgegebenen Vergleich mit dem Weinstock, in den übrigen Klagen mit dem Löwen, mit dem Zedernbaum)[61] und das deutliche Bedauern über seinen Verlust dürfen als Indizien dafür gewertet werden, daß sich hier ein dem Jerusalemer Königtum einst nahestehender, zur gebildeten Oberschicht zählender Kreis im Rückblick auf die Ereignisse von 587 v. Chr. artikuliert.

Auch in diesen Klagen, die in deutlicher Analogie zu Totenklagen (Gegensatz von Einst und Jetzt, Größe und Fall) auf beklagenswerte und völlig uneinsichtige Geschicke zurückblicken, fehlt auffälligerweise jeglicher Bezug auf Jahwe; nirgends erscheint ein Zusammenhang zwischen dem vor Augen stehenden Unheilsgeschehen und menschlicher Schuld auch nur angedeutet.[62] Somit dokumentieren und illustrieren auch diese Texte die religiöse Krise in Jerusalem angesichts der Katastrophe: Eine bisher erklärbare und verfügbare Welt wird als nicht mehr erklärbar und verfügbar erfahren.

Wiewohl in den bisher genannten Texten direkte Bezugnahmen auf den Tempel, seine Zerstörung etc. fehlen, sind sie in der Art, wie sie konzipiert sind, implizit Belege dafür, daß man mit dem Verlust des religiösen Zentrums Jerusalem und damit auch des Tempels zugleich keine Möglichkeit mehr sah, sich in dieser Katastrophenzeit Jahwes und seiner Fürsorge kultisch zu vergewissern. Diese Klagetexte lassen erkennen, daß ihren Trägerkreisen der Rückgriff auf bewährte theologische Denkmuster versperrt war. Mit den bis dahin geltenden theologischen Vorstellungen konnte die erfahrene „Horizonterweiterung" nicht bewältigt werden. In die gleiche Richtung weisen die Aussagen in Ps 137. Hier kann man mit Spieckermann fragen: „Ob die Depression in Ps 137 auch deshalb so tief ist, weil es noch nicht gelungen war, das Entsetzen über den Verlust des theologischen Mittelpunktes in (An)Klage zu fassen, den Gedanken der Schuld mit den Ereignissen von 587 in Verbindung zu bringen […]?"[63]

---

[60] Ein Schlußvermerk (19,14b) kennzeichnet die Textfolge als (hebr.) Qina, also als Leichenlied, Totenklage.
[61] Vgl. POHLMANN, Hesekiel, 245 Anm. 265.
[62] Zu Ez 19,1–9 und 10–14 bemerkt ZIMMERLI, Ezechiel, 425: Die Schilderung entbehrt „jedes moralischen oder gar religiösen Akzentes einer ‚gerechten Vergeltung'"(vgl. auch 426).
[63] SPIECKERMANN, Heilsgegenwart, 122.

V. Reflexe der Irritation und Orientierungslosigkeit
in bezug auf den Verlust des Tempels

In der individuellen Klage Jer 8,18–23 ist in V. 19aß das Zitat einer Aussage enthalten, die Jahwes Verhältnis zum Zion und damit auch zu seinem Tempel thematisiert.

„Ist denn Jahwe nicht in Zion oder ihr König nicht in ihr?" (Jer 8,19b)

Auf die Genese dieser Redeeinheit 8,18–23, wie sie jetzt vorliegt, muß hier nicht
eingegangen werden,[64] das Zitat kann für sich genommen werden. Für uns ist interessant, daß sich darin deutliche Zweifel dahingehend artikulieren, ob weiterhin
die Zuständigkeit des Zionsgottes garantiert ist. Während klar ist, daß die Sprecher das traditionelle Beziehungsgeflecht „Jahwe – Zion" in Frage gestellt sehen,
ist allerdings nicht völlig eindeutig, inwiefern das der Fall ist. Wird hier befürch-
tet, daß Jahwe den Zion beziehungsweise seinen Tempel verlassen, daß dieser
König (vgl. Ps 48; Jes 6,5) seinen Wohnsitz aufgegeben haben könnte?[65] Oder ist
hier die Auffassung festgehalten, daß wegen der von seiten Jahwes ausgebliebe-
nen Hilfe (vgl. den jetzigen Kontext) seine Anwesenheit[66] und sein Regiment auf
dem Zion und damit generell seine Souveränität in Zweifel zu ziehen sind?[67] Mir
scheint eher das letztere der Fall zu sein. Denn eine Durchsicht solcher Texte, in
denen das gleiche oder ein ähnliches Argumentationsmuster (Doppelfrage, oft
mit anschließender Warum-Frage o.ä.[68]) auftaucht, erhellt folgendes: Diese Frageform ist charakteristisch für Klagen darüber, daß man verwundert oder gar be-
stürzt eine einst positiv besetzte Größe oder Gegebenheit in einer Position wahrnehmen mußte, die im völligen Widerspruch zu ihrem ihr einst zuerkannten Stellenwert steht. Somit resultiert die in V. 19aß eingebrachte Frage „Ist denn Jahwe
nicht in Zion oder ihr König nicht in ihr?" aus der Bestürzung darüber, daß man
sich plötzlich mit der an sich völlig unvorstellbaren Abwesenheit des Zionsgottes
konfrontiert sieht: So doch bislang erwiesenermaßen Jahwe als König auf dem

---

[64] Ich meine gezeigt zu haben (Die Ferne Gottes, 162ff.), daß 8,19a.20 als Erweiterung von
ursprünglichen Elementen einer Individualklage (8,18.21–23) anzusehen ist; Jer 8,19b ist noch
später eingetragen.

[65] RUDOLPH, Jeremia, 65, sieht hier die Auffassung mit Zitat belegt, „Jahwe habe seine heilige Stätte verlassen und höre sein Volk nicht mehr (der König ist Jahwe, nicht der irdische König)"; so auch WANKE, Jeremia, 102: Die Not werde „immerhin auf ein Fernsein Jahwes zurückgeführt, also theologisch begründet".

[66] Zu erinnern ist hier an das Zitat in Mi 3,11b: „Ist nicht Jahwe in unserer Mitte?"

[67] DUHM, Jeremia, z. St.: „Das Volk oder in seinem Namen Jer fragt, warum der göttliche
König im Zionstempel sein Land nicht schützt". – Für McKANE, Commentary, 195, äußern sich
hier Zweifel und nackte Verzweiflung: „Have the presuppositions of the Jerusalem cult been
finally falsified?"

[68] Vgl. zum Beispiel Jer 6,2f. und Hiob 7,12; 10,4; vgl. auch 21,4.

Zion, in seinem Tempel residierte, ist es nicht zu fassen, daß davon jetzt nichts mehr wahrzunehmen ist.

Dazu paßt, daß auffälligerweise diese in der Frageform vorwurfsvolle Klage keine Adresse hat; es scheint keine zuständige Instanz zu geben. Jahwe wird hier ja nicht angesprochen. Das erscheint um so verwunderlicher, als sich Belege dafür finden, daß man die Klage über Jahwes Distanz zum Zion auch direkt an Jahwe richten konnte (vgl. Jer 14,19[69]). Geschieht das in 8,19aß nicht, so folglich deswegen, weil hier Jahwe als Adresse nicht mehr in Frage kommt, also hier seine Zuständigkeit und Kompetenz ins Zwielicht geraten sind.

Ich verzichte auf die Erörterung weiterer Einzelheiten[70] und halte als Fazit fest: In Jer 8,19aß sind Äußerungen aus dem Munde derer erhalten, die das vor Augen stehende Geschick des Zion und damit des Tempels nicht mit der bisherigen Zionstheologie in Einklang zu bringen vermögen und daraufhin nicht anders können, als die Stimmigkeit dieser Theologie in Zweifel zu ziehen.

Ähnlich wie in Jer 8,19aß geht auch die Aussage in Ez 8,12 (= Ez 9,9) *„Jahwe hat das Land verlassen; Jahwe sieht uns nicht"* von der Abwesenheit des Zionsgottes aus. Zitiert wird hier ein unter den nach der Katastrophe im Lande Verbliebenen umlaufendes Wort.[71] Die Möglichkeit, daß damit ähnlich wie zum Beispiel in Ps 10,1–11 und 94,1–7 die These vertreten wird, man brauche sich vor Jahwe wegen eigener Vergehen nicht mehr in acht zu nehmen, kommt hier nicht in Betracht; denn Äußerungen in diesem Sinne bedürfen nicht des Hinweises, daß Jahwe außer Landes ist (vgl. Ps 10,11; 94,7). Mit der Kombination und Abfolge der Aussagen „Jahwe hat das Land verlassen" und „Jahwe sieht uns nicht" wird vielmehr signalisiert, daß die Wahrnehmung der eigenen Gegenwart die Vorstellung von der Präsenz Jahwes und seiner schützenden Fürsorge[72] nicht mehr deckt beziehungsweise diese ad absurdum geführt hat. Mit anderen Worten: So wie hier

---

[69] In Jer 14,17–19 klagt zunächst (V. 17aß–18a.18b ist Zusatz) wie in 8,18–23* ebenfalls ein Individuum über den „Bruch" der „Tochter meines Volkes". In V. 19 schließt sich dann wie in unserem Text die Frage nach Jahwes Verhältnis zum Zion an; diese Frage ist jedoch anders als in 8,19aß auf Jahwe ausgerichtet. Die Klagenden wissen hier also, vor wem überhaupt zu klagen sinnvoll ist; und sie setzen Jahwe als den voraus, der für ihr Geschick verantwortlich zeichnet („Warum hast du uns geschlagen?"). Doppelfrage und anschließende „Warum?"-Frage klingen vorwurfsvoll und haben anders als die Fragen in 8,19 und 22 Appellcharakter; Jahwe wird hier direkt auf seine engen Beziehungen zu Juda und Zion angesprochen.

[70] Festzuhalten ist, daß sich Jer 14,19 im Vergleich zu 8,18–23* wie eine verbesserte Neuauflage liest, also 8,18–23 in diesem Vers richtiggestellt und weitergeschrieben wird; anders als die Aussage 8,19aß ist 14,17–19 das Ergebnis theologischer Reflexion und Argumentation (vgl. die Akzentverschiebungen in 14,19 [Verweis auf Juda etc.]). Das eingetretene Unheil kann hier auf Jahwe zurückgeführt werden, und in ihm wird zugleich die Instanz erkannt, an den sich die Klage richten kann, um „Heilung" anzumahnen.

[71] Vgl. ähnlich zum Beispiel Jer 14,8b.9; in Dtn 31,17 soll es schließlich Jahwe selbst sein, der ankündigt, daß er sein Volk zur Strafe für dessen Treulosigkeit verlassen wird; vgl. dagegen Jer 32,15; 42,10 und dazu POHLMANN, Studien, 199.

[72] „Gott sieht …" in dieser Bedeutung zum Beispiel in Gen 16,13; Ps 10,14; vgl. zum Beispiel noch I Sam 1,11; Jes 63,15.

formuliert ist, impliziert die Auffassung, Jahwe habe das Land verlassen, das Gefühl zumindest einer Machtminderung Jahwes beziehungsweise der Begrenzung
seiner Möglichkeiten, wenn nicht sogar Ohnmachtsverdacht.

Weiterhin erhellend für die Aussage „Jahwe hat das Land verlassen" sind Ge-
genüberstellungen mit Texten vergleichbarer Aussagen; ein Beispiel: In Jer 12,7f.
heißt es in der Jahwerede: *„Ich (Jahwe) habe mein Haus verlassen [...]* "[73]. Es
dürfte evident sein, daß diese Jeremiastelle im Vergleich zu Ez 8,12 die jüngere
Aussage über Jahwe bietet. Während Ez 8,12 lediglich konstatiert, ohne erklärende Hintergrundinformation, ist hier klargestellt: Jahwe selbst hat von sich aus den
Tempel aufgegeben, und er hatte auch Gründe dafür, die enge Bindung an den
Tempel aufzugeben. Hier ist also theologische Reflexion am Werk; dagegen
klingt Ez 8,12 wie die resignative Kapitulationserklärung einer bislang geltenden
Theologie.

Ferner wäre zu klären, ob die Formulierung „Jahwe hat das Land verlassen"
nicht doch mehr beinhaltet als einen Hinweis auf die Gefühlslage der nach der
Katastrophe im Lande Verbliebenen. Man fragt sich, was genau mit der Aussage
gemeint ist, was genau vor Augen steht. Auch dazu nur einige Hinweise und Erwägungen: Daß eine Gottheit ihr Land, ihre Stadt, den Tempel verlassen kann
oder muß, ist im Alten Orient auch sonst mehrfach bezeugt. Für das Alte Testament verweise ich auf Jer 48,7 (ein Unheilswort an Moab): *„Kamosch wird ins
Exil wegziehen samt seinen Priestern und Fürsten",* sowie auf Jer 49,3: *„Denn
Milkom wird ins Exil gehen samt seinen Priestern und Fürsten. "* Hier steht offensichtlich die schon von den Assyrern ausgeübte Praxis vor Augen, in bestimmten
Konstellationen die Götterstatuen ihrer aufrührerischen Vasallen außer Landes zu
schaffen. Dazu W. Mayer[74]: „Wenn später in großem Stil Deportationen durchgeführt wurden, dann gingen die jeweiligen Götter mit. Dies betraf die Hausgötter
eines Herrschers ebenso wie die Gottheiten einer Bevölkerung [...]. Mit der Wegführung verloren die Götter ihren Machtbereich".[75]

Möglicherweise ist dann im Alten Testament die Aussage, daß Jahwe sein
Land, seinen Tempel verlassen habe, doch ein Reflex darauf, daß es im vorexilischen Jerusalemer Tempel eine Jahwe-Statue gab, die dann schließlich im Zusammenhang mit der Eroberung Jerusalems entweder zerstört oder deportiert
worden ist. Auch die bereits erwähnte Jahwerede in Jer 12,7f.: „Ich (Jahwe) habe
mein Haus verlassen, verstoßen mein Erbe, gegeben den Liebling meiner Seele in

---

[73] DUHM, Jeremia, z. St.: *„Aufgegeben habe ich mein Haus, verstoßen mein Erbe, gegeben
den Liebling meiner Seele in die Hand seiner Feinde. Geworden ist mir mein Erbe wie ein Löwe
im Walde, hat wider mich seine Stimme erhoben, darum hasse ich es".*

[74] MAYER, Politik, 481.

[75] Vgl. zu Einzelheiten auch SPIECKERMANN, Juda, 344ff. Welche Auswirkungen solche Praxis haben konnte, wird in einer Inschrift Sargons II. (vgl. FUCHS, Inschriften, 214–215.347) mit-
geteilt: Ursa, der König des Landes von Urartu, habe sich auf die Nachricht von der Zerstörung
seines Kultzentrums und der Wegführung ḥaldis, seines Gottes, umgebracht; vgl. auch BECKING,
Evidence, 163.

die Hand seiner Feinde [...]", könnte das Ergebnis späterer Reflexion über ein solches Ereignis sein, und zwar gerade deswegen, weil hier der Vorgang des Verlassens theologisch gewichtet und erklärt wird. Solche Praxis läßt sich zum Beispiel auch für einen Passus der Babel-Stele Nabonids (556–539 v. Chr.) beobachten. Darin wird auf die lange zurückliegenden Zerstörungen Babels und deren Götterstatuen durch Sanherib[76] (689 v. Chr.) Bezug genommen und das damalige Geschehen wie folgt gewichtet:

„Er (Sanherib) plante Böses [...] Babels Heiligtümer richtete er böse zu [...] Die Hand des Fürsten Marduk erfaßte er und führte ihn ab nach Baltila (Assur). Gemäß dem Zorn Gottes verfuhr er mit dem Lande, seinen Groll löste er nicht. Der Fürst Marduk schlug 21 Jahre in Baltila seinen Wohnsitz auf. Da waren die Tage erfüllt, der Termin war gekommen. Es beruhigte sich der Zorn des Königs der Götter [...]. Er gedachte Esagils und Babels, des Sitzes seiner Herrschaft [...]"[77].

Hier werden die historischen Vorgänge also so interpretiert, daß Marduk selbst die Verantwortung für den Ablauf der Ereignisse, die Zerstörungen in seiner eigenen Stadt, getragen habe. Das Anliegen ist klar: Hier soll der mit der Zerstörung der Mardukstatue verbundene Eindruck der Depotenzierung beziehungsweise der daraus resultierende Ohnmachtsverdacht gegenüber dem „König der Götter" im Nachhinein ausgeräumt werden.

VI. Hinwendung zu anderen Kulten – „Religionswechsel"

Abschließend sei noch kurz auf Textzeugnisse verwiesen, die als Belege für religiöse Irritationen beziehungsweise eine Krise der Religion infolge der Katastrophe von 587 v. Chr. deswegen gelten können, weil darin von gewissen Kreisen die Rede ist, die infolge des Verlustes des Jerusalemer Kultzentrums die Nichtzuständigkeit Jahwes für erwiesen erachteten und sich nun anderen Kulten zuwandten.

Es sei dahingestellt, ob der für die exilische und nachexilische Zeit im Alten Testament selbst bezeugte Synkretismus[78] lediglich eine Weiterführung bereits vorexilischer Praxis darstellte oder ob hier ein wiederauflebender Synkretismus zu veranschlagen ist.[79] Daß es in jedem Fall nach 587 v. Chr. im Lande zunehmend und verstärkt zu Konversionen zu anderen Gottheiten und deren Kulten

---

[76] Dazu MAYER, Politik, 373, ferner SPIECKERMANN, Juda, 358f.

[77] Vgl. TUAT I, 407 (Übersetzung R. BORGER).

[78] Zu fremdreligiösen Einflüssen und Attraktivitäten infolge der veränderten politischen Gesamtsituation im Vorderen Orient nach der Etablierung des persischen Großreiches sowie zu den Kulten, von denen es sich aus deuteronomistischer Sicht (besonders in der Bearbeitungsschicht mit stark nomistischer Tendenz zu Beginn der nachexilischen Zeit) abzugrenzen gilt, vgl. DIETRICH, Niedergang, 50.

[79] So ALBERTZ, Religionsgeschichte Israels, 394.

58	Karl-Friedrich Pohlmann

kam, darf man zum Beispiel in Jer 44 (vgl. auch Jer 7,18) dem Verweis auf die Verehrung der „Himmelskönigin"[80] entnehmen. Ferner ist in Ez 8,11ff. von „siebzig Mann von den Ältesten Israels" die Rede, die sich generell von Jahwe nichts mehr versprechen und sich daher in kultischer Verehrung anderen Mächten zuwenden.[81] Diese eindeutigen Hinweise auf eine bewußte Abkehr vom Jahwekult nach der Katastrophe mögen genügen. Daß auch für die nachexilische Zeit andere Kulte weiterhin eine starke Anziehungskraft ausübten, belegen die zahlreichen Polemiken im zeitgenössischen Schrifttum (vgl. zum Beispiel Jes 57,1–10.11–13; 65,1–12; ferner Sach 10,2; 13,2).

Literatur

[Die verwendeten Abkürzungen richten sich nach S. SCHWERTNER, Theologische Realenzyklopädie. Abkürzungsverzeichnis, 2., überarb. u. erw. Aufl., Berlin u.a. 1994.]

P. R. ACKROYD, Exile and Restoration. A Study of Hebrew Thought of the Sixth Century BC, OTL, London 1968.

R. ALBERTZ, Religionsgeschichte Israels in alttestamentlicher Zeit, Grundrisse zum Alten Testament, ATD Ergänzungsreihe Bd. 8,1.2, Göttingen 1992.

B. ALBREKTSON, History and the Gods. An Essay on the Idea of Historical Events as Divine Manifestations in the Ancient Near East and Israel, ConB.OT 1, Lund 1967.

B. BECKING / M. C. A. KORPEL (Hgg.), The Crisis of Israelite Religion. Transformation of Religious Tradition in Exilic and Post-Exilic Times, OTS 42, Leiden u.a. 1999.

B. BECKING, Assyrian Evidence for Iconic Polytheism in Ancient Israel?, in: K. VAN DER TOORN (Hg.), The Image and the Book. Iconic Cults, Aniconism, and the Rise of Book Religion in Israel and the Ancient Near East, Leuven 1997, 157–172.

J. BLENKINSOPP, Temple and Society in Achaemenid Juda, in: P. R. DAVIES (Hg.), Second Temple Studies 1: Persian Period, Sheffield 1991, JSOT.S 117, 22–53.

T. A. BUSINK, Der Tempel von Jerusalem 1, Leiden 1979; 2, Leiden 1980.

P. R. DAVIES (Hg.), Second Temple Studies 1: Persian Period, Sheffield 1991, JSOT.S 117.

W. DIETRICH, Niedergang und Neuanfang: die Haltung der Schlussredaktion des deuteronomistischen Geschichtswerkes zu den wichtigsten Fragen ihrer Zeit, in: B. BECKING / M. C .A. KORPEL (Hgg.), The Crisis of Israelite Religion. Transformation of Religious Tradition in Exilic and Post-Exilic Times, OTS 42, Leiden u.a. 1999, 45–70.

B. DUHM, Das Buch Jeremia, KHC Abt. XI, Tübingen 1901.

A. FUCHS, Die Inschriften Sargon II. aus Khorsabad, Göttingen 1993.

CHR. HARDMEIER, Texttheorie und biblische Exegese. Zur rhetorischen Funktion der Trauermetaphorik in der Prophetie, BEvTh 79, München 1977.

---

[80] Vgl. dazu KEEL / UEHLINGER, Göttinnen, 386ff.; zur Identifikation der „Himmelskönigin": Diese „war wohl niemand anders als die gynaikomorph wiederauferstandene Aschera" (ebd., 426; s. auch 388).

[81] Für SMITH, Judentum, 356ff., wären für eine größere Anzahl der „Altjudäer" synkretistische Neigungen zu veranschlagen, etwa der Art, wie sie Ez 8,1ff. erwähnt; überwiegend monolatristisch orientiert sieht er die Exilierten.

O. KAISER, Tod, Auferstehung und Unsterblichkeit im Alten Testament und im frühen Judentum – im religionsgeschichtlichen Zusammenhang bedacht, in: O. KAISER / E. LOHSE (Hgg.), Tod und Leben, BiKon, Stuttgart u.a. 1977, 7–80.

–, Die Klagelieder, in: ATD 16,2, 4. Aufl., Göttingen 1992, 91–198.

–, Grundriß der Einleitung in die kanonischen und deuterokanonischen Schriften des Alten Testaments 1: Die erzählenden Werke, Gütersloh 1992; 2: Die prophetischen Werke. Mit einem Beitrag von K.-FR. POHLMANN, Gütersloh 1994.

O. KEEL, Jahwe-Visionen und Siegelkunst. Eine neue Deutung der Majestätsschilderungen in Jes 6, Ez 1 und 10 und Sach 4, SBS 84/85, Stuttgart 1977.

O. KEEL / CHR. UEHLINGER, Göttinnen, Götter und Gottessymbole. Neue Erkenntnisse zur Religionsgeschichte Kanaans und Israels aufgrund bislang unerschlossener ikonographischer Quellen, Quaestiones disputatae 134, 2. Aufl., Freiburg u.a. 1993.

M. KELLER, Untersuchungen zur deuteronomisch-deuteronomistischen Namenstheologie, Weinheim 1996.

J. KRECHER, Sumerische Kultlyrik, Wiesbaden 1966.

O. LORETZ, Gottes Thron in Tempel und Himmel nach Psalm 11. Von der altorientalischen zur biblischen Tempeltheologie, UF 26 (1994), 245–270.

W. MAYER, Politik und Kriegskunst der Assyrer, ALASPM 9, Münster 1995.

W. MCKANE, A Critical and Exegetical Commentary on Jeremiah 1, Introduction and Commentary on Jeremiah I–XXV, ICC, Edinburgh 1986.

T. N. D. METTINGER, The Dethronement of Sabaoth. Studies in the Shem and Kabod Theologies, CB.OT 18, Lund 1982.

H. P. MÜLLER, König Mêša' von Moab und der Gott der Geschichte, in: UF 26 (1994), 373–395.

H. NIEHR, In Search of YHWH's Cult Statue in the First Temple, in: K. VAN DER TOORN (Hg.), The Image and the Book. Iconic Cults, Aniconism, and the Rise of Book Religion in Israel and the Ancient Near East, Leuven 1997, 73–95.

L. PERLITT, Anklage und Freispruch Gottes. Theologische Motive in der Zeit des Exils, ZThK 69 (1992), 290–303.

K.-F. POHLMANN, Studien zum Jeremiabuch. Ein Beitrag zur Frage nach der Entstehung des Jeremiabuches, FRLANT 118, Göttingen 1978.

–, Die Ferne Gottes – Studien zum Jeremiabuch. Beiträge zu den „Konfessionen" im Jeremiabuch und ein Versuch zur Frage nach den Anfängen der Jeremiatradition, BZAW 179, Berlin / New York 1989.

–, Ezechielstudien. Zur Redaktionsgeschichte des Buches und zur Frage nach den ältesten Texten, BZAW 202, Berlin / New York 1992.

–, Das Buch des Propheten Hesekiel (Ezechiel) Kapitel 1 – 19. Übersetzt und erklärt von Karl-Friedrich Pohlmann, ATD 22/1, Göttingen 1996.

–, Erwägungen zu Problemen alttestamentlicher Prophetenexegese, in: I. KOTTSIEPER u.a. (Hgg.), „Wer ist wie du, Herr, unter den Göttern?". Studien zur Theologie und Religionsgeschichte Israels. FS für O. KAISER zum 70. Geburtstag, Göttingen 1994, 325–341.

T. A. RUDNIG, Heilig und Profan. Redaktionskritische Studien zu Ez 40 – 48, BZAW 287, Berlin / New York 2000.

W. RUDOLPH, Jeremia, HAT 1. Reihe 12, 3., verbesserte Aufl., Tübingen 1968.

H. H. SCHMID, Altorientalische Welt in der alttestamentlichen Theologie, Zürich 1974.

M. SMITH, Das Judentum in Palästina während der Perserzeit, in: H. BENGTSON (Hg.), Fischer Weltgeschichte 5: Griechen und Perser. Die Mittelmeerwelt im Altertum I, Frankfurt 1965, 356–370.

W. VON SODEN, Einführung in die Altorientalistik, Darmstadt 1985.

H. SPIECKERMANN, Juda unter Assur in der Sargonidenzeit, FRLANT 129, Göttingen 1982.

–, Heilsgegenwart. Eine Theologie der Psalmen, FRLANT 148, Göttingen 1989.

A. STEIL, Krisensemantik. Wissenssoziologische Untersuchungen zu einem Topos moderner Zeiterfahrung, Opladen 1993.

F. STOLZ, Der Streit um die Wirklichkeit in der Südreichsprophetie des 8. Jahrhunderts, WuD 12 (1973), 9–30.

–, Monotheismus in Israel, in: O. KEEL (Hg.), Monotheismus im Alten Israel und seiner Umwelt, BiBe 14, Fribourg 1980, 143–189.

–, Psalmen im nachkultischen Raum, Zürich 1983.

CHR. UEHLINGER, Anthropomorphic Cult Statuary in Iron Age Palestine and the Search for Yahweh's Cult Images, in: K. VAN DER TOORN (Hg.), The Image and the Book. Iconic Cults, Aniconism, and the Rise of Book Religion in Israel and the Ancient Near East, Leuven 1997, 97–155.

K. VAN DER TOORN, Sin and Sanction in Israel and Mesopotamia, Assen / Maastricht 1985.

E. VOGT, Untersuchungen zum Buch Ezechiel, AnBib 95, Rom 1981.

G. WANKE, Jeremia. Teilband 1: Jeremia 1,1–25,14, ZBK.AT 20/1, Zürich 1995.

W. ZIMMERLI, Ezechiel 1–24, BK XIII/1, Neukirchen 1969.

Die Verwüstung des Tempels – Krise der Religion?

Beobachtungen zum Volksklagepsalm 74 und seiner Rezeption in der Septuaginta und im Midrasch Tehillim

von

ARIANE CORDES / THERESE HANSBERGER / ERICH ZENGER

Der Jerusalemer Tempel spielt im Psalter eine zentrale Rolle. Zwar ist der Psalter nicht, wie oft gesagt wird, als Tempelgesangbuch entstanden oder als solches verwendet worden.[1] Aber mehrere Psalmen des Psalters sind unbestreitbar für die Verwendung in der offiziellen Tempelliturgie verfaßt worden (zum Beispiel Ps 46–48). Auch verschiedene Teilsammlungen sind am Tempel und von den für die Tempelmusik zuständigen Gruppen (Asaf-Gruppe, Korachiter) gedichtet und musikalisch aufgeführt worden.[2] Zahlreiche Psalmen sind als Formulare für die familiären „Gottesdienste" im Tempel konzipiert worden (Klage-, Bitt- und Dankpsalmen). Andere Psalmen sind Ausdruck der persönlichen „Tempelfrömmigkeit"; sie wurden nicht nur im Tempel, sondern vor allem fern vom Tempel gebetet (zum Beispiel Ps 42/43; 61; 63; 84). Es gibt Psalmen, die in hymnischer Poetik die kosmische, politische und gesellschaftliche Funktion des Tempels feiern (zum Beispiel Ps 29; 93; 132; 133). Es gibt Psalmen, die die Bedeutung des Tempels für den individuellen und gesellschaftlichen Alltag widerspiegeln (zum Beispiel Ps 15; 24). Es gibt Psalmen, die mit tempeltheologischen Motiven eschatologische Utopien entwerfen (zum Beispiel Ps 100; 150). Und es gibt einige Psalmen, die explizit die Zerstörung des Tempels von 587 v. Chr. reflektieren. Einer dieser Psalmen ist der Volksklagepsalm 74. Mit und in diesem Psalm setzt sich Israel mit der religiösen, kulturellen und politischen Dimension dieses Ereignisses und seinen Folgen auseinander. Dabei ist erstaunlich, welches Sinn-

---

[1] Vgl. dazu ZENGER, Psalter als Buch; DERS., Psalmenforschung.
[2] Auch der Komposition der JHWH-König-Psalmen 93–100 liegt eine Komposition zugrunde, die aus Ps 93,1–4; 95; 96; 98; 100 bestanden hat und als dramatisch inszeniertes Ritual verstanden beziehungsweise als eine Art „Oratorium" aufgeführt wurde. Ebenso liegt dem sogenannten Pesach-Hallel 113–118 und dem Wallfahrtspsalter 120–134 eine kultisch inszenierte beziehungsweise inszenierbare Komposition zugrunde. Die Korachiterpsalmen 42–49 und die Asafpsalmen 50; 73–83 sind freilich in der Gestalt, in der sie nun als Sammlung im Psalter überliefert sind, Ergebnis einer literarischen Redaktion: vgl. dazu ZENGER, Korachpsalmen; DERS., Asafsammlung.

potential dieser Psalm in seiner innerbiblischen wie nachbiblischen Rezeption für die Konstituierung jüdischer Identität im Kontext einer als feindlich empfundenen Umwelt entfaltete. Diesen Prozeß wollen wir im folgenden kurz dokumentieren und interpretieren.

Die drei von uns skizzierten Phasen der Verwendungsgeschichte von Ps 74 entsprechen drei Schwerpunkten unseres eigenen Teilprojekts, in dem wir die religionssoziologische Topologie der Psalmen als Paradigma der Funktionen religiöser Poesie entwerfen. Unserem Forschungsprogramm gemäß interpretieren wir zunächst die hebräische Textgestalt von Ps 74,[3] diskutieren dann die Textgestalt, die Ps 74 in der Übersetzung der Septuaginta erhalten hat,[4] und analysieren schließlich die Rezeption, die Ps 74 im rabbinischen Midrasch Tehillim gefunden hat.[5]

I. Psalm 74 in seiner hebräischen Textgestalt

1. Der Text in Übersetzung

1 Ein Maskil. Von Asaf.

   Warum / Wozu, Gott, hast du verstoßen für immer,
        raucht dein Zorn gegen die Schafe deiner Weide?
2 Gedenke deiner Gemeinde, die du ureinst erworben hast,
        die du ausgelöst hast als Stamm deines Erblands,
        des Berges Zion hier, auf dem du Wohnung genommen hast.
3 Erhebe deine Schritte zu den ewigen Trümmern,
        alles hat der Feind verwüstet im Heiligtum.
4 Sie haben gebrüllt, deine Widersacher, mitten auf deiner Versammlungsstätte,
        sie haben (dort) ihre Zeichen als Zeichen aufgestellt.
5 Es sah aus, wie wenn man emporhebt
        im Dickicht des Waldes die Äxte.
6 Und nun – ihre Holzschnitzereien allesamt
        mit Beil und Hammer zerschlugen sie.
7 Sie haben Feuer in dein Heiligtum geworfen,
        bis zur Erde haben sie die Wohnung deines Namens entweiht.
8 Sie haben in ihrem Herzen gesagt: „Wir wollen sie unterjochen allesamt."
        Sie verbrannten alle Gottesstätten im Lande!
9 Zeichen für uns haben wir nicht mehr gesehen,
        einen Propheten gibt es nicht mehr,
        und keiner ist mehr bei uns, der wüßte: Wie lange noch?

---

[3] Dieser Teil stammt von E. Zenger.
[4] Dieser Teil stammt von A. Cordes.
[5] Dieser Teil stammt von Th. Hansberger.

10 Wie lange, Gott, wird höhnen der Widersacher,
   wird der Feind deinen Namen lästern für immer?
11 Warum / Wozu ziehst du deine Hand zurück
   und deine Rechte? Aus deinem Gewandbausch heraus vernichte!

12 Aber / dennoch ist Gott mein König von ureinst her,
   Rettungen wirkend mitten auf der Erde.
13 Du – du hast zerspalten mit deiner Macht das Meer,
   du hast zerschmettert die Häupter der Schlangen über dem Wasser.
14 Du – du hast zerschlagen die Häupter Leviatans,
   du hast ihn zum Fraß gegeben dem Volk der Wüstentiere.
15 Du – du hast gespalten Quelle und Bach,
   du – du hast austrocknen lassen die immerfließenden Ströme.
16 Dir ist der Tag und ebenso ist dir die Nacht.
   Du – du hast zugerüstet Mondleuchte und Sonne.
17 Du – du hast festgesetzt alle Grenzen der Erde.
   Sommer und Winter, du – du hast sie gebildet.
18 Gedenke doch: Der Feind hat gehöhnt, JHWH,
   und ein Toren-Volk hat gelästert deinen Namen.

19 Nicht gib den wilden Tieren das Leben deiner Taube preis,
   das Leben deiner Armen vergiß nicht für immer!
20 Schau auf den Bund, denn voll sind
   die Schlupfwinkel des Landes, Triften von Gewalt sind sie.
21 Nicht bleibe der Bedrückte in Schande,
   der Arme und der Elende sollen deinen Namen lobpreisen!
22 Steh auf, Gott, streite deinen Streit!
   Gedenke deiner Verhöhnung, die von den Toren ausgeht den ganzen Tag.
23 Nicht vergiß das Geschrei deiner Widersacher,
   den Lärm deiner Gegner, der ständig aufsteigt.

Der hier gebotenen Übersetzung liegen folgende (textkritische) Überlegungen und Entscheidungen zugrunde:[6]

מועד bedeutet „Versammlung der Gemeinde" (vgl. V. 2a) und davon abgeleitet: der Ort, an dem die Versammlung stattfindet; „deine Versammlungsstätte" ist dann der Ort, an dem JHWH seiner Gemeinde begegnet. Die vielfach für V. 4b vorgeschlagenen Textänderungen sind nicht notwendig. Die „Zeichen" der Fein-

---

[6] Zu den Text- und Interpretationsproblemen von Ps 74 vgl. die Studien von AUFFRET, Essai; DONNER, Argumente; EMERTON, Spring and Torrent; EMMENDÖRFER, Der ferne Gott, 77–102; GELSTON, A Note on Psalm LXXIV 8; HARTENSTEIN, Unzugänglichkeit Gottes, 229–244; KEEL, Schöne, schwierige Welt; LORETZ, Leberschau, 81–107; MORGENSTERN, Jerusalem; PETERSEN, Mythos, 124–150; VAN DER PLOEG, Psalm 74; ROBERTS, Of Sounds; ROBINSON, Possible Solution; SHARROCK, Psalm 74; SPIECKERMANN, Heilsgegenwart, 122–133; WILLESEN, Cultic Situation, 289–306.

de (Feldzeichen, die mit Götteremblemen oder Götterfiguren versehen waren) ersetzen die bisher dort von Israel aufgestellten „Zeichen" (vgl. Num 2,2ff.).

V. 5–6: Der überlieferte Text gilt allgemein als schwierig beziehungsweise sogar als verderbt: „V. 5f. sind in Gestalt des Masoretentexts unübersetzbar, wenngleich ihr Inhalt einigermaßen deutlich ist. Sie wollen die Zerstörung des Tempels durch ein Bild (wahrscheinlich ein Mann, der im Waldesdickicht die Axt schwingt) und an einem bestimmten Objekt [...] illustrieren, ohne daß die mit fast jedem Wort verbundenen semantischen und grammatischen Probleme eine zu verantwortende Übersetzung zuließen".[7] Unsere Übersetzung versucht, dem Masoretentext möglichst nahe zu bleiben: יודע „er gab sich zu erkennen (der Feind) wie einer der..." oder „es wurde erkannt, wie...", das heißt: ‚es sah aus wie' (Textänderungsvorschlag: יְגְדְּעוּ „sie schlugen nieder"). – פתוחיה „ihre Schnitzereien", das Feminin-Suffix muß sich auf „Gemeinde" in V. 2 zurückbeziehen, denkbar (wenngleich ungewöhnlich) wäre auch der Rückbezug auf „deine Versammlungsstätte" in V. 4.

V. 8: נִינָם wir wollen sie unterdrücken" (Suffixkonjugation von ינה + Pluralsuffix 3. Person).

V. 11: Eine häufig vorgenommene Textänderung liest: „bleibt verborgen (כְלָאָה: Qal Partizip Passiv von כלא ‚zurückhalten', statt MT כַלֵּה Piel Imperativ ‚beende') in deinem Gewandbausch (בקרב statt מקרב) deine Rechte". Das wäre freilich eine nicht ganz einfache Satzteilfolge!

V. 14: MT לְצָיִּים לְעָם „einem Volk, Wüstentieren (ל + צִיִּים)". Eine „alte" Textänderung ist: לְעַמְלְצֵי יָם „den Haifischen im Meer". Will man den Masoretentext beibehalten, könnte עם „Volk" die große Masse beziehungsweise das „Heer" von Hyänen („Wüstentieren") bezeichnen, das sich auf die Kadaver des Leviatan stürzt. Problematisch bleibt das doppelte ל (zu עם als „Heer" für einen Heuschreckenschwarm vgl. Joel 2,2). Der Leviatan ist hier offensichtlich als chaotischer Wüstendrachen vorgestellt. Daß Wasserschlange und Wüstendrache nebeneinander stehen (V. 13–14), ist für die altorientalische Chaosschilderung nicht unmöglich, da Wassermassen und Trockenwüste „austauschbare" Chaosbilder sind (vgl. zum Beispiel Gen 1,2, wo Chaoswasser und Tohuwabohu = Wüste nebeneinander genannt werden).

2. Aufbau und Herkunft des Psalms

In sprachlicher und thematischer Hinsicht gliedert sich der Psalm in drei Teile:[8]

Der *erste Teil* (V. 1b-11b) ist Klage über die Zerstörung des Tempels beziehungsweise Anklage Gottes angesichts der dadurch entstandenen Störung des Verhältnisses zwischen Gott und „seiner Gemeinde". Die Abgrenzung dieses

---

[7] SPIECKERMANN, Heilsgegenwart, 123 Anm. 2.

[8] Mein Beitrag nimmt die Auslegung auf, die ich in HOSSFELD / ZENGER, Psalmen, 355–372, vorgelegt habe.

Teils ist angezeigt durch die in V. 1b und V. 11a gesetzte „Warum?"- Frage, die beide Male ein für die Beter unbegreifliches Handeln Gottes beklagt. Die mit „Warum?" eröffneten Vorwürfe V. 1bc und V. 11 bilden in ihrer Abfolge zugleich eine Steigerung, insofern V. 1b ein Handeln Gottes in der Vergangenheit (Suffixkonjugation) und V. 11 ein Handeln Gottes in der Gegenwart (Präfixkonjugation) beklagt. Zwischen diesen als Rahmung (*inclusio*) fungierenden „Warum?"-Fragen steht eine entfaltete Bitte an Gott, die ihn auffordert, das zerstörte Tempelareal aufzusuchen und die Verwüstung wahrzunehmen, die die Feinde dort angerichtet haben. Diese Bitte erhält ihre besondere Dringlichkeit durch den sie in V. 2 eröffnenden Imperativ, Gott möge sich erinnernd vergegenwärtigen, daß er diesen Ort als Ort der Begegnung mit seiner „Gemeinde" bestimmt hat, die er „ureinst" als Bewohner für seinen „Erbbesitz" erlöst hat. Die Erinnerung an diesen Ur-Anfang soll ihm den Gegensatz, ja den Widerspruch bewußt machen, der zwischen diesem Einst und dem Jetzt besteht; zugleich soll die Erinnerung Gott dazu bewegen, dem Widerspruch durch ein dem „Ur-Anfang" entsprechendes Handeln ein Ende zu setzen.

Der *zweite Teil* (V. 12–17), dessen Neueinsatz durch das adversativ-emphatische „dennoch" (= waw) und die betont an den Anfang gestellte Gottesprädikation „Gott" (אלהים)[9] markiert ist, ist eine hymnische Proklamation des universalen Weltkönigtums Gottes. Diese wird in V. 12 mit einem Bekenntnis eröffnet, dessen erster Teil V. 12a in einem Nominalsatz beschwörend daran festhält, daß „Gott" (= JHWH) vom Ur-Anfang her „der König" seines Volkes *ist* (was auch nicht durch die Tempelzerstörung aufgehoben werden kann), und dessen zweiter Teil V. 12b dieses Königtum durch einen Partizipialsatz als *rettendes* Königtum definiert. In den zwei stilistisch und thematisch voneinander abgesetzten Abschnitten V. 13–15 und V. 16–17 wird dann die grund-legende Ausübung dieses göttlichen Königtums entfaltet. Siebenmal wird betont das Personalpronomen „du" (אתה) gesetzt, und zwar so kunstvoll, daß dadurch die Zweiteilung V. 13–15 und V. 16–17 angezeigt wird. Die so formal angezeigte Zweiteilung ist auch inhaltlich / thematisch gegeben: V. 13–15 proklamiert mit mythischen Bildern den Machterweis des Königtums JHWHs bei Exodus und Landnahme;[10] V. 16–17 verkündet die in

---

[9] Hier wird das Proprium des sogenannten elohistischen Psalters sichtbar, das hier nicht weiter diskutiert werden kann; vgl. dazu aber die kritische Darstellung der bisherigen Forschung und einen neuen Vorschlag bei HOSSFELD / ZENGER, Elohistischer Psalter.

[10] V. 13–15 sind entweder schöpfungs- oder geschichtstheologisch gemeint. Falls man den Abschnitt schöpfungstheologisch versteht, wofür vor allem seine Weiterführung in V. 16–17 spricht, wird auf die Vorstellungen von JHWH als dem Chaosbekämpfer angespielt, als der er sich vor allem bei der Weltschöpfung „am Anfang" erwiesen hat. Gegen diese kosmogonische Deutung von V. 13–15 spricht allerdings die Beobachtung, daß die ugaritischen Texte den Chaoskampf nicht als schöpfungsbegründenden, sondern als schöpfungserhaltenden Mythos belegen. Nach dem durch Ugarit bezeugten kanaanäischen Baalmythos wurden das Meer und der Meeresdrachen beziehungsweise die Meeresschlangen mit ihren vielen Köpfen von Baal Jahr für Jahr besiegt und so die Fruchtbarkeit des Landes und die Lebenskraft für Mensch und Tier aktualisiert

der Errichtung und Erhaltung der kosmischen Ordnungen sichtbare Königsmacht JHWHs. Gemeinsam ist diesen beiden Entfaltungen, daß sie JHWHs Königsmacht im Spannungsfeld von Chaos und Kosmos als lebensförderlichen Sieg über feindliche / chaotische Mächte darstellen. Diese Perspektive hängt eng mit der unserem Psalm zugrundeliegenden Tempeltheologie zusammen, die freilich ihren Blick nicht auf die Tempelerrichtung als kosmoskonstituierenden Akt richtet, sondern auf JHWH als „ur-anfänglichen" Chaosbekämpfer.

Der *dritte Teil* (V. 18–23) ist eine Kette von Bitten an JHWH, die sein rettendes und kämpferisches Eingreifen herbeirufen. Der Abschnitt hebt sich durch seine konsequente Gestaltung mit Imperativen beziehungsweise verneinten Jussiven deutlich von V. 12–17 ab. Wie der erste Teil V. 1–11 hat auch der dritte Teil eine Rahmung (V. 18a.22b: „gedenke"; V. 19b.23a: „vergiß nicht"; V. 18.22b-23: Verhöhnung JHWHs durch seine Feinde).

Als Entstehungszeit des Psalms kommt am ehesten die Exilszeit (6. Jh.) in Frage. Der Psalm ist eine Auseinandersetzung mit der durch die Zerstörung des Jerusalemer Tempels, aber auch durch die Verwüstung anderer Heiligtümer in Juda (vgl. V. 8)[11] bewirkten Erschütterung des Gottesglaubens und der damit verbundenen Identitätskrise der den Psalm betenden Gemeinschaft. Er könnte ursprünglich bei Klagefeiern auf dem Tempelareal verwendet worden sein. Ob er von dem Verfasserkreis stammt, auf den auch die im Buch der Klagelieder zusammengestellten Klagepsalmen zurückgehen (weniger wahrscheinlich), und ob mesopotamische Vorbilder Einfluß ausübten,[12] kann hier nicht weiter diskutiert werden.

---

und gesichert. Der Chaosdrache, der zum Heil der Schöpfung immer wieder bekämpft werden muß, kann auch als Wüstendrache dargestellt werden, wie dies in V. 14 vorausgesetzt ist, da auch die das Kulturland bedrohende Wüste als Gegenmacht zum Leben erfahren wurde. Falls man diese Linie nun geschichtstheologisch weiterzieht, könnte man V. 13–15 auf Exodus und Landnahme als mythische Urzeit Israels beziehen. Die Vorstellung wäre hier auf den Exodus beziehungsweise auf den Götterkampf JHWHs mit dem Pharao am Schilfmeer übertragen. Dieses „mythische" Geschehen, das am „Ur-Anfang" stand, erhält dadurch eine ätiologische und eine paradigmatische Funktion zugleich: Weil und wie JHWH damals einen übermächtigen, das Leben bedrohenden Feind vernichtet und dadurch Israel gerettet hat, so soll und wird er auch nun seine Leben und Heil wirkende Macht gegen die ihn verhöhnenden Feinde zum Wohl seiner Gemeinde erweisen. Auch V. 15 formuliert dann mythisch: Ob V. 15a an die Wassergabe aus dem Felsen beim Zug durch die Wüste anspielt (vgl. Ex 17,1–7), ist fraglich; wahrscheinlicher wird hier ebenso wie in V. 15b der in Jos 3 erzählte Durchzug durch den Jordan (als „Wieder-Holung" des in Ex 14 erzählten Durchzugs durch das Schilfmeer „im Angesicht vom Baal-Zafon": Ex 14,2) mythisiert und als Teil der weiterhin wirkmächtigen Gründungsgeschichte Israels beschworen. Die Aufnahme gerade *dieser* mythischen Chaoskampf-Motive und ihre Applikation auf JHWHs Machterweis bei Exodus und Landgabe (vgl. auch Ps 80,8–12; 81,7f.) stünde dann hier wie in Ex 15,1–18, wo eine analoge Mythisierung vorliegt, ganz im Dienst des Aufweises von JHWHs universaler Königsherrschaft (vgl. Ps 81,10f.) gerade in der Auseinandersetzung mit seinen und Israels Feinden.

[11] Daß es trotz und nach der sogenannten joschijanischen Reform „im Lande" noch „Gottesstätten" gab, wo kultische Versammlungen stattfanden, ist historisch wahrscheinlich.

[12] Vgl. dazu EMMENDÖRFER, Der ferne Gott, 17–38; WISCHNOWSKY, Tochter Zion, 18–41.90–100.

Für diese Datierung und Situierung sprechen folgende Überlegungen: (1) Der Psalm beklagt die vollständige Zerstörung des Tempels (V. 3.7); eine solche fand nur 587 v. Chr. durch die Babylonier und 70 n. Chr. durch die Römer statt. Diese Beobachtung schließt die immer wieder vorgeschlagene Korrelation des Psalms mit der Entweihung des Tempels durch Antiochus IV. Epiphanes (vgl. 1 Mac 1,21–40; 2,6; 4,38) in den Jahren 168/167 v. Chr. aus;[13] auch andere (vermutete) Angriffe auf den Tempel durch die Edomiter oder durch die Perser sind als Entstehungsanlaß unwahrscheinlich.[14] (2) Die motivliche und theologische Nähe zu exilischen oder frühnachexilischen Texten (Thr 2; Jes 51,9–11; Ex 15,1–18) und die gerade darin gegebene Differenz zur Theologie der Makkabäerzeit machen eine exilische Herkunft beinahe sicher. (3) Die Radikalität der Gottesanklage, die in der singulären Psalmeröffnung[15] und der Betonung des unbegreiflichen Gotteszorns[16] liegt, spricht sogar eher dafür, den Psalm in der Frühzeit des Exils anzusetzen. Daß Ps 74 nicht die Exilierung beklagt, hängt mit seiner Konzentration auf die „Tempelklage" und die in ihr gestaltete Gottesanklage zusammen; diese thematische Engführung spricht deshalb nicht gegen eine exilische Entstehungssituation. (4) Die redaktionelle Einbindung von Ps 74 in die Komposition der Asafsammlung schließt eine Spätdatierung des Psalms aus.[17]

3. Dimensionen der Krise und Strategien ihrer Bewältigung

Der erste Teil des Psalms (V. 1b-11) entfaltet die Dimensionen der Krise. Er setzt mit der singulären Abfolge von „Warum / Wozu?" und Anrufung Gottes ein. Diese Abfolge macht aus der Not-Klage eine Anklage Gottes. Deren Schärfe kommt sowohl in der Gott vorgeworfenen gewalttätigen, unbegreiflichen Verstoßung „der Schafe seiner Weide" als auch in dem Vernichtung signalisierenden Rauchen des Gotteszorns zum Ausdruck. „Verstoßung" (זנח) ist einer der in der exilischen Theologie verwendeten Begriffe (vgl. Ps 44,10.24; 60,3.12 = 108,12; 77,8; 89,39; Thr 2,7; 3,17.31), mit dem die Härte und die Widersprüchlichkeit der exilischen Katastrophe betont wurden, insofern diese als einseitige Aufkündigung der doch von JHWH selbst initiierten Schutz- und Lebensgemeinschaft gesehen wurden. Diese Widersprüchlichkeit wird durch die Metapher „Schafe deiner Weide" konkretisiert: Statt sich als fürsorglicher, schützender Hirte um seine Herde zu kümmern (vgl. Ps 80,2) und die Feinde, die sie bedrohen, zu vertreiben, hat JHWH seine Herde nicht nur im Stich gelassen, sondern auch den „Rauch seines Zornes" gegen sie geschickt. Wie die Verwendung der Wurzel עשׁן „Rauch, rau-

---

[13] Diese Datierung wird zum Beispiel von DONNER, Argumente, vertreten.

[14] Vgl. zum Beispiel MORGENSTERN, Jerusalem, 130f.: Angriff durch die Edomiter um 485 v. Chr.; GUNKEL, Psalmen, 322: Plünderung des Tempelschatzes im Zusammenhang der Kämpfe des persischen Reichs gegen die Ägypter.

[15] Ps 74 ist der einzige Psalm, der direkt mit der „Warum"-Frage beginnt und erst anschließend an das Fragewort die Gottesanrede setzt.

[16] In Ps 74 fehlt eine Verbindung von „Gotteszorn" und „Schuldbekenntnis"!

chen" im Alten Testament zeigt, signalisiert aufsteigender Rauch vor allem kriegerische und heimtückische Vernichtung, in Verbindung mit JHWH zeigt er die
Manifestation seines zornigen Eingreifens und zugleich die Undurchdringlichkeit des Gottesdunkels, in das Gott sich zurückzieht (vgl. Ps 80,5). Beide Aspekte
sind in V. 1 mitgemeint: Die Metapher „Rauch" bereitet einerseits die dann in
V. 3–9 geschilderte Verwüstung durch die Feinde vor; andererseits klingt die
Wehr- und Hilflosigkeit „der Schafe" gegenüber diesem Herdenbesitzer an, der
seine eigenen Weideflächen in Brand steckt.[18]

Die katastrophischen Dimensionen des Geschehens werden in V. 4–9 plastisch
geschildert. Mitten auf dem heiligen Areal, wo die kultischen Versammlungen
mit den Hymnen für JHWH stattfanden, haben die Feinde demonstrativ ihre Feldzeichen und / oder ihre Kultsymbole aufgerichtet (oder haben sie dort gar ein Militärcamp aufgeschlagen?). Sie haben „gebrüllt" wie wilde Tiere – und zwar ausdrücklich als „deine Feinde" (V. 4). Schon hier klingt an, was den ganzen Psalm
durchzieht und was er JHWH vorhält: Die zerstörerische Aktion galt doch JHWH
selbst. Mit brutaler Gewalt zerschlugen sie die teilweise mit Gold und Elfenbein
überzogenen Schnitzereien an den Türen und Wänden des Tempels (V. 5–6), um
sie als Beute mitzunehmen oder demonstrativ zu vernichten. Dabei, so betont
V. 5, gingen sie so vor, wie man einen Urwald rodet. Da hier vor allem Lebensbaumsymbolik dargestellt war (vgl. I Reg 6), die auf die Leben und Kosmos stiftende und erhaltende Gegenwart JHWHs hinwies, macht dieser Einzelzug deutlich, daß hier buchstäblich das Chaos über den Kosmos zu triumphieren schien.
Der Tempel, der der Welt nach Jerusalemer Theologie Halt und Unerschütterlichkeit geben sollte (vgl. Ps 46; 48; 93), war in Feuer aufgegangen (V. 7a). Freilich
ist, so präzisiert V. 7b dann doch, nicht JHWH selbst *in* seiner Göttlichkeit getrof-

---

[17] Die Komposition der Asafsammlung liegt spätestens um 400 v. Chr. vor; die Entstehung
der Primärfassung von Ps 74, die *nicht* im Hinblick auf diese Sammlung entstand, muß in jedem
Fall älter sein.

[18] In V. 2 wird JHWH die Widersprüchlichkeit der Situation mit der Aufforderung vorgehalten, er solle sich des „Ur-Anfangs" seiner Beziehung zu Israel erinnern. Unter Anspielung auf Ex
15,13.16.17 wird mit den beiden in Ps 74,2 verwendeten Verben גאל „lösen, auslösen" (familienrechtliche Vorstellung: einen in Kriegsgefangenschaft, Sklaverei o.ä. geratenen Verwandten
„freikaufen") und קנה „erwerben" (handelsrechtliche Vorstellung: etwas kaufen, weil es einem
wichtig oder kostbar ist) die Befreiung Israels aus Ägypten durch JHWH als seine ureigene
Heilstat zusammengefaßt: Absicht und Ziel dieses Heilshandelns war, das befreite Israel zum
Zion zu führen, um es dort als seine Gemeinde mit seinem Heiligtum als Stätte seines königlichen
Thrones und Wirkens zu konstituieren. Der Exodus wird hier als eine rechtlich und öffentlich
eingegangene Sonderbeziehung JHWHs zu Israel beschworen, der durch die Zeitangabe קדם „ureinst, im Ur-Anfang" die geradezu unzerstörbare Gültigkeit und Wirkmächtigkeit zugesprochen
wird. Gerade darin wird die Unbegreifbarkeit der Katastrophe von 587 offenkundig: Die unlösbar scheinende Bindung JHWHs an das Zionsheiligtum als Stätte seines Gottesthrons und als
Mitte seiner Gottesgemeinde scheint von JHWH selbst aufgehoben zu sein – es sei denn, JHWH
macht sich, wonach V. 3 ruft, auf, um diesem Zustand selbst ein Ende zu setzen: JHWH soll sich
das Trümmerfeld höchstpersönlich anschauen und das Ausmaß der Verwüstung feststellen – und
dann entsprechend reagieren!

fen, sondern „nur" in seinem Namen; der Tempel als der Ort, in den JHWH seinen
„Namen" sozusagen hineingelegt hatte, damit dieser dort angerufen werden
konnte,[19] war nun bis zum Boden „entweiht" und als kultische Versammlungsstätte unbrauchbar geworden. Was immer die Babylonier im einzelnen an Verwüstungen angerichtet haben, dem Psalm kommt es auf die daraus für das Verhältnis JHWH – Israel entstandene religiöse Not an: Israels privilegierter Ort des
Gotteskontakts ist verwüstet. V. 9 konkretisiert diesen Gottesverlust nicht im
Aufhören von Gottesdiensten, sondern in der Klage darüber, daß es nun keine
„amtlichen" Mittler des Gotteswillens und der Gottesorientierung mehr gibt.
Mantik und Orakeldeutung (V. 9a), die durch Tempel- beziehungsweise Kultpro-
phetie ergehenden Gottesworte (V. 9b) und die autoritative Lehre der Priester
(V. 9c) sind mit der Zerstörung des Tempels buchstäblich abhanden gekommen.

V. 10 nimmt (leicht verändert) die „Wie lange?" Frage von V. 9 auf. Da es in
der Gemeinde niemanden gibt, der sie beantworten könnte, wird sie Gott entge-
gengeschleudert und auf jenen Punkt gebracht, der Gott selbst betrifft: Das Trei-
ben der babylonischen Besatzer ist eine Verhöhnung JHWHs selbst (vgl. V.
18.22). Ist JHWH eben doch nur ein schwacher, kleiner „Provinzgott", der gegen
die mächtigen Götter des babylonischen Weltreichs nichts machen kann? Ist er
schwach oder ist er grausam, weil er nicht eingreift? Die Anklage Gottes hat damit ihren Höhepunkt erreicht: Die vom Psalm beklagte Situation ist ein Widerspruch in Gott selbst!

Diesen Widerspruch will der zweite Teil des Psalms (V. 12–17) auflösen, indem er durch ein hymnisches Bekenntnis im beschwörenden Du-Stil am rettenden Königtum JHWHs festhält – jenseits von geschichtlichen Einzelereignissen
und unabhängig von Bindungen an konkrete Orte, aber ohne zugleich den
„Grund-Satz" von JHWHs Bindung an Israel und an die Welt preiszugeben. Dieser „Grund-Satz" wird zunächst in V. 12 überschriftartig formuliert und dann in
zwei Entfaltungen V. 13–15 und V. 16–17 konkretisiert, die durch die katastro-
phenartigen Ereignisse der Tempelzerstörung gerade *nicht* widerlegt wurden beziehungsweise werden können, sondern im Gegenteil dafür bürgen, daß die au-
genblickliche Not als Situation hingenommen werden kann, in der sich das rettende Königtum JHWHs „inmitten der ganzen Erde" (V. 12b) erweisen wird. Der
Hoffnungslosigkeit, mit der der erste Teil des Psalms schließt, wird so ein Hoff-
nungsbekenntnis entgegengestellt.

V. 13–15 erinnert in einer Überlagerung von schöpfungstheologischen und geschichtstheologischen Motiven, daß JHWH sein Weltkönigtum bei Exodus und
Landnahme[20] erwiesen hat, was seinerseits eine Aktualisierung seines „urzeitli-

---

[19] Das ist typisch deuteronomistische Tempeltheologie: vgl. besonders I Reg 8.

[20] Möglicherweise kommt auch in dem Feindzitat V. 8a („Wir wollen sie allesamt unterjochen") das historisch plausible Motiv der Tempelzerstörung zur Sprache. Folgt man der Darstellung von II Reg 24–25, waren Plünderung der Tempelanlage sowie Verbrennen des Tempelgebäudes und des Königspalastes eine gezielte Aktion, die erst vier Wochen nach der Einnahme Je-

chen" Sieges über die Chaosmächte war.[21] Wegen dieser „urzeitlichen" Dimensionierung der Königsherrschaft JHWHs ist diese durch die Tempelzerstörung nicht aufgehoben. Im Gegenteil: Weil und wie sich damals *„am Anfang"* JHWH als Sieger über das Chaos erwiesen hat, so soll und kann er auch *nun* seine rettende Macht erweisen. V. 16–17 steigert noch: In einer chiastischen Komposition (V. 16a Zeit: Tag und Nacht, V. 16b Raum: Himmel, V. 17a Raum: Erde, V. 17b Zeit: Sommer und Winter) wird JHWH als Stifter, Garant und „Eigentümer" der räumlichen und zeitlichen Weltordnung beschworen, die durch die Katastrophe von 587 mitnichten zerbrochen sei. V. 16a benennt den Grundrhythmus der kosmischen Zeit „Tag und Nacht" ebenso wie V. 17b den Großrhythmus des agrarischen Jahres „Sommer und Winter" betont; beide durchwirken und ordnen die räumliche Polarität von Himmel und Erde (V. 16b und V. 17a) als Manifestation einer umfassenden kosmischen Ordnung. „Tageslauf und Jahreslauf bilden den umgreifenden zeitlichen Rahmen der Weltordnung. Am Fortgang dieser Prozesse kann die andauernde Königsherrschaft JHWHs abgelesen werden, auch wenn die Lebensordnungen der Sozialität zerbrochen sind. Aus dieser Wahrnehmung der Dauerhaftigkeit läßt sich Hoffnung auf ein rettendes Eingreifen JHWHs auch für den Bereich der Erde, der Menschenwelt, schöpfen (vgl. V. 17a). Und insofern kommt nun dem ‚Kosmos' eine eigenständige Begründungsfunktion für das Bekenntnis zum Königtum JHWHs zu".[22] Mit V. 16–17 gibt der Psalm der Geschichte Israels als dem Raum und der Zeit des rettenden Handelns JHWHs eine ähnliche Fundierung wie die biblische Urgeschichte Gen 1–9, um einen Weg aus der Krise zu ermöglichen.

So ruft der dritte Teil des Psalms (V. 18–23) JHWH emphatisch auf, als Kosmos-Stifter dem hereingebrochenen Chaos ein Ende zu setzen. Er selbst soll den Kampf gegen die babylonischen „Tempelzerstörer" aufnehmen (V. 18.22f.), die sich nach Meinung des Psalms durch die Tempelzerstörung als Akteure des Chaos erwiesen haben. Mit dem Kampfaufruf „Steh doch auf, erhebe dich doch" (קומה), der JHWH auffordert, als rettender Richter endlich das Recht im Kosmos durchzusetzen *gegen* die Unterdrücker und *für* die Unterdrückten – und zwar aus Erbarmen für die Opfer des Unrechts, also Gericht beziehungsweise Rettung zu wirken, kommt der Psalm in V. 22–23 zu seinem Höhe- und Zielpunkt. JHWHs

---

rusalems stattfand. Sie galt dem politischen Zentrum, von dem aus ja auch der Widerstand gegen die Babylonier ausgegangen war – und sie sollte alle weiteren Möglichkeiten von Revolte ausschließen. Zugleich war dies eine öffentliche Demonstration der Machtübernahme. Diesen Aspekt unterstreicht der Psalm auch in V. 8b. Die Totalitätsangabe „alle Gottesstätten" unterstreicht die konsequente Machtstrategie, die sich nicht allein mit der Brechung des Widerstandspotentials in der Hauptstadt begnügen wollte.

[21] Die Exodusperspektive kommt in der Spaltung des Meeres (V. 13a) zum Ausdruck; auf die Führung durch die Wüste wird in V. 15a angespielt; die Landnahmeperspektive klingt in V. 15b an. Insgesamt ist V. 13–15 von Chaosdrachenkampfmotivik beziehungsweise Götterkampfmotivik bestimmt.

[22] HARTENSTEIN, Unzugänglichkeit Gottes, 242.

Gericht soll den ganzen Kosmos endlich zu seinem „Tempel" machen, in dem nicht mehr die Schmähung seines Namens, sondern der Lobpreis der Geretteten erklingt.[23]

4. Eine innerpsalmische Krisenreflexion:
Metaphorisierung der Tempelzerstörung als sozialkritische Aktualisierung

Im Psalm überlagern sich zwei Aussageebenen beziehungsweise Bildwelten. Während der Psalm insgesamt von der Spannung Gott – Feinde Gottes und von der Perspektive des Kampfes Gottes gegen *seine* Feinde bestimmt ist, kommt in V. 19–21 unvermittelt die tödliche Bedrohung der Armen in den Blick. Dies kann einerseits als eine Verschärfung der im Psalm beklagten Notsituation der Gottesferne und der Zerstörung „der Gemeinde" verstanden werden. Mit der Verwüstung des Tempels als eines Ortes der Gottesbegegnung korrespondiert in dieser Sicht die „Zerstörung" der Gottesnähe durch die Gewalttäter und Ausbeuter (V. 20–21). Man kann aber andererseits auch annehmen, daß an dieser Zweiheit der Textebenen eine Wachstumsgeschichte des Psalms erkennbar wird, die durch eine veränderte zeit- und theologiegeschichtliche Situation ausgelöst ist.

Für die Annahme, daß V. 19–21 eine spätere Aktualisierung ist und somit nicht zum Primärpsalm gehört hat,[24] sprechen folgende Beobachtungen: (1) Während V. 18.22–23 semantisch mehrfach auf den Klageteil V. 1b-11b zurückgreifen, ist dies in V. 19–21 nicht der Fall. (2) In V. 19 fehlt die Tempelperspektive. (3) Zwischen V. 19–21 und V. 22f. besteht insofern eine Spannung, als die Bitten von V. 22f. hinter die in V. 21 anvisierte Zielperspektive zurückgreifen. (4) Der Appell an den Bund in V. 20 ist angesichts der im übrigen Psalm entfalteten Geschichtstheologie (Exodus und Landnahme) überraschend. (5) Der Gegensatz zwischen V. 18b („deinen Namen lästern") und V. 21b („deinen Namen lobpreisen") konstituiert keine ursprüngliche Texteinheit, sondern ist eine typisch kompositionelle Bildung.

In V. 19–21 liegt demnach eine spätere Aktualisierung des exilischen Primärpsalms vor, die sich mit den sozialen Verwerfungen, die im 5. und 4. Jh. v. Chr. die „Tempelgemeinde" (vgl. Neh 5; Am 8,4–7; Mi 6–7) erschütterten, auseinandersetzt. Diese Bearbeitung des Psalms parallelisiert die Vernichtung der Armen mit der Tempelzerstörung von 587 v. Chr., das heißt, hier wird der einmalige Vorgang der historischen Tempelzerstörung in sozialkritischer Absicht so metaphorisiert, daß damit einerseits die Tempelzerstörung von 587 v. Chr. trotz der Wiedererrichtung des Tempels immer noch nicht beendet ist und daß damit andererseits die ausbeuterische Oberschicht Israels mit den babylonischen Tempelzerstörern so

---

[23] In V. 23b liegt wahrscheinlich ein Wortspiel vor: Der Lärm, „der ständig aufsteigt" (עלה תמיד), kann auch als „immerwährendes Brandopfer" gelesen werden.

[24] Vgl. ähnliche literarkritische Erwägungen bei EMMENDÖRFER, Der ferne Gott, 96f.; SPIEK-KERMANN, Heilsgegenwart, 125f.

parallelisiert wird, daß auch auf sie das Gericht des Tempelgottes herabgerufen wird.

Zugleich dürfte hier die Funktion der Weiterverwendung der Tempelklage auch nach der Wiedererrichtung des Tempels sichtbar werden: Die Tempelklage hat nun apotropäische Funktion, das heißt, sie beschwört Gott, daß er nicht noch einmal seinen Zorn über den Tempel beziehungsweise seine Herde insgesamt ausgieße, sondern eben (nur) über die Übeltäter.

5. Kurzes Fazit

In diesem Psalm reflektiert die betende Gemeinde die Tempelverwüstung als Erschütterung ihres traditionellen Gottesglaubens, aber zugleich führt dies zu einer Transformation der Tempeltheologie selbst:

(1) Der Psalm gibt keine Erklärung der Katastrophe, sondern versucht, im Modus der Klage, ja der Anklage Gottes, die für den Gott Israels doch konstitutive Bindung an sein Volk in der Deutefigur der Schicksalsgemeinschaft zwischen Gott und seinem Volk so zu beschwören, daß die Gemeinde die Krise als eine zeitlich begrenzte Krise begreift.

(2) Die in der vorexilischen Tempeltheologie proklamierte kosmische Funktion des Tempels, wonach der Tempel geradezu als kosmoskonstituierend gefeiert wurde (vgl. Ps 46; 48), wird nun „umgebucht": Der Kosmos steht unerschütterlich fest, und der Tempel partizipiert unter bestimmten Bedingungen (!) und in Abhängigkeit von JHWHs Bereitschaft, dort gegenwärtig zu *werden,* an der kosmischen Lebensmächtigkeit.

(3) Der „Tempel" wird zum Theologumenon beziehungsweise zur Metapher der Gegenwart Gottes inmitten seines Volkes. Der Tempel als Ort *und* als Metapher gilt seit der Tempelzerstörung von 587 v. Chr. als eine fundamental bedrohte Realität.

II. Die Rezeption von Ps 74 in Ps 73 der Septuaginta

1. Die Septuaginta als übersetzender und interpretierender Text

Wenn nun die „Rezeption von Psalm 74 in der Septuaginta" in den Blick genommen werden soll, dann sind schon in der Formulierung die hermeneutischen Voraussetzungen deutlich gemacht: Die Septuaginta soll nicht einfach nur als eine Übersetzung angesehen werden, sondern auch als ein Text, der etwas darüber aussagt, wie der Übersetzer seinen Vorlagentext verstanden und auf seine eigene Situation hin aktualisiert hat. Sie ist ein Dokument des Selbstverständnisses und der Theologie der jüdischen Gemeinde in hellenistischer Zeit und somit ein entscheidender Quellentext für die Untersuchung jüdischer religiöser und kultureller Identität und Identitätsfindung in nichtjüdischer hellenistischer Umgebung.

Die Erkenntnis, daß jede Übersetzung auch eine Interpretation bedeutet, ist mittlerweile eine Selbstverständlichkeit. Auch in der Septuagintaforschung beginnt man, diese Erkenntnis ernst zu nehmen und von der Interpretation des hebräischen Textes durch den Septuagintatext zu sprechen. Die Zeiten, in denen die Septuaginta ausschließlich als Hilfsmittel für die Textkritik des hebräischen Textes benutzt wurde, gehören der Vergangenheit an.

Gerade bei strukturell so unterschiedlichen Sprachen wie Griechisch und Hebräisch ist eine ganz wörtliche Wiedergabe oft nicht möglich. An vielen Stellen muß im Hebräischen Mehrdeutiges im Griechischen eindeutiger gesagt werden, vor allem bei der Übertragung der hebräischen Konjugationen in griechische Zeitstufen oder auch bei unterschiedlichen Vokalisationsmöglichkeiten des hebräischen Konsonantentextes. Über eine Form von Interpretation oder Exegese hinaus, die sich in der Vokalisierung, der Auswahl zwischen möglichen Äquivalenten und der Wahl der Zeitstufen ausdrückt, wird man nach theologisch bedeutsamer Interpretation vor allem an den Stellen suchen, an denen die Wiedergabe deutlich von dem uns bekannten hebräischen Text abweicht. Solche Abweichungen können allerdings darin begründet sein, daß die Septuaginta eine vom Masoretentext differierende Vorlage übersetzte, auch wenn beim Psalter im allgemeinen mit einer weitgehenden Ähnlichkeit zwischen Septuagintavorlage und Masoretentext zu rechnen ist.[25] Hier muß bei jeder einzelnen Differenz jeweils neu entschieden werden, ob sie besser durch unterschiedliche Vorlagen oder durch einen exegetischen Schritt des Übersetzers zu erklären ist.

Aber auch bei übereinstimmender Vorlage muß nicht hinter jeder abweichenden Wiedergabe eine exegetische Intention stecken. Es ist mit Verlegenheitsübersetzungen an schwierigen Stellen genauso zu rechnen wie mit Lesefehlern oder auch mit dem Einfluß von Parallelstellen. Von echter Intentionalität kann man letztlich nur bei Wiedergaben ausgehen, die etwa eine Auswahl zwischen mehreren möglichen Äquivalenten oder Satzstrukturen beinhalten oder die sich ganz vom vorgegebenen hebräischen Text lösen.[26]

Gerade bei einem Psalm ist es jedoch wichtig, auch die Struktur des Gesamttextes im Auge zu behalten. Auf dieser Ebene können auch Verlegenheitsübersetzungen oder Lesefehler interessant sein, wenn sie etwa zu Stichwortverbindungen führen, die im hebräischen Text so nicht zu finden sind, oder wenn sie die Aussagerichtung des Textes verändern. Für ihn schwer verständliche Stellen kann der Übersetzer im Sinne seiner eigenen Aussageabsicht deuten. Zugunsten dieser Aussageabsicht gibt es, obwohl der griechische Psalter insgesamt eine eher wörtliche Übersetzung ist, an manchen Stellen durchaus ganz freie Wiedergaben.[27]

---

[25] Vgl. etwa SCHAPER, Eschatology, 13.

[26] Vgl. auch die Beispiele bei AEJMELAEUS, Translation Technique; DIES., Übersetzungstechnik.

[27] Zur Übersetzungsweise des Septuagintapsalters vgl. AUSTERMANN, Tora.

Im Vordergrund dieses Abschnittes steht also der Textvergleich zwischen dem hebräischen Psalm und seiner griechischen Übersetzung. Dabei kann nicht jede einzelne auffällige Wiedergabe erschöpfend behandelt werden, sondern die Untersuchung soll auf die Fragestellung hin enggeführt werden, wie das Thema der Tempelzerstörung in der griechischen Version verarbeitet worden ist. Bedeutet die Zerstörung des ersten Tempels noch in der hellenistischen Periode, das heißt in der Zeit des zweiten Tempels, eine Krise der Religion, oder werden im griechischen Text andere Schwerpunkte gesetzt?

Vor der eigentlichen Textuntersuchung sei aber noch ein Abschnitt über den Ursprung des Septuagintapsalters eingeschoben, um die vage Einordnung in die „hellenistische Zeit" so weit wie möglich zu konkretisieren.

2. Zu Entstehungsort und -zeit des Septuagintapsalters

Wann und wo der griechische Psalter entstanden ist, ist nach wie vor umstritten.[28] Hermann-Josef Venetz plädiert aufgrund von zwei Beobachtungen für palästinischen Ursprung:[29] Zum einen stellt er eine sprachliche Nähe des Septuagintapsalters zu der in Palästina beheimateten Kaige-Rezension aus dem 1. Jh. n. Chr. fest. Dazu gehört auch die Wiedergabe des hebräischen כי mit καὶ γάρ, das nach Venetz mit dem καίγε der Kaige-Rezension zusammenhängt. Die zweite Beobachtung ist die Verwendung des Wortes βᾶρις „Turm, Festung" in den griechischen Psalmen, das laut einer Bemerkung des Hieronymus nur in Palästina gebräuchlich war.[30]

Arie van der Kooij unterstützt diese Position und fügt als weiteres Argument die in den Überschriften von Ps 23; 47 und 91–93 LXX eingetragene Zuordnung der Psalmen zu bestimmten Wochentagen hinzu. Von diesen Zuordnungen hat nur diejenige zum Sabbat in Ps 91 LXX eine Entsprechung im hebräischen Text. Nach van der Kooij gehören diese Überschriften ursprünglich zum griechischen Psalmentext und sind keine sekundären Zusätze. Sie sind nach seiner Auffassung als liturgische Anweisungen zu verstehen, so daß er die Psalmenübersetzung in Jerusalemer Tempelkreisen verortet.[31] Vor allem aufgrund dieser liturgischen Verortung plädiert van der Kooij für eine späte Entstehung im 1. Jh. v. Chr.

Olivier Munnich dagegen geht traditionsgemäß von Alexandria als dem Entstehungsort des griechischen Psalters aus. Bei der Datierung stützt sich Munnich auf einen sprachlichen Vergleich zwischen den verschiedenen Büchern der Septuaginta. Der Psalter hat ähnlich dem zuerst übersetzten Pentateuch einen erheb-

---

[28] Hier kann nur eine grobe Zusammenfassung der derzeitigen Forschungspositionen geboten werden. Für eine detailliertere Darstellung vgl. GZELLA, Wiege des griechischen David.

[29] Vgl. VENETZ, Quinta des Psalteriums, 81ff. Zu Venetz' Argumentation vgl. auch die kritischen Anmerkungen von PIETERSMA, Septuagint Research, 307–311.

[30] „ἐπιχώριον Palaestinae", Migne, PL 26, 1016 Anm. 1.

[31] Vgl. VAN DER KOOIJ, Place of Origin, 71ff.

lichen Einfluß auf die später übersetzten Bücher gehabt. Je nachdem, ob die einzelnen Bücher den griechischen Psalter voraussetzen, kann Munnich eine innere Chronologie erstellen, aus der sich eine Datierung der Psalmenübersetzung in der ersten Hälfte des 2. Jh.s v. Chr. ergibt.[32] Der Septuagintapsalter ist somit als Vorläufer der Kaige-Rezension zu sehen.[33]

Joachim Schaper wiederum entscheidet sich für eine Entstehung in der 2. Hälfte des 2. Jh.s in Palästina. Seine Argumentation stützt sich auf die signifikanten Stellen Ps 59,9f. LXX und Ps 107,9f. LXX, aus denen er Hinweise auf die zeitgeschichtliche Situation des Übersetzers abliest. In V. 9 der beiden Psalmen ist יהודה מחקקי „Juda (ist) mein Herrscherstab" mit Ιουδας βασιλεύς μου „Judas (ist) mein König" übersetzt. In V. 10 derselben Psalmen steht außerdem Μωαβ λέβης τῆς ἐλπίδος μου „Moab (ist) das Becken meiner Hoffnung" für מואב סיר רחצי „Moab ist mein Waschbecken". Schaper weist diesen Stellen einen historischen Kontext zu und identifiziert den genannten König Judas mit Aristobul I., der sich auf Münzen auch Judas nennen läßt. Um die Wiedergabe in V. 10 zu erklären, weist er auf die eschatologische Bedeutung des Sieges über Moab hin. Johannes Hyrkans Eroberung Madabas wurde, so Schaper, als Beginn der Erfüllung von Jes 15,2 angesehen.[34]

Insgesamt konnte die Frage nach Entstehungsort und Entstehungszeit des Septuagintapsalters bisher noch nicht zufriedenstellend beantwortet werden. Keine der genannten Positionen kann sich auf eine vollends überzeugende Argumentation stützen. Jedoch scheint eine eher frühe Datierung bei einem so zentralen Buch wie dem Psalter wahrscheinlicher zu sein. Die Voraussetzung dafür ist natürlich, daß der Psalter in seiner hebräischen Form bereits vorlag.[35]

Auch die Frage nach dem Ort der Übersetzung ist hier nicht zu entscheiden. Für die Interpretation der Heiligtumszerstörung ist aber die Frage nach Alexandria oder Palästina nicht ausschlaggebend; die Bedeutung des Tempels für den Psalmenübersetzer ist unabhängig von räumlicher Nähe oder Entfernung.

3. Ps 73 in der Septuaginta

a) Text

Als Textgrundlage dient die Göttinger Edition des Septuagintapsalters von 1931 (3. Aufl. 1979), da diese Ausgabe bisher diejenige ist, die dem ursprünglichen Text des griechischen Psalters am nächsten kommt.[36]

---

[32] Vgl. die Zusammenfassung bei HARL, La Bible grecque, 96.

[33] Vgl. MUNNICH, Contribution, 201–205; DERS., La Septante, 88f.

[34] Vgl. SCHAPER, Eschatology, 44.

[35] Zur Datierung der Schlußredaktion des Psalters vgl. HOSSFELD / ZENGER, Psalmen, 27.

[36] Zum kritischen Text der Göttinger Edition vgl. CORDES, Septuaginta-Psalter.

συνέσεως τῷ Ασαφ

1   ἵνα τί ἀπώσω ὁ θεός εἰς τέλος
      ὠργίσθη ὁ θυμός σου ἐπὶ πρόβατα νομῆς σου
2   μνήσθητι τῆς συναγωγῆς σου ἧς ἐκτήσω ἀπ' ἀρχῆς
      ἐλυτρώσω ῥάβδον κληρονομίας σου
      ὄρος Σιων τοῦτο ὃ κατεσκήνωσας ἐν αὐτῷ

3   ἔπαρον τὰς χεῖράς σου ἐπὶ τὰς ὑπερηφανίας αὐτῶν εἰς τέλος
          ὅσα ἐπονηρεύσατο ὁ ἐχθρὸς ἐν τοῖς ἁγίοις σου
4   καὶ ἐνεκαυχήσαντο οἱ μισοῦντές σε ἐν μέσῳ τῆς ἑορτῆς σου
          ἔθεντο τὰ σημεῖα αὐτῶν σημεῖα καὶ οὐκ ἔγνωσαν
5   ὡς εἰς τὴν εἴσοδον ὑπεράνω
6   ὡς ἐν δρυμῷ ξύλων ἀξίναις ἐξέκοψαν τὰς θύρας αὐτῆς
          ἐπὶ τὸ αὐτὸ ἐν πελέκει καὶ λαξευτηρίῳ κατέρραξαν αὐτήν
7   ἐνεπύρισαν ἐν πυρὶ τὸ ἁγιαστήριόν σου
      εἰς τὴν γῆν ἐβεβήλωσαν τὸ σκήνωμα τοῦ ὀνόματός σου
8   εἶπαν ἐν τῇ καρδίᾳ αὐτῶν ἡ συγγένεια αὐτῶν ἐπὶ τὸ αὐτό
          δεῦτε καὶ κατακαύσωμεν πάσας τὰς ἑορτὰς τοῦ θεοῦ ἀπὸ τῆς γῆς
9   τὰ σημεῖα ἡμῶν οὐκ εἴδομεν
          οὐκ ἔστιν ἔτι προφήτης καὶ ἡμᾶς οὐ γνώσεται ἔτι
10   ἕως πότε ὁ θεὸς ὀνειδιεῖ ὁ ἐχθρός
      παροξυνεῖ ὁ ὑπεναντίος τὸ ὄνομά σου εἰς τέλος
11   ἵνα τί ἀποστρέφεις τὴν χεῖρά σου
      καὶ τὴν δεξιάν σου ἐκ μέσου τοῦ κόλπου σου εἰς τέλος

12   ὁ δὲ θεὸς βασιλεὺς ἡμῶν πρὸ αἰῶνος
          εἰργάσατο σωτηρίαν ἐν μέσῳ τῆς γῆς
13   σὺ ἐκραταίωσας ἐν τῇ δυνάμει σου τὴν θάλασσαν
          σὺ συνέτριψας τὰς κεφαλὰς τῶν δρακόντων ἐπὶ τοῦ ὕδατος
14   σὺ συνέθλασας τὰς κεφαλὰς τοῦ δράκοντος
          ἔδωκας αὐτὸν βρῶμα λαοῖς τοῖς Αἰθίοψιν
15   σὺ διέρρηξας πηγὰς καὶ χειμάρρους
          σὺ ἐξήρανας ποταμοὺς Ηθαμ
16   σή ἐστιν ἡ ἡμέρα καὶ σή ἐστιν ἡ νύξ
          σὺ κατηρτίσω φαῦσιν καὶ ἥλιον
17   σὺ ἐποίησας πάντα τὰ ὅρια τῆς γῆς
          θέρος καὶ ἔαρ σὺ ἔπλασας αὐτά

18   μνήσθητι ταύτης ἐχθρὸς ὠνείδισεν τὸν κύριον
      καὶ λαὸς ἄφρων παρώξυνεν τὸ ὄνομά σου
19   μὴ παραδῷς τοῖς θηρίοις ψυχὴν ἐξομολογουμένην σοι
      τῶν ψυχῶν τῶν πενήτων σου μὴ ἐπιλάθῃ εἰς τέλος
20   ἐπίβλεψον εἰς τὴν διαθήκην σου
      ὅτι ἐπληρώθησαν οἱ ἐσκοτισμένοι τῆς γῆς οἴκων ἀνομιῶν
21   μὴ ἀποστραφήτω τεταπεινωμένος κατῃσχυμμένος
      πτωχὸς καὶ πένης αἰνέσουσιν τὸ ὄνομά σου
22   ἀνάστα ὁ θεός δίκασον τὴν δίκην σου
      μνήσθητι τῶν ὀνειδισμῶν σου τῶν ὑπὸ ἄφρονος ὅλην τὴν ἡμέραν
23   μὴ ἐπιλάθῃ τῆς φωνῆς τῶν ἱκετῶν σου
      ἡ ὑπερηφανία τῶν μισούντων σε ἀνέβη διὰ παντὸς πρὸς σέ

Der Psalm ist ähnlich dem hebräischen Text in einen einleitenden Teil (V. 1–2) und drei Hauptteile gegliedert. Den symmetrisch angelegten ersten Hauptteil (V. 3–11), der durch die Stichwörter χείρ und εἰς τέλος abgegrenzt ist, bildet die Klage über den zerstörerischen Hochmut der Feinde; der zweite Teil (V. 12–17) ist ein hymnischer Einschub, der JHWH als König besingt, sowohl mit Bezug auf das Exodusereignis als auch auf die Schöpfung. Den dritten Teil (V. 18–23) bildet in einer Reihung von Imperativen der Aufruf an Gott zum Eingreifen, in dem zugleich die Hoffnung auf Erhörung ihren Platz hat.

b) Zerstörung des Tempels – Hochmut der Feinde

Ausschlaggebend für die Bewältigung der Tempelzerstörung im griechischen Psalm ist das Stichwort ὑπερηφανία „Hochmut, Stolz", das in V. 3 und V. 23 begegnet, also jeweils an herausgehobener Stelle am Anfang des ersten Hauptteils und im Schlußvers des Psalms. Der Hochmut der Feinde, gegen den Gott in V. 3 aufgefordert wird, seine Hände auszustrecken, ist der Hauptinhalt der Klage. Die Hände Gottes sind eine Metapher für seine Allmacht, mit der er gegen die Hochmütigen vorgehen soll. Es ist also פעם „Schritt" mit χείρ „Hand" wiedergegeben.[37] Die Übersetzung ist vom Duktus des griechischen Psalms her folgerichtig, denn hier werden nicht mehr die Trümmer erwähnt, zu denen Gott seine Schritte lenken könnte. Anders als im hebräischen Text fehlt hier also zunächst der konkrete Hinweis auf den Tempel beziehungsweise die Trümmer des Tempels. Im griechischen Text kommt es auf das selbstherrliche Verhalten der Feinde an, gegen die Gott einschreiten soll.

Die Wiedergabe mit ὑπερηφανία kommt dadurch zustande, daß der Übersetzer das hebräische משאות „Trümmer" mit dem Verb נשא „aufheben, erheben", Hitpael „sich erheben", in Verbindung gebracht hat. Auch in Ps 72,18 LXX hatte er aus משאות eine Form von נשא gelesen, dort allerdings mit ἐπαίρω übersetzt. Auch Ps 72 LXX spricht also schon von dem Sich-Erheben der Feinde und legt, anders als der hebräische Text, die Betonung auf den Hochmut; ebenso ist der Begriff ὑπερηφανία aus Ps 72,6 LXX übernommen. Der Bezug ist insofern interessant, als Ps 72,18–20.27 LXX in drastischen Worten die von Gott gewirkte Strafe und Erniedrigung der Frevler verkündet. Das Stichwort ὑπερηφανία in Ps 73 LXX läßt die Aussagerichtung des Vorgängerpsalms noch nachklingen, so daß schon hier der Gedanke an die Strafe für die Überheblichen evoziert wird. In diese Linie gehört auch die Wiedergabe von נצח in V. 3, das sich im hebräischen Text auf die „ewigen" Trümmer bezieht, mit εἰς τέλος, das sonst gewöhnlich לנצח übersetzt. Damit wird im griechischen Text schon immerwährende Verdammnis für die Hochmütigen angekündigt; der Begriff εἰς τέλος wird zu einem wichtigen Leitwort im Text, das an markanten Stellen häufiger begegnet (V. 1.3.10.11.19) als im hebräischen Psalm.

---

[37] Dieselbe Wiedergabe findet sich auch in Ps 57,11 LXX.

Woraus der Hochmut besteht, wird in V. 3b und V. 4 in zwei Komponenten weiter aufgeschlüsselt, nämlich πονηρεύω und ἐγκαυχάομαι. Von daher ist auch der Plural τὰς ὑπερηφανίας zu verstehen. Beides gehört zusammen; die Hybris drückt sich sowohl in bösen Taten als auch in Selbstüberhebung aus. Worin das Letztere besteht, wird in V. 4b weiter erklärt: Die Feinde rühmen sich, sie brüsten sich durch das Aufstellen ihrer Feldzeichen. Das im Hebräischen schwierige יודע „er gab sich zu erkennen", „es sah so aus" aus V. 5 ist im griechischen Text an V. 4 angeschlossen und verneint aktivisch übersetzt, so daß eine weitere Anspielung auf die Ignoranz der Feinde entsteht.[38]

V. 5–7 führen nun aus, was mit den „bösen Taten" (vgl. oben πονηρεύω) als der anderen Seite der ὑπερηφανία gemeint ist, nämlich die Zerstörung des Tempels, die lautmalerisch mit Häufung von x-Lauten beschrieben wird. V. 8f. kommen wieder auf die Anmaßung des Sich-Rühmens zurück beziehungsweise verknüpfen, indem die Planung des weiteren Zerstörungswerkes geschildert wird, beide Elemente des Hochmuts. Der griechische Text spricht also nicht nur abstrakt von einer hybriden Haltung, sondern die Selbstherrlichkeit der Feinde manifestiert sich konkret in der Verwüstung des Heiligtums. נינם ist nicht als Verbform, sondern als suffigiertes Substantiv נין „Nachkommenschaft" interpretiert. Der Begriff der „Feinde" wird damit umfassend; das gesamte Israel umgebende, als feindlich empfundene Volk ist am Zerstörungswerk beteiligt.

In V. 9 entsteht durch von der masoretischen Tradition abweichende Vokalisation – אָתְנוּ ist als אֹתָנוּ vokalisiert – die Formulierung „uns wird er nicht mehr erkennen". Hier wird auf Stellen wie etwa Num 16,5; Ps 1,6 oder Ps 36(37),18 angespielt. Die beklagte Abwendung Gottes von seinem Volk ist umfassend.

V. 10 faßt das Zerstörungswerk mit den Verben ὀνειδίζω und παροξύνω zusammen. Hier wird noch einmal deutlich, daß es nicht allein auf die böse Tat als solche ankommt, sondern auf die Schmähung des göttlichen Namens, die dahintersteht. Der Hochmut der Feinde, der sich im Zerstörungswerk ausdrückt, ist um so schwerwiegender, als er sich gegen Gott selbst richtet.

V. 11 nimmt das Stichwort χείρ aus V. 3 wieder auf: Der Beter fordert gewissermaßen den Einsatz der göttlichen Hand ein. Es ist die Aufgabe der Rechten Gottes, „aus dem Gewandbausch hervor" die göttliche Macht zu erweisen. Diese Aufgabe hat Gott vernachlässigt, und vorwurfsvoll wird er hier daran erinnert. Das Leitwort εἰς τέλος taucht hier einmal mehr auf als im hebräischen Text, da in einer freien Formulierung auf die Grundbedeutung des schwierig einzuordnenden Verbs כלה „beenden" zurückgegriffen wird. Der Bezug zu V. 3 wird dadurch noch deutlicher, und auch der V. 10 wird darin wieder aufgenommen. V. 10f. ge-

---

[38] Möglich wäre auch, die „Zeichen" als Orakelzeichen zu verstehen (vgl. die Auslegung im Midrasch Tehillim, s.u. S. 87), die dann nicht richtig gedeutet werden. Für die Septuaginta erscheint mir diese Deutung allerdings unwahrscheinlich, da der Ausdruck σημεῖα τίθημι ansonsten an keiner Stelle im Zusammenhang mit Orakeln gebraucht wird.

ben so in der Doppelung des „für immer" der Klage einen fast verzweifelten Nachdruck.

Auf die Anklage an Gott und die Aufforderung an ihn, endlich zu handeln, antwortet in V. 12–17 der Hymnus, der in kosmologisch-schöpfungstheologischer Begrifflichkeit deutlichere Bezüge zum Exodusgeschehen herstellt, als der hebräische Psalm es tut; so etwa in V. 13 „du hast das Meer stark gemacht", oder mit der Ortsangabe „Etam" in V. 15, die auf Ex 13,20 anspielt.[39]

Auffällig ist in V. 12 das Bekenntnis zu Gott, *unserem* König, während der Masoretentext von *meinem* König spricht. Der griechische Psalm legt Wert darauf, den Text nicht als Gebet eines einzelnen zu verstehen, sondern drückt hier ein Bekenntnis des gesamten Volkes Israel aus. Das Kollektiv ist betont, um in der Diasporasituation Orientierung zu geben. Daß der Bezug auf den Exodus sehr deutlich gemacht wird, ist im griechischen Psalter nichts Ungewöhnliches. Als konstituierendes Ereignis des Volkes Israel spielt das Rettungsereignis auch für die jüdischen Gemeinden in hellenistischer Umgebung eine wichtige Rolle. Auch der Begriff αἰών in V. 12 ist interessant, da im allgemeinen für das hebräische קדם die Übersetzung ἀρχή zu erwarten wäre, die auch in V. 2 gebraucht ist. Möglicherweise ist αἰών hier als ein noch gewichtigerer Ausdruck, eine noch umfassendere Zeitbestimmung gewählt (vgl. den betonten Einsatz von εἰς τέλος).

Das „Volk der Wüstentiere" in V. 14 ist als „Äthiopier" identifiziert. Äthiopien dient sonst meistens als Übersetzung von כוש; hier ist bewußt der Name eines Wüstenvolkes gewählt, das „am Rand der Welt" wohnt: Gottes Allmacht ist umfassend, das feindliche Volk der Ägypter wird in die weitestmögliche Entfernung verbannt.

Nach der Schilderung der göttlichen Allmacht im Hymnus wirkt die Wiederaufnahme von μνήσθητι aus V. 2 in V. 18 noch stärker und vorwurfsvoller. Auch die Beleidigungen und Herausforderungen durch den Feind, die aus V. 10 aufgenommen sind, erhalten vor dem Hintergrund des Hymnus noch stärkeres Gewicht. V. 19 und V. 21 bilden mit dem Lobpreis Gottes dann den Gegenpol zu den Beleidigungen der Feinde. Das Lob beginnt im griechischen Text also schon früher, da in V. 19 תורך „deine Taube" mit Verwechslung von Dalet und Resch als Form von ידה Hifil „preisen" gelesen ist. In V. 22 wird die Bitte durch zwei aufeinanderfolgende Imperative und die nochmalige Aufnahme von μνήσθητι und ὀνειδισμός noch einmal dringlicher. Die Gerechtigkeit Gottes wird eingefordert, wieder in direkter Anrede ὁ θεός, wie in V. 1 und V. 10.

In V. 23 ist an betonter Stelle die ὑπερηφανία aufgenommen. Während der hebräische Psalm von der „Stimme deiner Widersacher" קול צרריך spricht, hat der griechische Text φωνὴ τῶν ἱκετῶν σου „die Stimme deiner Schutzflehenden". Die Ausrichtung dieser Wiedergabe wird vor dem Hintergrund der freien Übersetzung von V. 23b verständlich, der deutlich auf Jes 37,29 anspielt: „Dein

---

[39] In Ex 13,20 LXX ist Etam als Οθομ transkribiert.

Zorn aber, mit dem du zürntest, und deine Boshaftigkeit sind zu mir aufgestiegen, und ich werde einen Haken durch deine Nase ziehen und einen Zaum zwischen deine Lippen legen, und ich werde dich zurückschicken [zurückwenden] auf dem Weg, auf dem du gekommen bist." Der Kontext der Jesaja-Stelle ist der Bericht über die letztlich gescheiterte Belagerung Jerusalems durch Sanherib im Jahre 701. Der Septuagintatext nimmt dieses Gerichtswort als erfülltes Wort auf und drückt damit die Gewißheit aus, daß auch jetzt die Hochmütigen gedemütigt werden sollen.

4. Krisenbewältigung in Ps 73 LXX

Im griechischen Psalm 73 ist die Klage über die Zerstörung des Heiligtums nicht das Zentrale. Zwar wird das Zerstörungswerk durchaus detailliert und auch in der griechischen Sprachform eindrucksvoll geschildert, aber worauf es in der Gesamtaussage des Psalms ankommt, ist nicht die Zerstörung als solche, sondern die in ihr ausgedrückte hochmütige Haltung der sich über Gott überhebenden Feinde.

Schon auf der Ebene des hebräischen Textes hat in der Zeit des zweiten Tempels durch die Fortschreibung des Psalms eine Metaphorisierung stattgefunden, indem die Verwüstung des Heiligtums auf die Situation der Armen hin gedeutet wurde.[40] Auch die Septuaginta aktualisiert den Text auf ihre eigene Zeit hin; hier klagt Israel über die Tempelzerstörung als Metapher für die eigene Situation in feindlicher, „hochmütiger" Umgebung. Nicht mehr die konkret greifbaren Trümmer des Heiligtums stehen dem griechischen Psalmisten vor Augen, sondern es ist die Schmähung Gottes selbst durch die Feinde, die hervorgehoben wird. Die beklagte Situation Israels ist eine Krise Gottes selbst.

Anders als im hebräischen Text schwingt aber im Septuagintapsalm von Anfang an eine Perspektive der Hoffnung mit, indem schon durch den Begriff der ὑπερηφανία selbst der Gedanke an die Strafe für die Hochmütigen evoziert wird (vgl. die Anspielung an Ps 72 LXX). Diese Hoffnungsperspektive wird dann im Schlußvers des Psalms durch die Aufnahme der Jesaja-Prophetie noch einmal ganz besonders deutlich. Nicht nur als Gott der Schöpfung und des Exodus wird Israels Gott hier angerufen, sondern auch als der Gott, der Jerusalem vor der Eroberung durch Sanherib bewahrt hat. Die Erinnerung an die Rettungstat wird hier paradigmatisch aufgerufen, und damit wird ausgesagt: Wer sich über Gott überhebt, ist schon immer bestraft worden und wird auch immer bestraft werden. Hier ist implizit sogar eine Hoffnung ausgedrückt, daß der bestehende zweite Tempel im Gegensatz zum ersten letztlich nicht zerstört werden wird. Die Krise der Infragestellung der göttlichen Allmacht durch die übermütigen Feinde wird bewältigt durch die Erinnerung an konkrete göttliche Machterweise und Befreiungstaten in der Geschichte Israels.

---

[40] Vgl. oben.

III. Die Rezeption von Ps 74 in Midrasch Tehillim 74

Von den zahlreichen Texten innerhalb der rabbinischen Literatur, die in sehr unterschiedlicher Weise den Verlust des Tempels thematisieren,[41] verwenden mehrere jüngere haggadische Texte ab der amoräischen Zeit auch das Volksklagelied Ps 74, indem sie im Kontext von Darstellung und Deutung der Zerstörung des ersten beziehungsweise zweiten Tempels jeweils einen seiner Verse als illustrierendes Schriftzitat anführen.[42] Die Interpretation des Psalms in der späten rabbinischen Auslegungsschrift zu den Psalmen, Midrasch Tehillim (MTeh)[43], hingegen macht den Psalm selbst als Textzusammenhang zum Gegenstand der Auslegung. Diese Auslegung soll hier exemplarisch für seine Rezeption innerhalb des rabbinischen Judentums betrachtet werden.

Da sich bei diesem Text die rezeptionelle Offenheit des poetischen Psalmtextes mit der generellen rezeptionellen Offenheit des haggadischen Midrasch verbindet, wird sich ein ursprünglicher „Sitz im Leben" dieses Textes von ihm allein ausgehend kaum erheben lassen. Die Analyse soll sich daher auf den literarischen Zusammenhang mit Blick auf das Thema der Tempelzerstörung beschränken. Angesichts dieses Textes, der mehr als tausend Jahre nach dem biblischen Text und über fünfhundert Jahre nach der Zerstörung des zweiten Tempels entstanden ist, stellt sich vor allem die Frage nach der Verwendung und Funktion eines *Topos*: Wie kann die poetische Darstellung der katastrophischen Erfahrung der Heiligtumszerstörung zum Deutungsmuster für eine als krisenhaft oder gar katastrophisch erfahrene Gegenwart der Rezipienten werden?

1. Midrasch Tehillim zu Psalm 74: Text in Übersetzung[44]

A. [1] Ein Maskil. Von Asaf. Warum, Gott, hast du verstossen für immer, raucht dein Zorn (*'app^ekha*) gegen die Schafe deiner Weide? (V. 1)

---

[41] Vgl. dazu den Beitrag von G. STEMBERGER in diesem Band, ferner AYALI, Gottes und Israels Trauer; GLATT, God the Mourner; SALDARINI, Varieties, sowie die Quellensammlung von KUHN, Gottes Trauer und Klage, 128–287.

[42] bGit 56b (dazu SALDARINI, Varieties, 447–453); bSanh 96b; ShemR 51,5; Tan Pequde 4; TanB Pequde 3; PesR 31,3; MTeh 64; EkhaZ 1,23; 2,18 (dazu KUHN, Gottes Trauer und Klage, 170–174).

[43] Der Auslegungsmidrasch zu den Psalmen, der in den Mss nur Ps 1–118/119 umfaßt, gehört zu den späten haggadischen Midraschim im Übergang zum Mittelalter, zu deren Redaktionsgeschichte jedoch bislang kaum geforscht worden ist. Vgl. HANSBERGER, Segen Davids.

[44] Der Text folgt in Ermangelung einer modernen kritischen Edition der Ausgabe von BUBER, Midrasch Tehillim, 335–337. Wenn Mss andere Lesarten bieten, die für das Verständnis von Bedeutung sind, wird im Zuge der Analyse darauf hingewiesen. Die Übersetzung des hebräischen Psalmtextes orientiert sich an derjenigen von E. Zenger, s.o. Abschnitt I.1.; Abweichungen ergeben sich aus dem jeweiligen rabbinischen Verständnis der Stelle. Wo die vom Midrasch angenommene Bedeutung von Bibelversen weit von den modernen Übersetzungen abweicht, wird dies durch einfache Anführungszeichen markiert. Die Kapitelzahlen entstammen Buber, die Buchstaben sind von mir zur weiteren Gliederung der Abschnitte eingefügt.

Das ist, was die Schrift sagt: *Du, J', weißt es. Gedenke meiner und nimm dich meiner an und räche mich (an meinen Verfolgern. Raffe mich nicht hinweg durch deine Langmut ['äräkh 'app^ekha])!* (Jer 15,15) Du bist langmütig *('äräkh 'appajim),* wie es heißt: *Du aber, J', bist ein barmherziger und gnädiger Gott(, langmütig usw.)* (Ps 86,15). Doch ich bin kleinmütig und von der Frau geboren, wie es heißt: *Der Mensch, von der Frau geboren, ist kurz an Tagen und gesättigt mit Unruhe* (Hi 14,1). Und wenn du zu langmütig mit uns sein willst, so ist nichts Wirkliches mehr an uns und wir sterben. Und so sprach Asaf: WARUM, GOTT, HAST DU VERSTOSSEN FÜR IMMER, steigt bis jetzt der Rauch deines Zornes vor deinem Angesicht auf, RAUCHT DEIN ZORN GEGEN DIE SCHAFE DEINER WEIDE? Er sprach zu ihm: Weswegen verbirgst du dein Angesicht vor mir wie jemand, der sein Angesicht vor dem Rauch verbirgt? Und ebenso sprach er: *Wie lange noch rauchst du gegen das Bittgebet deines Volkes* (Ps 80,5), sie, deine Weide, die du vergessen hast?

B. GEDENKE DEINER GEMEINDE, DIE DU UREINST ERWORBEN HAST, DIE DU AUSGELÖST HAST ALS STAMM DEINES ERBLANDS (V. 2). Was bedeutet „ureinst"? Es lehrt, daß der Heilige, gepriesen sei er, um Israel eiferte, noch bevor er die Welt erschuf, wie es heißt: *Herr, du bist uns Zuflucht gewesen von Generation zu Generation, ehe die Berge geboren waren* (Ps 90,1f.).

C. [2] ERHEBE ‚DEINE ZEITEN' *(p^e'amäkha)* FÜR DIE EWIGEN TRÜMMER / ‚ZUR EWIGEN BÜRDE' (V. 3). Erhebe die ‚Zeiten' *(ha-p^e'amim),* von denen du zu uns gesagt hast: *Drei Mal (p^e'amim) im Jahr[...]* (Dtn 16,16). Siehe, sie sind zu Trümmern / ‚zur Bürde' gemacht worden.

D. SIE HABEN GEBRÜLLT, DEINE WIDERSACHER, MITTEN AUF DEINER VERSAMMLUNGSSTÄTTE (V. 4). [Es sagte R. Jehoschua ben Levi: Was heißt: *Eine tosende Stimme von der Stadt her; eine Stimme aus dem Tempel* (Jes 66,6)? Der Tempel (selbst) klagt an. Und wie klagt er an? *‚Eine Stimme (spricht): J' übt Vergeltung an seinen Feinden!'* (ebd.)][45]

E. SIE HABEN IHRE ZEICHEN ALS ZEICHEN AUFGESTELLT. Sie sprachen: An dem und dem Tag erobern wir sie! Sie wollten durch Pfeile Zeichen erhalten. Sie schossen gen Süden, doch der Pfeil ging nach Norden,[46] wie es heißt: *Er schüttelt die Pfeile* (Ez 21,26). Und alle Zeichen, die sie sich verschafften, verhießen Glück. Das meint: SIE HABEN IHRE ZEICHEN ALS ZEICHEN AUFGESTELLT. Und dennoch bekunden wir dir Dank.

F. ES SAH AUS, WIE WENN MAN EMPORHEBT IM DICKICHT DES WALDES DIE ÄXTE (V. 5). Und das ist nicht das Ende, sondern so, wie ihre Väter taten, so taten sie, wie es heißt: *Wohlan, wir wollen uns eine Stadt bauen [...] und wollen uns*

---

[45] Dieser Abschnitt findet sich nicht in dem der Buberschen Ausgabe zugrundegelegten Ms Parma de Rossi 2552 (1232) (vgl. ebd. fol. 152v), jedoch in dem ihm offensichtlich nah verwandten Ms Cambridge Or. 786, fol. 108r.

[46] Da Jerusalem südlich von Babylon liegt, wäre die geographisch logische Folge der Himmelsrichtungen die umgekehrte, vgl. die Emendation bei BUBER, Midrasch Tehillim, 336 Anm. 4.

einen Namen machen (Gen 11,4). Das meint den Götzendienst, wie es heißt: *Den Namen anderer Götter aber dürft ihr nicht bekennen* (Ex 23,13). Und die Schrift sagt: *Damals fing man an, ‚mit dem Namen J's anzurufen'* (Gen 4,26). So taten die Gottlosen, *sie haben Anschläge ersonnen, doch nichts werden sie vermögen* (Ps 21,12).

G. Die Generation der Zerstreuung[47] hatte vor ihnen eine Tür *(pätach)* geöffnet. Sieh, was sie tun: UND NUN – IHRE ‚TÜREN' *(pittuchäha)* ALLESAMT, MIT BEIL UND HAMMER ZERSCHLAGEN SIE SIE (V. 6). Sie versuchten, zum Himmel emporzusteigen, doch vermochten es nicht, und so führten sie mit dir Krieg auf der Erde:

H. [3] SIE HABEN FEUER IN DEIN HEILIGTUM GEWORFEN (BIS ZUR ERDE HABEN SIE DIE WOHNUNG DEINES NAMENS ENTWEIHT) (V. 7). Oben wohnte deine Wesensgegenwart [, und unten wohnte deine Wesensgegenwart][48]. Doch weil sie es nicht vermochten, Gewalt über den Himmel zu gewinnen, so gewannen sie Gewalt über die Erde.

I. ES SPRACHEN IN IHREM HERZEN ‚IHRE NACHKOMMEN ALLESAMT' (V. 8). Was bedeutet „ihre Nachkommen allesamt"? Die Söhne der Generation der Zerstreuung, allesamt nach dem Rat ihrer Väter. Und was sprachen sie?[49] *Sie sprachen: Kommt und laßt sie uns als Volk vertilgen, daß nicht mehr gedacht werde des Namens Israels* (Ps 83,5). Wessen Gott wird er genannt? Nicht Gott Israels? Wenn wir Israel ausrotten, wird des Namens des Gottes Israels nicht mehr gedacht werden.

K. WIR WOLLEN ALLE GOTTESSTÄTTEN IM LANDE NIEDERBRENNEN.[50] Die Orte, an denen sie sich zu versammeln pflegten auf der Welt.

L. ZEICHEN FÜR UNS HABEN WIR NICHT MEHR GESEHEN. EINEN PROPHETEN GIBT ES NICHT MEHR (V. 9). Jenes Zeichen, von dem du gesagt hast: *Siehe, ich bringe euch[51] herbei aus dem Land des Nordens und sammle sie von dem äußersten Ende der Erde (unter ihnen Blinde und Lahme, Schwangere und Gebärende, sie alle zusammen usw.)* (Jer 31,8), und jenes Zeichen, von dem geschrieben steht: *Wie lieblich sind auf den Bergen die Füße des Freudenboten (… der zu Zion spricht: Dein Gott herrscht als König)* (Jes 52,7).

---

[47] „Generation der Zerstreuung" bezeichnet in rabbinischen Texten die „Generation" der babylonischen Turmbauer aus Gen 11,1–9.

[48] Dieser Satz findet sich wiederum nicht in dem der Buberschen Ausgabe zugrundegelegten Ms Parma de Rossi 2552 (1232) (vgl. ebd. fol. 153r), jedoch in Ms Cambridge Or. 786 (fol. 108r).

[49] BUBER, Midrasch Tehillim, 336, bietet in diesem Passus einen von seinen Hauptzeugen vor allem in der Aufeinanderfolge weit abweichenden Text. Ms Parma de Rossi 2552 (1232), fol. 153r und Ms Cambridge Or. 786, fol. 108r lesen u.a.: ומה אמרו שרפו כל מועדי אל בארץ אמרו … לכו ונכחידם מגוי („Und was sprachen sie? WIR WOLLEN ALLE GOTTESSTÄTTEN IM LANDE NIEDERBRENNEN. *Sie sprachen: Kommt und laßt sie uns als Volk vertilgen...*"), wodurch deutlich ist, daß V. 8b noch als Feindrede aufgefaßt wird.

[50] S. die vorangehende Anmerkung.

[51] Hier weicht die Wiedergabe von Jer 31,8 vom Masoretischen Text ab, der *„ Siehe, ich bringe sie herbei"* liest. Das Zitat wird an die Perspektive der „Zeichen für uns" angepaßt.

M. Wir haben [...] nicht mehr gesehen. Einen Propheten gibt es nicht
mehr. Wie es heißt: *Und verborgen ist jedes Gesicht* (Ez 12,22).[52]
  N. Und keiner ist mehr bei uns, der wüßte, wie lange noch. Und auch
sagt die Schrift: *Denn fern von mir ist ein Tröster* (Thr 1,16). Wir haben keinen
Propheten mehr, der etwas wüßte, was unsere Seele erquickt, sondern alles ist
verborgen vor uns, wie es heißt: *Verbirg die Worte und versiegle das Buch* (Dan
12,4). Und wenn Du nicht um unsretwillen handelst, so handle um deines großen
Namens willen, der verhöhnt und gelästert wird in der Welt, wie es heißt: Wie
lange, Gott, wird höhnen der Widersacher, wird der Feind deinen Namen lästern für immer? (V. 10)

2. Zum Gesamtzusammenhang: Die Klage in der eschatologischen Gotteskrise

Der Text strukturiert sich durch den Wechsel von Zitaten des fragmentierten
Psalmtextes und kommentierender Deutung; er folgt in seinem Duktus also zu-
nächst dem biblischen Leittext. Jedoch zitiert und deutet der Midrasch nur die
Verse 1–10 des Psalms.[53] Dies entspricht einer allgemeinen Tendenz rabbinischer
Bibelauslegung, die Thematik einer biblischen Texteinheit durch eine entfaltete
Auslegung ihres Beginns zu entwickeln. Hier bedeutet die Auswahl eine Be-
schränkung auf den *ersten Psalmteil,* wobei der Midrasch die *inclusio* des bibli-
schen Leittextes variierend aufnimmt (Vers 11, im Psalm Abschluß des ersten
Teils, wird nicht mehr zitiert): Er setzt mit dem Zitat der klagend-anklagenden
Frage nach dem „Warum" (V. 1) ein und mündet am Ende mit dem Zitat von V. 10
in die Frage „Wie lange?". Schon durch die Textauswahl wird deutlich, daß die
rabbinische Auslegung vor allem die *Anklage Gottes* aufnimmt – und sie radikali-
siert, schon insofern, als sie *kein* hoffnungstiftendes Bekenntnis (im Psalm
V. 12–18) mehr folgen läßt.[54] Der Text bricht vielmehr mit der Frage nach dem
„Wie lange noch?" ab. Diese Frage und das durch Endstellung betonte, die beiden
rahmenden Psalmverse verklammernde Leitwort לנצח „für immer" lenken den
Blick auf den inhaltlichen Akzent der Deutung: Er liegt auf der Perspektive der
andauernden Abwesenheit Gottes, der drängenden Frage nach dem Wie-lange-
noch angesichts einer als heillos erfahrenen Gegenwart, die die Rezipienten des
Textes als die ihre begreifen sollen. Diese Identifizierung der Rezipienten mit der
klagenden Rede des Psalms wird dadurch verstärkt, daß die Auslegung über weite

---

[52] ונסתם כל חזון; der Masoretische Text dagegen hat ואבד כל חזון (*„Und es geht verloren
jedes Gesicht"*). Hier wird das Stichwort סתם „verschlossen, verborgen" (vgl. Abschnitt N mit
dem Zitat von Dan 12,4) auch in das Ezechiel-Zitat eingetragen.

[53] Mit kleineren Auslassungen, dazu s.u.

[54] Doch ist darauf hinzuweisen, daß die zwei weiteren Teile des Psalms als *inhaltliche* Elemente auch im rabbinischen Kommentar präsent sind, indem sie in den Kommentar zum ersten
Psalmteil eingeschrieben werden: Zum Blick auf eine schöpfungstheologisch begründete Heils-
zeit Gottes mit seinem Volk (Ps 74,12–18) vgl. die Auslegung zu V. 2 (B); zur Bitte um ein rettendes Einschreiten Gottes (Ps 74,18–23) den Aufruf am Schluß der Auslegung (N).

Strecken die Sprachform des Psalms, die durchgängige direkte Anrede Gottes, aufnimmt, sowohl in den eigenen Formulierungen als auch durch das Zitieren von Schriftversen in zweiter Person:[55]

So wird in Abschnitt A Vers 1 durch die semantischen Verbindungen von „Zorn" und „Dauer" zu dem in sich schwer deutbaren Klagewort aus den Konfessionen des Jeremia in Beziehung gesetzt (V. 1: *„auf ewig"* – *„dein Zorn"*; Jer 15,15: *„deine Lang-Mut"*, hebr. אפך ארך als *„deine Langsamkeit zum Zorn"*). Mit Hilfe von Ps 86,15 und Hi 14,1 wird Jer 15,15 nun so gedeutet, daß die Ambivalenz der Langmut Gottes angesichts der menschlichen Lebenssituation zum Ausdruck kommt. Die *Langsamkeit* zum Zorn und die *Länge* des Zorns verschwimmen ineinander. Gottes Geduld ist un-menschlich, weil sie die Leidensfähigkeit seines Geschöpfes überfordert. Die Auslegung zu Vers 1 gipfelt im Zitat eines weiteren Asafpsalms, Ps 80,5, das mit der Wiederholung der Frage nach dem „Wie lange?" erneut die Dauer der Abwendung Gottes betont.

Ein Schuldbekenntnis Israels, das ja in Psalm 74 „fehlt",[56] kennt auch dieser Text nicht, obwohl die Konzeption von Schuld und Sühne Israels in vielen anderen rabbinischen Texten (im übrigen auch in Texten, die mit Psalm 74 arbeiten)[57] durchaus als Element einer möglichen Theodizee eingeführt wird. Hier aber wird Israel keinerlei Schuld an dem ihm widerfahrenden Unheil zugesprochen; im Gegenteil, die Bringschuld liegt klar auf seiten seines Gottes. Die als Gotteszorn gedeutete katastrophische Erfahrung *bleibt* daher auch für den rabbinischen Text irritierend unerklärlich:

– Wo die Metaphorik des Psalms aufgenommen wird, wird sie noch drastisch verstärkt: Gott „verbirgt" sein Angesicht vor dem in Brandrauch eingehüllten Israel (A), wodurch die biblische Metapher vom Zornesdunkel, in dem Gott sich verbirgt, umgewendet wird; Gott hat seine Weide „vergessen" (A), eine Aussage, an die sich mit dem Zitat von V. 2 der Aufruf des Gedenkens unmittelbar anschließen läßt.

– Die Auslegung zu V. 2 (B), die das Stichwort „ureinst" aufgreift, will ganz auf der Linie des Psalms mit dem schöpfungstheologischen Hinweis auf die vom Ur-Anfang her grundgelegte besondere Beziehung Gottes zu Israel, betont durch das Zitat von Ps 90,1–2*, den Widerspruch zwischen dem göttlichen Verhalten einst und jetzt hervorheben.[58]

– Das Zitat von Ps 80,5 („gegen das Bittgebet deines Volkes") und der Schlußsatz von Abschnitt E („und dennoch bekunden wir dir Dank") heben expli-

---

[55] Vgl. die Abschnitte A, C, E, G, H, L-N. Die sogenannte Gnadenformel wird zum Beispiel innerhalb der rabbinischen Literatur nur hier in der Formulierung von Ps 89,15 zitiert (A).

[56] HOSSFELD / ZENGER, Psalmen, 362; vgl. SPIECKERMANN, Heilsgegenwart, 133; s.o. Abschnitt I.3.

[57] Vgl. PesR 31,3; bGit 55b-57b.

[58] Hier zitiert MTeh den in der rabbinischen Tradition verbreiteten Midrasch von den Dingen, die vor der Welt selbst geschaffen wurden; vgl. dazu GOLDBERG, Schöpfung und Geschichte.

zit die trotz der Erfahrung göttlichen Zornes aufrechterhaltene Gottestreue Israels hervor.

Blickt man schließlich auf die Auslegung des neunten Verses (L-N), so erkennt man anhand der apokalyptischen Motivik die zeitliche Selbstsituierung der Autoren beziehungsweise Rezipienten des Textes innerhalb des Kontinuums der Abwesenheit Gottes: die eschatologische Krisensituation vor dem Ende. Die großen Heilszeichen der Offenbarungsschrift sind als solche nicht mehr erkennbar; die Prophetie ist erloschen. Dies wird durch doppelte Zitierung und Kommentierung von V. 9 (L, M) und durch die dreifache Wiederholung der Wurzel סתם „verbergen" (unter anderem eingetragen in das Zitat von Ez 12,22, s.o. Anm. 52) hervorgehoben. Die Zitate von Ez 12,22 und Dan 12,4 setzen Ps 74,9 zum Kontext von Ez 12,21ff. (die nahe Erfüllung aller Weissagung) und zum Abschluß des Danielbuches (Dan 12,4–13: die Dauer der endzeitlichen Drangsal) intertextuell in Verbindung, wodurch der Psalm in der rabbinischen Deutung eschatologisiert wird: Die Bitte an Gott, doch handelnd einzugreifen, die die Namenstheologie des Psalms (vgl. V. 7.10.18.21) und Jer 14,7–9 gleichzeitig aufnimmt, ruft nach dem Ende der Geschichte und dem Anbruch der endzeitlichen Herrschaft Gottes.

Welche Rolle spielt nun der Topos von der Zerstörung des Tempels in einem solchermaßen eschatologisierten Text? Auf diese Frage hin sollen die Auslegungen zu V. 3–8, die im Psalm die Schilderung der Verwüstung des Tempels durch die Gottesfeinde bieten (C-K), genauer in den Blick genommen werden.

3. Der Topos von der Zerstörung des Tempels in MTeh 74

Die Auslegungen zu V. 3–8 gliedern sich in drei Teile, die relativ unverbunden aufeinander folgen: (a) Die knappe Auslegung von V. 3a (C); (b) die knappe Auslegung von V. 4a (D), (c) die entfaltete Auslegung von V. 4b-8 (E-K).

(a) Für die Deutung von V. 3a (C) bezieht man sich zunächst auf eine zweite mögliche Bedeutung von פעם „Tritt; Schritt" oder aber zeitlich „ein Mal": פעמים wird als „Male, Zeiten" verstanden, womit man den Vers auf die drei Wallfahrtsfeste hin liest: „Erhebe / richte auf deine (Fest-)Zeiten". Im Gebot der Wallfahrt zum Tempel in Dtn 16,16 (vgl. Ex 23,17) findet man den verbindenden Beleg. Von den „Tritten" oder „Schritten" Gottes der bildlich-anthropomorphen Psalmensprache ist hier, ähnlich wie in der Septuagintaversion,[59] nicht mehr die Rede. Worauf die Auslegung zielt, hängt dann von dem Sinn ab, den die rabbinische Deutung dem Ausdruck משאות נצח verleihen will. Der knappe Kontext bietet hier keine Eindeutigkeit; zwei Möglichkeiten sind, auch als parallele Verständnisvarianten, denkbar: Der biblisch geschulte Leser wird den Ausdruck in seinem ursprünglichen Sinn („ewige Trümmer") aufgefaßt, auf den Tempel bezogen und somit die Paraphrase des Verses als Aufruf verstanden haben, die Liturgie der Wallfahrtsfeste, die einst ganz Israel an der Stätte der Gottesbegegnung versam-

---

[59] S.o. S. 77.

melt hatte, zu restituieren. Andere mögen jedoch den im rabbinischen Hebräisch nicht mehr in diesem Sinn gebräuchlichen Ausdruck eher als Plural zu משא, „Last, Bürde, Pflicht" gelesen haben,[60] wodurch der Bezug zum Tempel weiter geschwunden wäre. V. 3b schließlich wird in MTeh 74 erst gar nicht kommentiert.

(b) Die Auslegung zu V. 4a (D) stellt das einzige Tradentenzitat in MTeh 74 dar, alle anderen Auslegungen schließen sich direkt an den Psalmtext an beziehungsweise sind in diesen hineinverwoben. Zudem findet sie sich nicht in allen Mss-Rezensionen,[61] so daß der textgeschichtliche Status dieses Abschnittes als unklar gelten muß, solange das Verhältnis der Mss zueinander noch nicht ausreichend erforscht ist. Die Interpretation von Jes 66,6[62] wird als Kontrastbild in Entsprechung zum Psalmvers eingeführt: Der Tempel selbst antwortet auf das Gebrüll der Feinde, indem er ihnen mit tosender Stimme Gottes Gericht an seinen Feinden ankündigt.

(c) Die V. 4–8 werden in einer Aneinanderreihung miteinander verbundener, sich in ihrer Dramatik steigernder Aussagen breit ausgelegt (E-K): Hier entwickelt der Midrasch in der Schilderung der Tempelzerstörung selbst bereits ihre theologische Deutung als Lästerung des göttlichen Namens, wie sie der Psalm selbst in V. 10 und 18 interpretiert.

Abschnitt E deutet die „Zeichen" in V. 4 als Orakelzeichen, die sich die Babylonier vor der Einnahme Jerusalems verschafften. Hier steht die in mehreren rabbinischen Kontexten vorhandene, meist wie hier durch den Rückgriff auf Ez 21,26ff. illustrierte Auslegungstradition im Hintergrund, daß allein Gott selbst die Babylonier durch glückliche Orakelzeichen zur Zerstörung seines Tempels habe verleiten können. Dadurch wird Gott als einziger Akteur der Geschichte auch zum Akteur der Zerstörung seines Tempels, für die er sich der Babylonier lediglich als Werkzeuge bedient.[63] Am Schluß von Abschnitt E lesen manche Mss: „Und dennoch bekunden *sie* dir *keinen* Dank",[64] wodurch bereits die Hybris der Gottesfeinde ausgedrückt würde, die im Anschluß in den Abschnitten F und G aus den textlich schwierigen V. 5 und 6 herausgelesen wird: Die Bewegung nach oben, die V. 5 aussagt, und das Zerschlagen des Schnitzwerks beziehungsweise, wie der Midrasch liest, der Türöffnungen des Tempels als Zugang zur Wohnung des Höchsten (V. 6) werden – wobei sie in ihrer Bildhaftigkeit belassen werden –

---

[60] Vgl. zu משאות in diesem Sinn etwa SifBam Pinhas 5; yDem 2,1,22c; DevR 3,9. Lexikalisch möglich wäre ebenfalls die Ableitung von משאה „Feuerzeichen, Signal", was jedoch kaum einen Sinn ergibt. Daß bereits die Abschreiber sich über den Sinn der Stelle nicht einig waren, zeigt eine gewisse Verwirrung an dieser Stelle in den Mss, die Buber jedoch nicht wiedergibt.
[61] S.o. Anm. 45.
[62] Vgl. EkhaR 2,7.
[63] Vgl. bGit 56a; EkhaR Pet 23; QohR 12,7; MTeh 79,2.
[64] Vgl. BUBER, Midrasch Tehillim, 336 Anm. 7.

als der Versuch gewertet, sich selbst an die Stelle Gottes zu setzen.[65] Eine Parallele in MTeh 64 liest: „Wenn sie es vermocht hätten, hinaufzusteigen und die Him-
melswölbung zu durchbohren, sie hätten sie durchbohrt, wie es heißt: *mit Beil
und Hammer zerschlagen sie sie* (Ps 74,6).“[66]

Gleichzeitig wird mit dieser Interpretation der Versuch der babylonischen
Tempelzerstörer, sich an Gottes Stelle zu setzen, als Wiederholung der Tat ihrer
„Väter“ in der biblischen Urgeschichte gewertet. Auch der rabbinischen Tradition
gelten die Turmbauer zu Babel (Gen 11) als Paradigma der sündhaften und göt-
zendienerischen Menschheit in der Urgeschichte; Gen 11,4 und Gen 4,26 werden
als Hinweise auf Götzendienst gelesen.[67] Die Destruktion des Tempels durch die
Babylonier kann auf diese Weise gleichgesetzt werden mit der Konstruktion des
Turms durch deren „Vorfahren“ (Gen 11). In der Perspektive des Psalmenmid-
rasch schieben sich der Turmbau der Urgeschichte und die Tempelzerstörung als
zwei Manifestationen des gleichen Topos ineinander, der Selbsterhebung der
Gottesfeinde gegen und über Gott selbst. Der Gang der Argumentation, die der
Text in sich steigernder Weise von Abschnitt F bis I entwickelt, gipfelt in der Auslegung zu V. 8 (I): Wie bereits in der Septuaginta wird נינם nicht als Verbform,
sondern als suffigiertes Substantiv als Subjekt zu אמרו „sie sprachen“ gelesen.[68]
Den Redeinhalt übernimmt man aus der Feindrede des Volksklagepsalms 83:
*„Sie sprachen: Kommt und laßt sie uns als Volk vertilgen, daß nicht mehr gedacht
werde des Namens Israels“.* Der Vernichtungsplan der Feinde Israels richtet sich
gegen Israels Gott; um seinetwillen wird es verfolgt. Dieser Gedanke führt zurück zur Selbstsituierung Israels in der Gegenwart der Rezipienten: Die Babylonier aller Generationen sind die Chiffre für die auf Erden Mächtigen aller Zeiten
(H). Ihr Angriff gegen den Höchsten kann sich nur in einem „Stellvertreterkrieg“
gegen Israel als sein Eigentumsvolk entladen. Bei „den Orten, an denen sie sich
zu versammeln pflegten auf der Welt“ (K) ist hier sicherlich an Synagogen gedacht, womit der Text in die Gegenwart seiner Adressaten zurückgekehrt ist, für
die er mit der Auslegung zu V. 9 (L) wieder das Wort ergreift (s.o. Abschnitt
III.2.).

4. Fazit

In MTeh 74 wird die Zerstörung des Jerusalemer Tempels kaum noch bewußt als
eine einmalige Krise der *religio*, des Kultes, erinnert und interpretiert.[69] Konkre-
tere Hinweise des Psalms, der ja selbst bereits eine poetische, rezeptionell offene
Verarbeitung des Geschehens darstellt, auf den Ort des Heiligtums (V. 2c.3b)

---

[65] Vgl. die analoge Betonung der Tempelzerstörung als Hybris der Frevler durch die Septuaginta, s.o. S. 77–80.
[66] BUBER, Midrasch Tehillim, 310, Übers. Th.H.
[67] Vgl. zum Beispiel BerR 23,7; 38,8 u.ö.
[68] Vgl. oben zur Septuaginta S. 77.
[69] Eventuell nur findet sich ein solches Verständnis in der Auslegung zu V. 3a, s.o.

werden vom Midrasch nicht mehr aufgegriffen. Die Interpretation der Schilderung der Tempelverwüstung in den V. 3–8 zeigt vielmehr, daß die Tempelzerstörung sich von einem als historisch erinnerten Geschehen mit einer spezifischen Bedeutung zu einem Topos gewandelt hat, der sich in einem eschatologischen Kontext erzähltechnisch auf einer Ebene mit der paradigmatischen Erzählung von der Ursünde der Menschheit verhandeln läßt: die Nachahmung der Ursünde, der Angriff auf Gott selbst, der sich – zu allen Zeiten – als Vernichtungskrieg gegen Israel entlädt. Als ein solches Deutungsmuster dient der Topos der Tempelzerstörung der Interpretation einer neuen religiösen Krisenerfahrung, die das Selbstverständnis jüdischer Gemeinden in einer als feindlich erfahrenen nichtjüdischen Umwelt widerspiegelt.

Literatur

A. AEJMELAEUS, Translation Technique and the Intention of the Translator, in: C.E. COX (Hg.), VII Congress of the International Organization for Septuagint and Cognate Studies Leuven 1989, Septuagint and Cognate Studies Series 31, Atlanta 1991, 23–36 [= A. AEJMELAEUS, On the Trail of the Septuagint Translators. Collected Essays, Kampen 1993, 65–76].

A. AEJMELAEUS, Übersetzungstechnik und theologische Interpretation. Zur Methodik der Septuaginta-Forschung, in: E. ZENGER (Hg.), Der Septuaginta-Psalter. Sprachliche und theologische Aspekte, Herders Biblische Studien 32, Freiburg u.a. 2001, 3–18.

P. AUFFRET, Essai sur la structure littéraire du Psaume LXXIV, VT 33 (1983), 129–148.

F. AUSTERMANN, Von der Tora zum Nomos. Untersuchungen zur Übersetzungsweise und Interpretation im Septuaginta-Psalter, Inauguraldissertation Göttingen 1999 (im Druck).

M. AYALI, Gottes und Israels Trauer über die Zerstörung des Tempels, Kairos 23 (1981), 215–231.

S. BUBER, Midrasch Tehillim (Schocher Tob). Sammlung agadischer Abhandlungen über die 150 Psalmen. Herausgegeben nach einer Handschrift aus der Bibliothek zu Parma cod. 1332, mit Vergleichungen der Lesarten anderer sieben Handschriften, Wilna 1891.

A. CORDES, *Der* Septuaginta-Psalter? Zur Geschichte des griechischen Psalmentextes und seiner Edition, in: E. ZENGER (Hg.), Der Septuaginta-Psalter. Sprachliche und theologische Aspekte, Herders Biblische Studien 32, Freiburg u.a. 2001, 49–60.

H. DONNER, Argumente zur Datierung des 74. Psalms, in: J. SCHREINER (Hg.), Wort, Lied und Gottesspruch. FS J. ZIEGLER, FzB 2, Würzburg 1972, 41–50.

J. A. EMERTON, Spring and Torrent in Ps. 74:15, VT.S 15 (1966), 122–133.

M. EMMENDÖRFER, Der ferne Gott. Eine Untersuchung der alttestamentlichen Volksklagelieder vor dem Hintergrund der mesopotamischen Literatur, FAT 21, Tübingen 1998.

A. GELSTON, A Note on Psalm LXXIV 8, VT 34 (1984), 82–87.

M. J. GLATT, God the Mourner – Israel's Companion in Tragedy, Jdm 28 (1979), 72–79.

A. GOLDBERG, Schöpfung und Geschichte. Der Midrasch von den Dingen, die vor der Welt erschaffen wurden, Jud. 24 (1968), 27–44 [wiederabgedruckt in: M. SCHLÜTER / P. SCHÄFER (Hgg.), Arnold Goldberg, Mystik und Theologie des rabbinischen Judentums. Gesammelte Studien I, TSAJ 61, Tübingen 1997, 148–161].

H. GUNKEL, Die Psalmen übersetzt und erklärt, HK II/2, 4. Aufl., Göttingen 1926.

H. Gzella, Die Wiege des griechischen David. Die Diskussion um die Entstehung des Septuagintapsalters, in: E. Zenger (Hg.), Der Septuaginta-Psalter. Sprachliche und theologische Aspekte, Herders Biblische Studien 32, Freiburg u.a. 2001, 19–47.

Th. Hansberger, Der Segen Davids über Israel. Beispiele zur Psalmenauslegung im Midrasch der Rabbinen, SBS 194, Stuttgart 2002 (im Druck).

M. Harl / G. Dorival / O. Munnich, La Bible grecque des Septante. Du judaïsme hellénistique au christianisme ancien, 2. Aufl., Paris 1994.

F. Hartenstein, Die Unzugänglichkeit Gottes im Heiligtum. Jesaja 6 und der Wohnort JHWHs in der Jerusalemer Kulttradition, WMANT 75, Neukirchen-Vluyn 1997.

F.-L. Hossfeld / E. Zenger, Der sog. Elohistische Psalter. Eine neue These zu einem alten Problem der Psalmenexegese (Festschriftbeitrag, im Druck).

F.-L. Hossfeld / E. Zenger, Psalmen 51–100, HThKAT, 2. Aufl., Freiburg u.a. 2001.

O. Keel, Schöne, schwierige Welt – Leben mit Klagen und Loben. Ausgewählte Psalmen, Berlin 1991.

P. Kuhn, Gottes Trauer und Klage in der rabbinischen Überlieferung (Talmud und Midrasch), AGJU 13, Leiden 1978.

O. Loretz, Leberschau, Sündenbock, Asasel in Ugarit und Israel, UBL 3, Altenberge 1985.

J. P. Migne, Patrologiae cursus completus. Series Latina, Bd. 26, Paris 1884.

J. Morgenstern, Jerusalem – 485 B.C., HUCA 27 (1956), 101–179.

O. Munnich, La Septante des Psaumes et le groupe Kaige, VT 33 (1983), 75–89.

O. Munnich, Contribution à l'étude de la première révision de la Septante, in: W. Haase (Hg.), Religion (Hellenistisches Judentum in römischer Zeit), ANRW II, 20.1, Berlin u.a. 1987, 190–220.

C. Petersen, Mythos im Alten Testament. Bestimmung des Mythosbegriffs und Untersuchung der mythischen Elemente in den Psalmen, BZAW 157, Berlin 1982.

A. Pietersma, Septuagint Research. A Plea for a Return to Basic Issues, VT 35 (1985), 296–311.

A. Rahlfs, Psalmi cum Odis (Septuaginta. Vetus Testamentum Graecum Auctoritate Academiae Scientiarum Gottingensis editum. Bd. X), 3. Aufl., Göttingen 1979.

J. J. M. Roberts, Of Sounds, Prophets and Time Limits. A Note on Psalm 74:9, CBQ 39 (1967), 181.

A. Robinson, A Possible Solution to the Problems of Psalm 74:5, ZAW 89 (1967), 120–121.

A. J. Saldarini, Varieties of Rabbinic Response to the Destruction of the Temple, SBL.SP 21 (1982), 437–458.

J. Schaper, Eschatology in the Greek Psalter, WUNT II/76, Tübingen 1995.

G. F. Sharrock, Psalm 74. A Literary-Structural Analysis, AUSS 21 (1983), 211–223.

H. Spieckermann, Heilsgegenwart. Eine Theologie der Psalmen, FRLANT 148, Göttingen 1989.

A. van der Kooij, On the Place of Origin of the Old Greek of Psalms, VT 33 (1983), 67–74.

J. P. M. van der Ploeg, Psalm 74 and Its Structure, in: M. S. H. G. Heerma van Voss u.a. (Hgg.), Travels in the World of the Old Testament, Assen 1974, 204–210.

H. J. Venetz, Die Quinta des Psalteriums. Ein Beitrag zur Septuaginta- und Hexaplaforschung, Collection Massorah 1.2, Hildesheim 1974.

F. Willesen, The Cultic Situation of Psalm LXXIV, VT 2 (1952), 289–306.

M. Wischnowsky, Tochter Zion. Aufnahme und Überwindung der Stadtklage in den Prophetenschriften des Alten Testaments, WMANT 89, Neukirchen-Vluyn 2001.

E. ZENGER, Zur redaktionsgeschichtlichen Bedeutung der Korachpsalmen, in: K. SEY-BOLD / E. ZENGER (Hgg.), Neue Wege der Psalmenforschung, Herders Biblische Studien 1, 2. Aufl., Freiburg u.a. 1995, 175–198.

E. ZENGER, Psalm 82 im Kontext der Asafsammlung, in: B. JANOWSKI / M. KÖCKERT (Hgg.), Religionsgeschichte Israels. Formale und materiale Aspekte, Gütersloh 1999, 272–292.

E. ZENGER, Psalmenforschung nach Hermann Gunkel und Sigmund Mowinckel, in: A. LEMAIRE / M. SÆBO (Hgg.), Congress Volume Oslo 1998, VT.S 80, Leiden 2000, 399–435.

E. ZENGER, Der Psalter als Buch. Beobachtungen zu seiner Entstehung, Komposition und Funktion, in: DERS. (Hg.), Der Psalter in Judentum und Christentum, Herders Biblische Studien 18, Freiburg u.a. 1998, 1–57.

Der Mythos von der Unzerstörbarkeit des Tempels[1]

von

Hermann Lichtenberger

Das Vertrauen und das Sich-Berufen auf die Unzerstörbarkeit des 1. Tempels wird in Jer 7,1–19 ausdrücklich als das Hören auf Lügenpropheten, auf Lügenworte zurückgewiesen. Wenn das Volk nicht umkehrt, sondern in seinem Handeln fortfährt, so wird Gott dasselbe mit dem Jerusalemer Tempel tun, was er mit dem von Silo getan hatte.

In analoger Weise gilt:

I. Der zweite Tempel ist nicht unzerstörbar

Zur „Zerstörung" gehören auch Entweihungen, ohne daß das eigentliche Tempelgebäude zerstört wird.

1. Die Profanierungen des Tempels geschehen durch Frevler

a) Die Profanierung kann gelingen oder verhindert werden –
bestraft werden die Übeltäter in jedem Falle, manche tun Buße

Tief eingeprägt in die Erinnerung und Typologie hat sich Caligulas Vorhaben, im Jerusalemer Tempel Statuen seiner selbst aufstellen zu lassen (40 n. Chr.). Daß es nicht dazu kam, ist bekanntlich dem hartnäckigen Protest der Juden („Generalstreik") und dem Mut des syrischen Legaten Petronius zu verdanken. Die Vorgänge im einzelnen, wie sie von Josephus (bell. Iud. II, 184–203; ant. Iud. 18,261–309) und Philo (Leg. 188; 198–348) einerseits, von Tacitus (hist. V, 9,2) andererseits berichtet werden, brauchen uns nicht zu beschäftigen. Wichtig ist die Beurteilung, die Philo dem frevelhaften Vorhaben selbst gibt, von dem er in Rom während seiner Gesandtschaft an Caligula hört:

---

[1] Der Beitrag konnte als Fellow des „Institute for Advanced Studies" der Hebräischen Universität Jerusalem erarbeitet werden. Für die großzügige Förderung sage ich herzlichen Dank. Herrn Markus Steinhilber danke ich für die redaktionelle Bearbeitung des Textes.

„Unser Heiligtum ist nicht mehr (οἴχεται ἡμῶν τὸ ἱερόν). Eine Riesenstatue im Allerheiligsten aufzustellen, hat Gaius befohlen, eine Statue von ihm in Gestalt des Jupiter" (Leg. 188).[2]

Die Entweihung kommt einer Zerstörung gleich.

Das Zweite Makkabäerbuch schildert ausführlich mehrere derartige Vorfälle und Szenen:

– Den Versuch des Heliodor, den Tempelschatz zu rauben (Kap. 3), die wunderbare Verhinderung durch himmlisches Eingreifen, seinen Sinneswandel:

„Heliodor aber brachte dem Herrn ein Opfer dar und gelobte ihm, der ihn am Leben erhalten hatte, die größten Gelübde" (3,35).[3]

– Das Ende des Antiochus IV., der den Tod des Gottesfeindes erleidet (Kap. 9),[4] sein Gebet:

„(14) Die heilige Stadt, die dem Erdboden gleich und zu einem Massengrab zu machen er voller Hast gekommen sei, erkläre er für frei, (15) die Juden aber, die nicht einmal der Bestattung zu würdigen, sondern mit ihren Kindern zum Fraß für Vögel und wilde Tiere hinzuwerfen er sich vorgenommen hatte, werde er alle den Athenern gleich machen, (16) den heiligen Tempel aber, den er zuvor beraubt hatte, werde er mit den schönsten Weihegeschenken schmücken, alles heilige Gerät vielfältig zurückgeben, die für die Opfer erforderlichen Beträge aus seinen eigenen Einkünften stiften, (17) darüber hinaus werde er selbst Jude werden und jeden bewohnten Platz aufsuchen, um dort Gottes Stärke ohne Unterlaß zu verkündigen" (9,14–17).[5]

– Der Tempelräuber Lysimachos wird am Ort seiner Untat, der Schatzkammer, erschlagen (2 Mac 4,42), und schließlich

– scheitert Lysias, der den Tempel besteuern und das Hohepriesteramt käuflich machen möchte (11,1ff.).

– Hinzuzufügen ist, daß Pompeius (PsSal 2) und Caligula (Ios. bell. Iud. II, 209; ant. Iud. XVIII, 307) ohne Buße getan zu haben schmachvoll enden.

b) Die Profanierung geschieht durch Frevler, sie ist aber begründet in der Sünde des Volkes

(a) Das Geschichtsbild des Ersten Makkabäerbuchs

Zum Urbild des frevlerischen Gottesfeindes im Ersten Makkabäerbuch wird Antiochus IV.:

„(20) Nach der Besiegung Ägyptens kehrte Antiochus im Jahre 143 [170/169 v. Chr.] zurück und zog mit einem gewaltigen Heer gegen Israel und Jerusalem. (21) In Übermut drang er in das Heiligtum ein und nahm den goldenen Räucher-

---

[2] Übersetzung nach Cohn u.a., Philo von Alexandrien.
[3] Übersetzungen 2 Mac nach Habicht, 2. Makkabäerbuch.
[4] Eigentlich sind es deren zwei: Die Darmerkrankung mit Wurmfraß und der Wagenunfall.
[5] Siehe auch Josephus ant. Iud. XII, 357: Antiochus leidet, weil er den Tempel entweiht hat.

altar und den Leuchter samt allen seinen Geräten weg, (22) den Tisch für die
Schaubrote, die Trankopfergefäße und die Opferschalen, die goldenen Räucher-
gefäße, den Vorhang, die Kränze und die goldene Verzierung an der Vorderseite
des Tempels – alles riß er ab. (23) Er nahm das Silber und das Gold sowie die
kostbaren Geräte, er nahm die verborgenen Schätze, die er (auch) fand" (1 Mac
1,20–23).[6]

Dem war aber zuvorgegangen:

„(11) In jenen Tagen [scil. des Regierungsantritts Antiochus IV. (175 v. Chr.)]
traten in Israel frevelhafte Leute auf, und sie überredeten viele, indem sie sagten:
,Laßt uns hingehen und mit den Völkern, die rings um uns sind, ein Übereinkom-
men treffen, denn seitdem wir uns von ihnen abgesondert haben, traf uns viel
Unheil.' (12) Dieser Vorschlag fand Beifall bei ihnen, (13) und einige aus dem
Volk erklärten sich bereit, zum König zu gehen; der erteilte ihnen Vollmacht, die
Satzungen der Heiden einzuführen. (14) Da erbauten sie eine Ringschule in Jerusalem nach der Sitte der Heiden, (15) stellten sich (künstlich) ihre Vorhaut wieder
her und fielen (so) vom heiligen Bund ab. Sie verbanden sich mit den Heiden und
verkauften sich dazu, das Böse zu tun" (1 Mac 1,11–15).

Als 168 v. Chr. Jerusalem eingenommen wird und in der Akra fremde Truppen
stationiert werden, diese unschuldiges Blut vergießen (1,37) und das Heiligtum
verunreinigen, verlassen die Bewohner Jerusalems die Stadt:

„Ihr Heiligtum wurde öde wie eine Wüste, ihre Feste wurden in Trauer verwandelt, ihre Sabbate in Schmach, ihre Ehre in Verachtung" (1,39).

Es folgt das Dekret, nach dem alle Völker ihre besonderen Gebräuche aufgeben sollten:

„(43) Auch viele in Israel fanden Gefallen an seinem Kult, opferten den Göt-
zen und entweihten den Sabbat." Jerusalem wird aufgefordert, „Brandopfer,
(Schlacht)opfer und Trankopfer im Heiligtum [zu] unterlassen, Sabbate und
Feste [zu] entweihen (46) und Heiligtum und Heilige[s] [zu] verunreinigen. [...]
(47) Dagegen sollten sie Altäre, heilige Bezirke und Götzenheiligtümer errichten
sowie Schweine und (andere) unreine Tiere opfern, (48) ihre Söhne sollten sie
unbeschnitten lassen und ihre Seelen durch Unreines und Greuliches beflecken,
(49) so daß sie das (jüdische) Gesetz vergäßen und alle (seine) Gebote abschaff-
ten [...]. (52) Da schlossen sich ihnen viele aus dem Volk an [...]. (62) Viele in
Israel aber blieben standhaft [...]" (1,43–62).

Das wird exemplarisch geschildert an Mattathias und seinen Söhnen.

Das Klagelied des Mattathias:

„Wehe mir! Warum doch wurde ich geboren, um anzusehen die Vernichtung
meines Volkes und die Vernichtung der heiligen Stadt? [...] (8) Ihr Tempel wurde
(so) wie ein entehrter Mann, (9) die Gefäße ihrer Herrlichkeit wurden als Beute
weggeführt, ihre Kinder wurden auf ihren Straßen getötet, ihre Jünglinge durch

---

[6] Übersetzungen 1 Mac nach SCHUNCK, 1. Makkabäerbuch.

das Schwert des Feindes. (10) Welches Volk bekam nicht Anteil an der Herrschaft über sie und bemächtigte sich nicht ihrer Beute? (11) All ihr Schmuck wurde geraubt, anstatt einer Freien wurde sie zur Sklavin. (12) Und siehe, unser Heiligtum, unsere Zierde und unser Ruhm, ist verwüstet; die Heiden entweihten es. (13) Wozu leben wir noch? (14) Da zerrissen Mattathias und seine Söhne ihre Kleider, legten Trauergewänder an und trauerten sehr" (2,7–14);

seine Weigerung zu opfern und seine Eiferhandlung der Tötung des jüdischen Opferwilligen und der Zerstörung des heidnischen Altars werden zum Fanal für den Widerstand und Aufstand.

Vor dem Kampf 166/165 v. Chr. sprechen Judas und seine Leute das Gebet:

„[D]ein Heiligtum ist zertreten und entweiht [...]. (52) Und siehe, die Heiden sind gegen uns versammelt, um uns zu vernichten [...]" (3,51ff.). Es folgt der Aufruf des Judas: „Denn es ist besser für uns, in dem Kampfe zu sterben, als die Leiden unseres Volkes und des Heiligtums anzusehen" (3,59).

Nach der Wiedergewinnung Jerusalems:

„Sie sahen das Heiligtum verwüstet und den Altar entweiht, die Tore verbrannt und in den Vorhöfen Gebüsch [...]" (4,38).

Nach der Weihe:

„Das ganze Volk aber fiel aufs Angesicht nieder, und sie beteten an und rühmten himmelwärts den, der ihnen ein gutes Gelingen gegeben hatte" (4,55).

Fazit: Nach dem Ersten Makkabäerbuch gibt es zwar Abtrünnige in Israel, die Entweihung des Tempels geschieht jedoch durch die frevlerischen Heiden, die Wiedererrichtung des Kults durch die Heldentaten der Makkabäer dank ihrer Entschlossenheit und des Beistands des Himmels (= Gottes). Demgegenüber geht das Geschichtsbild des Zweiten Makkabäerbuchs einen Schritt weiter.

(b) Das Geschichtsbild des Zweiten Makkabäerbuchs

Hier wird ein direkter Bezug zwischen dem Frevel des Hohenpriesters Jason und seiner Anhänger und den Ereignissen, die zur Entweihung des Tempels führten, hergestellt:

Einrichtung des Gymnasions und einer Ephebie, Aufhebung des jüdischen Gesetzes:

„(13) Es entstand aber eine solche Blüte des Hellenismus und ein solcher Zulauf zur Fremdtümelei durch die übermächtige Verruchtheit des gottlosen Jason, der alles andere als ein Hoherpriester war, (14) daß die Priester zum Altardienst nicht mehr willig waren, sondern voll Verachtung für den Tempel und unbekümmert um die Opfer wetteiferten, an der gesetzwidrigen Ölverteilung in der Palästra teilzunehmen, sobald nur der Schall des Diskus zu ihnen drang. (15) Und die von den Vätern überkommenen Ehren achteten sie für nichts, sondern hielten die griechischen Auszeichnungen für die besten" (4, 13–15).

„Um dieser Dinge willen kam eine schlimme Zeit über sie, und gerade die, deren Lebensart sie nachzueifern sich bemühten und denen sie in allen Stücken gleichzukommen trachteten, erhielten sie zu Feinden und Rächern" (4,16).

Als Antiochus Jerusalem einnimmt:

„(13) Da war nun ein Morden jüngerer und älterer Männer, ein Auslöschen von Frauen und Kindern, ein Gemetzel an Jungfrauen und Säuglingen. (14) In nur drei Tagen gingen 80.000 Menschen zugrunde, 40.000 durch tätliche Gewalt, und mindestens ebenso viele wurden in die Sklaverei verkauft. (15) Hiermit noch nicht zufrieden, wagte er es, den heiligsten Tempel der ganzen Erde zu betreten, wobei ihm Menelaos als Führer diente, der zum Verräter an den Gesetzen und an seinem Vaterland geworden war [...]. (17) Und Antiochus erhob sich in seinem Sinn, denn er erkannte nicht, daß wegen der Verfehlungen derer, die die Stadt bewohnten, der Herr für eine kurze Weile zürnte und deshalb eine Nichtachtung der heiligen Stätte eintrat. (18) Wenn sie sich aber nicht zuvor in viele Verfehlungen verstrickt hätten, so wäre auch dieser Irregeleitete wie der vom König Seleukos zur Musterung der Schatzkammer entsandte Heliodor sofort gezüchtigt und ob seiner Verwegenheit zu Fall gebracht worden. (19) Aber der Herr hatte nicht wegen der Stätte das Volk, sondern um des Volkes willen die Stätte auserwählt. (20) Deshalb nahm auch die Stätte, so wie sie jetzt an den Unglücksfällen der Nation teilhatte, später an den Wohltaten teil. Und der im Zorn des Alleinherrschers verlassene Platz wurde in der Versöhnung des großen Herrn mit allem Ruhm wieder aufgerichtet" (5,13–20).

Ein weiterer Kommentar des Epitomators findet sich zur Umwidmung des Tempels in den des Zeus Olympios, zur Entweihung durch sexuelle Ausschweifung im Tempelbereich, zur Teilnahme an heidnischen Festen und zu Maßnahmen gegen Toratreue:

„(12) Ich bitte nun die Leser dieses Buches, nicht mutlos zu werden wegen der Unglücksfälle, sondern zu bedenken, daß die Strafen nicht zum Verderben, sondern zur Erziehung unseres Volkes bestimmt sind. (13) Denn schon dies ist ein Zeichen großer Gnade, daß den Gottlosen keine lange Zeit freie Bahn gelassen wurde, sondern daß sie bald ihren Strafen verfielen. (14) Denn während der hochherzige Herr auch bei anderen Völkern mit der Züchtigung wartet, bis sie selbst zur Erfüllung ihrer Verfehlungen gelangen, so hat er in unserem Falle nicht ebenso entschieden, (15) damit er sich nicht, wenn wir zum Ende der Verfehlung angelangt seien, danach an uns räche. (16) Deshalb entzieht er uns nie sein Erbarmen, sondern er verläßt sein Volk nicht, auch wenn er es unter Leiden erzieht. (17) Dies soll nur zur Beherzigung kurz gesagt sein, jetzt aber kommen wir zum Bericht zurück" (6, 12–17).

Die Märtyrertode des Eleazar, der sieben Brüder und ihrer Mutter wenden dann das Blatt endgültig zum Guten, der Zorn wendet sich zum Erbarmen (8,5).

Der sechste Bruder zu Antiochus:

„[W]ir leiden dies um unserer selbst willen, da wir gegen Gott gefrevelt haben" (7,18);

der siebte nach ihm:

„Denn wir müssen um unserer eigenen Verfehlungen wegen leiden" (7,32). „(33) Wenn aber unser lebendiger Gott zum Zwecke der Züchtigung und Erziehung eine kurze Zeit erzürnt gewesen ist, so wird er sich seinen Knechten auch wieder versöhnen [...]. (37) Ich aber will so wie meine Brüder Leib und Seele hingeben für die väterlichen Gesetze und will dabei Gott anrufen, er möge dem Volk bald gnädig werden [...], (38) mit mir aber und meinen Brüdern möge er den Zorn des Allmächtigen zum Stillstand kommen lassen, den er mit Recht auf unser ganzes Volk geworfen hat" (7,33–38).

Der Makkabäeraufstand ist erfolgreich, „weil der Zorn des Herrn sich in Erbarmen gewendet hatte" (8,5).

Nach dem grausamen und schmählichen Tod des Gottesfeindes Antiochus bringen Judas und die Seinen unter der Leitung des Herrn (10,1) Heiligtum und Stadt wieder in ihre Hand, reinigen sie von fremden Kulten und bringen wieder Opfer dar:

„Danach warfen sie sich auf den Bauch und baten den Herrn, er möge sie nie mehr in solche Übel geraten lassen, sondern sie, wenn sie auch einmal sich verfehlen sollten, mit Milde erziehen und nicht den gotteslästernden und barbarischen Völkern überliefern" (10,4).[7]

Fazit: Das Zweite Makkabäerbuch schafft einen klaren Zusammenhang zwischen den Sünden Israels und den Ereignissen um die Entweihung des Heiligtums. Nach dem sühnenden Tod der Märtyrer ist Gott gnädig, und so kann der Tempel restituiert werden. Zwar sind fremde und eigene Frevler am Werk, doch es ist die Sünde Israels insgesamt, die das Unheil herbeigeführt hatte. Gott kann schließlich gebeten werden, den Tempel in Ewigkeit zu bewahren (14,36).

Ganz auf dieser Linie liegt die Beurteilung der Entweihung des Tempels durch Pompeius (63 v. Chr.), wie sie sich in den Psalmen Salomos niedergeschlagen hat:

„(1) In seinem Übermut stürzte der Sünder mit dem Widder ragende Mauern,
und du hast es nicht verhindert.
(2) Fremde Völker bestiegen deinen Altar,
mit ihren Schuhen traten sie (ihn) nieder in Übermut,
(3) weil die Söhne Jerusalems das Heilige des Herrn befleckt,
die Gaben Gottes durch Gesetzlosigkeiten geschändet hatten.
(4) Darum sprach er: ‚Werft sie weit weg von mir,

---

[7] Die jüdischen im Kampf gegen Gorgias Gefallenen trugen Amulette heidnischer Götter bei sich: „Allen wurde damit klar, daß sie aus diesem Grunde gefallen waren" (12,40).

ich habe an ihnen keinen Gefallen'." (2, 1–4)
„Nach ihren Sünden handelte er an ihnen ..."(2,7).[8]

2. Der Tempel wird durch Israel selbst profaniert

a) Ersatz des entweihten Jerusalemer Tempels:
Die Gemeinde als Tempel in Qumran

Die Gemeinde von Qumran hatte sich von dem durch einen falschen Kalender
bestimmten und von einer unreinen und sündhaften Priesterschaft vollzogenen
Jerusalemer Tempelkult getrennt und versteht sich selbst als Tempel, der durch
Lobpreis und vollkommenen Wandel Sühnefunktion für sich beziehungsweise
das „Land" (= Israel) übernimmt (1QS 5,6 beziehungsweise 9,3–6). Die Reinheit
und Sündlosigkeit der einzelnen und der Gemeinde (siehe die Ausschlußbestim-
mungen) sind Voraussetzung für ihre Funktion als Sühneinstitution. Von den zum
Tempeldienst gehörigen Riten konnten in der Gemeinde ohne Not die Tauchbäder
und die kultischen Mahlzeiten weitergeführt werden, ohne Brandopferaltar und
außerhalb des Jerusalemer Tempels waren dagegen keine Opfer möglich. An ihre
Stelle treten Lobpreis und vollkommener Wandel; die Gemeinde übernimmt als
Tempel die Sühnefunktion anstelle des verunreinigten Jerusalemer Tempels, dessen Kult diese Sühne nicht (mehr) leistet.

b) Die Zerstörung des zweiten Tempels geschieht aufgrund der Verfehlungen

Die Zerstörung des Tempels erfolgt nach dem Geschichtsbild des Josephus aufgrund der Freveltaten der Aufständischen, durch falsche Propheten und Mißachtung der wahren Zeichen, gegen den Willen der Römer, doch nach Gottes festge-
setztem Plan und Zeitpunkt.

(a) Die Freveltaten der Aufständischen

Die Stadt ist einnehmbar, wenn man die eigenen Landsleute tötet (Ios. bell. Iud.
VI, 109ff.), der Tempel ist voller Leichname, die Juden beginnen selbst mit der
Entheiligung des Tempels (165), das Blut der Zeloten hat das Heiligtum befleckt
(210); die Flammen nehmen ihren Ausgangspunkt und ihre Ursache bei den ‚ei-
genen' (251); das Ende des jüdischen Staates war besiegelt, als der Hohepriester
Ananus ermordet wurde (IV, 318).

(b) Falsche Propheten und Mißachtung der Zeichen
und göttlichen Orakelsprüche

Neben anderen Falschpropheten (Ios. bell. Iud. VI, 288) war verhängnisvoll jener, dessen Prophetie Ursache für die Ermordung von 6000 gewesen ist, der den
Stadtbewohnern verkündigt hatte, „Gott befehle, zu dem Heiligtum hinaufzustei-

---

[8] Übersetzung nach HOLM-NIELSEN, Psalmen Salomos.

gen und die Zeichen der Rettung (τὰ σημεῖα τῆς σωτηρίας) zu erwarten" (285).[9] Andererseits war das Volk wie „vom Donner gerührt" und hatte „weder Augen noch Sinn" (288) für die wirklichen Zeichen der kommenden Zerstörung (τὴν μέλλουσαν ἐρημίαν; 288): der Stern, der wie ein Schwert über der Stadt steht (289), das nächtliche Licht um den Altar (290), die Kuh, die ein Lamm gebiert (292), das selbsttätige Sichöffnen der Tempeltore (293–396), die himmlischen Heere (296–299) und schließlich der nächtliche Ruf der Schechina: μεταβαίνωμεν ἐντεῦθεν (300). Dazu der vierjährige Weheruf des Jesus, Sohn des Ananias (300–309), und zwei Orakel über den Tempel und die von Judäa ausgehende Herrschaft: Stadt und ναός würden eingenommen, wenn das ἱερόν quadratisch werden würde:

„So haben die Juden auch das Heiligtum (ἱερόν) nach der Zerstörung der Antonia viereckig gemacht, obwohl sie nach den Gottessprüchen eine Aufzeichnung hatten, daß die Stadt und der Tempel erobert würden, wenn das Heiligtum die Form eines Vierecks bekäme" (311).

Hier liegt eine Mißdeutung des Josephus vor: Das Viereck ist die ideale Form des Heiligtums; dieses Viereck ist gerade nicht zerstörbar, das heißt Ausdruck der Ideologie von der Nichtzerstörbarkeit.

Zu diesen Orakelsprüchen wird man auch Mk 13,2 rechnen müssen, das sicher in die Zeit vor 70 zurückgeht: „Kein Stein wird auf dem anderen gelassen werden, der nicht niedergerissen wird." Das ist, wie heute noch zu sehen (Tempelplatz, Westmauer, der Tunnel), *nicht* eingetroffen.

3. Die Zerstörung des Tempels ist gegen den Willen der Römer geschehen

Titus in seiner Ansprache Ios. bell. Iud. VI, 346: Gegen das Gesetz des Krieges wollte er den Tempel schonen, aber die Anführer haben alle Angebote ausgeschlagen und eigenhändig (sic!) den Tempel in Brand gesetzt (346). Die römischen Soldaten betrachten nämlich den Tempel mit Ehrfurcht (123), Titus verspricht, den Tempel auch gegen den Willen der Zeloten zu schützen (128), dann ordnet er den Brand der Tempeltore an (228), die Juden schauen paralysiert zu (232f.); der Soldat, der das Brandscheit wirft, ist δαιμονίῳ ὁρμῇ getrieben (252).

Titus betont nochmals in der Ansprache an Simon und Johannes: Er hat den Tempel schonen wollen (346).

Die Schlußreflexion des Josephus: Hätte die Stadt von Anfang an denselben Segen gehabt wie nun Unglück, sie wäre in der Tat als ἐπίφθονος erachtet worden (408).

---

[9] Übersetzung Ios. bell. Iud. nach MICHEL / BAUERNFEIND, De Bello Judaico.

4. Der Untergang geschieht nach Gottes Plan

a) Die τύχη ist zu den Römern gegangen

Gottes Macht über die Gottlosen und die Tyche der Römer (Ios. bell. Iud. VI, 399); mit Gott haben wir gekämpft, Gott war es (411); Gott ist auf der Seite der Römer (40).

b) Der Brand ist Reinigung

Gott reinigt durch Feuer sein Heiligtum in der Zerstörung, ja er bringt durch die Römer das Feuer, um seinen Tempel zu reinigen und die verunreinigte Stadt zu zerstören (110). Die Priester müssen mit ihrem Tempel sterben (322); sie begehen Selbstmord in den Flammen des Tempels (280).

c) Gott hat den Termin seit alters festgesetzt

Gott hat den Tempel seit alters dem Feuer übergeben (249); Gott hat sein Heiligtum verlassen (127); jetzt ist im Umlauf der Zeiten der Zeitpunkt gekommen (250): Es ist derselbe Tag, an dem der erste Tempel verbrannt worden war (250). Josephus reflektiert über den Termin (267f.) und frühere Einnahmen der Stadt (435–442): Auch die große Herrlichkeit des Gottesdienstes (ἡ μεγάλη δόξα τῆς θρησκείας) konnte die Stadt nicht vor dem Untergang retten.

d) Das Ende des Tempelkults

Die Szene, die am klarsten das Geschichtsbild des Josephus zum Ausdruck bringt, ist die Aushändigung der Tempelgeräte durch den Priester Jesus, Sohn des Thebuti, an Titus (387–391). Damit schließt Josephus eine wie auch immer geartete Zukunft oder Wiederaufnahme des Tempelkults aus.[10]

Wiederholt trägt Josephus seine Spitzenaussage vor: Der Tempel ist nach Gottes Absicht und Zeitplan zerstört worden. Nichts stößt sich härter als dieses Geschichtsbild und der Mythos von der Unzerstörbarkeit des Tempels bei den Zeloten.

II. Unzerstörbar ist nur der Tempel, den Gott sich selbst bauen wird

1. 11QTS 29, 7–10

„(8)…Und ich werde mein [Heili]gtum mit meiner Herrlichkeit heiligen, da ich einwohnen lasse (9) über ihm meine Herrlichkeit bis (?) zum Tage der Schöpfung (יום הבריה) an dem ich mein [Hei]ligtum (neu) schaffen (ברא) werde, (10) um es

---

[10] Ihr nächstes Schicksal ist bekannt: Triumphzug Ios. bell. Iud. VII, 148–152, vgl. Titusbogen; Aufbewahrung im Templum Pacis, Torarolle und Tempelvorhang im Kaiserpalast.

mir für all[ez]eit entsprechend dem Bund zu bereiten, den ich mit Jakob in Bethel geschlossen habe."[11]

Dieser eschatologische Tempel ist ein anderer als der in Jerusalem real existierende[12] und auch unterschieden von dem idealen Tempel, wie er in der Tempelrolle geschildert wird. Dessen Höfe sind in konzentrischen Quadraten abgestufter Heiligkeit angelegt,[13] der äußere Hof hat so gewaltige Ausmaße, daß das Kidrontal hätte aufgeschüttet werden müssen.[14] Folgt schon dieser Tempel dem idealen göttlichen Plan, so wird dies der eschatologische Tempel, den Gott sich selbst bauen wird, erst recht tun.

Die 11QTexte vom Neuen Jerusalem gehen selbstverständlich von einem Tempel darin aus.

2. Ein himmlischer Tempel senkt sich mit dem neuen Jerusalem herab (4 Es)?

Nach der Verwandlung der trauernden Frau in das himmlische Jerusalem wird der Seher in der Zionsvision (4 Es 9–10) aufgefordert, in der Stadt umherzugehen und ihre Herrlichkeit zu sehen. Vom Tempel wird nicht eigens gesprochen, doch legt die Klage in 10,21ff. („unser Heiligtum verwüstet ist, unser Altar niedergerissen, unser Tempel zerstört")[15] nahe, daß dies alles im neuen Jerusalem restituiert sein wird.

3. Im himmlischen Jerusalem wird es keinen Tempel geben (Apk 21,22)

„Und einen Tempel sah ich nicht in ihm [scil. dem himmlischen Jerusalem], denn Gott der Pantokrator ist sein Tempel und das Lamm" (Apk 21,22). Gerade wenn man sich die zeitliche Nähe von Viertem Esrabuch und Johannesapokalypse vor Augen hält, fällt auf, daß sich trotz aller – wenn auch spärlicher[16] – Bezüge zum irdischen Jerusalem und seinem Tempel in der Apokalypse des Johannes keine Klage über die Zerstörung des Tempels findet. Und doch: Wenn der Seher der Apokalypse vom himmlischen Jerusalem spricht, kann er es nicht, ohne an den Tempel zu denken, und so folgt der Grundriß des himmlischen Jerusalem dem des idealen Tempels: dem Quadrat,[17] der Idealanlage seit Ezechiels Tempelplan.[18]

---

[11] Übersetzung nach MAIER, Texte.

[12] Für unsere Fragestellung ist es nicht entscheidend, ob die Tempelrolle essenischen oder vor- beziehungsweise außeressenischen Ursprungs ist, in jedem Fall ist der Tempelplan der Tempelrolle verschieden vom Bauplan des zweiten Tempels.

[13] Siehe dazu MAIER, Tempelrolle, *passim*.

[14] 1600 mal 1600 Ellen, das heißt eine Seitenlänge von 672–896 Metern.

[15] Übersetzung nach SCHREINER, 4. Buch Esra.

[16] Neben 11,1ff. nur noch 20,9 (die Belagerung der „geliebten Stadt").

[17] In diesem Zusammenhang ist nochmals auf das eigenartige Orakel hinzuweisen, von dem Josephus bell. Iud. VI, 311 spricht; er berichtet, daß nach der Eroberung der Antonia τὸ ἱερόν von den Aufständischen viereckig (τετράγωνον) gemacht worden war, obwohl in ihren Büchern geschrieben stünde, daß die Stadt (πόλις) und der Tempel (ναός) eingenommen würden, wenn das ἱερόν viereckig gemacht würde.

[18] Siehe LICHTENBERGER, Baupolitik Herodes', 141f.

III. Die Unzerstörbarkeit des Tempels

1. Der Mythos von der Unzerstörbarkeit des Tempels als zelotisch-revolutionärer Kampfbegriff [19]

Der Mythos von der Unzerstörbarkeit des Tempels wurde zum ideologisch-revolutionären Kampfbegriff in der Schlußphase des zelotischen Kampfes um den Tempel im 1. Jüdischen Krieg. Josephus beurteilt diesen Kampfruf als Verkündigung von Falschpropheten, womit er an Wertungen anknüpft, die Jeremia bereits gegen die Verkündiger von der Sicherheit und Uneinnehmbarkeit des Tempels und der Stadt beziehungsweise der Stadt wegen des Tempels vorgebracht hatte. Der Topos taucht jedoch schon früher auf. Sach 12 mag dabei eine Rolle gespielt haben: „Zur selben Zeit will ich Jerusalem machen zum Laststein für alle Völker. Alle, die ihn wegheben wollen, sollen sich daran wund reißen […]. Und die Fürsten in Juda werden sagen in ihrem Herzen: Die Bürger Jerusalems sollen getrost sein in dem Herrn Zebaoth, ihrem Gott".[20] D. Flusser[21] führt als weitere Zeugnisse Hen(aeth) 56,5–8 „Aber die Stadt meiner Gerechten wird ein Hindernis für ihre Rosse sein" (56,7),[22] Sib 5,101–110 „(107) wird er kommen und die Stadt der Seligen zerstören wollen. (108) Und ein König, von Gott her gegeben, (109) wird alle großen Könige und heldenhaften Männer vernichten", an.[23] Die dahinterstehende Theorie von der Unbezwingbarkeit Jerusalems hat dann bei seiner Belagerung durch Sossius und Herodes eine Rolle gespielt: „Viele Beschwörungen wurden beim / zum Tempel gemacht und vieles wurde zur Aufmunterung des Volkes gemacht (in dem Sinne), daß Gott sie aus den Gefahren erretten würde" (Ios. ant. Iud. XIV, 470).[24]

Die Zeloten haben diesen Topos offenbar nicht nur in ihren Kreisen propagiert, sondern er drang auch zu den Römern durch, „Dio Cassius berichtet, daß sogar einzelne römische Soldaten den Gerüchten von der Unbezwingbarkeit der Stadt Glauben schenkten und zu den Juden überliefen (66,5)."[25]

---

[19] Siehe HENGEL, Zeloten, 226–229.
[20] Sach 12, 3–5 in Auszügen. Siehe FLUSSER, Hystaspes, 12–75, hier: 14. Es ist freilich nicht nötig, darum Apk 11,1–2 (s.u.) einen zelotischen Charakter abzusprechen.
[21] FLUSSER, Hystaspes, 14.
[22] Übersetzung nach UHLIG, Henochbuch.
[23] Übersetzung nach MERKEL, Sibyllinen.
[24] Nach HENGEL, Zeloten, 227 Anm. 1, dort auch Ios. bell. Iud. I, 347; siehe auch FLUSSER, Hystaspes, 14: „Thus already in the year 37 B.C. an apocalyptical hope existed that the Temple would not fall under any circumstances."
[25] HENGEL, Zeloten, 227 Anm. 2: „Inzwischen verloren, wie ja bei einer so langwierigen Belagerung nicht zu verwundern, auch einige Römer den Mut und gingen, da sie nach dem allgemeinen Gerede auch noch annehmen mußten, die Stadt sei tatsächlich unüberwindlich (ἀπόρθητον ὄντως τὴν πόλιν εἶναι), zur anderen Partei über." (Cass. Dio LXV, 5,4; Übersetzung nach VEH).

Johannes von Giskala verkündet noch nach der Einnahme der Antonia und der Einstellung des Tamidopfers dem Volk:

„Nie befürchte er eine Eroberung, denn die Stadt gehöre Gott" (Ios. bell. Iud. VI, 98)![26]

Die Erwartung der göttlichen Hilfe nach dem Motto „Wo die Not am größten ist, ist Gott am nächsten" wurde durch Propheten geschürt, die eine schließliche Rettung des Tempels voraussagten:

„ … und dieses würde auf jeden Fall von dem, der darin wohnt, gerettet werden, und da sie ihn als Bundesgenossen hätten, könnten sie über alle Drohungen, bei denen Taten fehlten, nur spotten, denn der Enderfolg bliebe doch bei Gott" (Ios. bell. Iud. V, 459).[27]

Ausdruck dieser geradezu selbstmörderischen Gewißheit von der Unbezwingbarkeit des Tempels ist schließlich der verzweifelte, das eigene Leben nicht schonende Kampf der Zeloten um den Tempel selbst.[28]

Statt Josephus soll hier wieder Dio Cassius zu Wort kommen:

„Die römischen Truppen drangen aus abergläubischer Furcht nicht sofort in (das Heiligtum) ein, sondern erst später, als Titus sie antrieb, rückten sie in das Innere vor. Die Juden verteidigten sich gegen sie mit außerordentlichem Mut, als sei es ein Glücksgeschenk, beim Tempel und im Kampfe für ihn zu fallen."

Dio Cassius weiß auch zu berichten, daß bei dieser Verteidigung die Regeln der Reinheit von seiten der Juden eingehalten wurden: Das Volk (δῆμος) kämpft im Vorhof, die Vornehmen[29] (βουλευταί) in den inneren Höfen, die Priester (ἱερῆς) im eigentlichen Tempelgebäude.

„[U]nd sie wurden nicht eher überwunden – obgleich nur wenige gegen eine große Überzahl kämpften –, bis daß ein Teil des Tempels in Flammen aufging. Denn daraufhin versuchten einige von den Schwertern der Römer durchbohrt zu werden, andere mordeten sich gegenseitig, wieder andere töteten sich selbst, etliche aber stürzten sich ins Feuer. Dabei glaubten sie alle, am meisten aber die letzteren, daß es nicht Verderben, sondern Sieg, Heil und Seligkeit (νίκη καὶ σωτηρία εὐδαιμονία τε εἶναι) bedeute, wenn sie mit dem Tempel zugrundegingen" (Cass. Dio LXVI, 6,3).[30]

Dieser Bericht ist zwar vom römischen Standpunkt aus geschrieben, aber ohne den antizelotischen Affekt des Josephus. Er zeigt die Entschlossenheit, die Rettung des Tempels geradezu herbeizuzwingen. Dies ist umso auffälliger, als bei einer rechtzeitigen Übergabe die Aufständischen nicht nur ihr Leben, sondern auch den Tempel hätten retten können:

---

[26] Zitiert nach HENGEL, Zeloten, 227.
[27] Zitiert nach HENGEL, Zeloten, 227.
[28] HENGEL, Zeloten, 227.
[29] HENGEL, Zeloten, 228 Anm. 2: vielleicht die Leviten.
[30] Zitiert nach HENGEL, Zeloten, 228.

„[A]ls Antwort auf die bedingungslose Hingabe erwartete man Gottes Eingreifen."[31]

Diese eschatologische Hoffnung verband sich mit messianischen Erwartungen: Was Josephus als einen plumpen Täuschungsversuch abqualifiziert, war tatsächlich eine messianische Demonstration, als Simon Bar Giora aus den Substruktionen des Tempelplatzes an dem Ort, an dem der Tempel gestanden hatte, im weißen Gewand und Purpurmantel plötzlich auftaucht. Vielleicht erwartete er eine Bestätigung durch Gott in einem endgültigen Eingreifen Gottes. Entscheidend für unser Thema ist, daß sein Auftauchen eben κατ᾽ αὐτὸν ἐκεῖνον τὸν τόπον, ἐν ᾧ τὸ ἱερὸν ἦν πρόσθεν geschieht (Ios. bell. Iud. VII, 29). Möglicherweise erwartete er ein Geschehen, wie es in 4Q285, Fragm 5, 1–2.4–6 in Auslegung von Jes 10,34–11,1 vom נשיא העדה צמח דוד „Fürsten der Gemeinde, dem Sproß Davids"[32] heißt, daß er den Anführer der Feinde töten und es [‍י]לל[ח כתיים „Erschlagene der Kittäer = Römer" geben wird, worauf eine Segenszeit folgt. Dies wäre eine analoge Erwartung zu 4 Es 13,34–38, wonach der Messias auf die Spitze des Berges Zion (= Tempelberg) treten wird und den Völkern, die gegen ihn angetreten sind, zunächst ob ihrer Sünden Vorhaltungen machen, sie ihretwegen strafen und sie schließlich vernichten wird. Noch deutlicher ist ApcBar(syr) 40,1–2:

„(1) Der letzte Herrscher, der alsdann lebendig übrigbleiben wird, wenn seine ganze Schar vernichtet ist, wird nun gebunden werden. Auf den Berg Zion wird man ihn wegführen, und mein Gesalbter wird ihn aller seiner Freveltaten zeihen. Er wird versammeln und ihm vorlegen alle Taten seiner Scharen. (2) Danach wird er ihn töten, den Rest meines Volkes indessen schützen, das sich an dem Ort befindet, den ich erwählt habe."[33]

Auch hier wird deutlich, daß das letzte Gericht über die Feinde am Ort des Tempels stattfinden wird. Der Vorfall mit Simon Bar Giora verdeutlicht, daß man sogar über seine Zerstörung hinaus den Tempel mit der eschatologischen Rettung verband.[34]

2. Das zelotische Fragment Apk 11,1–2

Von Julius Wellhausen[35] stammt der geniale Vorschlag, in dem rätselhaften Abschnitt Apk 11,1–2 ein zelotisches Orakel zu sehen. Ich zitiere den Text und die knappe Interpretation nach Wellhausen:[36]

---

[31] HENGEL, Zeloten, 229.

[32] Der er als Sohn eines Proselyten natürlich nicht war!

[33] Übersetzung nach KLIJN, Baruch-Apokalypse.

[34] Auch die Kriegsregel 1QM verlegt das letzte Gefecht nach Jerusalem (1QM 1,1–7).

[35] WELLHAUSEN, Skizzen, 221–223; DERS., Analyse, 15.21; siehe zuletzt ausführlich AUNE, Revelation, 575–598.

[36] WELLHAUSEN, Analyse, 15.

„‚Es wurde mir ein Rohr wie ein Stab gereicht mit den Worten: auf und miß den Tempel Gottes und den Altar und die Anbetenden darin; aber den äußeren Vorhof des Tempels laß aus und miß ihn nicht mit, denn er ist den Heiden übergeben, und sie werden die heilige Stadt zweiundvierzig Monat zertreten.‘ Die letzte Danielische Halbwoche von Jahren ist hier die Zeit, wo die Römer die heilige Stadt Jerusalem bereits eingenommen haben. Es wird aber die Hoffnung ausgesprochen, daß sie den inneren Tempel nicht einnehmen werden, daß er in der Hand der προσκυνοῦντες ἐν αὐτῷ bleiben solle [...]. Nun war der Tempel, eine Zeit lang besonders der innere Tempel mit Ausschluß des Vorhofs der Heiden, während des römischen Krieges das Hauptquartier der Zeloten. Sie benutzten ihn zunächst als Festung, aber wie ihre Vorgänger zur Zeit der Belagerung durch die Chaldäer und durch Sosius, klammerten sie sich zugleich an die Heiligkeit des Hauses Gottes und hielten sich dort für geborgen; ihre Propheten bestärkten sie in diesem fanatischen Glauben bis zu allerletzt. Ein Orakel von einem der zelotischen Propheten, die nach Josephus sehr zahlreich waren und großen Einfluß besaßen, ist uns hier erhalten. Die an den Tempel sich klammern, sind der messianische Rest und der Same der Zukunft. Christlich ist an dem Stücke nichts, christliche Propheten gab es in dem belagerten Jerusalem nicht und die Christen glaubten nicht an die Unzerstörbarkeit des Tempels. Die Zeit läßt sich genau bestimmen: kurz vor A.D. 70 oder schon innerhalb dieses Jahres. [...] Von der brennenden Aktualität dieser merkwürdigen Weissagung hat der Redaktor gewiß nichts begriffen.“

Wellhausens Deutung hat weite Zustimmung gefunden,[37] fügt er sich doch gut ein in die von Josephus geschilderte Situation in der Schlußphase des Jüdischen Krieges, wie wir oben schon andeuteten.

Ios. bell. Iud. VI, 122:

„In die heiligen und jedem Zutritt verwehrten Räume sprangen diese Männer hinein mit Waffen in den Händen, die noch warm waren von dem Mord an den Brüdern; ja, sie verstiegen sich in ihrer Gesetzwidrigkeit soweit, daß sich die Empörung, die bei den Juden jedenfalls aufkäme, wenn die Römer solche Frevel gegen sie verübten, jetzt von seiten der Römer gegen die Juden erhob, die sich so gottlos an ihrem eigenen Heiligtum vergiengen.“

Eine besondere Rolle spielten „falsche Propheten“,[38] die im Sinne der Zeloten wirkten:

„Von den Tyrannen waren damals viele (Propheten) für das Volk bestellt worden, die verkündigten, man solle auf Gottes Hilfe harren, damit (die Leute) weniger überliefen, und bei denen, die in Furcht und Mißtrauen lebten, die Hoffnung erstarken möge“.[39]

---

[37] Siehe AUNE, Revelation, 594f. (darunter Bousset, Weiss, Charles, Lohse, Hengel, Müller).
[38] So der Sprachgebrauch des Josephus.
[39] Übersetzung nach HENGEL, Zeloten, 235.

Als eine tödliche Falle erwies sich der Spruch eines solchen Propheten für 6000, die in einer der Tempelhallen „die Zeichen der Erlösung" (τὰ σημεῖα τῆς σωτηρίας) erwarteten (Ios. bell. Iud. VI, 285).[40]

IV. Das Judentum war auf ein Leben ohne Tempel vorbereitet

So sehr der Tempel Zentrum jüdischen Lebens gewesen war (Philo, Flacc. 45f.: Wo die einzelnen in der Diaspora seit Generationen wohnen, ist ihre πατρίς, Jerusalem aber, „in der der Tempel des höchsten Gottes erbaut ist", ist μητρόπολις), ging doch das religiöse Leben weiter.[41] Dies schlägt sich auch im Geschichtsbild des Josephus nieder:

Für ihn schienen nicht nur der Tempel und sein Kult zu einem Ende gekommen zu sein, nach dem Bellum war dies auch das Ende des Judentums: „Josephus decided to finish the *Jewish War* with the tragic account of the mass suicide at Masada, because 79 CE, when he finished writing this work, he felt that Judaism without the Temple would not survive";[42] das steht am Ende des Bellum, und das bestimmte ihn wohl auch, die „Jüdischen Altertümer" zu schreiben, ein Denkmal gewissermaßen des Judentums.[43] Während des Schreibens drängte sich Josephus eine Änderung seines Standpunkts auf, und so werden die Antiquitates zur großen Selbstdarstellung des fortbestehenden, Zukunft und Bestand habenden Judentums.

Literatur

D. AUNE, Revelation 6–16, WBC 42B, Nashville 1998.
L. COHN / I. HEINEMANN / M. ADLER / W. THEILER (Hgg.), Philo von Alexandrien. Die Werke in Deutsch VII, Berlin 1964.
H. ESHEL, Josephus' View on Judaism without the Temple in Light of the Discoveries at Masada and Murabba'at, in: B. EGO / A. LANGE / P. PILHOFER, (Hgg.), Gemeinde ohne Tempel. Zur Substituierung und Transformation des Jerusalemer Tempels und seines Kultes im Alten Testament, antiken Judentum und frühen Christentum, WUNT 118, Tübingen 1999, 229–238.

---

[40] Siehe AUNE, Revelation, 595.
[41] Siehe den Beitrag Stembergers in diesem Sammelband, S. 207–236.
[42] ESHEL, Josephus' View, 232.
[43] ESHEL, Josephus' View, 233: „After Josephus finished writing the *Jewish War*, he started writing his *Jewish Antiquities* as a monument to Judaism which according to his understanding at that time, would no longer survive. Josephus spent about 14 years writing this book, and finally published it in the year 93 CE (ant. Iud. 20.267). During this long period he realized that his first assumption was wrong. Judaism survived in Judea and the diaspora, even without the Temple. [...] He came to this conclusion when most of his book *Jewish Antiquities* was already written. Thus he changed his goal and used *Jewish Antiquities* to persuade his readers in Rome to change their view about Judaism and support the Pharisees and their leaders."

D. FLUSSER, Hystaspes and John of Patmos, in: S. SHAKED (Hg.), Irano-Judaica. Studies Relating to Jewish Contacts with Persian Culture through the Ages, Jerusalem 1982, 12–75.

C. HABICHT, 2. Makkabäerbuch, JSHRZ I, 3, Gütersloh 1979.

M. HENGEL, Die Zeloten. Untersuchungen zur jüdischen Freiheitsbewegung in der Zeit von Herodes I. bis 70 n.Chr., AGJU 1, Leiden 1976.

S. HOLM-NIELSEN, Die Psalmen Salomos, JSHRZ IV, Gütersloh 1974 / 1977 / 1983.

A. F. J. KLIJN, Die syrische Baruch-Apokalypse, JSHRZ V, 2, Gütersloh 1976.

A. LICHTENBERGER, Die Baupolitik Herodes des Großen, ADPV 26, Wiesbaden 1999.

J. MAIER, Die Qumran-Essener: Die Texte vom Toten Meer 1: Die Texte der Höhle 1–3 und 5–11, 3. Aufl., München / Basel 1995.

–, Die Tempelrolle vom Toten Meer und das Neue Jerusalem, 3. Aufl., München / Basel 1997.

H. MERKEL, Sibyllinen, JSHRZ V, 8, Gütersloh 1998.

O. MICHEL / O. BAUERNFEIND (Hgg.), De Bello Judaico II, 2: Buch VI–VII, München / Darmstadt 1969.

J. SCHREINER, Das 4. Buch Esra, JSHRZ V, 4, Gütersloh 1981.

K.-D. SCHUNCK, 1. Makkabäerbuch, JSHRZ I, 4, Gütersloh 1980.

S. UHLIG, Das Äthiopische Henochbuch, JSHRZ V, Gütersloh, 1984.

O. VEH (Hg.), Cassius Dio. Römische Geschichte Bd. V, Zürich / München 1987.

J. WELLHAUSEN, Skizzen und Vorarbeiten VI, 6, Berlin 1899.

–, Analyse der Offenbarung Johannis, Berlin 1907.

„Zerstört diesen Tempel…!"

Jesus als „Tempel" in den Passionsüberlieferungen

von

Folker Siegert

I. Fragen[1]

Wo von der Zerstörung des Jerusalemer Tempels im Jahre 70 n. Chr. die Rede ist, soll auch jener Tempel nicht unerwähnt bleiben, dessen „Zerstörung" eine Generation vorher, in noch völlig friedlichen Zeiten, Jesus vorhersagte.

In seiner markinischen Fassung (Mk 14,58) lautet das Tempelwort Jesu – wie wir es künftig nennen werden – etwa so:

> Ich werde diesen handgemachten Tempel abbrechen und im Verlauf von drei Tagen einen anderen, nicht handgemachten, erbauen.

Dieses Wort wird von allen Evangelisten referiert, jedoch mit unterschiedlichem Wortlaut und in unterschiedlichen Kontexten. Bei Markus gilt es ausdrücklich als „falsches Zeugnis" (ἐψευδομαρτύρουν, 14,57). Nur soviel ist den diversen Fassungen gemeinsam, daß sie – ob verneint oder bejaht, ob direkt oder indirekt – auf die Passion Jesu bezogen sind. Folgende Fragen weckt eine erste Lektüre dieses Wortes in unserem ältesten Evangelium, dem des Markus:

a) Was heißt hier καταλύειν? Man übersetzt ‚zerstören', auch ‚niederreißen', ‚abbrechen', aber ist eine Tätigkeit der Hände gemeint? Wessen Hände wären das? Und spricht nicht der weitere Kontext schon hier für eine Metapher?

b) Wie kommt das seltene, gesuchte Wort ἀχειροποίητος ins Markusevangelium? Ist der Text in Ordnung?

c) Welche Tätigkeit (oder auch Untätigkeit) meint Jesus mit οἰκοδομήσω?

d) Was ist „falsch" (vgl. V. 57) an diesem Zeugnis? Wer versteht wen falsch?

Angesichts des textinternen Befundes, daß wir uns mitten in einem Verwirrspiel befinden, greifen wir zu den Parallelen, zunächst im Markusevangelium selbst. Als Jesus bereits am Kreuz hängt, wird ihm ja ein weiteres Mal sein Tempelwort vorgehalten, diesmal in einer kürzeren Fassung (Mk 15,29f.):

---

[1] Die Themenstellung und mancherlei Anregungen verdanke ich Herrn Kollegen Rainer Stichel. Weitere Hilfen kamen von Herrn Gottfried Schimanowski, Mitarbeiter des SFB 493.

Ach! Der den Tempel abbrechen und im Verlauf von drei Tagen erbauen wollte,[2] rette dich selbst und steig vom Kreuz herab!

Das Mißverständnis, das wir im Kap. 14 schon konstatierten, ist hier immer noch in vollem Gange; die Spötter wissen gar nicht, in welchem Maße sie Richtiges sagen. Im Verspotten des „falschen Propheten" von vorhin werden sie zu richtigen Propheten. Der Eindruck verstärkt sich, daß das Tempelwort auch in dieser – vielleicht ursprünglicheren – Form auf ein *double entendre* zielt. Wir müssen es also getrennt auf verschiedenen Ebenen untersuchen.

Bilden wir eine Hypothese.[3] Die ursprüngliche Form des Tempelwortes schon im Verhör Jesu (Mk 14) scheint gewesen zu sein:

Ich werde (kann?) den Tempel (diesen Tempel? den Tempel Gottes?) abbrechen und im Verlauf von drei Tagen erbauen.

So ungefähr lautet die Schnittmenge aus dem in Mk 15,29 (par. Mt 27,40)[4] und vorher in Mk 14,58 (par. Mt 26,61) Bezeugten. Einfachere Formen, die nur aus einer der beiden Hälften bestehen, können von vornherein nicht denselben Sinn gehabt haben und werden nur zu Vergleichszwecken herangezogen werden. Die Frage ist:

e) Welche innermarkinischen Verstehensmöglichkeiten sind mit dieser kürzeren, aber noch zweigliedrigen Fassung gegeben?

Ergänzend befragen wir die übrigen Evangelisten:

f) Was besagt die Fassung des Matthäusevangeliums?

g) Was besagt die Fassung des Johannesevangeliums, was ihr anderer Kontext?

h) Warum steht das Wort im lukanischen Doppelwerk sogar außerhalb des Evangeliums, und was bedeutet es dort?

i) Gibt es Spuren einer älteren, eindeutig vor das Jahr 70 datierbaren Fassung? Wie ist es mit der Quelle Q?

Nach Kenntnis dieser Dinge werden wir uns fragen, wie Jesu Verhältnis zum Jerusalemer Tempel beschaffen war; wir werden Jesus in den Rahmen des ihm zeitgenössischen Judentums setzen.

Zusätzlich zu den neutestamentlichen Jesus-Berichten dürfte es sich lohnen, auch noch einige Paulusworte zum Vergleich heranzuziehen. Sie sind mindestens

---

[2] Mit dem Modalverb ‚wollen' versuche ich hier, das Schwebende des griechischen Partizips wiederzugeben: Οὐὰ ὁ καταλύων τὸν ναὸν καὶ οἰκοδομῶν ἐν τρισὶν ἡμέραις, σῶσον καταβὰς ἀπὸ τοῦ σταυροῦ.

[3] Methodisch ist das folgende der Monographie von PAESLER, Tempelwort Jesu (insb. 32–39), entgegengesetzt, der annimmt, Markus verändere überlieferte (mündliche oder schriftliche) Texte. Das mag vielfach sein; in diesem Falle aber ist sein Evangelium von anderer Hand nachträglich verändert worden. Andere Beispiele dieser Art s.u. II.b).

[4] Im Hinzuziehen der Mt-Parallelen sehen wir von deren eventuellen Eigenakzenten vorläufig noch ab.

durch ihr Alter, vielleicht auch durch gemeinsamen Ursprung mit unserem Tempelwort bemerkenswert. Also:

Wie ist der Befund in den neutestamentlichen Briefen? Nach Paulus (V.1) verdient hier auch der *Hebräerbrief* Beachtung (V.2).

Aus dem Überblick über die Überlieferungslage werden wir uns sodann die Frage stellen: Was wäre wohl der gemeinsame Ursprung und Grundgedanke der verschiedenen Fassungen dieses Wortes –

– für den Fall, daß es eine nach der Passion erst geprägte Formulierung der Urchristenheit ist („Gemeindebildung"), und

– für den Fall, daß Jesus selbst vor seinem Tod sich so geäußert hat?

Eine Stellungnahme zu der im Überlieferungsprozeß immer deutlicher werdenden „Spiritualisierung" des Kultischen soll diesen Artikel abschließen.

II. Textimmanente Lektüre von Mk 14,58

Leser des markinischen Tempelwortes wissen, wenn sie in jenem Kapitel angekommen sind, schon einiges über Jesus. Sie haben seinen Weg von Galiläa nach Jerusalem verfolgt, haben das Gefälle der Anerkennung wahrgenommen, das Galiläa in den Augen der Jerusalemer Autoritäten sehr tief stellt und diese wiederum sehr tief in den Augen des Galiläers, und sie haben die dreimalige Leidensankündigung gehört. Nun kann nicht mehr viel überraschen; der Knoten des Dramas ist längst geschürzt.

Jesu Mißverständnisse durch die Pharisäer (Mk 2,16; 3,22 usw.), durch seine eigene Familie (Mk 3,21; vgl. 3,31–35), durch seine Nazarener Landsleute (Mk 6,1–6) und sogar durch die eigenen Jünger (Mk 6,52; 8,33) sind vorbereitet; Jesu letzte Frage, die er im Tempelvorhof stellte, blieb unbeantwortet (Mk 14,35–37). Die angekündigte Passion kann nur noch das Kappen aller Kontakte bedeuten, die noch so etwas wie Kommunikation gewesen waren. Sogar die Kommunikation im Gebet mit Gott ist bereits abgebrochen; die Rufe in Gethsemane blieben unbeantwortet (Mk 14,32–42). Wir sind im Niemandsland des totalen Unverständnisses angelangt und können uns kaum mehr wundern über die Bizarrerie eines Verhörs, das jetzt kommt und in dem keiner mehr weiß, auf welcher Seite er steht – außer daß alle, selbst Gott, gegen Jesus sind.

a) Was heißt hier καταλύειν?

Das Deutsche scheint kaum in der Lage zu sein, den Wortstamm ‚lösen' irgendwie wiederzugeben. Es gibt ja auch völlig friedliche Bedeutungen von καταλύειν, etwa ‚ausspannen', ‚Quartier nehmen', dann freilich nicht mit Akkusativobjekt. Bei Homer ist ein Ausdruck für ‚sterben': ‚die Knie lösen' (als Hexameterschluß: λῦσε δὲ γυῖα). Wir werden sehen, daß in Parallelüberlieferungen unseres Wortes Verben vorkommen, die noch weniger als unser καταλύειν an das erinnern, was die Römer 40 Jahre später mit dem Tempel gemacht haben. Deren Tätigkeit ist noch nicht einmal in der „synoptischen Apokalypse", Mk 13, in einer Weise beschrieben, die die Ereignisse bereits voraussetzen würde. Alles, was wir im Markusevangelium erfahren, ist in 13,2 die Ankündigung:

Siehst du diese großen Bauten? Hier wird kein Stein auf dem andern bleiben, der nicht abgebrochen werden wird (ὃς οὐ μὴ καταλυθῇ).

Hier haben wir nochmals das fragliche Verbum, und zwar in eindeutiger und von jeder Metapher freier Verwendung. Kurt Paesler hat in seiner unlängst erschienenen Monographie *Das Tempelwort Jesu* unter anderem eine Rückübersetzung dieses Wortes ins Aramäische vorgelegt, die problemlos möglich ist (S. 89), und vorgeschlagen, hier den historischen Kern unseres Tempelwortes zu sehen. Und zwar wäre es Jesus – in der Perspektive noch lange vor dem Jüdischen Krieg – als *unerfüllte* Prophetie vorgeworfen worden.

Im Markusevangelium scheint dieses Kapitel davor warnen zu wollen, aus einer erneuten Krise wie jener unter Caligula das Datum der Wiederkunft Jesu zu erschließen: Es „muß alles geschehen, aber es ist nicht das Ende" (Mk 13,8). Wenn sich erneut der befürchtete „Greuel der Verwüstung" ereignet, ist nichts als die Flucht angesagt (13,14). Gerade in den Spannungen vor Ausbruch des Jüdischen Krieges war dies eine wichtige Orientierung für die Urgemeinde, und es wird uns auch berichtet, daß sie sich dementsprechend verhielt (vgl. unten IV.4).[5]

So wie das Tempelwort im Verhör, Mk 14, gebraucht wird, könnte es, wie gesagt, zu den unerfüllten Prophetien eines mithin unausgewiesenen Propheten zählen. Als jedoch dieses Evangelium kirchlich ediert wurde – nur in dieser Form besitzen wir es –, dürfte die Perspektive der Zeit nach 70 eine christologische *relecture* nahegelegt haben: Der Tempel wurde nunmehr – wie die Johannes-Parallele auch ausdrücklich sagt – Jesus selbst. Was könnte man auch sonst mit der Andeutung der „drei Tage" anfangen?

Damit kommen wir nun schon auf der dritten Stufe der Überlieferung an. Doch wird sich zeigen, daß sie eine Symbolik aufgreift, die wir seit den ältesten und besten Bezeugungen des historischen Jesus kennen.

Jedenfalls bleibt textintern in diesem Moment, das heißt in Kap. 14, alles im Stadium des Mißverständnisses. Wie so vieles, so wird der Leser des Markusevangeliums erst bei einer zweiten Lektüre, die auch das Ende kennt, unsere Stelle verstehen können.

---

[5] In der Diskussion dieses Referats wurde vorgeschlagen, einen pragmatischen Zweck des Tempelwortes vor 70 in dem Trost zu sehen: ‚Dieser Tempel (Jesus) konnte *nicht* zerstört werden'.

b) Wie kommt das ἀχειροποίητος ins Markusevangelium? Ist der Text in Ordnung?

Hier stehen wir vor einem philologischen Rätsel. Normalerweise formuliert Markus sehr knapp und überläßt es seinen synoptischen Paraphrasten, nach Bedarf auszuweiten. Auch ist das Compositum ἀχειροποίητος in keiner Weise ins Hebräische oder Aramäische rückübersetzbar, was nicht nur markinischer, sondern auch jesuanischer Simplizität widerspricht. So zählt unsere Stelle zu den wenigen – aber doch vorhandenen[6] –, die auf eine Überarbeitung des Markusevangeliums vor der kirchlichen In-Umlauf-Setzung schließen lassen.

Es ist also Vorsicht geboten: Diese Fassung des Tempelwortes dürfte aus einer Zeit stammen, in der der Tempel nicht mehr stand, womit auch der Sachbezug des Wortes sich geändert haben konnte. Die Suche nach älteren Parallelen wird damit dringlich.

Was die Vokabel ἀχειροποίητος betrifft: Es gibt für sie einen jüdischen Traditionshintergrund,[7] und zwar in der Götzenpolemik. Ein Dutzend Mal findet sich bereits in der Septuaginta das positive, jedoch abschätzig gemeinte Compositum χειροποίητος, ‚handgemacht‘, für heidnische Tempel und Götterbilder (zum Beispiel Sap 14,8; vgl. auch Sib 3,606.618.722; 4,28a).[8] Wo ein hebräischer Text vorliegt, übersetzt es *ᵉlil,* ‚Götzenbild‘ (Lev 26,1.30; Jes 2,18 u.ö.), jenes Wort, das auch mit εἴδωλον wiedergegeben werden konnte (Lev 19,4; Ps 97[96],7 usw., wörtlich „Phantom").

Ein handgemachter Tempel wäre demnach ein Götzentempel! Auch aus inhaltlichen Gründen, so scheint es nun, kann sich Jesus kaum so ausgedrückt haben. Doch bleibt hier eine Reserve möglich: Jesus kann – wie die Johannes-Parallele es dann auch präzisiert – nicht die Gründung Salomos oder Esras gemeint haben, sondern den *herodianischen Neubau,* jene Demonstration von Wichtigkeit, politisch-wirtschaftlicher Macht und geschmacklich-kulturellem *up-to-date*-Sein, worin der Galiläer offenbar *keine* Nähe Gottes wahrzunehmen vermochte.[9] Wir werden darauf zurückkommen.

---

[6] Andere Stellen dieser Art sind das – noch nicht einmal einheitlich bezeugte – Prädikat „Sohn Gottes" in Mk 1,1 sowie der Einschub von Ex 23,20 + Mal 3,1 in Mk 1,2b zwischen der Ankündigung eines Jesaja-Zitats (Mk 1,2a) und diesem Zitat selbst (Mk 1,3) – beziehungsweise, umgekehrt argumentiert, die ungeschickte Zuschreibung einer Zitatenkette an Jesaja allein, jenen Lieblingspropheten des Urchristentums.

[7] Dargestellt zum Beispiel bei FASSBECK, Tempel der Christen, 90–99, unter Verweis auch auf Ios. bell. Iud. V, 400.458f. und Sib 4:6–17. – Anders beschaffen wäre der stoische Hintergrund: Seneca beschreibt die naturgegebene Großartigkeit der Landschaft eines Hains, wo eine Höhle überwölbt ist von einem Berg, *non manu factus* (Ep. 41,3). Im Gegensatz hierzu ist ja der neue „Tempel", als der sich Jesus alsbald darstellte, keine Naturgegebenheit, sondern eine der Geschichte beziehungsweise der Liturgie.

[8] Ein älteres Synonym zu ἀχειροποίητος ist die Wortgruppe ἔργα χειρῶν ἀνθρώπων Dtn 4,28; Ps 153(134),15 u.ö.

[9] Zu diesem Aspekt der Sache s. bes. EVANS, Predictions, 120ff.

c) Welche Tätigkeit meint Jesus mit οἰκοδομήσω?

Ein unmetaphorisches Verständnis dieses Verbums ist zu keinem Zeitpunkt des Lebens Jesu unterzubringen; es müßte schon ein Mißverständnis sein.

Im Sinne des Markusevangeliums jedenfalls läßt sich antworten: Jesus denkt weniger an eine Tätigkeit als an eine Untätigkeit, eben seine „Passion". Sie ist der Schlüssel des Evangeliums, ebenso sehr wie die Reich-Gottes-Verkündigung und die Menschensohn-Worte es für den historischen Jesus sind. Beides trifft sich in den Worten vom leidenden Menschensohn (Mk 8,31 parr., 9,12 parr.), deren Zuschreibung damit schwierig wird. Versuchen wir eine gedämpft optimistische Antwort: Sollte Jesus seinen Leidensweg vorausgesehen haben, so hat er dies am ehesten *metaphorisch* ausgesprochen – mit einem Wort wie dem hier zu erklärenden.

Doch werden wir eine Alternative gleich zu erwägen bekommen.

d) Was ist „falsch" (vgl. V. 57) an diesem Zeugnis? Wer versteht wen falsch?

In diesem Verhör vor dem Hohenpriester,[10] das alle Klarheiten beseitigt, liegt der Gipfel der Ironie und dessen, was man das markinische „Messiasgeheimnis" genannt hat: Erst nach dem letzten Satz des ganzen Evangeliums (das ist, historisch-kritisch gesehen, Mk 16,8), ist der Leser oder die Leserin in der Lage, einzelnen Aussagen einen treffenden Sinn zuzuordnen. Die gesamte Geschichte Jesu ist bei Markus die Geschichte eines verborgenen, verkleideten Auftretens Gottes unter den Menschen, spürbar nicht in der Größe der Wunder, sondern in ihrer befreienden Kraft, wie auch der der Gesten und Worte. Wer sie nicht als befreiend empfand, hat sie auch nicht verstanden.

Ein historischer Versuch, das Rätsel des doppelten Tempelwortes zu lösen, soll in diesem Zusammenhang erwähnt werden; er führt heraus aus der Alternative, es Jesus oder den ersten Christen zuzuschreiben: Wie wäre es, als Autoren des Tempelwortes weder den einen noch die andern, sondern die Ankläger Jesu während seines Verhörs anzusehen?[11] Auch dies würde der markinische Bericht zulassen, ja sogar wörtlich hergeben: Nicht nur das Mißverständnis, sondern schon die Worte selbst wären von den Anklägern Jesu.

So schön es wäre, jener schwierigen Alternative zu entgehen, so groß ist freilich der Optimismus, anzunehmen, es seien Details aus der Verhandlung vor dem Hohenpriester den Jesusjüngern zu Ohren gekommen. Nach Regeln antiker Geschichtsschreibung (soweit sie hier überhaupt einschlägig sind) hätte es Markus freigestanden, das Verhör selbst zu formulieren. Was schwerer wiegt: Der einzige Evangelist, der Zugang zu Jerusalemer Interna zu haben beansprucht, der vierte

---

[10] Hier ist ein gewohnter Perikopentitel zu berichtigen: Es ist weniger ein „Prozeß" als ein Verhör. Zu einem Prozeß (m.E. einer *coercitio*) wurde es durch Pilatus.

[11] So PRETE, Formazione e storicità, 12, unter Berufung auf Rudolf Pesch.

nämlich (Joh 18,15f.),[12] bestätigt diese Hypothese nicht, sondern läßt das Tempelwort von Jesus gesprochen sein, und zwar zu einer ganz anderen Gelegenheit (s.u.). Nun hat freilich gerade er ein Interesse, Jesus den „Rahmen des Judentums" sprengen zu lassen.[13]

Trotzdem sei noch referiert, welche Brisanz im Falle einer Wörtlichkeit des markinischen Protokolls in den Worten einer solchen Anklage lag. Es wäre der messianische Anspruch gewesen, den jetzigen, vorläufigen (nach späterer Präzisierung: „handgemachten") Tempel durch den eschatologischen zu ersetzen, einen von der Art, wie Ez 40–48 oder die *Tempelrolle* von Qumran ihn als eine Bautätigkeit Gottes selbst vorsehen und visionär bereits mit – gigantischen – Maßen ausstatten.

So zeitecht dieses Detail ist, so gering ist die Wahrscheinlichkeit, daß eine Naherwartung dieser Art dazu geführt hätte, einen Juden an die Römer auszuliefern. Dafür gibt es keine Parallele außer jener Episode mit dem Weber Jonatan von Kyrene, die aber mit dem Tempel nichts zu tun hat.[14] Dieser Jonatan wurde von den Vornehmsten der kyrenäischen Juden gegenüber der römischen Exekutive und Justiz denunziert, weil er mittellose Leute mit dem Versprechen in die Wüste geführt hatte, sie „Zeichen und Erscheinungen" sehen zu lassen.

Andere Individuen dieser Art wie Theudas, der vor den Augen seiner Anhänger den Jordan sich teilen lassen wollte,[15] haben die römischen Statthalter (hier Cuspius Fadus) zum Eingreifen provoziert. Worte reichten dazu jedoch nicht aus, sondern erst das Auslösen einer Massenbewegung. Man müßte also schon den Anspruch eines eschatologischen Tempelbaus, von wem auch immer mit Jesus verbunden, mit der Massenbewegung seines Einzugs in Jerusalem verbinden, um ihn als gefährlich erscheinen zu lassen. Die Christen hätten sich dann demgegenüber in die Metapher gerettet und auch für Jesus beansprucht, er habe ein „Auflösen" und „Aufbauen" des Tempels nicht eigentlich gemeint.

Wir lassen diese Variante einer Rekonstruktion des Prozesses Jesu auf sich beruhen, da sie keinen Anspruch Jesu selbst wiedergibt, und kehren zurück zur Alternative des historischen Jesus und des urchristlichen Jesus Christus.

---

[12] Zu seiner Detailkenntnis vgl. Joh 18,13; 18,28; 19,13 (das Pflaster Gabbata – einige der wenigen echten „Reliquien" im heutigen Jerusalem). Er freilich oder eine jüngere Schicht übermalt dafür um so dicker (zum Beispiel in Joh 19,25–27, einer förmlichen Ikone).

[13] Mussners oben schon genannter Aufsatz ‚Fiel Jesus von Nazareth aus dem Rahmen des Judentums? erhält auf S. 111f. denn auch eine positive Antwort. Doch könnte man sich die Option offen halten, daß gerade der Vierte Evangelist, der gerne mit Doppeldeutigkeiten spielt und Synoptisches in diesem Sinne aufgreift, hier zur Vereindeutigung schreitet – erst er, nicht die Synoptiker.

[14] Ios. bell. Iud. VII, 437–450.

[15] Vgl. Act 5,36; ausführlicher und korrekter bei Josephus ant. Iud. XX, 97–99.

e) Welche innermarkinischen Verstehensmöglichkeiten bietet das Tempelwort in seiner kürzeren Form?

Als ursprüngliche Form des Tempelwortes schon im Verhör Jesu haben wir eingangs postuliert: „Ich werde (kann?) den Tempel (diesen Tempel? den Tempel Gottes?) abbrechen und im Verlauf von drei Tagen erbauen." Als markinische Formulierung sei Mk 15,29f. in Erinnerung gerufen. Es zählt ganz klar zu den Gestaltungsabsichten des markinischen Messiasgeheimnisses, daß die Vertreter der Bedeutung und der Ausschließlichkeit des Tempels hier etwas anderes verstehen müssen als die Jünger. Ersteren geht es um das sakrale Bauwerk auf dem Zionsberg. Letztere hingegen haben sich an allerlei Metaphern schon gewöhnen müssen, deren dichteste: „Dies ist mein Leib", ja auch sowohl das Stück Brot in Jesu Händen wie seinen eigenen, der Tötung auszuliefernden Leib noch überstieg.

Die Mißverständnisse der markinischen Passionsgeschichte halten so lange an, wie die „Gottesfinsternis" des schweigenden, nicht handelnden Gottes anhält, dessen Reich Jesus eigentlich verkünden wollte. Sie sind innerhalb des Prozesses so unauflöslich, weil nicht die Messiasfrage oder ein Königtum Jesu, ja oder nein, für Markus den Schlüssel zum Verständnis darstellen – das waren Schlagworte des Prozesses, und sie haben Jesus ans Kreuz gebracht. Ein heilvolles Handeln Gottes wird aus dieser Katastrophe aber erst dann, wenn die Verehrung Jesu Christi als neuer Tempel begriffen wird.

III. Synoptische Lektüre des Tempelwortes

Vier Fragen zu den Evangelien haben wir noch übrig, eingangs f) bis i) numeriert.

f) Was besagt die Fassung des Matthäusevangeliums?

Im Matthäusevangelium finden wir im Zusammenhang mit dem Verhör Jesu folgende Form des Tempelwortes (Mt 26,61):

Ich kann diesen Tempel Gottes abbrechen und im Verlauf von drei Tagen aufbauen.

Der Kontext ähnelt dem des Markus, ist jedoch seinerseits knapper formuliert. Die Qualifikation des Tempels als „Tempel Gottes" läßt keinen Zweifel an seiner positiven Wertung, so daß man sich fragen kann, ob diese Kurzfassung des Tempelwortes jemals tempel- oder kultkritisch gemeint war. Auch das δύναμαι ‚ich kann…‘[16] läßt den Tempel sozusagen stehen und zieht die Aufmerksamkeit auf die Person Jesu, der sich hier anscheinend als Wundertäter übernimmt. So in den Augen der Anklage, von der Matthäus wiederum sagt, sie sei falsch gewesen.

---

[16] Ein merkwürdiges Echo hierauf scheint das 71. Logion des *Thomasevangeliums* zu sein: „Jesus sprach/spricht: Ich werde dieses Haus zerstören, und niemand wird es noch einmal auf-

Wenn das Matthäusevangelium hier von Markus abhängt, wie ja angenommen wird, dann nur von jenem Proto-Markus, der auch das Tempelwort nur kürzer geboten haben dürfte; denn die in der Langfassung enthaltene Kultpolemik hätte er sich schwerlich entgehen lassen. Markinisch bleibt auch bei ihm die totale Verwirrung. Obwohl Matthäus das Motiv des „Messiasgeheimnisses" nicht bewußt kultiviert, fließt es ihm doch aus seiner Vorlage, insbesondere aus deren dramatischem Entwurf einer zu einer einzigen Jerusalemreise vereinfachten Biographie, automatisch ein. Der Hohepriester erhebt sich, fordert von Jesus eine Antwort – und erhält keine.

Um darüber hinaus zu wissen, worum nach Matthäus eine eventuelle Auseinandersetzung um den Jerusalemer Tempel gegangen sein kann, sehen wir uns die synoptische Fassung der Perikope von der Vertreibung der Händler an. In prophetischem Zorn ruft dort Jesus selbst das Deutewort seiner anstößigen Handlung, Jes 56,7: „Mein Haus soll ein Bethaus genannt werden allen Völkern, spricht der Herr." So die markinische Fassung (Mk 11,17). Mt 21,13 kürzt sie um die Erwähnung der Völker (also der Heiden): Offenbar ist in seiner nicht nur nachösterlichen, sondern auch nach 70 gelegenen Perspektive ein solcher Dienst des Tempels nicht mehr erwähnenswert.

„Mein Haus soll ein Bethaus genannt werden allen Völkern, spricht der Herr" – wir lesen weiter: „der die Zerstreuten Israels sammelt; denn ich werde auf ihm eine Versammlung versammeln." So heißt es in der Septuaginta wörtlich, wobei für ‚Versammlung' das griechische συναγωγή steht. Dieses Wort, zusammen mit dem Stichwort ‚Bethaus', läßt natürlich an die Einrichtung der jüdischen Synagoge denken. Sie war das Vorbild des christlichen Gottesdienstes als eines opferlosen Worterreignisses, wie wir ihn noch heute kennen (wenn auch seit konstantinischer Zeit verstärkt Opfermetaphorik wieder hineingekommen ist).[17]

So gesehen, scheint unser Jesuswort geradezu eine Rechtfertigung des christlichen Wortgottesdienstes zu sein als der einzigen Art, wie man nach Jesu Tod noch einen Kult abhalten kann.

Wie weit das in der Absicht des historischen Jesus lag, muß natürlich auch hier offen bleiben. Deutlich ist, daß in allen neutestamentlichen Berichten Jesus sich in den Synagogen wohler fühlt als im Tempel – mit Ausnahme der einen Legende vom zwölfjährigen Jesus im Tempel bei Lukas (2,41–51). Lukas hat ein offenkundiges Interesse daran, den Tempel aus der Konkurrenz zwischen Juden und Christen herauszuhalten.[18] Hier liegt schon eine Antwort auf die Frage, warum wir das Tempelwort im Lukasevangelium nicht finden.

---

bauen können." Hier ist das Können verneint und auf die Gegenseite verlegt – doch wohl im Rückblick auf das Jahr 70.

[17] Hierzu THÜMMEL, Versammlungsraum, und unten VI.

[18] Vgl. Act 21,26f., ein Bericht über die Teilnahme des Paulus am Tempelkult. – Hieraus hat

Durch Stichwortanschluß (Gebetsvokabular im Kontext) verbindet sich hiermit der Kontrast Jer 7,11: „Ihr aber habt eine Räuberhöhle daraus gemacht" (bei Jeremia: „Ist mein Haus etwa eine Räuberhöhle?"). Hiermit ist keine Mörderhöhle gemeint, wie in manchen Paraphrasen fälschlich gesagt wird und wie es vergröbertem Mißverständnis des 2. Jh.s entspräche, sondern nur ein Ort, an dem man schamlosen materiellen Gewinn in Sicherheit bringt: So paßt es auf die Polemik gegen die Händler, die ja im physischen Sinne niemandem etwas taten.

g) Was besagt die Fassung des Johannesevangeliums, was ihr anderer Kontext?

Im Johannesevangelium ist das Tempelwort nach vorn gezogen und findet sich mit jener – gleichfalls vorgezogenen – Szene verbunden, in der Jesus die Händler aus dem Tempel vertreibt: Joh 2,13–22, dort besonders V. 19. Damit ist, trotz großer Entfernung von der Passionsgeschichte, etwas Gemeinsames festgehalten. Die frühe Plazierung der Gesamtperikope kommt dadurch zustande, daß im Johannesevangelium ja von mehreren Wallfahrten und Festbesuchen Jesu im Tempel berichtet wird, wo das Markusevangelium, allzu schematisch, alles in eine einzige Reise nach Jerusalem zusammenzieht. In allen vier Evangelien bleibt die Vertreibung der Händler aus dem Tempel (so müßte die Perikope richtig heißen) Jesu erste Tat in Jerusalem.

Ein architektonisches Detail erfahren wir ganz nebenbei in V. 20, nämlich die Bauzeit dieses zweiten oder richtiger schon dritten Tempels: 46 Jahre.[19] Solches Nachtragen von durchaus stichhaltigen historischen Details in die Überlieferung der Synoptiker ist typisch für das Johannesevangelium, und zwar für seine erzählende Grundschicht, die meines Erachtens auf einen Judäer zurückgeht; das unterscheidet sie bereits von den übrigen Evangelien mit ihrer weitgehend externen Perspektive. Ich wäre sogar bereit, diesem Judäer, den wir provisorisch ‚Johannes' nennen (im Text selbst geschieht das nirgends), eine Berührung mit Jesus während seiner Anwesenheit in Jerusalem zuzutrauen. Klare Feststellungen sind schwer zu gewinnen, da gerade dieses Evangelium vielfach übermalt worden ist, sicherlich auch in den Jahrzehnten fortschreitender Entfernung des Johannes-Kreises nicht nur von Judäa, sondern auch vom Judentum überhaupt. Seine Spuren verlieren sich für uns in Ephesus und im kleinasiatischen Gnostizismus.

Soviel voraus zur Johannes-Fassung des Tempelwortes. Das alttestamentliche Deutewort für die prophetisch-kultkritische Geste, mit der Jesus die Händler aus dem Tempelvorhof vertreibt, ist hier Ps 69(68),10: „Der Eifer um dein Haus wird

---

BACHMANN, Jerusalem und der Tempel, seine Haupttendenz genommen, allerdings zu einseitig (vgl. unten).

[19] Das kommt überein mit dem Baubeginn, wie ihn Ios. ant. Iud. XV, 380 datiert („18. Jahr des Herodes", dessen Herrschaftsantritt – nach einem Mandat des römischen Senats vom Jahre 40 v. Chr. – sich freilich über einige Jahre hinzog). Eine um drei Jahre frühere Angabe machte Josephus zuvor in bell. Iud. I, 401.

mich verzehren…". Dieses Zitat ist bemerkenswert vor dem Hintergrund der Seltenheit alttestamentlicher Zitate im Johannesevangelium. Diejenigen freilich, die sich finden und die über das synoptisch Gegebene hinausreichen, stehen in ihren Kontexten um so betonter.

Die Leserschaft des Johannesevangeliums, vertraut wie sie ist mit dem christlichen Traditionsgut (Joh 1 läßt sich anders nicht verstehen),[20] vermag Anteil zu nehmen an der „Allwissenheit des Autors" in diesem Evangelium. Das Unverständnis der Jünger, aus dem Markusevangelium übernommen, ist temporär (12,16; 14,26); in der „Verherrlichung" und „Erhöhung" Jesu (so wird die Kreuzigung aufgefaßt) findet es sich aufgehoben. Bereits die Abschiedsreden zehren von nachösterlichem Glanz (Joh 13,31ff.: νῦν ἐδοξάσθη …). Insgesamt betreibt das Johannesevangelium eine Theologie des Glaubens und des Geistes (so 3,6; 8,15; 14,26) gegenüber der „Gottesfinsternis" des ganzen Kosmos (1,18).

Eine positive Zweckbestimmung des Tempels, selbst jene reduzierte aus Jesaja 56,7, wonach in der Perikope von den Händlern im Tempel bei den Synoptikern der Tempel ein „Bethaus sein soll für alle Völker" (s.o.), fehlt in der Fassung des Johannesevangeliums. Mit Jesus ist der Tempel überflüssig geworden; vgl. Joh 4,23 in der Perikope von der Samariterin.

In unserer Perikope versuchen die „Judäer" (so wird man hier vorsichtiger übersetzen), Jesus für seinen Übergriff gegenüber Händlern und Geldwechslern zur Rede zu stellen; sie fragen ihn (Joh 2,18–22):

Welches Zeichen erweist du uns, daß du das tun darfst? Jesus antwortete ihnen: „Löst diesen Tempel auf, und in drei Tagen werde ich ihn aufrichten."

Unsere anfangs gestellte Frage zur Bedeutung von καταλύειν hatte auch diese Stelle im Blick: Das κατα- ist weggelassen, zu einer bloßen ‚Auflösung' wird aufgefordert, was zu einem solch massiven Objekt wie ναός kaum mehr paßt. Aber natürlich denken die Judäer an ihren Tempel und nicht an Jesus. So versuchen sie mit ihrer nachgeschobenen Frage, Jesus auf eine Auskunft über diesen – salomonischen, herodianischen – Tempel festzulegen. Da bleibt nur noch der nach innen gerichtete Kommentar des Erzählers, der die Leserschaft an ihr christliches Wissen erinnert.

Das Verbum ‚aufrichten' ist im Griechischen sprechender: ἐγερῶ, von ἐγείρειν, dem stehenden Ausdruck für das ‚Auferwecken' von Toten, insbesondere Jesu. Auch die Formel von den „drei Tagen", am Passionsgeschehen zu verifizieren, steht hier, samt Wiederholung. Bleibt nur, den Aktanten zu korrigieren: Nicht Jesus, so wissen die Leser, hat sich auferweckt, sondern er „wurde auferweckt" (ἠγέρθη, V. 22). Jesu Aktivität wird daraufhin das Auferwecken der Gläubigen

---

[20] Ich halte alle Versuche einer Frühdatierung des Johannesevangeliums für vergeblich, zumal in dem sehr überarbeiteten Zustand, in dem wir es nur besitzen. Es handelt sich um Reflexionen, die nach der Zerstörung des Tempels aufs Papier kamen. Nichtsdestoweniger läßt sich nach früheren Einschlüssen suchen – wie hier.

sein: Joh 5,21 (ferner – wohl aus einer neueren Redaktionsschicht – 6,39f.44.54: ἀναστήσω).[21]

Wir haben hier jene Sorte von doppelbödiger Kommunikation vor uns, die man als ‚johanneische Ironie' bezeichnet hat. Ein anderes Beispiel dafür ist die sich selbst mißverstehende, in christlichem Verständnis jedoch ihren wahren Gegenstand erst gewinnende Weissagung des Kaiphas, Joh 11,49–52 (V. 50: „Es wird gut für euch/uns sein, daß *ein* Mensch sterbe für das Volk, und nicht der ganze Volksstamm verderbe.") Auch hier folgt – nach einer kryptischen, indirekten Aussage über Jesu Tod als Heilsereignis – ein Deutewort des Evangelisten.

Ein anderes Beispiel solcher johanneischen Ironie, in dem gleichfalls Verben des Kultes begegnen, ist Joh 16,2: „Es kommt die Zeit, daß jeder, der euch tötet, meinen wird, Gott ein Opfer darzubringen (λατρείαν προσφέρειν τῷ θεῷ) – schwer übersetzbar, da das Wort λατρεία, in allen Evangelien überhaupt nur hier vorkommend, biblischer Fachausdruck ist für den aus unserer Vorstellungswelt längst verschwundenen Opfergottesdienst des Ersten und Zweiten Tempels. Hebräisch lautet der Ausdruck ʿabodā; er benennt das Heiligste, das Israeliten einst kannten. Hāʿabodā, „beim Gottesdienst!", ist einer der wenigen im Talmud zitierten Schwüre. – Stärker als in Joh 16,2 kann der religiöse Gegensatz zwischen dem Urchristentum und dem Judentum des Zweiten Tempels kaum mehr ausgedrückt werden.

Mit Jesus ist der Tempel überflüssig geworden, sagten wir. Diese Grundaussage des Vierten Evangeliums wird schon hier, im zweiten Kapitel, getroffen. Rudolf Bultmann hat es im Johannes-Abschnitt seiner *Theologie des Neuen Testaments* (§ 45–48) mit unübertrefflicher Klarheit ausgeführt: Die Offenbarung ist identisch mit dem Offenbarer. Darum ist auch der Ort des Kultes „sein Leib". Die Aktualisierung und Ritualisierung in Form des Abendmahlsgeschehens ist auch hier verankert, sofern man σάρξ in Joh 6,51ff. als Synonym zu σῶμα auffaßt.

h) Warum steht das Wort im lukanischen Doppelwerk sogar außerhalb des Evangeliums, und was bedeutet es dort?

Was Lukas angeht, so verweist uns die Synopse auf dessen zweiten Band, die *Apostelgeschichte.* Wir sagten schon, daß in dem Evangelium desselben Autors die Konflikte um den Tempel eher klein gehalten werden. Im Hinblick auf die Aussageabsichten der Apostelgeschichte im allgemeinen und auf die der jetzt zu nennenden Perikope 6,8–81 im besonderen können wir nun hinzufügen: Lukas vertagt den Konflikt um den Tempel, um aus ihm die Ausbreitung der Kirche herzuleiten. Vielleicht tut er dies in gleicher darstellerischer Freiheit, wie andere

---

[21] Julian hingegen denkt an ein „Wiedererwecken" des Tempels; er schreibt: „Ich erwecke wieder (ἀνεγείρω) mit allem Eifer den Tempel des Höchsten Gottes." So zitiert bei Johannes Lydus, De mensibus IV, 53; STERN, Greek and Latin Authors on Jews and Judaism II, Nr. 486b. Vermutlich ist das eine Retourkutsche an den Galiläer.

ebendiesen Konflikt in Jesu Leben zurückdatieren – das wird man nie genau wissen. Daß Lukas in diesem Punkt über genauere Informationen verfügt habe, dafür spricht freilich nichts.

In Act 6,12ff. jedenfalls werden falsche Zeugen gegen den ersten griechischsprachigen Verkünder des Christentums, Stephanus, aufgeboten, und sie behaupten (V. 13f.):

Dieser Mensch hört nicht auf, Worte zu sprechen gegen diesen Heiligen Ort und gegen das (Mose-) Gesetz. Insbesondere haben wir ihn sagen hören: „Jesus" – dieser Nazoräer – „wird diesen Ort abbrechen und die Lebensregeln ändern, die uns Mose überliefert hat."

Ehe daraufhin Stephanus in diesem bereits in Gang gekommenen Verhör das Wort erhält, findet sich auch hier eine eschatologische Andeutung: Sein Gesicht bietet den Anblick eines Engels (V. 15). Am Ende der langen Verteidigungsrede, die vielmehr ein grundsätzlicher und frontaler Gegenangriff ist,[22] sieht Stephanus selbst „die Himmel geöffnet und den Menschensohn zur Rechten Gottes stehen" (Act 7,56; vgl. Dan 7,13). Damit ist dann die Gotteslästerung vollkommen, und er wird gesteinigt.

Die Parallele zu Prozeß und Tötung Jesu ist klar und gewollt. Bezeugen des Todes Jesu kann wiederum zum Tod führen (freilich zu keiner zusätzlichen Erlösung; die ist in allen neutestamentlichen Schriften ein für allemal geschehen). Paulus kommt in die gleiche Gefahr und verfällt derselben Anschuldigung wie Stephanus in Act 21,21.28.[23]

Im Wortschatz der Stephanus-Perikope erkennen wir καταλύειν wieder, auch Jesus als Sprecher; der Ausdruck für ‚Tempel' ist jedoch ein anderer, und die Verlagerung des Konflikts auf die Ebene der mosaischen Oboedienz legt den Konflikt dahin, wo er durch das Hinzukommen der Heidenchristen (Stephanus ist noch keiner, wohl aber Cornelius in Kap. 10–11) und durch deren ausdrückliche Zulassung in der Mission des Paulus (Act 15) zu stehen kam. An Paulus selbst hätte sich beinahe noch in Jerusalem selbst das Geschick des Stephanus wiederholt (Act 21).

Es geht in Act 6 also um die Legitimation der Christen. Das erweist auch der Ausdruck: Jesus, „der Nazoräer". Als Beiname Jesu ist Ναζωραῖος[24] Anspielung an das Gottgeweihtsein eines *nāzir* (Num 6; vgl. Ri 13,5), wohl auch an die

---

[22] Im Kontext jüdischer Literatur wird sie neu und umfassend gewürdigt von Joachim Jeska: Summarien der Geschichte Israels. Bachmann, Jerusalem und der Tempel, übergeht die von Lukas klar aufgewiesenen Reibungspunkte zwischen Judentum und entstehendem Christentum. Ihm kommt es darauf an, herauszustellen, daß Lukas die „Trias Gesetz, Gott und Volk" bestätige (371).

[23] Nur daß ihn diese das Leben kostet, will Lukas nicht mehr erzählen; auf eine zweite Passionsgeschichte kommt es ihm nicht an.

[24] Mt 2,23.26; Lk 18,37; Joh 18,5.7 u.ö.; Act 2,22 u.ö. Vgl. hierzu den Exkurs ‚Nasiräer und Nazarener' in Siegert, Drei hellenistisch-jüdische Predigten 2, 248–250 (anhand von De Sampsone 13).

Verheißung eines „Sprosses" – *neṣer* – in Jes 11,1 u.ö., und nicht zuletzt an Jesu Herkunft aus Nazareth (die in Ναζαρηνός auch, und da ausschließlich, angegeben ist), also ein dreifaches Wortspiel. Aus Act 26,9 erfahren wir auch, daß der Plural Ναζωραῖοι Bezeichnung der Christen im semitischen Sprachraum war, so wie Χριστιανοί im griechischen (Act 11,26). Noch zur Zeit des Hieronymus hießen so diejenigen Judenchristen, die in positivem Kontakt mit der Kirche aus den Heiden blieben.[25]

Ich erwähne all dies, um zu zeigen, worin die Aktualität des Tempelwortes zunächst noch zu Zeiten des Zweiten Tempels bestanden hat. Kollektive Identitäten standen auf dem Spiel. Die Trennung des Christentums vom Judentum, ja vielleicht sogar die des Heidenchristentums vom älteren Judenchristentum,[26] bildet sich als Ereignis gewordene Mißverständnisse ab.

Vielleicht sollen es sogar nötige, von Gott gewollte Mißverständnisse sein – das wäre die theologische (nicht die moralische) Definition der Verstockung in einschlägigen Reflexionen des Paulus (Röm 11,25; vgl. 9,17). Auch Jesu Tötung beruht auf einem solchen Mißverständnis, auf einer *felix culpa*.

i) Gibt es eine ältere, eindeutig vor 70 datierbare Fassung?
Wie ist es mit der Quelle Q?

Versuchen wir, noch einen Moment in der Zeit des Zweiten Tempels zu verbleiben. Gibt es eine Bezeugung des Tempelwortes in jener Schnittmenge von wörtlich gleichen Texten des Matthäus- und des Lukasevangeliums, die nicht aus Markus stammt und darum (und weil sie sehr alt zu sein scheint) als anonyme „Quelle Q" bezeichnet wird?

Als tempelkritischen Text kann man hier zunächst Q (Lk)[27] 11,49–52 erwähnen, das Wort von der Tötung der Propheten. Ihm dürfte – mit gleichem Thema – jenes Wehewort über den Tempel gefolgt sein,[28] das wir in Lk 13,34f. par. überliefert finden und das zu seinem Sondergut gehört:

Jerusalem, Jerusalem, die du die Propheten tötest und die zu ihm (*sic*) Entsandten steinigst, wie oft habe ich deine Kinder zusammenholen wollen, wie eine Glucke ihre Küken unter ihre Flügel, und ihr habt nicht gewollt! Ich sage euch [aber],[29] ihr werdet mich gewiß nicht

---

[25] Hierzu im Detail MIMOUNI, Le judéo-christianisme ancien. Die Nazoräer unterschieden sich also von solchen Judenchristen, die eine kultische Verehrung Christi ablehnten und ihre Aussagen über ihn auf das Maß zurücknahmen, das der überlieferten jüdischen Messiaserwartung entsprach; das sind die sogenannten Ebioniten.

[26] Manche „antijüdische" Äußerungen des NT scheinen mir auf dieses Konto zu gehen: Vgl. Joh 2,23ff.; 8,31ff.

[27] Man zitiert Texte aus der Quelle Q mit den Kapitel- und Verszahlen des Lukasevangeliums, in dem sie sich in der Regel am wenigsten verändert finden.

[28] So zumindest bei KLOPPENBORG, Q Parallels, der beide Logien unter der Nr. 34 vereinigt (S. 110).

[29] Wir brauchen die von KLOPPENBORG, Q Parallels, eingeklammerten Bestandteile dieses Logions nicht zu problematisieren.

mehr sehen, bis [es dahin kommt, daß] ihr sagen werdet: „Gelobt ist, der da kommt im Namen des Herrn."

Hier fehlt zwar das Mißverständnismotiv, so daß wir nicht sagen können, wir hätten dasselbe Wort vor uns. Doch finden sich merkwürdige Ähnlichkeiten. V. 35 enthält die rätselhafte Formulierung: „Siehe, euer Haus (hier: οἶκος) wird euch überlassen (ἀφίεται ὑμῖν)". Das antwortet indirekt auf unsere noch offene Frage nach der Art von „Zerstörung", die gemeint sein könnte. Sie ist eine Preisgabe.[30]

Matthäus vergröbert hier, wie so oft, und setzt ἔρημος hinzu; also: Es „wird euch wüst gelassen werden". Bei Lukas aber heißt es nur: Es „wird euch überlassen". Das ist eine unangestrengte, kampflose Preisgabe – noch nicht einmal eine Preisgabe an Feinde, denn an die Römer ist wohl kein Gedanke –, einfach eine Preisgabe des Tempelgebäudes an seine Benutzer. Daraus spricht eine Bitterkeit und Resignation, die wir in den uns geläufigeren Fassungen des Tempelwortes bereits gespürt haben.

Sie wird jedoch in gewisser Weise kompensiert durch den eschatologischen Schluß auch dieses Jesusworts. Er ist ein Zitat aus Ps 118(117),26. Dessen Kontext spricht hier mit. Die andere Hälfte des Psalmenverses lautet nämlich: „Wir haben euch gesegnet aus dem Hause (οἶκος) des Herrn". Auch der weitere Psalm spricht von der Epiphanie Gottes im Tempel.

Hier haben wir die gleiche eschatologische Öffnung und die gleiche Gerichts- und Heilsansage. Eine Grundstruktur ist freigelegt, die zu der Annahme berechtigt, wir hätten hier einen gemeinsamen, und zwar jesuanischen, Ursprung des Tempelwortes vor uns. In einem Gegensatz wie diesem scheint er gedacht, gefürchtet und gehofft zu haben.

IV. Jesus im Rahmen des zeitgenössischen Judentums

In der gegenwärtigen Forschungslage und Lage des christlich-jüdischen Gesprächs kann nur noch in sehr bewußter Verantwortung ein Gegensatz zwischen Jesus und dem Judentum – oder den „Judentümern" – seiner Zeit konstatiert werden. Die Zeit ist vorbei, in der man nach der Originalität Jesu fragte, um sie auf Kosten der jüdischen Religion zu erweisen. Allein schon unsere differenziertere Kenntnis der letzteren läßt von dieser Urkrankheit der einstigen „Leben-Jesu"-Literatur, auch jener über das „Wesen des Christentums", Abstand nehmen.

Es bleibt die historische Frage nach dem Verhältnis Jesu zum Jerusalemer Tempel. Wir werden den Fehler vermeiden, dieses aus einem einzigen polemischen Wort erheben zu wollen, und die Frage von breiterer Basis aus beantwor-

---

[30] Sie dürfte ähnlich gedacht sein wie Ps 81(80),13 usw. (dort ohne das Tempel-Thema), ist aber mit einem untypischen Verbum ausgedrückt. – Mehr über Jesu Haltung zu den Juden in der Quelle Q bei SIEGERT, Jesus und sein Volk.

ten. Was kann der vorchristliche Prophet aus Nazareth gemeint haben, wenn er – falls er – in der überlieferten Weise von einem Tempel sprach?

1. Jesu Verhältnis zum Tempel in Jerusalem

a) Der Blickwinkel des Propheten / des Apokalyptikers

Hält man sich an das Überlieferte, so ist Jesus jedenfalls das Gegenteil eines Tempelbeamten; er ist nicht einmal ein Tempelprophet. Seine Ekstasen finden nicht im Rauch der Opfer statt, wie einst die des Jesaja. Wenn Jesus betete, dann lieber ganz allein, in der Wüste, allenfalls im Kreise seiner Jünger.

Der Tempel, so erfahren wir in Mk 11,11 beiläufig, verfehlte jede Wirkung auf ihn: „Er schaute sich alles an", heißt es nur, ehe Jesus mit den Zwölfen nach Bethanien zurückkehrt.

Die Ansicht von der Unzerstörbarkeit des Tempels hat Jesus nicht geteilt, wie schon das einteilige Tempelwort (Mk 13,2) kundgibt. Das mag ihm unter anderem vorgeworfen worden sein. Auch wenn er nicht an eine feindliche Zerstörung des Tempels dachte, sondern an dessen Ablösung und Neubau durch Gott selbst (oben II.1.d), muß das amtierende Personal dies als eine Distanznahme empfunden haben, wie es ja auch eine empfindliche Distanznahme von seiten der Essener gab (s.u.).

Bei seinem zweiten Besuch im Tempel wird Jesus zornig und vertreibt die Geldwechsler und Händler – so Mk 11,15–17 parr. Zu Unrecht wird diese Perikope die „Reinigung des Tempels" benannt, hat sie doch mit Reinheitsfragen nichts zu tun. Zunächst ihr Ort: Gemeint sein kann kaum etwas anderes als der äußerste Vorhof des Tempels, der Vorhof der Heiden. An den wurden naturgemäß keine Reinheitsanforderungen gestellt. Also scheint er auch in den – sonst in Bethanien und am Tempelberg stattfindenden – Handel einbezogen gewesen zu sein, was Jesus nunmehr tadelt.[31]

Jesu Forderung, mit prophetischer Härte vorgebracht, läuft darauf hinaus, auch die Heiden beten zu lassen. Die Forderung stammt nicht von ihm, wie das Prophetenzitat erweist; nur die destruktive Geste ist die seine, wenn sie denn zu Recht von ihm berichtet wird. Ob aber zu Recht oder zu Unrecht – im Prozeß Jesu scheint doch mindestens eine Anschuldigung dieses Inhalts ihre Wirkung gehabt zu haben.

Jedenfalls wird eine konsequent historische Betrachtung jenes allzu friedliche Nazarenerbild eines nur noch sanften Jesus, das im christlich-jüdischen Dialog in irenischer Absicht noch einmal aufgefrischt worden ist, doch wohl ins Museum geben müssen. Noch der johanneische Jesus hat Zornesausbrüche (Joh 11,33.38),

---

[31] Dies und das folgende nach MUSSNER, Der Anspruch Jesu, 120. – Franz Mußner hat sich einen Namen gemacht als Exeget, der antijüdische oder vermeintlich antijüdische Texte des Neuen Testaments im Rahmen des christlich-jüdischen Gesprächs bedenkt und in irenischer Weise verantwortet, ohne Jesus abzusprechen, was an ihm anstößig sein könnte.

ehe er – in der Rezeption – die Erhabenheit eines nur noch metaphysisch gedachten Gottessohnes annimmt.

Doch wüßten Historiker gerne Konkreteres. Hat sich Jesus einen besseren Tempel – oder einen besseren Gebrauch des Tempels – gedacht und gewünscht? Hat er Hoffnungen auf einen dritten Tempel geweckt, welchen ja der Messiaskönig noch viel besser zu bauen wissen müßte als der kläglich kompromittierte Römerfreund Herodes?[32] Dann wäre gerade *innerhalb* jüdischer (hier: pharisäischer, ja essenischer) Denkvoraussetzungen der Herold des kommenden Reiches Gottes ein Gegner des bestehenden Tempels. So jedenfalls in der Sicht von dessen Betreibern und Verantwortlichen, vor allem also den Sadduzäern, von denen wir wissen, daß sie die populäre, auch pharisäische Eschatologie verwarfen.[33]

b) Der galiläische Blickwinkel

Überdies dürfte Jesus auch als Galiläer ein weniger patriotisches Verhältnis zum Tempel gehabt haben als die Bewohner Jerusalems. Erst in jüngster Zeit ist man sich bewußt geworden, wie sehr das damalige Galiläa seine eigenen Reformbestrebungen, auch seinen eigenen Pharisaismus hatte.[34]

Mit dieser Bemerkung soll freilich nur ein atmosphärisches Problem angezeigt und nicht etwa Jesus zum Reformer stilisiert werden. Das war er von sich aus nicht; und er konnte es auch unter den gegebenen Umständen nicht sein. Denn was den Tempelkult betrifft, so hätte man sich von einem Galiläer nichtpriesterlichen Ursprungs in Jerusalem gewiß keine Vorschläge machen lassen.

Jesu Zorn entspringt nicht aus vereitelten Absichten, sondern aus einer vermutlich tiefgehenden Gesinnungsdifferenz. An allen Heiligtümern von langer Dauer haftet mit der Zeit eine Mischung aus Behäbigkeit, Besitzsinn und Machtbewußtsein, die ungefähr das Gegenteil dessen darstellt, was Gerd Theißen als den „Wanderradikalismus" des historischen Jesus bezeichnet.

Der Jerusalemer Tempel stand um so mehr in dieser Gefahr, als er ja ein Monopol darstellte. Daß wir uns mit dieser aus vielen Analogien bis zum heutigen Tage gespeisten Vermutung auf historischem Boden befinden, wird der nächste Abschnitt zeigen.

---

[32] So MUSSNER, Fiel Jesus von Nazareth aus dem Rahmen des Judentums?, 111, mit MAIER, Beobachtungen zum Konfliktpotential. Auch SANDERS, Jesus and Judaism, betont gebührend diesen Punkt: Im kommenden Reich Gottes sollte es füglich auch einen neuen Tempel geben. Sanders, der im englischen Sprachraum der Forschung in unserer Frage neue Wege gewiesen hat, findet weithin verdiente Zustimmung; er sieht im Jerusalemer Priester-Establishment Jesu Hauptgegner. Was er unterschätzt, aber ohne unmittelbare Auswirkung auf unsere Frage, sind Jesu Reibereien mit den Pharisäern.
[33] Hierin werden zahlreiche NT-Stellen (Mk 12,18; Act 23,8 u.ö.) von Josephus (ant. Iud. XVIII, 16f. u.ö.) bestätigt.
[34] NODET / TAYLOR, Origines du christianisme, 119–194, bes. 133ff.

2. Ein Seitenblick auf tannaitische Zeugnisse

Schwierigkeiten gerade frommer Leute mit dem Jerusalemer Tempelpersonal
sind uns durchaus belegt. Die Kritik, die wir von den Rabbinen erfahren, setzte
beim Kopf an, bei den Verantwortlichen. Den Tannaiten (also den ersten Rabbinen) war das Wirken der Hohenpriesterfamilien des Boëthos und des Hannas[35]
– letztere deckt das ganze 1. Jh. bis hin zum Jüdischen Krieg ab – in übler Erinnerung. Ja, sie haben die Verwaltung des Tempels verglichen mit den Zuständen am
einstigen Heiligtum des Eli (I Sam 2,12–36; 4,11).

Was nach der Tempelszene in Mk 11 und 12 an Reden und Dialogen folgt, trägt
nun gleichfalls den Charakter einer Auseinandersetzung, und zwar einer direkten,
nicht erst einer nachträglichen. Einzig die Perikope vom Scherflein der Witwe
setzt bei Markus (12,41–44) einen versöhnlichen Schluß. Sie ist eine Sympathie-
erklärung gegenüber den kleinen Leuten, die man im Tempel ja auch traf; sie illustriert, was Act 20,35 als Jesuswort überliefert wird: „Geben ist seliger denn
Nehmen".

3. Ein Vergleich mit den Qumran-Essenern

Der folgende Vergleich ist nicht nur der Berühmtheit der Qumran-Texte geschul-
det, sondern erlaubt uns einen wenn auch kurzen Einblick in das Geschehen am
Jerusalemer Tempel. Man kann über ihn historisch ja nicht nur wie über ein Bauwerk sprechen. In erster Linie war er der Schauplatz täglicher Ereignisse, die in
jüdischem Verständnis zu den wichtigsten überhaupt zählten. Entsprechend zäh
waren die Meinungsverschiedenheiten, die sich an sie knüpften.

a) Der Streit um den Opfergottesdienst

Kritischer, als Jesus und als die Pharisäer dem Tempel gegenüber je waren, ja
feindlich bis zur Unversöhnlichkeit, verhielten sich seit langem schon die Essener. Sie nahmen am Jerusalemer Kult nicht teil, sondern bereiteten sich auf einen
besseren vor. Die *Tempelrolle* von Qumran (4Q 524; 11Q 19) beschreibt einen
völlig anderen – zukünftigen – Tempel als den bestehenden. Er sollte viel herrlicher, viel größer und viel reiner sein (vgl. Ez 40–48) und mit Heidentum gar keine Berührung haben.

Hier ist ein wenigstens flüchtiger Blick auf das Opfergeschehen im damaligen
Jerusalemer Tempel angebracht, und zwar auf diejenigen Fragen, die in der
Mose-Tora nicht eindeutig geregelt waren. Eine der Streitfragen, über die schon
der *more haṣ-ṣedeq,* der „Anweiser der Gerechtigkeit"[36], sich von der Priester-

---

[35] EVANS, Predictions, 125–129. Mehr aus Josephus ebd., 130f. – Boëthos, der uns als Epiku-
reer geschildert wird, war Schützling des Herodes; Hannas / Ananos (*Ḥᵃnān;* Lk 3,2; Joh
18,13.24; Act 4,6), Hoherpriester 6–15 n. Chr., ist derjenige, dessen fünf Söhne ihrerseits Hohepriester wurden, ebenso wie ein Enkel und der Schwiegersohn Kaiphas (der aus der Passionsgeschichte bekannte).

[36] So ist, nach MAIERS (Beobachtungen zum Konfliktpotential) eindringenden Analysen, der

schaft des 2. Jh.s v. Chr. getrennt hatte, betraf die Zulässigkeit von Opfern, die von Nichtisraeliten kamen oder für sie galten.[37] Salomos Tempelweihgebet in I Reg 8,41–43 vertritt innerhalb des deuteronomistischen Geschichtswerks die gegenteilige Haltung. Analog, und noch viel heftiger, widersprach schließlich Josephus (bell. Iud. II, 409–420) dem zelotischen Radikalismus, der eben über diesem Punkt den Jüdischen Krieg ausgelöst hatte. In seinen Augen war die *Nicht*annahme von Opfern für Heiden „höchste Gottlosigkeit" (ἀσεβέστατον, 413).

b) Der Gegensatz Jesu zu den Essenern

Jesu Interesse an den rituell Unreinen war von anderer Art; es war eine Zuwendung. Während der eben zitierte Brief des „Anweisers der Gerechtigkeit" Leprakranke und viele andere ausdrücklich erwähnt, um ihre Ausschließung vom Gottesdienst einzuschärfen, baut Jesus Hindernisse dieser Art gerade ab. Ehe wir also aus dem Verhalten und den Schriften der Qumran-Essener einen Kommentar zu „Auflösen und Wiederbauen" ableiten, werden wir uns durch diesen Unterschied warnen lassen. Trotz des stark eschatologischen, ja apokalyptischen Rahmens, in dem jeweils gedacht wird, ist die jeweilige Praxis – und auf die kommt es im Judentum ja zunächst an – diametral entgegengesetzt.

Auch in anderer Hinsicht ist Jesus dem „Anweiser der Gerechtigkeit" nicht vergleichbar. Die Qumran-Dokumente blicken auf den *more haṣ-ṣedeq* zurück, der zur Zeit Jesu schon 200 Jahre tot ist; Jesus hingegen verbindet sich – oder man verbindet ihn – mit einem „Menschensohn" der nahen Zukunft. Jesus selbst verkörpert seine eschatologische Erwartung. So kommt es ja auch, daß er alsbald noch viel mehr verkörperte.

c) Zur Personalisierung von Sachfragen

In einer anderen Hinsicht aber läßt sich zwischen Jesus und den Essenern durchaus eine Parallele ziehen; sie liegt im Autoritätsanspruch einer Einzelperson und in der ihm folgenden Personalisierung von Sachfragen.

Eine Untersuchung von Rainer Kampling über den historischen Jesus schließt mit dem anscheinend eindeutigen Ergebnis:[38] „Die Theozentrik Jesu ist es, die ihn daran hindert, sich selbst ins Zentrum seiner eigenen Verkündigung zu stellen". Jesus fordere „eine Entscheidung für oder gegen die Basileia", aber nicht für oder gegen ihn. So weit kann man zwar, wenn man will, durchaus gehen und die damit verneinten Tendenzen allein den Evangelisten und der Urkirche zuschrei-

---

bisherige Titel „Lehrer der Gerechtigkeit" zu übersetzen. Es handelt sich um einen Tora-Geber (*more* stammverwandt mit *JRH, torā*); vgl. Ps 9,20 im Konsonantentext (LXX korrekt: νομοθέτης) und Ps 84(83),7 (LXX: ὁ νομοθετῶν).

[37] So 4Q 394, Z. 11f. – der „Halachische Brief", als dessen Autor der „Anweiser der Gerechtigkeit" selbst angesetzt wird.

[38] Kampling, Ursprung des christlichen Antijudaismus, vor allem 72.

ben. Jedoch wird Jesus damit nicht „jüdischer". Gerade für das Personalisieren von Sachfragen haben wir in Qumran nun die Belege.

Auch der „Anweiser der Gerechtigkeit" der Qumran-Schriften stellt Sachfragen (nämlich des Rituals) zwischen sich und das mehrheitliche Judentum. Im Abschreiben aber und im Gültigmachen seiner Worte stellt man ihn und seine Autorität – obwohl diese längst zurückgewiesen wurde – zwischen sich und die Mehrheit des Judentums. Man personalisierte die zu treffenden Entscheidungen im Sinne eines Gehorsams oder Ungehorsams ihm (beziehungsweise seiner „Tora") gegenüber – bis hin zu den apokalyptischen Überhöhungen, mit denen die Qumran-Schriften im 20. Jh. dann nachträglich Sensation machten.

Das Ergebnis waren zunächst, wie auch hier in der Folgegeschichte des Tempelwortes, *zwei Sorten von Gottesdienst, einer am Tempel und einer nicht am Tempel.* Im Falle der Essener hatte er 300 Jahre Bestand, im Falle der Christen bis heute.

4. Zwischenbilanz

Ehe wir uns den Rest der antiken Bezeugungen des Tempelwortes vor Augen stellen, sei ein Zwischenergebnis festgehalten.

Zunächst dies: Die polemische Frontstellung gegen das Jerusalemer Heiligtum oder vielmehr gegen seine Betreiber ist weit mehr dem „Anweiser der Gerechtigkeit" eigen als Jesus. Dessen Verhältnis zum Tempel läßt sich vor diesem Hintergrund wohl am besten mit dem Wort ‚Unabhängigkeit' beschreiben. Es wird sich in positiven wie negativen Gesten geäußert haben. Im Detail jedoch wird es für immer unbekannt bleiben.[39]

Sofern wir mit dieser religionsgeschichtlichen Verortung Jesu richtig liegen und sofern sich eine gelegentliche Zornesäußerung Jesu gegen den Tempel historisch wahrscheinlich machen läßt, können wir nun auch die beabsichtigten und unbeabsichtigten Mißverständnisse des Tempelwortes an ihren diversen Stellen auflösen. Jesus scheint vom Tempel zu sprechen, spricht aber – sei es im *sous-entendu,* sei es in der Rezeption – von sich selbst. Dem Tempel als solchem galt bei ihm kein besonderes Interesse, wohl aber dem rechten Gottesdienst.

Sollte es erst die Rezeption gewesen sein, die den Bezug des Tempelwortes auf ihn selbst festschrieb, so immerhin bereits diejenige, die sich früher als die Zerstörung des Tempels datieren läßt. Unabhängig von der zeitlichen Ansetzung des Markusevangeliums können wir nämlich auf das Verhalten der Urgemeinde bereits vor 70 verweisen. Eine Beteiligung am Jüdischen Krieg ist für sie nicht nachgewiesen, sondern nur eine Auswanderung.

---

[39] Lukas füllt mit der Legende vom zwölfjährigen Jesus im Tempel (Lk 2,41–51) bereits ein Vakuum. Die Antwort des Wunderkindes (V. 49), der 20 Jahre lang nichts mehr folgt, ist sichtlich die Antwort der lukanischen Theologie auf die Frage nach dem Zusammenhang von Israel und Kirche.

Hierin liegt ein Paradox: Die Essener, die seit zwei, drei Jahrhunderten unter Protest dem Tempelgeschehen ferngeblieben waren, kamen zuletzt den Zeloten militärisch zur Hilfe;[40] sie verschwinden damit auch von der Bühne der Geschichte. Die Urchristen jedoch, die – als Glieder des jüdischen Volkes – den Tempel durchaus geschätzt hatten, wenn auch vorwiegend als „Haus des Gebets", setzen sich ab nach Pella[41] am Rande von Galiläa.

Das bestätigt unseren Befund, daß man sich weder in Opposition zum Tempel sah noch dessen Verteidigern beipflichtete – zu schweigen von der essenischen *coincidentia oppositorum* in diesem Punkte –, sondern längst seinen eigenen „Tempel" hatte, jeden Sonntag, überall.

V. Wie ist der Befund in den neutestamentlichen Briefen?

Wir fragten eingangs nach weiteren Bezeugungen des Tempelwortes, möglichst schon in der Zeit vor 70. Hier ist nun einiges zu nennen, was zwar kein Zitat wäre, aber doch bereits ein nachträgliches Echo.

1. Die Paulusbriefe

a) I Kor 3,10–16

In den Paulusbriefen läßt sich zunächst I Kor 3,10–16 vergleichen:

Nach Gottes Gnade, wie sie mir gegeben ist, habe ich als kundiger Baumeister das Fundament gelegt; ein anderer aber baut darauf auf (ἐποικοδομεῖ). Jeder aber soll zusehen, wie er darauf weiterbaut. Denn ein anderes Fundament kann keiner legen außer demjenigen, das gelegt ist, und zwar Jesus Christus. Wenn aber jemand auf das Fundament aufbaut Gold, Silber, Edelsteine, Holz…

Wir können das Zitat hier abbrechen, weil nun die Metaphorik zu jener des Schmelzofens wechselt. Halten wir nur im Gedächtnis, daß auch bei diesem Pauluswort die zweite Hälfte eschatologisch ist und von Gericht, Bewährung und Belohnung spricht. Wir scheinen es hier mit einem Reflex auf unser Tempelwort zu tun zu haben, wenn Paulus das von Jesus Gesagte auf seine eigene Tätigkeit als Apostel und Gemeindegründer überträgt. Es wäre nicht ungewöhnlich, daß wir ein verarbeitetes Jesus-Wort früher in den Quellen finden als dessen möglichen Wortlaut.[42]

Wie auch immer, das Pauluswort bezeugt uns eine Auffassung des immateriell anwesenden, kultisch verehrten Jesus Christus als eines (paradoxen) „Fundaments", auf dem „gebaut" werden kann. Der „Tempel" wäre demnach die jeweili-

---

[40] Josephus zumindest berichtet das: bell. Iud. II, 152.567.
[41] Eusebius HE III, 5,3.
[42] Vgl. Röm 14,17 mit Q 12,22–24.31; Röm 14,14 mit Mk 7,15 parr.; Röm 12,14.21 mit Q 6,27f. und anderes aus der Liste bei Siegert, Jésus et Paul, 449.

ge christliche Gemeinde, wie Paulus in V. 16 denn auch ausdrücklich sagt (vgl. noch II Kor 6,16).

b) II Kor 5,1

II Kor 5,1 ist von Interesse als einziger weiterer Beleg für das ἀχειροποίητος im Neuen Testament[43] (es gibt dann nur noch eine „nicht mit Händen gemachte Beschneidung" in Kol 2,11):

Wir wissen ja, daß, wenn unsere irdische Behausung, jenes Zelt, abgebrochen wird (κατα-λυθῇ), wir einen Bau (οἰκοδομή) von Gott her haben, ein nicht von Händen gemachtes, ewiges Haus (οἰκίαν) im Himmel.

Der weitere Kontext bringt wiederum andere Metaphern heran, die aber alle eschatologisch gemeint sind und mit Auferweckung zu tun haben – freilich nicht mit der Jesu, sondern mit der des Glaubenden. Doch ist der Unterschied gering, wenn man bedenkt, daß die Gemeinde – auch die der Auferweckten – Christi „Leib" ist ebenso wie sein „Bau". Die Metapher vom ‚Abbruch' und vom ‚Bau' benennt ein in naher Zukunft erwartetes Heilshandeln Gottes an menschlichen Personen.

c) Röm 3,25

In einer zentralen Bekenntnisaussage, als (wohl) überlieferte Formel in Röm 3,25 zitiert, wird das gesamte Ritual des Versöhnungstages (Lev 16), wie es einmal im Jahr im Allerheiligsten des Tempels auf dem *kapporet* / ἱλαστήριον stattfand, auf den Tod Christi übertragen.[44] Der ganze *Hebräerbrief* wird sich als Midrasch – als bibelkundige Expansion – dieses Gedankens erweisen (s.u.).

d) Gal 2,9

Aus Gal 2,9 ist der Ausdruck στῦλοι, „Säulen", mit unserem Tempelwort verglichen worden: Wiederum geht es um den metaphorisch so genannten ‚Bau' der Gemeinde. Selbst das Mißverständnismotiv läßt sich, wenn man will, wiederfinden in der ironischen Redewendung „diejenigen, die für Säulen galten", οἱ δο-κοῦντες στῦλοι εἶναι.[45]

Zwischen dem Jerusalemer Judenchristentum und der paulinischen Mission gab es Mißverständnisse und unausgeglichene Ansprüche. In deren Spannungsfeld erhielt unser Tempelwort Aktualisierungsmöglichkeiten, die nicht mehr im

---

[43] Die Frage eines gemeinsamen Rückbezugs auf eine mündliche Tradition des Urchristentums verfolgt SWEET, A House Not Made with Hands, mit ähnlichem Ergebnis wie hier.

[44] Hierzu zum Beispiel PAESLER, Tempelwort Jesu, 263f.

[45] Hierzu WALTER, Die „als Säulen Geltenden", bes. 90: Die paulinische Ironie beziehe sich auf eine Frömmigkeit, die den Anspruch erhebe, zu den „Säulen der Welt" zu zählen. Vgl. Abot 1,2: An dieser bemerkenswerten Stelle wird neben der Tora und dem Tempelgottesdienst die Erfüllung sozialer Verpflichtungen (*gmilut ḥasādim* – die Übersetzung ‚Liebeswerke' ist schon christlich) genannt, die auch der Stolz des jakobeischen Christentums waren (Jak 2,14–26 u.ö.).

Bereich der Auseinandersetzungen Jesu mit der Jerusalemer Führungsschicht liegen, auch nichts mehr zu tun haben mit der Auseinandersetzung zwischen dem
Urchristentum und dem Judentum des Zweiten Tempels. Sie sind vielmehr Zeugnisse jener noch wenig verstandenen Auseinandersetzung zwischen Juden- und
Heidenchristentum, die uns so manche scheinbare Judenpolemik im Neuen
Testament hinterlassen hat.[46] Sie ist, wie wohl auch hier, eine Polemik gegen jenes Christentum, das an den Jerusalemer Tempel noch Heilshoffnungen – etwa
im Sinne einer Garantie der Präsenz Gottes – zu knüpfen pflegte.

Daran läßt auch der weitere Verlauf der Argumentation denken, besonders
wenn Paulus in Gal 2,18 warnt:

> Wenn ich das, was ich abgebrochen habe (ἃ κατέλυσα), wieder aufbaue (οἰκοδομῶ), er-
> weise ich mich als Übertreter (sc. meiner eigenen Regel).

2. Aus dem Hebräerbrief

Zusätzlich zu diesen – eine innerchristliche Konfliktlage anzeigenden – Paulus-
stellen, die alle noch in die Zeit des Zweiten Tempels fallen, empfiehlt es sich,
den *Hebräerbrief* aufzuschlagen. Sein Thema ist über weite Strecken ein Vergleich des alttestamentlichen Gottesdienstes mit der himmlischen Vermittlerrolle
des auferstandenen Christus – natürlich in überbietendem Sinne. Seine Adressaten, so wollen wir annehmen, sind Judenchristen (in diesem Sinne: Ἑβραῖοι),[47]
die zu einem Verbleib in der Kirche ermuntert werden sollen. Der Hebräerbrief
ist eine protreptische Rede, oder, wie er sich selbst nennt (13,22), ein λόγος
παρακλήσεως.

In bezug auf ihn ist sofort eine Kautele anzubringen: Das Tempelthema kommt
im Hebräerbrief nicht vor; es wird sichtlich vermieden.[48] Weder ἱερόν noch ναός
noch τόπος im konkreten Sinn werden jemals gebraucht, und es läßt sich angeben, warum: Der Hebräerbrief vermeidet solche Schlagworte, die in vorangegangener Diskussion zum Streit Anlaß gegeben hatten. So wird das Beispiel Abrahams, der für Paulus als Vorbild einer Gerechtigkeit allein aus Glauben, ohne
Werke, gedient hatte (Röm 4; Gal 4), woraufhin der Jakobusbrief (2,20–26) aus
judenchristlicher Warte widersprach, dem Streit entrückt, indem die Person Abrahams einerseits, ganz wie im Jakobusbrief und unter Rückgriff auf Gen 22 (die
Bindung Isaaks, Lieblingstext auch der Rabbinen), als Vorbild sichtbarer Glau-

---

[46] Ein Forschungsdesiderat in dieser Hinsicht habe ich angezeigt in der Einleitung zu: Israel
als Gegenüber, 18f. Ein von Peter TOMSON herauszugebender Sammelband wird es in Kürze wieder aufgreifen.
[47] Einen Terminus für ‚Judenchristen‘ gab es in der ganzen Antike nicht. Tit 1,10 muß um-
schreiben: „die aus der Beschneidung". Bei MIMOUNI, Le judéo-christianisme, 62, ist der Ausdruck *Judaei christiani* bei Hieronymus falsch übersetzt, unter Ignorierung des Syntagmas.
[48] FASSBECK, Tempel der Christen, 64–66, nimmt dennoch Bezug auf Hebr 8–9. Sie versteht
unter ‚Tempelkonzept‘ so etwas wie die Spiritualisierung der Kultterminologie (26f.). Dazu unten VI.3.

benspraxis gewertet wird. Andererseits aber greift der Hebräerbrief auf einen biblischen Typos zurück, der zeitlich und kanonisch *vor* der zwischen Paulus und dem Jakobusbrief strittigen mosaischen Perikope (Gen 15) liegt: Es ist dies Melchisedek (Gen 14) und es ist sein Priestertum, das dem aaronitischen nicht nur um ein Jahr vorausgeht (wie der Glaube des 99–jährigen Abraham der Beschneidung des 100–jährigen), sondern um viele Generationen.

Soviel zur theologischen Arbeitsweise des Hebräerbriefs. Es liegt sicher im Sinne dieses – wie Lukas eher irenischen – Dokumentes, wenn wir auch seine Tendenz zur Überbietung des jüdischen Gottesdienstes in einem solchen Sinne aufgreifen, der den Dialog mit dem Judentum nicht abbricht. Es fehlt ihm jeder Triumphalismus angesichts der Zerstörung Jerusalems, die ja auch für ihn schon Vergangenheit ist, junge Vergangenheit übrigens.[49] Er bezieht sich rein auf das Alte Testament, also auf Worte Gottes, an deren Abqualifizierung ihm nicht gelegen sein kann. Was er in der Panegyrik des Übersteigens und Übertreffens darzustellen versucht, ist die *Universalität* der christlichen Gottesverehrung.

Der Hebräerbrief versucht, die Gemeinschaft der Juden- und Heidenchristen zu stärken unter Verweis auf die Universalität des neuen Glaubens, dessen eigentlicher Gottesdienst „im Himmel" stattfindet, also ein Werk Christi ist, dem nicht die geringste Opfergabe hinzugefügt werden kann. Dieses Anliegen war in seiner Zeit durchaus weise, wissen wir doch, wie prekär die Rolle judenchristlicher Gemeinden und Gemeindeteile in jener Zeit war: Gerade über Fragen des Ritus ist man zerfallen, ehe dann das Judenchristentum aus doktrinären Gründen nochmals zerfiel in eine mit der Heidenkirche verträgliche Richtung, *Nazoräer* genannt, und eine, die die Aussagen über Jesus auf das mit dem jüdischen Messianismus gegebene Maß reduzierte, die *Ebioniten*. Wenigstens letztere, so möchte ich vermuten, hätten sich gefreut, als unter Kaiser Julian sich eine Aussicht auftat auf die Wiedererrichtung des Tempels. Nur gab es sie zu dieser Zeit nicht mehr.[50]

VI. Auswertung in Thesen

Was ist wohl der gemeinsame Ursprung der verschiedenen Fassungen dieses Wortes – eventuell im Leben und Wirken Jesu selbst? Zwei Optionen waren zu diskutieren:

– Die vorsichtige Option: Es handelt sich um eine nach der Passion erst geprägte Formulierung der Urchristenheit (*Gemeindebildung*). Spätestens bei den ersten Christen, die sich des Griechischen bedienten – immer noch sind es Juden-

---

[49] Seine Abfassungszeit fällt noch unter Domitian; 1 Clem zitiert ihn (17,1; 36,2–5).

[50] Eine Gesamtübersicht der antiken Bezeugungen des Judenchristentums hat MIMOUNI, Le judéo-christianisme, erstellt. Diese äußerst fleißige Arbeit ignoriert leider das Problem der Rituale und der konkreten Halacha (der Praxis des Mosegesetzes): Hier lagen, mehr als in der Doktrin, die Trennschwellen.

christen –, ist das Tempelwort nachweisbar. Damit liegt es immer noch der Zerstörung des Jerusalemer Tempels voraus und hat mit diesem, je weiter wir im zeitlichen Ansatz herabgehen, um so weniger zu tun – paradoxerweise.

– Die weitergehende Option: *Jesus selbst* hat sich zu seinen Lebzeiten so geäußert – oder doch mit seiner Ankündigung des Reiches Gottes Erwartungen dieser Art geweckt. Hier war angesichts der überlieferten Texte nach der Möglichkeit, das heißt vor allem nach der Stimmigkeit der Worte mit den Zeitbedingungen zu fragen.[51] Es bleibt bei der für die Neutestamentliche Wissenschaft so typischen Situation, daß zeitübergreifende Glaubensaussagen auf nicht nur „zufälligen", sondern in ihrer Zufälligkeit noch nicht einmal sicher konstatierbaren Geschichtswahrheiten aufruhen – was immer Lessing dazu heute sagen würde. Besser ist die Lage nun einmal nicht; man kann nur eine ihr gemäße Hermeneutik entwickeln.

Eine dritte Option, wonach *Gegner Jesu* das Tempelwort formuliert hätten (oben II. d), können wir insofern auf sich beruhen lassen, als damit kein Anspruch Jesu mehr ausgedrückt wäre. Darin fällt sie entweder mit der ersten zusammen – oder aber, wo man sie als Konsequenz aus Jesu Reich-Gottes-Verkündigung ansieht, mit der zweiten.

1. Das Tempelwort als Aussage über Jesus

Wir konzentrieren uns im folgenden auf die diversen Möglichkeiten, wie das Tempelwort auf Jesus selbst bezogen werden kann.

Im Sinne der – christlichen – Texte ist das Tempelwort zumindest dies: eine Aussage über Jesus. So sieht es auch die Monographie von Paesler, die damit in aller akademischen Gründlichkeit auf der sicheren Seite bleibt. Markus und seine Nachfolger wollen also sagen, Jesus spreche von seinem Tod und seiner Auferweckung als Errichtung eines metaphorischen „Tempels", nämlich einer neuen Gottesverehrung. Deren zentrales Element ist – wie wir nun wieder historisch wissen – die Fortsetzung der Mahlgemeinschaft.

Nachträglicher Formulierung verdankt sich gemäß dieser Option insbesondere die ausführliche, markinische Form des Tempelwortes, die ein Moment der Kultpolemik gegen den „handgemachten" herodianischen Tempel einträgt. Auch die Verbindung dieser Polemik mit einer – historisch ja denkbaren – Zornesgeste Jesu im Vorhof der Heiden vergrundsätzlicht in den Texten diese letztere in einem christlichen Sinne.

Auch hierzu eine historische Bemerkung: Für Jesus, auch den markinischen Jesus, gilt, daß sein Wirken insgesamt nicht gegen den Tempel gerichtet war, sondern eine weithin unpolemische Parallele zu ihm darstellte. Sie prägte das Leben

---

[51] Beim Aufstellen von Kriterien dessen, was dem historischen Jesus zugesprochen werden kann, ist man heute mehr auf diese – auch innerjüdische – Stimmigkeit bedacht als auf die zu Harnacks Zeiten noch so hervorgehobene Originalität, die man heute eher als Kriterium christlicher Reflexion nimmt. Resümee gegenwärtiger Tendenzen bei SIEGERT, Jesus und sein Volk, 97f.

der Jünger (nach allem, was wir davon überhaupt wissen) und sie führte dann zu jener *Anlehnung an die Synagoge und nicht an den Tempel,* die nicht nur die Anfangserfolge der christlichen Mission, sondern – lang darüber hinaus und bis heute – den christlichen Gottesdienst als Wortgottesdienst mit Schriftlesung und Textpredigt zur Folge hat.[52]

2. In welchem Sinne könnte Jesus sich selbst gemeint haben?

Vom markinischen Standpunkt aus weiter zurück zu gehen, führt auf unsicheres Terrain. Im Schutze einer gewissen Analogie – nämlich zwischen der Abendmahlsszene und der Tempelszene, den Abendmahlsworten und dem Tempelwort – können wir es hypothetisch versuchen.

Ein *einteiliges* Tempelwort (Mk 13,2), das ganz unmetaphorisch und undialektisch das Ende des salomonisch-herodianischen Tempels ankündigt, ist für den historischen Jesus natürlich denkbar. Es würde freilich nichts über ihn selbst besagen, auch nichts über seine Rolle im Herbeiführen eines neuen Tempels.

Ein *zweiteiliges* Tempelwort, wie Mt 26,61 und Joh 2,19 es wiedergeben, könnte ihm nun gerade in seiner offenen Symbolik, seiner Antithetik und der Selbstimplikation des Sprechers Jesus zugetraut werden. Es gibt eine Reihe von altertümlichen Jesusworten (besonders in Q), in denen Jesus sein Handeln beziehungsweise Ergehen mit dem des zu erwartenden „Menschensohns" in enge Entsprechung setzt, zum Beispiel Q 12,8f.: „Wer sich zu mir bekennt vor den Menschen, zu dem wird auch der Menschensohn sich bekennen..." – in derselben eschatologischen Szenerie, die wir bei all den metaphorischen oder als Mißverständnis gestalteten Fassungen des Tempelwortes nun schon kennen.

Wenn das zweiteilige Tempelwort in seiner kürzesten Form eine Äußerung Jesu selbst ist, läßt sich freilich nicht mehr feststellen, in welcher *Situation* sie gefallen sein könnte. Der Jerusalemer Tempel als Symbol sadduzäischer, ja auch herodianischer Ansprüche oder doch mindestens als Sitz einer fragwürdigen Geschäftigkeit mag ihn mehr als einmal herausgefordert haben. Er hat ja auch nicht gezögert, sich mit den Pharisäern anzulegen, die ihm viel näher standen.

Als Analogie zu einer antithetischen, aenigmatischen sowie den Sprecher selbst implizierenden Redeweise wie dem doppelten Tempelwort können die *Abendmahlsworte* Jesu herangezogen werden. „Dies ist mein Leib" (Mk 14,22 parr.) heißt ja, in der gegebenen Situation unmetaphorisch gesagt: ‚*So wie* diesem Stück Brot wird es mir demnächst ergehen'.

Diese Analogie trifft nicht nur formal zu, sondern hat auch inhaltlich etwas für sich: Es geht um eine Deutung des Todes Jesu durch diesen selbst. Auch hier be-

---

[52] Erst nachträglich sind Wörter wie ‚Tempel', ‚Priester' und ‚Opfer', wichtig zur Ausbildung einer Meßopferlehre, auf den christlichen Gottesdienst bezogen worden. Hierzu zum Beispiel THÜMMEL, Versammlungsraum, 498–501. Diese Ausweitung der Kirchensprache, propagandistisch wichtig, öffnete freilich neue Mißverstehensmöglichkeiten für ein aus dem Heidentum anströmendes Kirchenvolk.

finden wir uns am Ursprung jenes Gottesdienstes der Christen, der sich vom Opferkult des Jerusalemer Tempels noch zur Zeit von dessen Bestehen löste, indem er seine Funktionen übernahm: Gemeinschaft vor Gott und mit Gott, Vergewisserung der eigenen Herkunft und Identität. Es kommen verstärkt hinzu: Versöhnung und Neuanfang.

Eine *Konkurrenz* des Urchristentums zum Tempel (solange er noch stand) ist damit faktisch, wenn auch nicht intentionell, gegeben. Sie ist im Wirken Jesu angelegt, und zwar in der Radikalität seiner Reich-Gottes-Botschaft und ihrer Bindung an die Person des „Menschensohns". Es blieb von vornherein den Zuhörerinnen und Zuhörern überlassen, wie sehr sie diesen Menschensohn mit Jesus identifizieren wollten.

Die schließliche Umsetzung dieser Identifikation in eine Trennung von Religionen (will sagen: Arten des Gottesdienstes) beginnt in jedem Fall erst nach Jesu Tod, dann aber rasch.

Eine Polemik gegen das von Rom gedemütigte Judentum finden wir hingegen erst ein ganzes Stück später, im 2. Jh., in nach- oder nichtkanonischen Texten des Christentums.[53]

Als „Bildwort" bedarf „Dies ist mein Leib" theoretisch einer ergänzenden *Zeigegeste,* die aber in der Situation unterblieben sein dürfte – wie überhaupt der Gebrauch des Zeigefingers dem historischen Jesus vermutlich nicht eigen war. Das macht der Exegese bis heute Arbeit; Leserinnen und Lesern der Berichte eröffnet es die Freiheit spontaner Anwendung.

Was Jesus in der Hand hatte, als er dieses Wort sprach,[54] war ein Stück Brot; wovon er jedoch sprach – die Sachhälfte der Analogie (deren spontane Bildung er von seinem Auditorium erwartete)[55] – war sein bevorstehendes Schicksal und damit er selbst.

So konnte schon zu seinen Lebzeiten auch das Tempelwort – wenn es denn so alt ist – gemeint sein. Auch bei späterer Ansetzung aller beider, der Abendmahlsworte und des Tempelwortes, bleibt ihre formale und inhaltliche Vergleichbarkeit und die Möglichkeit, sie sich gegenseitig interpretieren zu lassen.

---

[53] Hierin liegt ein nicht geringer Vorzug des neutestamentlichen Kanons, in dessen Grenzen sich die vorliegende Untersuchung darum auch hält. Eusebius HE III, 5,3 popularisierte in konstantinischer Zeit die Behauptung, alles Unglück des Jüdischen Krieges sei die Strafe Gottes gewesen nicht nur für die Verfolgung Jakobus des Gerechten, des Bruders Jesu (so zunächst II, 23,19), sondern auch für die Christi und der Apostel. Zur Entstehung dieses Topos, angefangen mit dem Petrusevangelium, s. zum Beispiel Döpp, Deutung der Zerstörung Jerusalems, 52–70.

[54] Wir probieren hier eine „vorösterliche" Option auch für dieses Wort. Zu ihren nicht zu verschweigenden Schwierigkeiten zählt, daß eine Rückübersetzung ins Aramäische nicht eindeutig möglich ist. Es gibt kein dem griechischen σῶμα entsprechendes Wort, das sich auch als Metapher eignete. Man müßte also – was prinzipiell möglich, aber nicht erwiesen ist – für Jesus einen Neologismus annehmen. Zur Stilisierung der Szene als Passa-Mahl vgl. die vorletzte Anmerkung.

[55] Orientalische Weisheitssprüche und „Rätsel" appellieren an solche Spontaneität.

Nach den Osterereignissen, so sehr man sie auch (zu Recht) ins Visionäre verlegt, konnte jeder Christ, jede Christin im sonntäglichen Zelebrieren dieser Mahlgemeinschaft den zeigenden Finger auf sich selbst richten. Der „Leib Christi"
und „Tempel" des neuen Gottesdienstes war die Gemeinde selbst, ja jedes Glied
in ihr: so II Kor 6,19 usw., weiter ausgeführt in I Petr 2,4–8.

3. Zusatz über Spiritualisierung

Damit haben wir, wie ich hoffe, die Verstehensmöglichkeiten des Tempelwortes
für den gegenwärtigen Zweck hinreichend ausgelotet. Ein freiwilliger Zusatz
wertender Art mag noch am Platze sein: Was ist davon zu halten, daß in den
meisten Fassungen des Tempelwortes ein konkreter Wert der jüdischen Religion
– der Tempel – metaphorisch genannt wird?

Selbst da, wo er unzweifelhaft gemeint ist, in der schlichten, einteiligen Fassung, scheint die Äußerung auf etwas anderes zu zielen als auf eine Anweisung,
wie man sich zum Tempel verhalten solle. Auch sie ist eine Distanznahme. Kann
es aber sein, daß Jesus, der Jude, den Jerusalemer Tempel sich sozusagen aus dem
Kopf schlägt und in der Folge seinen Jüngern nichts anderes läßt, als dessen Andenken zu spiritualisieren?

a) Kritik am Begriff ‚Spiritualisierung'

Eine solche These löst zwangsläufig Wertungen aus. Rein formal, so lautet der
Einwand von Gabriele Faßbeck,[56] sei schon nicht klar, ob *spiritus,* ‚Geist', hier
im Sinne von ‚Vernunft' oder von ‚Heiliger Geist' gebraucht werde. Inhaltlich sei
es obendrein unfair, aus der Warte einer bereits geschehenen Ablösung der Opfer
durch Christus ältere religiöse Anschauungen darstellen zu wollen.

b) Die metaphorische Sprache Jesu

Nun werden wir nicht umhin kommen, in Jesu Wirken eine *Metaphorisierung*
vormals konkreter religiöser Werte zu konstatieren. Wenngleich er einen Jünger
hatte, der den Beinamen „Zelot" trug (Lk 6,15; Act 1,13), wenngleich er angab, er
sei „nicht gekommen Frieden, Frieden zu bringen, sondern das Schwert" (Mt
10,34; vgl. Lk 12,51 „... sondern Zerteilung") und wenngleich einige Jünger auf
seinen Rat hin Waffen trugen (Lk 22,35–38), so trug er selbst doch keine Waffen
und ritt in Jerusalem auf einem Esel ein, nicht einem Pferd (Mk 11,1–10 parr., in
Anspielung an Sach 9,9). So sehr seine Vorstellungswelt die apokalyptische war,
so sehr hat er doch die Apokalyptik „entmilitarisiert".

Ein Kampf um das Jerusalemer Heiligtum, auch die Auslösung eines solchen,
hätten dem Galiläer nach allem, was wir feststellen können, nicht nur physisch,
sondern auch geistig fern gelegen. Diesbezügliche Erwartungen seiner „Zeloten"

---

[56] FASSBECK, Tempel der Christen, 17–29.

wurden ihm zu Metaphern. Nur von seinen Gegnern können wir annehmen, daß sie die Metaphorisierung nicht mitmachten.

c) ‚Opfer' als Metapher

Also gab Jesus selbst den Anlaß zu einer „Spiritualisierung" des Tempels? – Der formale Einwand gegen den Gebrauch dieses Begriffs verlangt zunächst eine klarere Definition. Angesichts von Gabriele Faßbecks erstem Einwand optieren wir für ihre erste Alternative – nicht die des λόγος, sondern des πνεῦμα: ‚Vergeistigung' sei Versprachlichung, in einer nun zu erwähnenden, allgemein-antiken Tendenz der *Opferkritik*.

Wenn Paulus in einer ethischen Passage das Leben der Christen als λογικὴ λατρεία qualifiziert (Röm 12,1), so zehrt er von einer alten, auch jüdischen Tradition.[57] Dieser Ausdruck meint nämlich einen Gottesdienst, der keiner materiellen Gaben und Gegengaben bedarf, sondern „in Worten" abgestattet wird – wobei die dahinterstehende philosophische Tradition besagt, daß diese Worte nicht nur Worte des Gebets oder auch der Predigt, sondern zuvor schon die inneren Worte der Gewissensprüfung sind.

Hier haben wir, an einem Schnittpunkt von Entwicklungslinien der gesamten Antike, alle Bestandteile eines synagogalen wie auch eines christlichen Gottesdienstes beisammen. Von hier aus läßt sich sodann Faßbecks zweiter Einwand, der Anachronismusverdacht, leicht beantworten: Spiritualisierung in der eben definierten Form ist eine Tendenz, die zu Jesu Zeiten schon eine ehrwürdige Geschichte hatte. In jüdischen Quellen schlägt diese sich naturgemäß um so stärker nieder, je weiter die räumliche Entfernung von Jerusalem ist.

Im Christentum kam zu der kultischen Verselbständigung, die wir bei Jesus schon festgestellt haben, nur noch die Mahlfeier hinzu, ein von Jesus doch wohl selbst initiierter Brauch (selbst große Skeptiker sagen das), dessen Zusammenhang mit dem Passa nicht einmal eng sein muß.[58] Zur Erklärung dieses ursprünglich vielleicht gar nicht neuen Ritus greift man heute auf Freundschaftsmahle pharisäischen Stils, ja auch auf ein Dankopfer (Lev 3) zurück.[59] In jedem Falle ist dann Tempelsymbolik im oder kurz nach dem Ereignis auf Jesus selbst übertragen worden.

---

[57] Näheres bei SIEGERT, Synagoge, 347–352.

[58] Die Datierung des letzten Mahls Jesu mit seinen Jüngern auf den Vorabend („Seder-Abend") des Passafestes bei den Synoptikern ist künstlich, und eine Exekution Jesu am ersten und Haupttag des Passa historisch höchst unwahrscheinlich. Joh 13,1 rückt das Ereignis um einen Tag zurück und läßt Jesu eigenen Tod in der Stunde eintreten, in der man die Passa-Lämmer schlachtet (Joh 19,31). Auch das ist symbolisch gemeint (Joh 1,29, zit. Jes 53,7), aber wenigstens historisch denkbar.

[59] So GESE, Psalm 22, und DERS., Die Herkunft des Herrenmahls.

d) „Philonisches" im Christentum

Hat die Spiritualisierung von Opfern in der Antike schon eine lange Geschichte, so soll abschließend auf deren jüdische Komponente noch eigens hingewiesen werden. Der Gottesdienst eines Philon von Alexandrien bestand längst und vor allem in der Lektüre und Meditation des Mosegesetzes. Für ihn ist das Allerheiligste immer noch und in zeitloser Weise mit zwei Cherubim bestückt – obwohl doch jeder wußte, daß hinter dem zweiten Vorhang des wiedererbauten Tempels nichts dergleichen zu finden war. Und wenn auch Philon wenigstens einmal nach Jerusalem gepilgert ist, „um dort zu beten und zu opfern" (Prov. II, 107), so ist sein Heiligtum, in dem Gott „zwischen den beiden Cherubim" zu ihm spricht (De Deo 5, zit. Ex 25,22), der Text des Mosegesetzes. Nicht umsonst haben die Christen die These von der wörtlichen Inspiration der Heiligen Schrift von ihm übernommen.

Ohne die Schriften Philons schon zu kennen, schloß sich das Urchristentum einer (hellenistisch-) jüdischen Tendenz an, die in Philons Denken nur einen von vielen Belegen hat. Ältere tragen die Namen des Aristaeos, Aristobulos u.a.

VII. Schluß

Diesen Befund mag man nun werten, wie man will; wertfrei läßt sich von Spiritualisierung ohnehin nicht reden. Waren die hier vorgetragenen Beobachtungen einigermaßen richtig, so folgt aus ihnen, daß nur ein sich selbst mißverstehendes Christentum jemals wieder einen Kampf um Jerusalem führen konnte. In den Kreuzzügen suchte die lateinische Kirche etwas zu erobern, was ihr in zweifacher Hinsicht nicht zustand.

Um so mehr kann im Blick auf die Wirkungsgeschichte des Tempelwortes Jesu gefolgert werden: Was das Christentum und was überhaupt die westliche Kultur dem Judentum verdanken, verdanken sie seiner Spiritualisierung.

Literatur

M. BACHMANN, Jerusalem und der Tempel. Die geographisch-theologischen Elemente in der lukanischen Sicht des jüdischen Kultzentrums, BWANT 109, Stuttgart 1980.

R. BULTMANN, Theologie des Neuen Testaments, 6. Aufl., Tübingen 1968 (und Nachdrukke).

H.-M. DÖPP, Die Deutung der Zerstörung Jerusalems und des Zweiten Tempels im Jahre 70 in den ersten drei Jahrhunderten n. Chr., TANZ 24, Tübingen 1998.

C. EVANS, Predictions of the Destruction of the Herodian Temple in the Pseudepigrapha, Qumran Scrolls, and Related Texts, Journal for the Study of the Pseudepigrapha 10 (1992), 89–147.

138 Folker Siegert

G. Fassbeck, Der Tempel der Christen. Traditionsgeschichtliche Untersuchungen zur Aufnahme des Tempelkonzepts im frühen Christentum, TANZ 33, Tübingen 2000.

H. Gese, Psalm 22 und das Neue Testament. Der älteste Bericht vom Tode Jesu und die Entstehung des Herrenmahles, ZThK 65 (1968), 1–22; wiederabgedruckt in: Ders., Vom Sinai zum Zion. Alttestamentliche Beiträge zur biblischen Theologie, München 1974 (2. Aufl., 1984), 180–201.

–, Die Herkunft des Herrenmahls, in: Ders., Zur biblischen Theologie. Alttestamentliche Vorträge, Tübingen 1977 (Neudr. 1989), 107–127.

J. Jeska, Die Geschichte Israels in der Sicht des Lukas. Apg 7,2b – 53 und 13,17 – 25 im Kontext antik-jüdischer Summarien der Geschichte Israels, FRLANT 195, Göttingen 2001.

R. Kampling, „Und er ging nach seiner Gewohnheit am Sabbat in die Synagoge". Jesuanisches zur Frage nach dem Ursprung des christlichen Antijudaismus, in: Ders. (Hg.), „Nun steht aber diese Sache im Evangelium…". Zur Frage nach den Anfängen des christlichen Antijudaismus, Paderborn (u.a.) 1999, 53–72.

J. Kloppenborg (Hg.), Q Parallels. Synopsis, Critical Notes and Concordance, Sonoma, Ca. 1987.

J. Maier, Beobachtungen zum Konfliktpotential in neutestamentlichen Aussagen über den Tempel, in: I. Broer (Hg.), Jesus und das jüdische Gesetz, Stuttgart 1992, 173–213.

S. C. Mimouni, Le judéo-christianisme ancien, Patrimoines, Paris 1998.

F. Mussner, Der Anspruch Jesu, in: Ders., Die Kraft der Wurzel. Judentum – Jesus – Kirche, Freiburg (u.a.) 1987, 104–124.

–, Fiel Jesus von Nazareth aus dem Rahmen des Judentums? (1996), in: Ders., Jesus von Nazareth im Umfeld Israels und der Urkirche. Gesammelte Aufsätze, hg. v. M. Theobald, WUNT 111, Tübingen 1999, 98–115.

E. Nodet / J. Taylor, Essai sur les origines du christianisme. Une secte éclatée, Paris1998 (auch engl.: The Origins of Christianity. An exploration, Collegeville, Minn. 1998).

K. Paesler, Das Tempelwort Jesu. Die Traditionen von Tempelzerstörung und Tempelerneuerung im Neuen Testament, FRLANT 184, Göttingen 1999.

B. Prete, Formazione e storicità del detto di Gesù sul tempio secondo Mc. 14,58, Bibbia e Oriente 27 (1985), 3–16.

E. P. Sanders, Jesus and Judaism, London 1985.

F. Siegert, Die antike Synagoge und das Postulat eines unblutigen Opfers, in: B. Ego / A. Lange / P. Pilhofer (Hgg.), Gemeinde ohne Tempel. Community Without Temple. Zur Substituierung und Transformation des Jerusalemer Tempels und seines Kults im Alten Testament, antiken Judentum und frühen Christentum, WUNT 118, Tübingen 1999, 335–356.

–, Drei hellenistisch-jüdische Predigten. Ps.-Philon, „Über Jona", „Über Jona" <Fragment> und „Über Simson" 2: Kommentar, WUNT 61, Tübingen 1992.

–, Einleitung, in: Ders. (Hg.), Israel als Gegenüber. Vom Alten Orient bis in die Gegenwart. Studien zur Geschichte eines wechselvollen Zusammenlebens, Schriften des Institutum Judaicum Delitzschianum 5, Göttingen 2000, 9–25.

–, Jesus und sein Volk in der Quelle Q, in: Ders. (Hg.), Israel als Gegenüber. Vom Alten Orient bis in die Gegenwart. Studien zur Geschichte eines wechselvollen Zusammenlebens, Schriften des Institutum Judaicum Delitzschianum 5, Göttingen 2000, 90–124.

–, Jésus et Paul: une relation contestée, in: D. Marguerat (Hg.), Jésus de Nazareth. Nouvelles approches d'une énigme, Genève 1998, 440–457.

M. Stern (Hg.): Greek and Latin Authors on Jews and Judaism I-III, Jerusalem 1976–1984.

J. P. M. Sweet, A House Not Made with Hands, in: W. Horbury (Hg.), Templum Amicitiae. Essays on the Second Temple, presented to Ernst Bammel, JSNT.S 48, Sheffield 1991, 368–390.

H. G. Thümmel, Versammlungsraum, Kirche, Tempel, in: B. Ego / A. Lange / P. Pilhofer (Hgg.), Gemeinde ohne Tempel. Community Without Temple. Zur Substituierung und Transformation des Jerusalemer Tempels und seines Kults im Alten Testament, antiken Judentum und frühen Christentum, WUNT 118, Tübingen 1999, 389–504.

N. Walter, Die „als Säulen Geltenden" in Jerusalem – Leider der Urgemeinde oder exemplarisch Fromme?, in: M. Karrer / W. Kraus / O. Merk (Hgg.), Kirche und Volk Gottes. FS J. Roloff, Neukirchen (Vluyn) 2000, 78–92.

Die Zerstörung des Tempels 70 n. Chr.
als Krisenerfahrung der frühen Christen

von

Stefan Lücking

„Wenn wir die Größe des Desasters betrachten, das die jüdische Nation im Krieg gegen Rom erlebte, dann ist das fehlende Interesse der christlichen Autoren an diesen gewaltigen und folgenreichen Ereignissen wirklich erstaunlich."[1] – Sollte diese Einschätzung Samuel George Frederick Brandons zutreffen, könnte ich meinen Vortrag hiermit beenden. Denn es geht mir um die Frage, wie die zeitgenössischen Christen die Zerstörung des Jerusalemer Tempels 70 n. Chr. erlebt haben. Und da unsere wichtigste Quelle zu den Ereignissen, die Schriften des Flavius Josephus, die Haltung der Christen im Jüdischen Krieg mit keinem Wort erwähnt, sind wir auf christliche Zeugnisse angewiesen.

Allerdings steht Brandons Einschätzung aus den fünfziger Jahren in erstaunlicher Spannung zu einer Tendenz, die sich seither in der neutestamentlichen Forschung mehr und mehr durchgesetzt hat. Denn die meisten neutestamentlichen Texte außerhalb des Corpus Paulinum werden heutzutage nach ihrem Bezug zum Jüdischen Krieg und zur Zerstörung Jerusalems 70 n. Chr. datiert. Das gilt insbesondere für das Markusevangelium, bei dem sich die Forscher seit Jahrzehnten darum streiten, ob es kurz vor oder nach der Zerstörung Jerusalems geschrieben worden ist, das heißt ob die Anspielungen auf die Zerstörung des Tempels und die Krise des Jüdischen Krieges konkret genug sind, um sie als *Vaticinia ex eventu* aufzufassen. Aber so heftig der Streit auch tobt, über eines sind sich inzwischen fast alle Experten einig: Das Markusevangelium ist in unmittelbarer zeitlicher Nähe zu den Ereignissen des Jüdischen Krieges verfaßt worden. So liegt es nahe, in der Zerstörung des Tempels nicht nur ein äußerliches Indiz für die Datierung der Evangelien zu sehen, sondern danach zu fragen, wie dieses Ereignis in den Evangelien verarbeitet wird. Ausgerechnet Brandon selbst hat – seiner oben zi-

---

[1] Brandon, Fall, 10: „When we reflect on the magnitude of the disaster which the Jewish nation experienced through the war with Rome, which started in A.D. 66 and virtually ended with the destruction of the Jewish metropolis four years later, and which Josephus has left us so graphic and circumstantial an account, the failure of the Christian writers to show any interest in these mighty and pregnant events is truly amazing."

tierten Einleitung zum Trotz – dieser Frage eine ganze Monographie und mehrere Passagen in seinen anderen Werken gewidmet.

In diesem Vortrag möchte ich das Markusevangelium als Dokument der Krise des Jahres 70 n. Chr. lesen. Bevor ich damit beginne, werde ich (1) kurz auf die wichtigsten Beiträge zu dieser Thematik eingehen und (2) erörtern, wie man sich die Situation der christlichen Gemeinden im Jüdischen Krieg vorstellen kann. Anschließend werde ich (3) die Indizien überprüfen, die dafür sprechen, das Markusevangelium in die Zeit um 70 n. Chr. zu datieren. Die Interpretation des Textes befaßt sich zuerst (4) mit der Tempelthematik im Markusevangelium. Im Anschluß daran frage ich (5) danach, welche Funktion die Form des Evangeliums als Erzählung im Angesicht der zeitgeschichtlichen Krise hat.

I. Ein kurzer Überblick über die Forschung

Obwohl der Jüdische Krieg für die Datierung der Evangelien zunehmend an Bedeutung gewonnen hat, sind Versuche, die Evangelien als Reaktion auf die Zerstörung des Tempels zu lesen, spärlich gesät. Die beiden einzigen Monographien zu diesem Thema stammen aus den fünfziger und sechziger Jahren des letzten Jahrhunderts. Beide Entwürfe werde ich kurz vorstellen. In einem engen thematischen Zusammenhang damit steht natürlich die Frage, welche Bedeutung der Jerusalemer Tempel vor seiner Zerstörung für das christliche Selbstverständnis gehabt hat. Repräsentativ für die umfangreiche Literatur zu dieser Frage ist die jüngst erschienene Studie von Jostein Ådna, auf die ich anschließend kurz eingehen werde.

Samuel George Federick Brandon verbindet die Fragestellung mit einer weitreichenden These über die Entstehung des Christentums. Entscheidend seien die drei Jahrzehnte zwischen 55 und 85 n. Chr. gewesen, die Brandon als eine Tunnelperiode beschreibt, die von der darauffolgenden christlichen Literatur bewußt verdrängt wurde. Geprägt werde diese Periode durch die Auseinandersetzung zwischen den paulinischen Heidenchristen und der judenchristlichen Jerusalemer Urgemeinde um die Hegemonie in der christlichen Bewegung. Der entscheidende Wendepunkt sei die Zerstörung Jerusalems 70 n. Chr. gewesen, durch die auch das Judenchristentum sein Zentrum verloren habe. Da sich die palästinischen Judenchristen zudem nach Brandons Auffassung aktiv am Aufstand gegen Rom beteiligt hatten, waren sie zusätzlich diskreditiert, so daß sich in den folgenden Jahren das paulinische Heidenchristentum vollständig durchsetzen konnte. Den entscheidenden Beitrag zu dieser paulinischen Hegemonie leisteten das Markusevangelium und das lukanische Doppelwerk.

Brandons Entwurf konnte sich jedoch in der Forschung nicht durchsetzen. Das liegt vor allem daran, daß er seine historische Rekonstruktion auf zwei Konstrukten aufbaut, die schon zu seiner Zeit als überholt galten: Die dichotomische Trennung von paulinischem Heidenchristentum und palästinischem Judenchristentum und die Charakterisierung der frühen Jesusbewegung als zelotische Bewegung.[2] Entscheidender aber ist, daß die Ausgangsthese, die Krise des Jüdischen Krieges sei von den Christen bewußt verdrängt worden, durch Brandon selbst widerlegt wird, indem er das Markusevangelium und das lukanische Doppelwerk als Reaktionen auf diese Krise liest. Um seine These aufrechtzuerhalten, muß er beide Werke gegen ihren äußeren Anschein als Versuch der Verdrängung lesen. Seine Interpretation wirkt dementsprechend gewaltsam. So liest er zum Beispiel das Markusevangelium von vornherein als Apologie des Christentums, obwohl es weder inhaltlich noch formal an Außenstehende gerichtet ist, sondern eindeutig an christliche Leser.

Lloyd Gaston versucht, die Frage nach der Bedeutung der Zerstörung Jerusalems und des Tempels 70 n. Chr. von einer anderen Seite her anzugehen. Er macht darauf aufmerksam, daß unsere Perspektive durch die spätere christliche Wirkungsgeschichte geprägt ist, in der die Zerstörung des Tempels häufig als Argument gegen das Judentum verwendet wurde. Eine solche antijüdische Haltung kann aber für die zeitgenössischen Christen nicht einfach vorausgesetzt werden. Gaston will deshalb die Reaktion der Christen, wie sie sich im Markusevangelium und im lukanischen Doppelwerk erkennen läßt, von ihren eigenen Verstehensvoraussetzungen her klären. Deshalb versucht er zunächst, die Haltung der Christen zum Tempel vor seiner Zerstörung zu bestimmen.[3] Er kommt zu dem Ergebnis, daß die ersten Christen den Tempel als Ort der Gegenwart Gottes und den Tempelkult als legitime Form der Gottesverehrung angesehen haben.

Dennoch geht Gaston davon aus, daß bereits das Markusevangelium (als erste Reaktion auf die Zerstörung des Tempels) die Zerstörung als Strafgericht über die Juden ansieht. Als Quintessenz der markinischen Aussage zum Tempel identifiziert er das Tempelwort in Mk 14,58. Dieses habe Markus der anti-christlichen Polemik entnommen[4] und in den ihm vorliegenden Zusammenhang eingefügt. Indem er die beiden Adjektive χειροποίητος und ἀχειροποίητος ergänzt, verschärfe er die Aussage und mache sie sich selbst zu eigen.[5] Nun ist es jedoch schwer verständlich, warum ausgerechnet eine Quelle, von der sich der Autor explizit distanziert, indem er sie als „falsches Zeugnis" darstellt, die zentrale Aussage des Autors enthalten soll (während andere Quellen, die der Autor unkommentiert übernimmt, nach Gastons Ansicht zu der Autorintention im Widerspruch stehen können). Aber Gaston geht sogar so weit, daß er das Tempelwort in Mk 14,58

---

[2] Vgl. etwa die Kritik von GASTON, Stone, 4.

[3] Vgl. GASTON, Stone, 1–6.

[4] Daß Jesus selbst den Tempel zerstören wolle, wurde den Christen nach Gastons Rekonstruktion von jüdischen Gegnern unterstellt (vgl. GASTON, Stone, 70).

[5] Um eine eigene Quellenkritik bemüht sich Gaston an dieser entscheidenden Stelle nicht, sondern beschränkt sich neben einem allgemeinen Verweis auf Bultmann auf Formulierungen wie: „are widely recognized to be additions of the evangelist" (GASTON, Stone, 69).

zum Schlüssel seiner Markusinterpretation macht, der sich selbst solche Bemerkungen unterordnen müssen, die von ihrem Charakter her eindeutig redaktionell sind. Besonders deutlich wird dies an Gastons Interpretation des Winzergleichnisses in Mk 12,1–12.[6] So entsteht in Gastons Interpretation der Gegensatz zwischen einer vormarkinischen Tradition, die dem Tempel grundsätzlich positiv gegenübersteht, und einer markinischen Redaktion, die tempelkritisch und antijüdisch ist. Begründet wird dieser Gegensatz durch die zweifelhafte Einschätzung des Tempelwortes in Mk 14,58 als Kernthese der markinischen Tempeltheologie.

In der neutestamentlichen Exegese wird jedoch in der Regel die Haltung Jesu selbst und der vormarkinischen Jesusüberlieferung als tempelkritisch angesehen, was schon allein wegen der vielfältigen Überlieferung eines in irgendeiner Weise gegen den Tempel gerichteten Jesuswortes naheliegt.[7] Von vielen Exegeten wird darüber hinaus behauptet, daß diese Tempelkritik in einer grundsätzlichen Ablehnung des jüdischen Opferkults begründet ist, der durch den Sühnetod Jesu obsolet geworden sei. Die ausführlichste und sorgfältigste Begründung für diese These hat Jostein Ådna vorgelegt, auf den ich deshalb in aller Kürze eingehen möchte.

Ådnas Arbeit besticht durch eine sorgfältige Aufarbeitung sowohl der religions- und motivgeschichtlichen als auch der wirtschafts- und sozialgeschichtlichen Hintergründe der Tempelthematik im Markusevangelium. Allerdings kann mich seine Gesamtinterpretation trotz dieser hervorragenden Materialaufbereitung nicht überzeugen. Dies sei anhand seiner Interpretation der Tempelaktion Jesu (nach Mk 11,15–18) kurz erläutert.[8] Ådna bietet eine sehr genaue Darstellung der historischen und ökonomischen Hintergründe der Aktion Jesu. Den historischen Kern sieht er im Umstürzen der Tische der Geldwechsler und der Läden der Taubenverkäufer. In bezug auf die Deutung dieser Aktion besteht Ådna zu Recht darauf, daß das Wort λῃστής in Mk 11,17 von seinem Hintergrund in Jer 7,11 her zu verstehen ist. Bei seiner Interpretation von Jer 7 schleicht sich jedoch eine entscheidende Bedeutungsverschiebung ein: Aus den konkreten Unrechtstaten, die Jeremia seinen Zuhörern vorwirft und zu denen an erster Stelle die Unterdrückung von Witwen und Waisen[9] zählt, wird bei Ådna unversehens eine abstrakte „Sündhaftigkeit"[10], gegen die eine Umkehr allein nicht mehr hilft. Nur so gelingt es ihm, das Thema „Sühne" in den markinischen Text hineinzulesen. Mei-

---

[6] Hier widerspricht selbst der erzählerische Rahmen in Mk 12,12 (der wegen seiner Verbindungen zu Mk 11,18 und 14,1f. als redaktionell anzusehen ist) der von Gaston behaupteten ‚eigentlichen' markinischen Bedeutung (GASTON, Fall, 476).

[7] Vgl. hierzu den Beitrag von Folker SIEGERT in diesem Band.

[8] Auch Jostein Ådna hält das Jesuswort in Mk 14,58 für echt und schlägt sogar eine aramäische Rückübersetzung vor (vgl. ÅDNA, Stellung, 128). Warum Markus sich nur von einer bestimmten Deutung dieses Logions distanziert haben soll, nicht aber von seinem Wortlaut (vgl. ÅDNA, Stellung, 113–116), bleibt unklar. Für eine ausführliche Kritik ist hier leider kein Platz.

[9] Ein Thema, das von Markus in Mk 12,40–44 explizit aufgegriffen wird (siehe dazu unten).

[10] ÅDNA, Stellung, 274.

nes Erachtens läßt sich Ådna hier von seinem durch die lutherische Anthropologie geprägten Vorverständnis verleiten.[11]

Das Problem der Voreingenommenheit läßt sich jedoch nur lösen, wenn die vorliegenden Quellen als Korrektiv ernst genommen werden. Deshalb sind die eigenen motiv- oder redaktionsgeschichtlichen Rekonstruktionen an den expliziten Aussagen des Textes zu messen, anstatt umgekehrt die expliziten Aussagen des Textes den eigenen prekären Konstruktionen unterzuordnen.

II. Die christlichen Gemeinden im Jüdischen Krieg

Wie haben die Christen den Jüdischen Krieg erlebt? Wie haben sie auf die Zerstörung des Jerusalemer Tempels 70 n. Chr. reagiert? Wenn man Flavius Josephus' Berichte über den Jüdischen Krieg liest, könnte man den Eindruck gewinnen, als hätte es die Christen zu diesem Zeitpunkt der Geschichte noch gar nicht gegeben oder als hätten sie mit dem Jüdischen Krieg und seinen Auswirkungen auf die jüdische Diaspora nicht das geringste zu tun gehabt. Beides ist jedoch historisch höchst unwahrscheinlich. Die verfügbaren historischen Indizien sprechen eher dafür, daß viele Christen von den Wirren um den Jüdischen Krieg direkt oder indirekt betroffen waren und daß das Christentum insgesamt diese Zeit als Krise erfahren hat.

Am stärksten betroffen waren die Judenchristen in Galiläa und Judäa, von denen man mit großer Sicherheit annehmen kann, daß sie als Juden unmittelbar in die Kriegshandlungen involviert gewesen sind. An der einzigen Stelle, an der Flavius Josephus (vom umstrittenen Testimonium Flavianum abgesehen) Christen erwähnt, unterscheidet er sie nicht als besondere Gruppe. In seinem Bericht über den Tod des Herrenbruders Jakobus bezeichnet er diesen zwar als „Bruder Jesu, des sogenannten Christus" (τὸν ἀδελφὸν Ἰησοῦ τοῦ λεγομένου Χριστοῦ, Ios. ant. Iud. XX, 200), kennzeichnet ihn aber genausowenig wie seine Mitverurteilten als Vertreter einer besonderen Gruppe oder gar einer anderen Religion. Vielmehr berichtet Josephus, daß die gesetzestreue Jerusalemer Bevölkerung auf seine Hinrichtung mit Empörung reagierte. Die Judenchristen in Galiläa und Judäa werden den Jüdischen Krieg also als Teil der jüdischen Bevölkerung erlebt haben und standen deshalb vor der gleichen Entscheidung wie andere Juden: Entweder schlossen sie sich dem Aufstand an und kämpften an der Seite ihrer jüdischen Volksgenossen gegen die Römer, oder sie lehnten den Aufstand ab und traten für eine friedliche Beziehung zu den Römern ein. Dann blieb ihnen in den meisten Fällen angesichts des Drucks, der durch die jüdische Kriegspartei ausgeübt wurde, nur die Flucht. Bestätigt wird diese Rekonstruktion der Situation der Christen

---

[11] Da hilft es auch nicht, daß er denjenigen, die mit einem anderen Vorverständnis an die Texte gehen, ideologische Voreingenommenheit vorwirft (vgl. ÅDNA, Stellung, 342 Anm. 24).

in Judäa und Galiläa durch die späteren Berichte über die Flucht der Jerusalemer Urgemeinde nach Pella (vgl. Eus. HE III, 5,3).

Kaum anders wird es den Judenchristen in den Teilen der jüdischen Diaspora ergangen sein, auf die nach der Darstellung des Josephus der Jüdische Krieg übergegriffen hat. Ob es sich um Pogrome gegen die jüdische Bevölkerung gehandelt hat oder um gewaltsame Auseinandersetzungen zwischen Juden und Nicht-Juden oder aber um Kämpfe zwischen jüdischen Kriegsbefürwortern und Kriegsgegnern: In allen diesen Fällen waren die Judenchristen als Teil der jüdischen Bevölkerung in die Konflikte direkt involviert.

Was aber ist mit den nicht-jüdischen Christen? Auch sie dürften in den Augen ihrer paganen Nachbarn mit dem Judentum in Verbindung gebracht worden sein. Denn aufgrund ihres Monotheismus und der Verehrung jüdischer Schriften hoben sie sich deutlich genug von ihrer paganen Umwelt ab. Martin Goodman geht davon aus, daß die paganen römischen Schriftsteller erst ab dem Ende des 1. Jh.s klar zwischen Juden und Christen unterschieden.[12] Unabhängig davon, wie die Heidenchristen selbst ihr Verhältnis zum Judentum bestimmt haben, konnten sie unter den Verdacht geraten, mit den Juden zu sympathisieren.[13] Möglicherweise haben sie sich, um diesen Verdacht zu entkräften, antijüdischen Pogromen angeschlossen (Zeugnisse dafür gibt es nicht), aber auch in diesem Fall unterschiede sich ihre Ausgangssituation von derjenigen der paganen Bevölkerung.

Für die Christen, die in den Teilen des römischen Reiches lebten, die nicht unmittelbar durch den Jüdischen Krieg betroffen waren, ist zu bedenken, daß Jerusalem das Zentrum der frühen Christenheit war. So hat Paulus zum Beispiel in seinen heidenchristlichen Gemeinden Sammlungen für die Heiligen in Jerusalem organisiert.[14] Mit der Zerstörung Jerusalems hat das Christentum sein Zentrum verloren, so daß auch Christen, die nicht in die Ereignisse um den Jüdischen Krieg involviert waren, diese Entwicklung als Krise erfahren haben dürften.

Aufgrund dieser Vorüberlegungen ist es berechtigt, Josephus' Darstellungen der Auswirkungen des Jüdischen Krieges auf Teile der jüdischen Diaspora für ein genaueres Verständnis der Situation christlicher Gemeinden auszuwerten, wie es Ludger Schenke in seiner Monographie zum Markusevangelium getan hat.[15] Die Situation der christlichen Gemeinden, ob sie nun jüdisch, nicht-jüdisch oder gemischt waren, dürfte in der Darstellung des Josephus der Situation derjenigen in der jüdischen Diaspora entsprechen, die zwischen die Fronten geraten waren: Einerseits konnten sie mit Gewalt von seiten der Römer und paganer Bevölkerungsteile rechnen, die sie als Juden oder judenfreundlich ansahen. Andererseits gerieten sie in Konflikt mit der jüdischen Kriegspartei, die sie als Verräter an der ge-

---

[12] Vgl. GOODMAN, Reactions, 33f.

[13] Warum MARCUS, War, 453, die Möglichkeit, daß die markinische Gemeinde Opfer heidnischer Pogrome gewesen sein könnte, ausschließt, ist mir nicht plausibel.

[14] Zur Jerusalem-Kollekte vgl.: Röm 15,26f.; I Kor 16,1–4; II Kor 8,4; 9,1f.12–14; Gal 2,10.

[15] SCHENKE, Markusevangelium, 11–28.

meinsamen Sache ansah, weil sie den Aufstand nicht unterstützten. Aber auch die Möglichkeit, daß ein Teil der Christen den Aufstand direkt unterstützt hat, ist nicht auszuschließen.

Bestätigt wird dieses Bild durch spätere historische Notizen bei den Kirchenvätern. Denn trotz der antijudaistischen Deutungen, die die Zerstörung des Jerusalemer Tempels in der Literatur der Kirchenväter erfahren hat, bleibt bei ihnen das Bewußtsein wach, daß der Jüdische Krieg auch für die Christen nicht einfach eine Selbstbestätigung, sondern eine Katastrophe war. Origenes[16] und Sulpicius Severus[17] behaupten sogar, daß das Ziel der Römer die Zerstörung sowohl des Judentums als auch des Christentums gewesen sei.[18]

III. Zeitgeschichtliche Bezüge in der Endzeitrede Mk 13

Vor diesem Hintergrund drängt sich die Frage auf, wie die christlichen Autoren diese Katastrophe in ihren Schriften verarbeitet haben. Allerdings ist hier eine Antwort nicht leicht. Die Schwierigkeiten beginnen im Falle des Markusevangeliums damit, daß es weder eine historische Darstellung des Jüdischen Krieges noch ein theologischer Traktat über den Verlust des Tempels ist, sondern eine Darstellung des Lebens Jesu.

Ist es schon schwierig, die historische Zuverlässigkeit der markinischen Jesus-Biographie zu überprüfen, so ist es um so riskanter, von der erzählten Welt des Markusevangeliums auf die historische Situation vierzig Jahre nach den erzählten Ereignissen zu schließen. Wie riskant der Schluß von der erzählten Welt auf die Wirklichkeit ist, zeigt sich insbesondere an der Endzeitrede in Mk 13, auf die sich die inzwischen übliche Datierung des Markusevangeliums auf die Zeit kurz vor oder nach der Zerstörung des Jerusalemer Tempels 70 n. Chr. stützt.

Der Text ist von traditionellen apokalyptischen Motiven so sehr durchsetzt, daß es schwierig ist, literarische Motive von zeitgeschichtlichen Anspielungen zu unterscheiden. John Donahue kommt daher zu dem Schluß, daß sich der Versuch, das Markusevangelium anhand von Mk 13 zu datieren, als Sackgasse erwiesen habe, weil die apokalyptische Sprache dieses Textes zu verschlüsselt sei und zu sehr auf traditionellen Motiven aufbaue.[19] Aber aus der Tatsache, daß ein Motiv

---

[16] „Convenerunt enim terrae, senatus, populusque et principes Romani, ut expugnent nomen Iesu et Israhel simul" (Orig. Homiliae in Iesu nave IX, 10).

[17] „At contra alii et Titus ipse euertendum in primis templum censebant, quo plenius iudaeorum et christianorum religio tolleretur" (Sulp. Sev. Chronica II, 30,4). Auch Sulpicius ist im übrigen der Meinung, daß die Zerstörung des Tempels eine Strafe für den Tod Christi sei (ebd.).

[18] Vgl. hierzu Lampe, Reflection, 156. Lampes Darstellung ist auch deshalb aufschlußreich, weil er ehrlich genug ist, darauf hinzuweisen, daß seine eigene antijudaistische Deutung der Tempelzerstörung von den antiken christlichen Autoren nicht unbedingt geteilt wird.

[19] Donahue, Quest, 836. In einem späteren Aufsatz tritt er dann für eine Lokalisierung des

traditionell ist, folgt noch nicht, daß es nicht auch zur aktuellen Situation passen kann. Die Verwendung von biblischen und apokalyptischen Motiven kann für antike Leser sogar die Plausibilität der historischen Darstellung gesteigert haben, weil nur das glaubwürdig ist, was mit dem Erwartungshorizont übereinstimmt, der durch die eigene kulturelle Überlieferung geschaffen wird.[20] Zur Beantwortung der Frage, wo die erzählte Welt auf die historische Hintergrundsituation hin transparent wird, müssen also andere Kriterien gefunden werden.

Peter Müller[21] hat den Vorschlag gemacht, die zeitgeschichtlich relevanten Aussagen durch eine Analyse der Zeitstruktur der Endzeitrede herauszufiltern. Ganz grob läßt sich die Rede in *drei Teile* aufteilen: Der erste Teil (Mk 13,5b–23) wird durch die Warnung (βλέπετε) vor falschen Propheten, die sich als Christus ausgeben (Mk 13,5b–6 und 13,21–23), gerahmt und zusätzlich durch eine Bemerkung im Perfekt abgeschlossen: „Ich habe euch alles vorausgesagt." Es folgt ein kurzer Teil (Mk 13,24–27) mit rein futurischen Aussagen, in dem die endzeitliche Ankunft des ‚Menschensohns' vorausgesagt wird, der kommt, um die Auserwählten zu sammeln. Der abschließende dritte Teil enthält verschiedene Reflexionen über den Zeitpunkt des Endes und wird mit der wiederholten Mahnung zur Wachsamkeit abgeschlossen.[22] Müller macht darauf aufmerksam, daß diese drei Teile jeweils unterschiedliche *Zeitstrukturen* aufweisen. Der mittlere Teil (V. 24–27) ist der einzige Abschnitt der Rede, der nur futurische Aussagen enthält. Was hier angekündigt wird, liegt nicht nur für die Figuren der erzählten Welt, sondern auch für Autor und Leser des Evangeliums noch in der Zukunft. Im Gegensatz dazu ist der letzte Teil durch präsentische Aussagen geprägt. Dieser Teil greift die Eingangsfrage der Jünger auf und reflektiert in allgemeiner Form die Möglichkeit, die Frage nach dem Zeitpunkt zu beantworten. Die Antwort fällt negativ aus: Den genauen Zeitpunkt weiß keiner (V. 32). Also bleibt nur übrig, wachsam zu sein. Diese präsentische Reflexion und der Aufruf zur Wachsamkeit sind im Rahmen der erzählten Welt nur an einen Kreis von Auserwählten gerichtet: die vier Jünger Petrus, Jakobus, Johannes und Andreas. Am Schluß der Rede wird der Zuhörerkreis jedoch virtuell erweitert: „Was ich euch sage, sage ich allen" (ὃ δὲ ὑμῖν λέγω πᾶσιν λέγω, V. 37). Diese Bemerkung sprengt den engen Rahmen der erzählten Welt: Was Jesus den vier Jüngern sagt, gilt prinzipiell allen. Aber die einzigen, die außer den vier Jüngern diese Ausweitung des Zuhörerkreises bemer-

---

Markusevangeliums in Rom in der Zeit nach der neronischen Christenverfolgung ein (vgl. DONAHUE, Windows, 20–23). Wie aber die in Mk 13,9–13 vorausgesagte Situation zur neronischen Verfolgung passen soll, ist mir unklar.

[20] Vgl. die Überlegungen von Frank KERMODE (Genesis, 101–114) über „history-like writing".

[21] Seinen Lösungsansatz für das Problem der Verwendung traditioneller Motive erläutert er in den methodologischen Vorüberlegungen (MÜLLER, Zeitvorstellungen, 209f.) und im Zusammenhang mit der Frage nach dem zeitgeschichtlichen Kontext (226f.).

[22] Neben MÜLLER, Zeitvorstellungen, 213–215, vertreten auch die meisten anderen Exegeten diese Dreiteilung (vgl. zum Beispiel KELBER, Kingdom, 126).

ken und sich deshalb direkt angesprochen fühlen, sind die Leser und Zuhörer des Evangeliums.

Durch diese Generalisierung am Ende der Rede können retrospektiv alle an die vier Jünger gerichteten Anweisungen auch als Aufforderung an die Leser verstanden werden. Abgesehen von den Mahnungen zur Wachsamkeit in den Versen 33 bis 37 finden sich diese Anweisungen jedoch nur im ersten Teil der Rede. Dieser ist durch Aussagen geprägt, in denen auf den *Eventualis* mit ὅταν eine Reihe von präsentischen Imperativen in der 2. Person Plural folgt. Eine Abweichung davon findet sich nur bei der Ankündigung des „Greuels der Verwüstung". Zwar wird auch diese Ankündigung mit ὅταν eingeleitet, aber es folgt eine Kette von Imperativen in der 3. Person Singular, die mit einer Ausnahme im Aorist stehen. Hier wird auf ein punktuelles Ereignis in einer unbestimmten Zukunft vorbereitet. Die anschließenden allgemeinen Warnungen machen es zudem wahrscheinlich, daß dieses Ereignis auch für den Autor noch in der Zukunft liegt.[23]

Demgegenüber haben die an die Jünger gerichteten präsentischen Imperative iterativen Charakter. Was hier angekündigt wird, liegt für den Sprecher Jesus zwar in einer unbestimmten Zukunft, aber es kann sich zu verschiedenen Zeiten ereignen und ist deshalb grundsätzlich auch in der Zeit der Leser des Evangeliums möglich. An zwei Stellen wird das besonders deutlich: In den Versen 9 und 23 wird der Warnruf βλέπετε mit einem betonenden ὑμεῖς verbunden. In V. 9 leitet der Text damit von der allgemeinen Ankündigung von Kriegen und Naturkatastrophen auf das über, was den Jüngern selbst konkret bevorsteht. In V. 23 wird die Warnung vor den falschen Messiasprätendenten noch einmal ausdrücklich an die Zuhörer gerichtet. Die für die Gegenwart der Leser relevanten Zukunftsaussagen befinden sich also in den betont an die Zuhörer gerichteten Versen 9–13 und der rahmenden Warnung vor den falschen Propheten in den Versen 5–6 und 21–23.

Die sprachliche Form drängt dazu, die Endzeitrede in Mk 13 als Anweisung für die Gegenwart der Leser des Evangeliums zu lesen. Um was für eine Gegenwart aber handelt es sich? Ein entscheidendes Indiz ergibt sich schon aus dem erzählerischen Rahmen, demzufolge die Endzeitrede als Antwort auf die Frage gedacht ist, wann mit der Zerstörung des Tempels, die Jesus in Mk 13,2 angekündigt hat, zu rechnen ist. Die Situation der Leser muß also in engem Zusammenhang mit dieser Ankündigung stehen. Alles Weitere ergibt sich aus den Voraussagen und Anweisungen, die den Zuhörern in der Endzeitrede gegeben werden. Die erste Stelle, an der sich Jesus betont an die mit „ihr" (ὑμεῖς) angesprochene Gruppe wendet, die am Ende der Rede mit „allen" identifiziert wird, ist Mk 13,9. Hier werden den Zuhörern Verfolgungen sowohl durch jüdische als auch durch römische Behörden vorausgesagt. Ein solches Detail paßt nicht zu einer Situation, in der die Christen nur von römischen Behörden verfolgt wurden, wie zum Beispiel

---

[23] Vgl. MÜLLER, Zeitvorstellungen, 226f.

während der neronischen Verfolgungen.[24] Zu dem Szenario, das ich für die Situation der Christen im Jüdischen Krieg rekonstruiert habe, paßt diese Ankündigung dagegen sehr gut. Denn in den Konflikten, die sich gerade zu Beginn des Krieges in der jüdischen Diaspora entzündet haben, konnten die christlichen Gemeinden leicht zwischen die Fronten geraten. Außerdem macht die Warnung vor Synagogenstrafen nur für diejenigen Sinn, die als Juden der jüdischen Gerichtsbarkeit unterliegen. Gut in den Kontext des Jüdischen Krieges paßt auch die Ankündigung, daß die engsten Verwandten einander dem Tode ausliefern werden. Mk 13,12 ist zwar deutlich an Mi 7,6 angelehnt und damit ein traditionelles Motiv, das zudem in neutestamentlichen Texten sehr häufig auftaucht, aber es könnte gerade den Sinn haben, die eigene Situation in den Horizont der kulturellen Tradition zu stellen.[25]

Die zweite Stelle, an der sich Jesus explizit an ein „ihr" – also an „alle" – wendet, folgt unmittelbar auf die zweite Warnung vor falschen Messiasprätendenten. Die Warnung vor falschen Propheten, die sich als Messias ausgeben, rahmt den Teil der Endzeitrede, der durch relationale Zukunftsaussagen geprägt ist, und hat deshalb für die Situation der Adressaten eine besondere Bedeutung. Auch bei dieser Warnung handelt es sich um ein traditionelles Motiv. Daß zum Beispiel „Zeichen und Wunder" das Kennzeichen falscher Propheten seien, die Israel zur Apostasie verführen wollen, wird schon in Dtn 13,2 behauptet. Dennoch dürfte diese Warnung – wegen des Gewichts, das ihr als Inklusion zukommt – für die Adressaten des Markusevangeliums von akuter Bedeutung gewesen sein. Wahrscheinlich war die Hoffnung auf eine baldige Parusie Christi die Variante, in der Christen ein göttliches Eingreifen als Rettung aus der Krise des Jüdischen Krieges erwartet haben.[26] Denkbar ist auch, daß christliche Propheten durch eine Identifikation mit dem auferstandenen Christus die Parusie bewußt inszeniert haben.[27] Auch Josephus berichtet von falschen Messiasprätendenten, die gerade in den Momenten in Erscheinung traten, in denen die Situation besonders ausweglos war. Das bekannteste Beispiel ist Simon bar Giora, der zu einem Zeitpunkt, als die Einnahme Jerusalems nur noch eine Frage der Zeit war, auf den Mauern des Tempels eine Epiphanie inszenierte (vgl. Ios. bell. Iud. VII, 29–31).[28] Noch deutlichere Parallelen zur markinischen Endzeitrede weist Josephus' Bericht über Jonathan den Weber auf, der nach der Niederschlagung des Aufstands die Juden von Ky-

---

[24] Gegen Donahue, Windows, 214.

[25] Ähnlich verwendet Wolf Biermann Mi 7,1–5 in seiner „Bibel-Ballade" (Biermann, Ikarus, 26–29).

[26] Diese These vertreten neben Müller, Zeitvorstellungen, 229, unter anderem Kelber, Kingdom, 124–126, und Lührmann, Markus, 467.

[27] Werner H. Kelber geht sogar davon aus, daß die Identifikation mit dem auferstandenen Christus die typische Form war, in der Jesuslogien überliefert wurden (vgl. Kelber, Gospel, 201–203).

[28] Vgl. Marcus, War, 458.

rene mit dem Versprechen, „Zeichen und Erscheinungen zu zeigen" (σημεῖα καὶ φάσματα δείξειν, Ios. bell. Iud. VII, 438) in die Wüste hinausführte.[29]

IV. Der Tempel im Markusevangelium

Wenn man das Markusevangelium als zeitgeschichtliches Dokument aus der Zeit des Jüdischen Krieges ansehen kann, stellt sich die Frage, wie die Zeitgeschichte in diesem Text verarbeitet wird. Einen ersten Anhaltspunkt dafür bietet die Tempelthematik. Allerdings ist auch hier Vorsicht geboten. Denn die meisten Aussagen über den Tempel im Markusevangelium sind in hohem Maße enigmatisch und lassen eine Vielzahl von Deutungen zu.[30] So ist das Tempelwort im Prozeß Jesu (Mk 14,58) an sich schon rätselhaft. Darüber hinaus wird es vom Erzähler noch als „falsches Zeugnis" entwertet. Auch die Notiz vom Zerreißen des Tempelvorhangs (Mk 15,38) hat eine Unzahl an Deutungen hervorgerufen, ohne daß sich nur annähernd ein Konsens dazu abzeichnet.[31] Zwar legen die Rahmung durch den Tod Jesu (Mk 15,37) und das ,Bekenntnis' des Hauptmanns (Mk 15,39) den Verdacht nahe, daß sie nicht einfach deskriptiv gemeint ist, sondern eine symbolische Bedeutung hat. Aber worin diese symbolische Bedeutung liegt, läßt sich aus dem Text selbst nicht bestimmen. Ähnliches gilt auch für die Verfluchung des Feigenbaums in Mk 11,12–14.20–25, die dadurch, daß sie die Perikope von der ,Tempelreinigung' rahmt, in Verbindung mit der Tempelthematik steht. Aber selbst wenn man sie in den Kontext des biblischen Feigenbaummotivs stellt (und damit den markinischen Text bereits verläßt), ist ihre Bedeutung alles andere als eindeutig.[32]

An allen diesen Stellen ist der Text offen. Ich muß als Leser meine eigene Phantasie einbringen, „zwischen den Zeilen lesen" oder literarische und historische Kontexte einbeziehen, um diesen Aussagen einen Sinn zu geben. Die meisten Ausleger machen sich diese Offenheit des Textes zunutze und gebrauchen gerade diese Stellen ungeniert als Sprungbrett für ihre gelehrten Interpretationen. Ein Beispiel dafür ist die Tendenz der Forschung, das vom Erzähler als „falsch" bezeichnete Tempelwort in Mk 14,58 zur Quintessenz der markinischen Tempel-

---

[29] Vgl. SCHENKE, Markusevangelium, 22f.
[30] Die Tempelthematik durchzieht die Kapitel 11–15 des Markusevangeliums. Schlüsselstellen sind: die Vertreibung der Händler und Wechsler aus dem Tempel (Mk 11,15–18), das Scherflein der Witwe (Mk 12,41–44), die Ankündigung der Zerstörung des Tempels (Mk 13,2), das falsche Tempelwort im Prozeß vor dem Hohen Rat (Mk 14,58) und im Munde der Spötter unter dem Kreuz (Mk 15,29) und das Zerreißen des Tempelvorhangs (Mk 15,38). Darüber hinaus ist darauf zu achten, daß die Lehrgespräche in Mk 11,27–12,44 bewußt im Tempel lokalisiert werden (vgl. Mk 14,49).
[31] Vgl. FELDMEIER, Der Gekreuzigte, 214–217 und 227–229.
[32] Wie vieldeutig dieses Motiv ist, zeigt BÖTTRICH, Jesus, 342–348.

theologie zu machen.[33] Verheerend ist dabei die Neigung, eher die expliziten Aussagen des Textes von der Interpretation der offenen Stellen her zu lesen als umgekehrt.

Angesichts der Gefahren, die sich aus der Offenheit des Textes ergeben, ist es sinnvoll, den Grundsatz zu beherzigen, mit dem Robert Horton Gundry seinen Markuskommentar einleitet: „Das Markusevangelium enthält keine Chiffren, keine verborgenen Bedeutungen, keine Taschenspielertricks: […] Nichts von alledem. Seine Bedeutung liegt auf der Oberfläche."[34] Für die Tempelthematik bedeutet das konkret: Es empfiehlt sich, (a) dort anzufangen, wo Markus das Tempelthema einführt, und sich bei der Interpretation auf das zu konzentrieren, was an der Textoberfläche explizit ausgesagt wird. Erst anschließend kann man fragen, wie die hier gesetzten Wegmarkierungen (b) im Markusevangelium fortgeführt werden und wie sie sich aus dem (c) literarischen und (d) historischen Kontext erhellen lassen.

(a) Die Stelle, an der Markus das Tempelthema einführt, ist die sogenannte Tempelreinigung in Mk 11,15–19. Genaugenommen taucht das Heiligtum zuerst in Mk 11,11 auf. Nach seinem triumphalen Einzug in Jerusalem geht Jesus geradewegs in den Tempel und schaut sich alles rundherum an. Mehr geschieht hier noch nicht. Jesus reagiert auf das, was er sieht, nicht unmittelbar,[35] sondern erst am nächsten Tag. Die in Mk 11,15f. geschilderte Aktion Jesu ist aus markinischer Sicht also keine spontane Handlung, sondern wohlüberlegt. Sie richtet sich explizit gegen die ökonomischen Aspekte des Heiligtums: gegen Käufer und Verkäufer im allgemeinen, gegen die Geldwechsler und Taubenverkäufer im besonderen und gegen jeden, der irgendein Gerät durch den Tempel trägt. Der ökonomische Aspekt wird durch das verwendete Vokabular unterstrichen.[36]

Anschließend erläutert Jesus, was er tut. Der erste Teil der Erläuterung besteht aus einem Zitat aus dem Jesajabuch (Jes 56,7 in Mk 11,17): „Mein Haus soll ein Haus des Gebets für alle Völker genannt werden." Dieses Zitat bewertet den Tempel positiv als „Haus Gottes" und qualifiziert ihn genauer als „Gebetshaus für alle Völker". Diese positive Wertschätzung ist der Ausgangspunkt für alles, was im weiteren Verlauf der Erzählung über den Tempel gesagt wird. Aber schon der zweite Teil der Erläuterung Jesu enthält eine Anklage: „Ihr aber habt es zu einer Räuberhöhle gemacht." Dies ist zwar eine negative Aussage über den Tempel, aber nicht in dem Sinne, daß er an sich schlecht wäre, sondern daß er dazu gemacht wurde. Das Grundproblem besteht darin, daß der an sich gute Tempel, das

---

[33] Vgl. außer GASTON, Stone, und ÅDNA, Stellung, (siehe oben) etwa BIGUZZI, Tempio, 114–134 und 173.

[34] GUNDRY, Mark, 1: „The Gospel of Mark contains no ciphers, no hidden meanings, no sleight of hand: […] None of those. Mark's meaning lies on the surface."

[35] Wie zum Beispiel in der matthäischen Parallele (Mt 21,1–13).

[36] Mk 11,15 verwendet in gehäufter Form ökonomische Begriffe: πωλέω (zweimal), ἀγοράζω, τράπεζα und κολλυβιστής.

„Haus Gottes", korrumpiert wurde. Gegen wen sich die Anklage richtet, wer also mit dem „ihr aber" (ὑμεῖς δέ) in V. 17 gemeint ist, wird in der Einleitung der Rede nicht gesagt, vom Erzähler also im Unklaren gelassen. Gleich im Anschluß aber wird eine Gruppe herausgegriffen, die zugehört hat und sich angesprochen fühlt: die „Hohenpriester und Schriftgelehrten". Von ihnen wird einerseits gesagt, daß sie Jesus aus dem Weg räumen wollen, andererseits, daß sie die Menge fürchten. Damit sind die Hohenpriester und Schriftgelehrten als Kontrahenten Jesu eingeführt. Gleichzeitig wird die Tempelthematik in den Konflikt zwischen Tempelführung (Hohepriester und Schriftgelehrte) und Volk eingeordnet.

(b) Die Perikope von der Tempelreinigung ist also im Unterschied zu den anderen Schlüsselstellen zur Tempelthematik erstaunlich klar: Man kann sie verstehen, ohne zwischen den Zeilen zu lesen. Für Theologen mag es unbefriedigend sein, daß sich die Aktion Jesu gegen die ökonomischen Aspekte des Heiligtums richtet. Deshalb wird häufig genau hier angesetzt, um nach einer tieferen ‚eigentlichen' Bedeutung zu suchen, die dann in einer fundamentalen Kultkritik bestehen soll. Aber eine explizite Kritik am Opferkult gibt es im Markusevangelium nur an einer Stelle: In Mk 12,33 erklärt ausgerechnet ein Schriftgelehrter, daß Gottes- und Nächstenliebe mehr sind als alle Brandopfer und Schlachtopfer. Für eine dezidiert „christliche" Kritik am „jüdischen" Opferkult gibt auch diese Stelle nicht viel her. Die Kritik am Geld spielt dagegen im Markusevangelium auch sonst eine Rolle. Schon in Mk 6,35–37 muß Jesus die Jünger umständlich darauf hinweisen, daß es nicht darum geht, für Geld Brot zu kaufen. Besonders auffällig aber ist die Perikope vom Scherflein der Witwe in Mk 12,41–44, unmittelbar nachdem Jesus seine Kritik an den Schriftgelehrten in Mk 12,40 sozial zugespitzt hat. Auch an dieser Stelle wird die Beteiligung der Witwe am Tempelkult nicht als unsinnige Unterstützung eines längst obsoleten Kultes verurteilt. Statt dessen wird Geld als Maßstab für die religiöse Hingabe in Frage gestellt.[37] Die Witwe wird nicht getadelt, sondern sie wird zum Beispiel dafür, wie die Schriftgelehrten „die Häuser der Witwen verzehren" (Mk 12,40).

Diese soziale Komponente zieht sich auch durch den Konflikt zwischen Jesus und den Hohenpriestern, der in Mk 12,12 und 14,1–2 fortgeführt wird. An beiden Stellen konkretisieren die Hohenpriester und Schriftgelehrten ihren Plan, Jesus zu beseitigen. An beiden Stellen wird ausdrücklich ihre Angst vor der Menge erwähnt. Erst vor dem römischen Statthalter Pilatus gelingt es ihnen, die Menge auf ihre Seite zu ziehen, indem sie sie überreden, anstelle der Herausgabe Jesu die des Aufrührers Barabbas zu fordern. Am Ende sind alle gegen Jesus; dadurch wird aber nicht der Konflikt beseitigt, der vorher systematisch aufgebaut wurde. Die Tragik der Handlung besteht genau darin, daß auch diejenigen, die auf Jesu Seite stehen müßten, ihn am Ende verraten oder im Stich lassen.

---

[37] Auch die Perikope von der Salbung Jesu in Bethanien (Mk 14,1–11) läßt sich in den Kontext der markinischen Kritik am Geld einordnen (vgl. LÜCKING, Mimesis, 69–71 und 102f.).

Daß das Motiv der Völkerwallfahrt, das in dem Zitat aus Jes 56,7 in Mk 11,17 anklingt, für das Markusevangelium von besonderer Bedeutung ist, gilt in der Forschung als selbstverständlich. Interessant ist dabei, wie dieses Thema in die Handlung eingeführt wird. Denn in der Perikope von der Syrophönizierin (Mk 7,24–30) zeigt sich Jesus äußerst abweisend gegenüber Heiden und muß von der Griechin aus Tyros durch eine geschickte Argumentation erst davon überzeugt werden, daß er ihrer Tochter hilft beziehungsweise – um in der Metaphorik der Argumentation zu bleiben – daß von dem Brot, das Jesus kostenlos verteilt, auch etwas für die Heiden übrig ist. Die Öffnung gegenüber den Völkern wird also als Lernprozeß dargestellt. Meistens aber wird genau das, was man selbst erst mühsam erlernen mußte, besonders wichtig.

(c) Wie steht es um den *literarischen Kontext* der Tempelreinigung? Auch hier empfiehlt es sich, zunächst den intertextuellen Verbindungen nachzugehen, die im Text bewußt angelegt sind. Während als erster Teil der Begründung Jesu ein Zitat aus dem Jesajabuch verwendet wird, ist der zweite Teil der Begründung eine deutliche Anspielung auf die Tempelrede Jeremias, die ebenso in dem Vorwurf gipfelt, daß das Haus Gottes zur Räuberhöhle gemacht worden sei (Jer 7,11). Auch für Jeremia wird der Tempel durch soziales Unrecht korrumpiert, durch die Unterdrückung von „Fremden, Waisen und Witwen" (Jer 7,6). Bekannt ist die Tempelrede Jeremias vor allem dadurch, daß sie die Zerstörung des Ersten Tempels voraussagt, und so enthält die Anspielung auf Jeremia implizit eine Ankündigung der Zerstörung des Tempels. Wer diese Anspielung versteht, kann auch verstehen, warum Jesus in Mk 13,2 dann ausdrücklich die Zerstörung des Tempels vorhersagt. Nicht er selbst wird ihn zerstören, wie das falsche Tempelwort in Mk 14,58 suggeriert; die Zerstörung ist vielmehr eine notwendige Folge der Korruption des Tempels. Bei Jesus wie bei Jeremia ist dabei klar, daß nur Gott selbst seinen Tempel zerstören kann. Deshalb ist das – aus markinischer Sicht ‚echte' – Tempelwort in Mk 13,2 auch im *Passivum divinum* formuliert.

Für die Vertreibung der Händler und Wechsler gibt es zwar keine direkten Parallelen. Trotzdem können verschiedene literarische Kontexte veranschlagt werden, etwa aus den Psalmen Salomos (17,30–33) oder aus dem Sacharjabuch (14,16–21). Bei der Bedeutung, die das Jesajabuch für das Markusevangelium insgesamt und ausdrücklich auch an dieser Stelle hat, wäre zu erwägen, ob nicht auch Jes 55,1–5 im Hintergrund der Perikope steht. Dort wird das Motiv der Völkerwallfahrt („Heidenvölker, die du nicht kennst, werden zu dir kommen", Jes 55,5) mit der Einladung Gottes an alle, die kein Geld haben, verbunden („Auch wer kein Silber hat, kommt, kauft und eßt", Jes 55,1).

(d) Kommen wir zum *zeitgeschichtlichen Kontext*. Die Aktion Jesu richtet sich gegen Geldwechsler, Händler (insbesondere die Verkäufer von Tauben) und Personen, die Geräte durch den Tempel tragen. Um den Sinn dieser Aktion zu verstehen, ist eine genaue Kenntnis der historischen Hintergründe unerläßlich. So behaupten einige Forscher, daß das Verbot, Geräte durch den Tempel zu tragen, nicht so gedeutet werden kann, daß keine Alltagsgeräte durch das Tempelareal getragen werden dürften, weil es aufgrund der Anlage der Tempeltore unmöglich sei, das Tempelareal als Abkürzung zu benutzen.[38] Mk 11,16 müsse deshalb so verstanden werden, daß Jesus das Hindurchtragen von Kultgeräten verbiete und damit den Opferkult unterbinde.[39] Nun gibt es jedoch in der rabbinischen Literatur Belege für das Verbot, Alltagsgeräte durch das Tempelareal zu tragen,[40] wobei dieses Verbot auch auf die Synagogen übertragen wird. Zwar mag sich diese Vorschrift auf das zerstörte Tempelareal beziehen, wo die Anordnung der Tore keine Rolle mehr spielte, aber Josephus referiert in *Contra Apionem* II, 106 ein solches Verbot ausdrücklich für die Zeit, als der Tempel noch stand.[41]

Auch die Kritik an den Verkäufern von Tauben begegnet in der Mischna und anderen rabbinischen Schriften.[42] Besonders aufschlußreich ist mKer 1,7. Hier entscheidet Simeon b. Gamaliel (der in den Jahren vor der Zerstörung Jerusalems gewirkt hat), daß wegen des überhöhten Preises der im Tempel verkauften Tauben die Anzahl der erforderlichen Opfer reduziert wird. Daraufhin fiel der Preis (aufgrund der gesunkenen Nachfrage?) deutlich. Da Tauben in den meisten Fällen als Opfertiere für Arme dienten, die sich keine größeren Opfertiere leisten konnten (vgl. Lev 5,7; 12,8; 14,22.30),[43] liegt es in der Intention des Gesetzes, den Armen die Erfüllung der Opfervorschriften zu ermöglichen, so daß sich Simeon b. Gamaliel zu einem zusätzlichen Dispens berechtigt sah.[44] Überhöhte Preise sind in diesem Fall ein besonders schweres soziales Unrecht, weil sie eine religiöse Pflicht zum eigenen Vorteil ausnutzen; sie könnten deshalb der Hintergrund für Jesu Vorgehen gegen die Taubenhändler gewesen sein.

Für den Angriff gegen die Geldwechsler gibt es dagegen in den rabbinischen Schriften keine Parallelen. Dabei bestand die Aufgabe der Geldwechsler keineswegs darin – wie zuweilen noch zu lesen ist[45] –, „heidnische" Münzen gegen solche Münzen einzutauschen, auf denen kein Gott abgebildet war. Tatsächlich wurde die Tempelsteuer in tyrischen Schekeln erhoben, auf denen der Stadtgott von

---

[38] Vgl. z.B. ÅDNA, Stellung, 259f., und LIMBECK, Markus-Evangelium, 163f.

[39] So LIMBECK, Markus-Evangelium, 164. Anders argumentieren BAUCKHAM, Demonstration, 77f., und ÅDNA, Stellung, 261f.: Im Anschluß an Mk 11,15 müsse sich auch 11,16 auf den Tempelmarkt beziehen. Bauckham denkt dabei an Mehl, Öl und Wein, die zum Opfer bestimmt waren, Ådna an Geldtransporte. Meines Erachtens sind beide Interpretationen zu voraussetzungsvoll, weil sie σκεῦος mit einem technischen Sinn belegen, für den sie keine griechischen Belege angeben können.

[40] Vgl. zum Beispiel mBer 9,5.

[41] „Denique nec vas aliquod portari licet in templum" – „Schließlich ist es auch nicht erlaubt, irgendein Gerät in den Tempel zu tragen" (Ios. c. Ap. II, 106).

[42] Vgl. zum Beispiel mKer 1,7; bPes 57a, Targum Jonathan Hag 2,3.

[43] Daneben sind Tauben für folgende Fälle als Opfertiere vorgeschrieben: nach der Reinigung eines Mannes von einem Ausfluß (Lev 15,14), nach dem Ende der Monatsblutung (Lev 15,29) und für den Fall, daß ein Gottgeweihter mit einem Toten in Berührung kommt (Num 6,10).

[44] Vgl. BAUCKHAM, Demonstration, 76f.

[45] Vgl. GNILKA, Evangelium, 128.

Tyrus abgebildet war. Allerdings scheint diese Tatsache im zeitgenössischen Judentum genausowenig auf Kritik gestoßen zu sein wie später bei den Rabbinen. Der tyrische Schekel zeichnete sich durch seine hohe Wertbeständigkeit aus. Im Unterschied zu anderen antiken Münzen blieb sein Silbergewicht über die Jahrhunderte sehr konstant.[46] Er war deshalb besonders geeignet, die strengen Anforderungen an das Silbergewicht zu erfüllen, die in Ex 30,13 aufgestellt werden.

Worauf könnte sich die Kritik Jesu (beziehungsweise des Markusevangeliums) bezogen haben? Ein möglicher Angriffspunkt liegt in der Anlage der Tempelsteuer selbst: Als reine Kopfsteuer war sie sozial äußerst problematisch.[47] Man könnte das Beispiel vom Scherflein der Witwe von daher auch als Kritik an dem abstrakten Gleichheitsprinzip verstehen, das der Kopfsteuer zugrunde liegt. Allerdings ist die Witwe als Frau gar nicht verpflichtet, die Tempelsteuer zu zahlen. Von daher liegt es nahe, daß sich der Angriff gegen die Geldwechsler in Mk 11,15 nicht gegen die Tempelsteuer an sich richtet,[48] sondern gegen ihren Mißbrauch. Ein weiteres Indiz dafür ist die seltene Bezeichnung κολλυβιστής für „Geldwechsler" (anstelle des üblichen τραπεζίτης). Sie ist von dem Wort κόλλυβος (aram. קלבוֹס) abgeleitet, mit dem der Aufschlag für den Geldwechsler bezeichnet wird.[49] Neben dem Profit der Geldwechsler konnten auch andere finanztechnische Funktionen, die der Jerusalemer Tempel wie andere antike Tempel übernommen hatte, als Mißbrauch empfunden worden sein, etwa die Einlagerung von privatem Geldvermögen und von Schuldscheinen.[50] Der Tempel stellte ein ausgedehntes ökonomisches System dar, zu dem auch das Monopol für den Verkauf von Tauben als Opfertiere und die Marktaufsicht über den Verkauf der anderen Opfertiere gehörte. Die Aktion Jesu richtet sich gezielt gegen den äußeren Teil dieses Systems und kann deshalb als Angriff auf die Finanzverwaltung des Tempels insgesamt verstanden werden.

Eine Kritik an der Tempelpriesterschaft in den Jahren zwischen 6 v. Chr. und 60 n. Chr. enthält auch bPes 57a, wo die priesterlichen Familien, die in dieser Zeit die Hohenpriester stellten, wegen Intrigen, Nepotismus und Korruption angeklagt werden. Welches soziale Konfliktpotential mit den finanztechnischen Funktionen des Tempels verbunden war, wird an einer Szene aus dem *Bellum Judaicum* deutlich, in der die Aufständischen die in den Tempelarchiven deponier-

---

[46] Vgl. BEN-DAVID, Jerusalem, 8–16.

[47] Der mosaische Gesetzestext ist sich dessen durchaus bewußt (vgl. Ex 30,15).

[48] Gegen BAUCKHAM, Demonstration, 73f., der das Vorgehen gegen die Geldwechsler im Anschluß an Mt 17,24–27 als Angriff gegen die Tempelsteuer versteht. Das Scherflein der Witwe stünde für das Alternativmodell einer freiwilligen Abgabe. Das Problem liegt in der Auslegung von Mt 17,24–27: Meines Erachtens bezieht sich diese Perikope im matthäischen Kontext auf die Frage, wie Judenchristen zum *fiscus Judaicus* stehen, der in der Zeit des Matthäus die Tempelsteuer ersetzt hat.

[49] Vgl. SPICQ, Notes, 431f. Das Wort ist außerhalb der Evangelien und der Kirchenväterkommentare zur Stelle fast nirgendwo belegt.

[50] Zur Funktion des Tempels als Bank vgl. HAMILTON, Cleansing, 366–370.

ten Schuldscheine verbrennen, um sich – wie Josephus meint – den Unmut der Besitzlosen gegen die Besitzenden zunutze zu machen (vgl. Ios. bell. Iud. II, 427). Nicht zufällig ist dies die erste Aktion, in der sich der Volkszorn in Jerusalem entlädt.

> „Zusammen mit diesen trugen sie das Feuer zu den Archiven, um eilig daran zu gehen, die Schuldurkunden zu beseitigen und die Eintreibung der Schulden unmöglich zu machen, damit sie die Menge der Schuldner auf ihre Seite ziehen und die Besitzlosen gegen die Besitzenden aufwiegeln. Da aber die Buchhalter geflohen waren, konnten sie das Feuer legen." (Ios. bell. Iud. II, 427)

Wenn das Markusevangelium vor diesem historischen Hintergrund gelesen wird, gewinnt auch die Begründung Jesu einen konkreten zeitgeschichtlichen Sinn. George Wesley Buchanan[51] sieht in der Bezeichnung „Räuberhöhle" eine Anspielung auf die Besetzung des Tempelareals durch die Zeloten. Allerdings paßt diese Interpretation nicht zu der Tatsache, daß die Hauptgegner im Markusevangelium die „Hohenpriester und Schriftgelehrten", also die Vertreter der Jerusalemer Oberschicht sind. Vor dem Hintergrund des Jüdischen Krieges hat der Vorwurf der „Räuberhöhle" genau darin seine Pointe, daß die Jerusalemer Oberschicht mit demselben pejorativen Begriff versehen wird, den sie für die ländlichen Zeloten verwendet.

Auch die positive Bewertung des Heiligtums als „Haus des Gebets für alle Völker" gewinnt vor dem Hintergrund des Jüdischen Krieges eine brisante Aktualität. Denn eine der Maßnahmen, die nach der Meinung des Josephus schließlich zum Ausbruch des Krieges führten, war die Verweigerung der Opfer von Fremden:

> „Gleichzeitig gelang es auch dem damaligen Tempelhauptmann Eleazar, Sohn des Hohenpriesters Ananias, einem verwegenen jungen Mann, die im Tempel diensttuenden Hohenpriester zu überreden, von Fremden keine Gaben oder Opfer mehr anzunehmen. Das aber war der Grundstein für den Krieg gegen die Römer; denn darüber schafften sie auch das Opfer für den Kaiser ab." (Ios. bell. Iud. II, 409)

Aus der Sicht des Markusevangeliums ist diese Maßnahme aus den Kreisen der Jerusalemer Oberschicht ein tragischer Fehler. Denn sie macht genau das zunichte, was für Markus die positive Bestimmung des Tempels ausmacht: ein Wallfahrtsort für alle Völker zu sein. Dieser Fehler wiegt um so schwerer, als die Idee von der Völkerwallfahrt im 1. Jh. unserer Zeitrechnung nicht mehr nur eine fromme Utopie war. Denn unter den Pilgern gab es Proselyten und Gottesfürchtige aus allen Völkern. Die Ambivalenz der Tempelthematik im Markusevangelium rührt daher, daß gerade die Bedeutung des Tempels als Ziel der Völkerwallfahrt durch die nationalistische Ausrichtung des Aufstands zunichte gemacht worden ist.

---

[51] Vgl. BUCHANAN, Money-Changers, 288f.

So bleibt als Fazit festzuhalten: Der Text von Mk 11,15–18 weist an der Oberfläche einen klaren Sinn auf, der sich sehr gut in die literarischen und historischen Kontexte des Markusevangeliums einfügt. Der Tempel ist für Markus grundsätzlich etwas Positives von hohem Wert: das Haus Gottes, das ein Gebetshaus für alle Völker sein soll. Auch die Ankündigung seiner Zerstörung ist von daher zu sehen. Die Zerstörung geht nicht – wie es das falsche Tempelwort in Mk 14,58 suggeriert – von Jesus aus, sondern ist aus markinischer Sicht eine Konsequenz der Korruption des Heiligtums durch die „Hohenpriester und Schriftgelehrten", die ihren tragischen Höhepunkt in der Verweigerung der Opfer von Fremden erreicht.

V. Die markinische Erzählung als Krisenbewältigung

Nun ist das Markusevangelium jedoch genausowenig ein Traktat über die theologische (oder ökonomische) Bedeutung des Tempels, wie es ein historischer Bericht über die Situation der Christen im Jüdischen Krieg ist. Es ist eine Erzählung. Um das Markusevangelium als Reaktion auf die Katastrophe des Jahres 70 n. Chr. verstehen zu können, muß diese literarische Form ernst genommen werden.

Im Anschluß an Aristoteles läßt sich die Erzählung als eine literarische Form begreifen, die allgemeine Erkenntnisse über den Bereich des menschlichen Handelns vermittelt.[52] Dabei ist die menschliche Praxis aus aristotelischer Sicht ein Bereich, in dem keine eindeutigen Erkenntnisse möglich sind, weil sich aufgrund der menschlichen Handlungsfreiheit alles auch ganz anders verhalten kann. Ähnlich wie die Rhetorik, die sich in anderer Form auf die menschliche Praxis bezieht, kann die Erzählkunst deshalb nicht zu notwendigen, sondern nur zu wahrscheinlichen Aussagen kommen. Allgemeingültigkeit erlangt sie dadurch, daß sie die extremen Möglichkeiten menschlicher Praxis auslotet: das mögliche Glück oder die mögliche Hölle, die im Handeln angelegt sind (vgl. Aristot. poet. 1450a). Die Wahrheit einer Erzählung besteht dieser Vorstellung zufolge auch nicht darin, daß sie die Widersprüchlichkeit menschlicher Praxis in widerspruchsfreie allgemeine Lehren auflöst, sondern darin, daß sie diese Widersprüchlichkeit in eine intelligible Form überführt.[53] In Anlehnung an Theodor W. Adorno kann man die literarische Form der Erzählung als „gewaltlose Synthese des Zerstreuten" bezeichnen, „die es doch bewahrt als das, was es ist, in seiner Divergenz und seinen Widersprüchen"; sie ist „darum tatsächlich eine Entfaltung von Wahrheit".[54]

---

[52] Vgl. seine Bestimmung der Tragödie als μίμησις πράξεως (Aristot. poet. 1449b u. ö.) und den Vergleich zwischen Poetik und Geschichtsschreibung (1451a–b). Zur aristotelischen Poetik als Erzähltheorie vgl. LÜCKING, Mimesis, 27–38, und RICŒUR, Temps, 66–104 (= Zeit, 54–86).

[53] Vgl. RICŒUR, Temps, 90 (= Zeit, 75).

[54] ADORNO, Theorie, 216. Ähnlich auch RICŒUR, Temps, 128 (= Zeit, 106), der die Erzählung als „synthèse de l'hétérogène" bezeichnet.

Stefan Lücking

Deshalb ist die Form der Erzählung in besonderer Weise geeignet, um die ambivalenten Erfahrungen der christlichen Gemeinden in der Katastrophe des Jüdischen Krieges zu verarbeiten. Es ist daher auch damit zu rechnen, daß Markus die von ihm erfahrenen Widersprüche nicht einfach in theologisch beziehungsweise ideologisch eindeutige Aussagen überführt, sondern vielmehr in erzählerischer Form entwickelt. Das für die Verarbeitung von Widersprüchen entscheidende erzählerische Element ist die Peripetie, das Umschlagen der Handlung auf ihrem Höhepunkt: vom Mehrdeutigen zum Zwangsläufigen, vom Glück ins Unglück oder umgekehrt. Die Peripetie nimmt die Widersprüchlichkeit menschlicher Praxis sowohl inhaltlich als auch formal in sich auf: inhaltlich, weil sie erklärt, warum die Guten ein tragisches Ende erleben, die Schlechten dagegen ein Happy-End. Formal, weil sie zwar unerwartet kommt, aber doch so, daß sie im Nachhinein als notwendig erscheint. Der zentrale Widerspruch des Markusevangeliums besteht darin, daß Jesus sich gerade durch seinen Tod am Kreuz als Messias und Sohn Gottes erweist. Den Lesern des Evangeliums wird die entscheidende Verstehenshilfe gleich am Anfang gegeben: Bei seiner Taufe hört Jesus eine Himmelsstimme, die ihn als Sohn Gottes bestätigt (Mk 1,10f.). In der erzählten Welt handelt es sich um eine Privatoffenbarung, die nur an Jesus ergeht. Anders als die Leser wissen die anderen Akteure nichts davon. Und deshalb handeln sie, nachdem Jesus vorausgesagt hat, daß „der Menschensohn […] von den Ältesten, Hohenpriestern und Schriftgelehrten getötet werden muß" (Mk 8,31), genau so, daß sie mit ihren Handlungen diese Voraussage Jesu in Erfüllung gehen lassen. Durch diesen Kunstgriff gelingt es Markus, den Erfahrungen und Handlungen der einzelnen Akteure von der Gesamtkonzeption der Erzählung her einen unerwarteten neuen Sinn zu geben.

Nach Aristoteles dient die Handlungsstruktur der Erzählung der *Katharsis*, der Reinigung von Jammern und Furcht durch Hervorrufen von Jammern und Furcht (Aristot. poet. 1449b): Indem ich meine widersprüchlichen Erfahrungen mit der Wirklichkeit in spielerischer Form neu erlebe, verlieren sie ihren Schrecken. Auch für das Markusevangelium ist die erzählerische Handlungsstruktur der Rahmen, in dem die Erfahrungen der intendierten Leser verarbeitet werden. Hinweise darauf, wie die konkrete zeitgeschichtliche Erfahrung der markinischen Gemeinde in der Erzählung umgesetzt wird, finden sich in der Endzeitrede in Mk 13. Gerade in den speziell an die Jünger gerichteten Ankündigungen und Mahnungen gibt es nämlich eine Reihe von Elementen, die im Verlauf der Passionsgeschichte aufgegriffen werden.[55]

---

[55] Vgl. LIGHTFOOT, Message, 48–59.

Mk 13	Mk 14–15
„Sie liefern euch aus…" (παραδίδωμι in 13,9.11.12)	Jesu Auslieferung in den Tod (παραδίδωμι in 14,10.11.18.21.41.42. 44; 15,1.10.15; vgl. 3,19; 9,31; 10,33bis)
„Sie werden euch an Synedrien ausliefern und in Synagogen bestrafen" (13,9)	Jesus wird im Synedrium verhört, verurteilt und mißhandelt (14,55–65)
„Vor Statthalter und Könige werdet ihr gestellt" (13,9)	Jesus wird an Pilatus ausgeliefert und von ihm verhört (15,1–15)
„Und an alle Völker muß zuerst das Evangelium verkündet werden" (13,10)	„…wo immer in der ganzen Welt das Evangelium verkündet wird" (14,9)
Die engsten Verwandten liefern einander in den Tod aus (13,12)	Einer der Tischgenossen Jesu liefert ihn in den Tod aus (14,18.21.43–45)
„Die Sonne wird sich verdunkeln…" (13,24)	Finsternis über dem ganzen Land (15,33)
„Sie sehen den Menschensohn kommen" (13,26)	„Ihr werdet den Menschensohn kommen sehen" (14,62)
Die Aufforderung an Petrus, Jakobus, Johannes und Andreas, zu wachen (γρηγορέω in 13,34.35.37)	Ausgerechnet Petrus, Jakobus und Johannes können in Gethsemane nicht wachen (γρηγορέω in 14,34.37.38)
„Über jenen Tag oder jene Stunde…" (13,32)	„Die Stunde" (14,35.41)

Das Wort παραδίδωμι („ausliefern") wird im Markusevangelium bis auf zwei Ausnahmen[56] immer in dem Sinne gebraucht, daß eine unschuldige Person zur Vollstreckung der Hinrichtung in die Gewalt der Behörden „übergeben" wird. In der Endzeitrede sind es die Jünger Jesu, die in die Gewalt von „Hohen Räten und Synagogen" (εἰς συνέδρια καὶ εἰς συναγωγάς) sowie „Statthaltern und Königen" (ἐπὶ ἡγεμόνων καὶ βασιλέων) übergeben werden. Im sonstigen Evangelium ist es stets[57] Jesus beziehungsweise „der Menschensohn", der in den Tod ausgeliefert wird – und zwar an den „Hohen Rat" (14,44 Judas der „Verräter", 14,55–64 Verhör vor dem Hohen Rat) und an den „Statthalter" Pilatus (15,1).

---

[56] Mk 4,29 (die Frucht „übergibt") und 7,13 (die Tradition wird „überliefert").
[57] Ausnahme: Mk 1,14 wird Johannes der Täufer „ausgeliefert".

Die besondere Tragik liegt darin, daß die Auslieferung in die Gewalt der Mächtigen durch besonders nahestehende Personen erfolgt: In Mk 13,12 liefern die engsten Verwandten einander in den Tod aus. In der Abendmahlserzählung wird ein besonderer Akzent darauf gelegt, daß einer der Tischgenossen Jesu ihn in den Tod ausliefern wird (Mk 14,18.21), was durch das Zeichen des freundschaftlichen Kusses auch geschieht (43–45). Der Text von Mi 7,6, an den sich Mk 13,12 anlehnt, weist in seinem Kontext Vorstellungen auf, die auch für die markinische Erzählung maßgeblich sind: Daß man sich auf seine Freunde am wenigsten verlassen kann (Mi 7,5), erfährt Jesus am eigenen Leibe. Die Mächtigen werden in Mi 7,3 genauso negativ gesehen wie in Mk 10,42. Schließlich läßt sich auch die Verfluchung des Feigenbaums in Mk 11,12–14 vor dem Hintergrund von Mi 7,1–6 lesen. Denn von allen biblischen Parallelen entspricht die in Mi 7,1 geschilderte Situation derjenigen in Mk 11,12–14 am ehesten.

Das Motiv des „Wachens", das den Schlußteil der Endzeitrede bestimmt, wird vor allem in der mitternächtlichen Szene im Garten Gethsemane wiederaufgenommen. Ausgerechnet Petrus, Jakobus und Johannes, an die Jesus die Aufforderung zur Wachsamkeit in Mk 13,33–37 gerichtet hat, bringen es in Gethsemane nicht fertig, auch nur eine Stunde zu wachen (Mk 14,37). Dieses deutliche Wiederaufgreifen läßt vermuten, daß auch einige subtilere Bezüge vom Evangelisten bewußt gesetzt worden sind. So geht es in Gethsemane (14,35.41) wie auf dem Ölberg (13,32) um „*die* Stunde". Und so wird das Versagen der Menschen genau zu den Zeiten der Nachtwache geschildert, die in der Endzeitrede angekündigt werden: Am Abend, beim Abendmahl wird den Jüngern alles vorausgesagt, um Mitternacht im Garten Gethsemane schlafen sie im wörtlichen Sinne ein, zum Hahnenschrei (durch die Vorankündigung Jesu besonders betont) wird Jesus von Petrus verleugnet, und am Morgen entscheidet sich die Menge für Barabbas statt für Jesus.[58]

In der Endzeitrede wie in der Passion geht es schließlich um das Kommen des Menschensohns. In der Passion steht es sogar an der einzigen Stelle im Evangelium, an der sich Jesus selbst als Messias offenbart: beim Verhör vor dem Hohen Rat, wo dieses Bekenntnis zugleich das Todesurteil besiegelt (Mk 14,62–64). Dieses Bekenntnis ist die entscheidende Peripetie im Markusevangelium. Was sich von Anfang an abzeichnete und was Jesus selbst seit Mk 8,30 in aller Offenheit angekündigt hat, wird nun in der Erzählhandlung umgesetzt: daß Jesus der Messias und Sohn Gottes ist und daß er deshalb leiden und sterben muß. So ist es kein Wunder, daß in diesem Moment auch die Handlungslinien der anderen Charaktere, die in ihrem den Lesern gegenüber begrenzten Wissen die Lage verkennen, ihre entscheidende Wendung vollziehen: Der Jünger, der in Mk 14,31 Jesus noch die Treue geschworen hat, verleugnet ihn in 14,66–72. Die Hohenpriester, die seit Beginn der Erzählung der Menge

---

[58] Vgl. LIGHTFOOT, Message, 48–59.

mißtrauisch gegenüberstanden (Mk 11,18.32; 12,12; 14,1f.), finden nun ihre Unterstützung (Mk 15,11). Ihr Erfolg ist jedoch ein fataler Fehler, denn aus der Perspektive des Erzählers verurteilen sie den Sohn Gottes zum Tode.

Die Parallelen zwischen Endzeitrede und Passion Jesu setzen das Schicksal der Jünger – und damit die aktuelle Krisenerfahrung der christlichen Gemeinden – zum Leiden und Sterben Jesu in Beziehung. Auf diese Weise erleben die Leser in der Passion Jesu ihre eigene Geschichte. Die Erfahrung des Jüdischen Krieges und der Zerstörung des Jerusalemer Tempels wird im Markusevangelium durch die aktualisierte Nacherzählung von Leiden und Tod Jesu aufgearbeitet. Beide Krisenerfahrungen interpretieren sich dabei gegenseitig. Einerseits gewinnt Markus aus der aktuellen Krisenerfahrung einen Blick auf die Passion, der durch den Glauben an die Auferstehung verdeckt wird: Jesus ist nach irdischen Maßstäben gescheitert und eines schmählichen, keineswegs heroischen Todes gestorben. Andererseits verlieren die aktuelle Krisensituation und das Ausbleiben der Parusie ihre Ausweglosigkeit. Ähnlich wie die Jünger Jesu später doch noch die Auferstehung erlebt haben, müssen auch diejenigen, an die sich Markus wendet, die Hoffnung auf die Parusie nicht aufgeben: Sie kommt, aber eben anders als erwartet.

Nach meinem Verständnis will Markus seine Leser und Zuhörer dazu befähigen, die Ambivalenz ihrer Situation zu ertragen. Genauso aussichtslos wie ihre aktuelle Situation hat sich für die Zeitgenossen das Leiden und Sterben Jesu dargestellt. Genausowenig wie sich die Erhöhung Jesu zum endzeitlichen „Menschensohn" durch ein wunderbares Eingreifen Gottes vor seinem Tod ereignet hat, wird sich die Parusie des Menschensohns durch ein wunderbares Eingreifen Gottes in die Wirren des Jüdischen Krieges ereignen.

Wenn es zutrifft, daß das Markusevangelium der erste schriftliche Text ist, der das Leben, Leiden und Sterben Jesu erzählt, könnte im zeitgeschichtlichen Hintergrund des Jüdischen Krieges der Schlüssel für die Entstehung der Gattung Evangelium liegen: Erst die aktuelle Krisenerfahrung macht es möglich, hinter der Botschaft von der Auferstehung das Leiden und Sterben Jesu als eine traumatische Krise des christlichen Glaubens zu erinnern, in der Jesus selbst sich von Gott und allen Menschen verlassen fühlt und in der die Jünger Jesu in jeder Hinsicht versagen. Für Markus ist die Krise so grundlegend, daß er nicht einmal wagt, die Auferstehung zu erzählen, sondern es bei einer Auferstehungsbotschaft beläßt, die von den Figuren der erzählten Welt nicht weitergegeben wird (vgl. Mk 16,6–8).[59]

---

[59] Vgl. hierzu KELBER, Gospel, 185–199. Für grundlegend halte ich sein Argument, daß sowohl die Kohärenz der Erzählung als auch die realistische Darstellung der Kreuzigung die Distanz zu den Ereignissen voraussetzen (vgl. KELBER, Gospel, 187f. und 193f.).

VI. Ausblick

„Die ungelösten Antagonismen kehren wieder in den Kunstwerken als die immanenten Probleme ihrer Form."[60] Das Markusevangelium ist aus einer konkreten, noch offenen Krisensituation heraus entstanden. In der neutestamentlichen Forschung wird die Offenheit der Situation jedoch häufig verkannt. Symptomatisch ist eine Bemerkung Gerd Theißens, der Mk 13,2 deshalb für ein *Vaticinium ex eventu* hält, weil diese Fassung des Tempelwortes im Unterschied zu der Fassung in Mk 14,58 auf die Ankündigung des Wiederaufbaus verzichtet, der durch die Ereignisse unwahrscheinlich geworden sei.[61] Diese Argumentation setzt die Vorstellung voraus, daß die Endgültigkeit der Zerstörung den Zeitgenossen unmittelbar bewußt gewesen ist. Eine solche Vorstellung ist jedoch wenig plausibel.[62] Daß der Tempel inzwischen fast zweitausend Jahre lang nicht wieder aufgebaut worden ist, konnte in den siebziger Jahren des 1. Jh.s n. Chr. niemand wissen. Läge der Akzent von Mk 13,2 wirklich auf der Endgültigkeit der Zerstörung, wäre dieser Satz eine der erstaunlichsten Voraussagen der Literaturgeschichte. Unabhängig von der Frage nach der historischen Plausibilität eines Wiederaufbaus ist damit zu rechnen, daß die historische Tragweite der Katastrophe erst allmählich ins Bewußtsein der Zeitgenossen gedrungen ist.

Aus der Offenheit der Krise rührt die Offenheit der Erzählung, die sich nicht nur am offenen Schluß in Mk 16,8 manifestiert. Die Ambivalenz der Tempelthematik und die Rätselhaftigkeit der Bilder, mit denen sie in Mk 14,58 und 15,38 fortgeführt wird, lassen sich dadurch erklären, daß das historische Schicksal des Tempels für Markus noch offen ist – und zwar unabhängig davon, ob der Autor des Markusevangeliums bereits nach der Zerstörung des Tempels schreibt oder nicht.

Der Tempel in Jerusalem ist für Markus nicht in kultischer Hinsicht von Interesse,[63] sondern als Identifikationssymbol. Er ist für ihn der Ort der Gegenwart Gottes und das Ziel der endzeitlichen Völkerwallfahrt, die in der Verkündigung des Evangeliums an die Heiden Realität geworden ist. Mit der Zerstörung des Tempels hat diese Völkerwallfahrt ihr Ziel verloren. Doch schon mit der Verweigerung der Opfer von Fremden, die den Aufstand gegen Rom eröffnete, ist diese für Markus entscheidende Funktion des Jerusalemer Tempels faktisch verlorengegangen – wenn zu diesem Zeitpunkt auch noch Hoffnung bestehen konnte, daß diese Maßnahme nur von kurzer Dauer war. Die Zerstörung des Tempels kann von daher zwar als notwendige Konsequenz dieser falschen Politik begriffen

---

[60] ADORNO, Theorie, 16.

[61] Vgl. THEISSEN, Tempelweissagung, 145f., und THEISSEN, Lokalkolorit, 270–272.

[62] Vgl. LAMPE, Reflection, 154f., der davon ausgeht, daß die Zerstörung des Tempels erst nach der Niederschlagung des Bar-Kochba-Aufstands 135 n. Chr. als endgültig wahrgenommen wurde.

[63] Weder positiv im Sinne einer Kulttheologie noch negativ als Kultkritik.

werden, dennoch bleibt sie ein Verlust. In unmittelbarer Nähe zu den Ereignissen entstanden, bietet das Markusevangelium noch keine inhaltliche Lösung für dieses Dilemma. Vielmehr verwirft es die naheliegenden Lösungen einer endgültigen Parusie Christi und des wunderbaren Aufbaus eines „nicht von Hand gemachten" Tempels. Statt eine Lösung zu bieten, erinnert es daran, daß auch Jesus in seinem Leiden und Sterben nicht durch ein wunderbares Eingreifen Gottes gerettet worden ist und sich gerade darin als der Sohn Gottes erwiesen hat. Genauso wird auch die Zerstörung des Tempels erst vom Ende der Geschichte her einen verborgenen Sinn entfalten.[64] Aber weil Markus die Distanz zu den Ereignissen fehlt, kann er noch nicht sagen, worin dieser Sinn besteht.

Erst die späteren Evangelien blicken auf die Krise des Jüdischen Krieges als abgeschlossenes Ereignis zurück und reflektieren bereits einige Konsequenzen: Das Verhältnis von Juden und Christen angesichts ihrer fortschreitenden Trennung[65] wird auf je unterschiedliche Weise sowohl von Matthäus und Lukas als auch von Johannes thematisiert. Eine wirkliche Reflexion über den Verlust des Tempels gibt es erst im lukanischen Doppelwerk.[66] Seine Lösung für das Dilemma, in dem Markus steckt, entwickelt Lukas in der Rede des Apostels Jakobus auf dem Jerusalemer Apostelkonvent (Act 15,13–21): Die Hoffnung des Propheten Amos, daß „die verfallene Hütte Davids" wiederaufgebaut und zum Ziel der Suche aller Völker wird,[67] sieht Lukas darin erfüllt, daß „Moses seit uralten Generationen in jeder Stadt an jedem Sabbat vorgelesen wird" (Act 15,21).[68]

Wie sehr das Markusevangelium ein Text ist, der aus einer noch offenen Krisensituation entstanden ist, zeigt seine eigentümliche Wirkungsgeschichte (sofern die Zwei-Quellen-Theorie vorausgesetzt wird). Einerseits wurde es zum Paradigma einer neuen Literaturgattung, des „Evangeliums". Andererseits hielten die späteren Evangelisten schon wenige Jahre nach seiner Entstehung eine grundlegende Bearbeitung für erforderlich. Aber wenn man es in seiner Offenheit ernst nimmt, wird es zu einem hervorragenden Zeugnis der Erfahrungen der Christen in der Katastrophe des Jüdischen Krieges.

---

[64] Im Spötterwort Mk 15,29 wird diese Verbindung explizit vollzogen: Genausowenig wie Jesus vom Kreuz herabsteigt, wird der Tempel durch ein Wunder wiederaufgebaut. Das ist im übrigen ein weiteres Indiz dafür, daß das Tempelwort in Mk 14,58 aus markinischer Sicht falsch ist.

[65] Vgl. dazu GOODMAN, Reactions, 29 und 33f.

[66] Vgl. GANSER-KERPERIN, Zeugnis.

[67] Vgl. das Zitat aus Am 9,11f. in Act 15,16f.

[68] Vgl. GANSER-KERPERIN, Zeugnis, 264–267.

Literatur

J. ÅDNA, Jesu Stellung zum Tempel. Die Tempelaktion und das Tempelwort als Ausdruck seiner messianischen Sendung, WUNT II/119, Tübingen 2000.

T. W. ADORNO, Ästhetische Theorie. Hrsg. von G. Adorno und W. Tiedemann, stw 2, Frankfurt am Main 1973.

R. BAUCKHAM, Jesus' Demonstration in the Temple, in: B. LINDARS (Hg.), Law and Religion. Essays on the Place of the Law in Israel and Early Christianity, Cambridge 1988, 72–89.

A. BEN-DAVID, Jerusalem und Tyros. Ein Beitrag zur palästinischen Münz- und Wirtschaftsgeschichte 126 a. C. – 57 p. C., mit einem Nachwort „Jesus und die Wechsler" von EDGAR SALIN, Basel / Tübingen 1969.

H. D. BETZ, Jesus and the Purity of the Temple (Mark 11:15–18). A Comparative Religion Approach, JBL 116 (1997), 455–472.

W. BIERMANN, Preußischer Ikarus. Lieder, Balladen, Gedichte, Prosa, München 1981.

G. BIGUZZI, „Io distruggerò questo tempio". Il tempio e il giudaismo nel vangelo di Marco, Rom 1987.

C. BÖTTRICH, Jesus und der Feigenbaum. Mk 11:12–14, 20–25 in der Diskussion, NT 39 (1997), 328-359.

S. G. F. BRANDON, The Fall of Jerusalem and the Christian Church. A Study of the Effects of the Jewish Overthrow of A. D. 70 on Christianity, 2. Aufl., London 1957 (1. Aufl. 1951).

G. W. BUCHANAN, Symbolic Money-Changers in the Temple?, NTS 37 (1991), 280–290.

D. R. CATCHPOLE, Mark, in: J. M. G. BARCLAY / J. SWEET (Hgg.): Early Christian Thought in Its Jewish Context. Festschrift in Honour of MORNA HOOKER's 65th Birthday, Cambridge 1996, 70–83.

J. R. DONAHUE, The Quest for the Community of Mark's Gospel, in: F. VAN SEGBROECK u. a. (Hgg.), The Four Gospels 1992. FS F. NEIRYNCK, II, BEThL 100, Leuven 1992, 817–838.

J. R. DONAHUE, Windows and Mirrors. The Setting of Mark's Gospel, CBQ 57 (1995), 1–26.

R. FELDMEIER, Der Gekreuzigte im „Gnadenstuhl". Exegetische Überlegungen zu Mk 15,37–39 und deren Bedeutung für die Vorstellung der göttlichen Gegenwart und Herrschaft, in: M. PHILONENKO (Hg.), Le Trône de Dieu, WUNT 69, Tübingen 1993, 213–232.

H. GANSER-KERPERIN, Das Zeugnis des Tempels. Studien zur Bedeutung des Tempelmotivs im lukanischen Doppelwerk, NTA N. F. 36, Münster 2000.

L. GASTON, No Stone on Another. Studies in the Significance of the Fall of Jerusalem in the Synoptic Gospels, NT.S 23, Leiden 1970.

J. GNILKA, Das Evangelium nach Markus. 2. Teilband: Mk 8,27–16,20, EKK II/2, Zürich / Neukirchen-Vluyn 1979.

M. GOODMAN, Diaspora Reactions to the Destruction of the Temple, in: J. D. G. DUNN (Hg.), Jews and Christians. The Parting of the Ways A.D. 70 to 135, WUNT 66, Tübingen 1992, 27–38.

R. H. GUNDRY, Mark. A Commentary on His Apology for the Cross. Grand Rapids, Mich. 1993.

N. Q. HAMILTON, Temple Cleansing and Temple Bank, JBL 83 (1964), 365–372.

W. H. KELBER, The Kingdom in Mark. A New Place and a New Time, Philadelphia 1974.

W. H. KELBER, The Oral and the Written Gospel. The Hermeneutics of Speaking and Writing in the Synoptic Tradition, Mark, Paul and Q. New Introduction, 2. Aufl., Philadelphia1997.

F. KERMODE, The Genesis of Secrecy. On the Interpretation of Narrative, Cambridge, Mass. 1979.

G. W. H. LAMPE, A.D. 70 in Christian Reflection, in: E. BAMMEL / C. F. D. MOULE (Hgg.), Jesus and the Politics of His Day, Cambridge 1984, 153–171.

R. H. LIGHTFOOT, The Gospel Message of St. Mark, Oxford 1950.

M. LIMBECK, Das Markus-Evangelium, SKK.NT 2, Stuttgart 1984.

S. LÜCKING, Mimesis der Verachteten. Eine Studie zur Erzählweise von Mk 14,1–11, SBS 152, Stuttgart 1993.

D. LÜHRMANN, Markus 14,55–64. Christologie und Zerstörung des Tempels im Markusevangelium, NTS 27 (1981), 457–474.

J. MARCUS, The Jewish War and the Sitz im Leben of Mark, JBL 111 (1992), 441–462.

P. MÜLLER, Zeitvorstellungen in Markus 13, NT 40 (1998), 209–230.

P. RICŒUR, Temps et récit 1: L'intrigue et le récit historique, Paris 1983.

P. RICŒUR, Zeit und Erzählung 1: Die Fabel und die historische Erzählung, Übergänge 18/3, München 1988.

L. SCHENKE, Das Markusevangelium, Urban-Taschenbücher 405, Stuttgart u. a. 1988.

C. SPICQ, Notes de lexicographie néotestamentaire, OBO 22, Göttingen 1978.

G. THEISSEN, Die Tempelweissagung Jesu. Prophetie im Spannungsfeld von Stadt und Land, ThZ 32 (1976), 144–158.

G. THEISSEN, Lokalkolorit und Zeitgeschichte in den Evangelien. Ein Beitrag zur Geschichte der synoptischen Tradition, NTOA 8, 2. Aufl., Freiburg (Schweiz) 1992.

Der Jerusalemer Tempel und das Rom der Flavier

von

SABINE PANZRAM

Zu Beginn der siebziger Jahre des 1. Jahrhunderts n. Chr. kursiert in Rom ein Au-
reus, der eine am Boden sitzende Frau mit bedecktem Haar von der Seite zeigt,
den Kopf auf die linke, auf den angezogenen Knien haltsuchende Hand gestützt,
während die rechte untätig im Schoß liegt. Ihren Rücken hat sie einem Tropaion
zugewandt, das mit Helm, Harnisch und Schilden behängt ist; dem Ausweis der
Legende zufolge handelt es sich um eine IUDAEA oder IUDAEA CAPTA.[1] Auch Denare und Sesterze mit ihrem Bild sind in Umlauf,[2] deren Revers insofern variie-
ren kann, als eine Palme das Tropaion ersetzt, an die die Trauernde mit hinter ihrem Rücken zusammengebundenen Händen gefesselt ist,[3] und ihr ein Leidensge-
nosse beigegeben wird.[4] Außerdem prägt die stadtrömische Münzstätte zum
einen Nominalen, auf der ein nicht näher bestimmbarer Militär – den Fuß auf einem Helm, in der einen Hand einen Speer, in der anderen ein Schwert –,[5] aber
auch ein sicher auszumachender Titus mit Strahlenkranz die Komposition ergänzt. Letzterer, der den Fuß auf einen Schiffsbug stützt, in der ausgestreckten
Rechten eine Victoria und in der Linken einen Speer hält, sieht sich zwei Juden in
Bittstellung gegenüber.[6] Zum anderen emittiert Rom einen Typus mit der Legende VICTORIA AUGUSTI: Eine niedergeschlagene IUDAEA sitzt vor einer Palme mit
Schild, auf den eine entblößte Victoria gerade OB CIVES SER(VATOS) schreibt.[7]

IUDAEA CAPTA – diese Feststellung war also jedem Römer zu dieser Zeit ein
Begriff, verkündeten doch nicht nur die Münzen die Befriedung dieser Provinz,
sondern ermöglichten die erbeuteten Gelder auch die Finanzierung von Pracht-
bauten in der Hauptstadt und waren die Kunstwerke aus der später sprichwört-
lichen „Beute des Titus"[8] jedem zugänglich ausgestellt. Damit war der Triumph

---

[1] MATTINGLY, Coins of the Roman Empire II, Nr. 31–34, vgl. Nr. 44*.
[2] MATTINGLY, Coins of the Roman Empire II, Nr. 35–42 und 335–337, vgl. Nr. 608.
[3] MATTINGLY, Coins of the Roman Empire II, Nr. 43–44, vgl. Nr. 604–609, 642* und 672.
[4] MATTINGLY, Coins of the Roman Empire II, Nr. 532–542.
[5] MATTINGLY, Coins of the Roman Empire II, Nr. 78 und 543–547.
[6] MATTINGLY, Coins of the Roman Empire II, Nr. 652.
[7] MATTINGLY, Coins of the Roman Empire II, Nr. 582–585.
[8] Heges. prol. 1.

der Flavier zu einem Teil der Topographie Roms geworden. Der Triumphzug hatte
der stadtrömischen Bevölkerung im Juni des Jahres 71 n. Chr. die Größe des römischen Reiches demonstriert: Kostbare Stoffe, Edelsteine, Statuen – Silber, Gold
und Elfenbein waren gleichsam wie ein Strom geflossen,[9] von dem sich die Kultgegenstände aus dem Jerusalemer Tempel, so der aus Gold gefertigte Schaubrottisch und der siebenarmige Leuchter, aufgrund ihrer Massivität abhoben. An-
schauliche Nachbildungen hatten von den Leiden des Krieges berichtet, die in den
Befehlshabern der eroberten Städte geradezu personifiziert schienen; sein Ende
verkündete die rituelle Tötung des feindlichen Feldherrn Simon bar Giora. Unsere
detaillierte Kenntnis dieses Ereignisses beruht auf dem *bellum Iudaicum* des Flavius Josephus; in aramäisch und griechisch nach eigenem Bekunden mit der Absicht verfaßt, Ursache und Verlauf des ‚größten‘ aller Kriege ausführlich, selbst
Einzelheiten berücksichtigend und mit ‚Liebe an der Wahrheit‘ darzulegen.[10]
Doch tragen die sieben Bücher das Imprimatur des Titus, und Josephus steht als
Sohn einer jüdischen Priesterfamilie und vor Jotapata desertierter Kommandant
zwischen Jerusalem und Rom, zwischen der Klage um das Schicksal seines Volkes
und der Rechtfertigung der Taten der Flavier.[11] Insofern scheint das von den
Münzprägungen und Josephus suggerierte Bild Roms als einer Stadt, deren politischer Diskurs von der Eroberung beziehungsweise Demütigung Judäas dominiert
wird, fragwürdig. Diese in der Forschung – gemeinhin mit Verweis auf Einrich-
tungen wie den *fiscus Iudaicus* und den Exkurs des Tacitus über die Juden – vertre-
tene Meinung[12] nimmt nicht nur den historiographischen, epigraphischen und archäologischen Befund lediglich isoliert wahr, sondern ignoriert auch die Hand-
lungszusammenhänge des politischen Systems der Zeit. Den flavischen Triumph
und seine skizzierten Folgen im Kontext von Herrschaftslegitimation und Macht-
sicherung am Beispiel zweier imposanter Bauten Roms – des Amphitheatrum Flavium und des Templum Pacis – zu deuten, ist das Ziel dieses Beitrages.

Vespasian ertrug die künstlerischen Darbietungen Neros nicht: Er nahm entweder
schlafend oder aber gar nicht an ihnen teil; eine Tatsache, die der kaiserliche
Künstler nicht goutierte und mit dem Ausschluß des Trägers der *ornamenta tri-
umphalia*, des ehemaligen Suffektkonsuls und Prokonsuls der Provinz Africa aus
der *publica salutatio* sanktionierte. Doch im selben Jahr, 67 n. Chr., übergab man
ihm zur Unterdrückung des Aufstandes in Judäa das Kommando über drei Legionen und zahlreiche Hilfstruppen, insgesamt etwa 60.000 Mann, da – so Sueton –
seine Tüchtigkeit zwar erprobt war, man aber von ihm wegen seiner niedrigen

---

  [9] Ios. bell. Iud. VII, 132–157.
  [10] Ios. bell. Iud. I, 1–30.
  [11] Dazu unter anderen BILDE, Flavius Josephus between Jerusalem and Rome; PARENTE /
  SIEVERS, Josephus and the History of the Greco-Roman Period; RAJAK, Josephus, 585–596.
  [12] So zum Beispiel SIMON, Reichsprägung der Kaiser Vespasian und Titus; SCHWIER, Tempel
  und Tempelzerstörung, 317–330; ROSEN, Tacitus und die Juden, 107–126.

Herkunft und seines unbedeutenden Namens nichts zu befürchten hatte.[13] Als
dann jedoch Sulpicius Galba, der Statthalter der Tarraconensis und somit der
größten Provinz des Imperium, am 4. April 68 n. Chr. in Carthago Nova seinen
Abfall von Nero erklärte und eine Abteilung der *legio VI Victrix* und Provinziale
ihm akklamierten,[14] schuf er einen Präzedenzfall: Fortan konnte das Heer außerhalb Roms den Kaiser ‚machen‘.[15] Diese Akklamation hatte das *arcanum imperii*
profaniert und mußte damit in der Logik des Tacitus erfolglos bleiben; es war
Vespasian, der sich in den Bürgerkriegswirren und Usurpationen des ‚Vierkaiser-
jahrs‘ letztendlich durchsetzte. Ihn, den *legatus Augusti pro praetore exercitus
Iudaici*, auf den Orakel und Omina schon seit geraumer Zeit hinwiesen[16] und der
als Vater zweier Söhne eine dynastische Nachfolge gewährleisten konnte,[17] ließ
der Präfekt von Ägypten, Tiberius Julius Alexander, am 1. Juli des Jahres 69 n.
Chr. zum Imperator ausrufen; nur zwei Tage später folgten seinen Legionen das
Heer in Judäa und etwa im gleichen zeitlichen Abstand die syrischen Einheiten.[18]
Vespasian begibt sich nach Alexandria, wo er den Gott Serapis konsultiert respektive Wunderheilungen vollzieht – damit einer spezifisch hellenistischen Herr-
schaftserwartung Folge leistet – und sich der Getreideversorgung Roms bemäch-
tigt.[19] Dort, in der Hauptstadt des Imperium, suchte Domitian nach dem Sieg über
die Vitellianer indessen die Interessen des Vaters zu verteidigen, dem der Senat
Ende Dezember in Abwesenheit *cuncta principibus solita* en bloc übertrug; die sogenannte ‚Lex de imperio Vespasiani‘ überliefert in Auszügen diese Kompetenzen, aber auch die Anerkennung des 1. Juli als *dies imperii*.[20] Dem vor Jerusalem

---

[13] Suet. Vesp. 4,4–6, hier 4,5: *Ad hunc motum comprimendum cum exercitu ampliore et non
instrenuo duce, cui tamen tuto tanta res committeretur, opus esset, ipse potissimum delectus est ut
et industriae expertae nec metuendus ullo modo ob humilitatem generis ac nominis*; vgl. Tac. hist.
I, 10,3. – PIR² F 398.

[14] Suet. Galba 9,2–10,2; dazu PIR S 723; FLAIG, Den Kaiser herausfordern, 240–292.

[15] Tac. hist. I, 4,2: *Finis Neronis ut laetus primo gaudentium impetu fuerat, ita varios motus
animorum non modo in urbe apud patres aut populum aut urbanum militem, sed omnes legiones
ducesque conciverat, evolgato imperii arcano, posse principem alibi quam Romae fieri.*

[16] Suet. Vesp. 5 und 25; Tac. hist. V, 13; Cass. Dio LXIV, 9,1 und LXV, 1,2–4; Ios. bell. Iud.
VI, 288–315; dazu WEBER, Kaiser, Träume und Visionen, 189–197.

[17] Tac. hist. II, 77,1.

[18] Tac. hist. II, 79 und 81,1; Cass. Dio LXV, 8,2; nach Suet. Vesp. 6,3 folgten die Legionen in
Judaea erst in einem Abstand von zehn Tagen; Ios. bell. Iud. IV, 601–604 und 617 vertauscht die
Reihenfolge der Treueide. Dazu insbesondere NICOLS, Vespasian and the partes Flavianae;
FLAIG, Den Kaiser herausfordern, 356–416, sowie allgemeiner LEVICK, Vespasian; GRIFFIN, The
Flavians, 1–83.

[19] Tac. hist. IV, 81–82; Suet. Vesp. 7; Cass. Dio LXV, 8,1; dazu HEINRICHS, Vespasian's Visit
to Alexandria, 51–80; WEBER, Kaiser, Träume und Visionen, 382–386. – Cass. Dio LXIV, 9,2;
Ios. bell. Iud. IV, 605.

[20] Tac. hist. IV, 3,3. – CIL VI 930 (= ILS 244): *(...) Utique quae ante hanc legem rogatam
acta gesta decreta imperata ab Imperatore Caesare Vespasiano Aug(usto), iussu mandatuve eius
a quoque sunt, ea perinde iusta rataq(ue) sint, ac si populi plebisve iussu acta essent.* Dazu
BRUNT, Lex de imperio Vespasiani, 95–116; HURLET, Lex de imperio Vespasiani, 261–280;
BENOIST, Le prince, la cité et les événements, 279–311.

zurückgelassenen Titus gelingt schließlich im September des Jahres 70 n. Chr. die Einnahme der Stadt, in deren Verlauf der Tempel, der alles bot, um sowohl die Seele als auch das Auge aufs Größte zu erstaunen,[21] zerstört wird – ob mit Absicht oder aus Zufall ist aufgrund der Überlieferungssituation nicht zu entscheiden;[22] diese Tatsache hält allerdings ein römischer Historiograph wie beispielsweise Sueton nicht einmal für erwähnenswert. Ein knappes Jahr nach Titus' Rückkehr in die Hauptstadt des Imperium bewilligt der Senat sowohl Vespasian als auch ihm einen Triumph, der den Krieg trotz der anhaltenden Kämpfe um Masada staats- und sakralrechtlich für beendet erklärt.[23] Die Flavier aber entscheiden sich für ein gemeinsames Siegesfest und präsentieren sich zusammen mit Domitian der hauptstädtischen Bevölkerung.

Es war also die Sieghaftigkeit, die den neuen Herrscher legitimiert hatte. Mit Max Weber kann man von charismatischer Herrschaft sprechen, die per definitionem erfolgsgebunden ist.[24] Octavian siegt im Jahre 31 v. Chr. über Marcus Antonius, der Prinzipat wird auf dem Schlachtfeld von Actium geboren. Er wird dann innerhalb der julisch-claudischen Dynastie per Testament vererbt, de facto aber bei jedem Herrscherwechsel neu zur Disposition gestellt. Ein Rivale konnte den Herrscher ,herausfordern' – eine in einer Monarchie mit als unverlierbar geltender Herrschaftsbefugnis ausgeschlossene Handlungsweise –, denn die Herrschaftsordnung selbst wurde als ,an sich verbindlich' anerkannt: Maßgebend für die Durchsetzung eines Anspruchs war der Konsens dreier Gruppen – Heer, Senat, Plebs; Vespasian bewegt sich damit innerhalb eines „Akzeptanz"-Systems.[25]

Während des Triumphzuges wendet er sich allen drei Gruppierungen explizit zu: Der erste Teil des Zuges hat einen ausgesprochen militärischen Charakter; das Heer lagert außerhalb des *pomerium* auf dem Marsfeld, und zwar in der Nähe des Isis-Tempels.[26] Dort hatten die Feldherren die Nacht verbracht und damit insofern eine traditionelle Handlungsweise modifiziert, als sie nicht in der *villa publica* übernachteten. Diese abweichende Verhaltensweise ist wohl auf das besondere Nahverhältnis Vespasians zu der ägyptischen Göttin zurückzuführen, auf das auch Sesterze der Münzstätte Rom mit der Darstellung des ihr geweihten Tempels und der sogenannte *arcus ad Isis*, den sie gemeinsam mit Minerva und Anu-

---

[21] Ios. bell. Iud. V, 222.

[22] Tac. hist. V, 1 und 11–13; Cass. Dio LXV, 4–6; Sulp. Sev. chron. II, 30,6; Ios. bell. Iud. V, 249–266. – WEILER, Titus und die Zerstörung des Tempels von Jerusalem, 139–158; SMALLWOOD, Jews under Roman Rule, 293–330; GOLDSWORTHY, The Roman Army at the Siege of Jerusalem, 197–210.

[23] Suet. Vesp. 8,1 bzw. Tit. 6,1; Cass. Dio LXV, 12,1a; Ios. bell. Iud. VII, 120. – VERSNEL, Origin, Development and Meaning of the Roman Triumph; PLATTUS, Interpretive Function of the Roman Triumph, 93–115; McCORMICK, Eternal Victory, 11–34.

[24] WEBER, Wirtschaft und Gesellschaft, 122–130 und 140–148.

[25] FLAIG, Den Kaiser herausfordern, 174–239.

[26] Ios. bell. Iud. VII, 123–157.

bis schmückte, verweisen.[27] Das Heer akklamiert den siegreichen Feldherren in der Frühe des Morgens vor der Porticus Octaviae; die Senatoren aber werden von den Flaviern am Ende des Tages, nach Verrichtung der Opfer im Jupiter-Tempel auf dem Capitol, zu einem Festmahl in ihren Palast gebeten. Den Tag über gehören Vespasian und seine Söhne jedoch der Plebs: Nach dem Zug durch die Porta Triumphalis im Süden des Marsfeldes, die die Grenze der Stadt markierte, nehmen die Flavier – Vespasian und Titus jeweils im Triumphwagen und Domitian hoch zu Pferde, so sollte es ein Relief des Titusbogens später zeigen[28] – den Weg durch die θέατρα, ziehen durch das des Marcellus, aber wohl auch durch den Circus Flaminius und den Circus Maximus, um der Menge die Sicht auf die „Beute" zu erleichtern.[29] Der Umrundung des Palatins schließt sich die Überquerung des Forum auf der *via sacra* an; schließlich steigen die Triumphatoren zum Capitol hinauf, wo Rom ihnen zu Füßen liegt.

Die Flavier nutzten den Triumphzug, um ihre Sieghaftigkeit zu inszenieren, und die Visualisierung dieser Leistung, die ihre Herrschaft über das Imperium ermöglicht hatte, bestimmt auch künftig nicht unerheblich ihre Selbstdarstellung. Der Sieg im Jüdischen Krieg kommt einem „flavischen Actium" gleich,[30] hatte doch Vespasian wie einst Octavian dem Bürgerkrieg ein Ende gesetzt, hatte eine VICTORIA AUGUSTI – so propagierten es die Münzen – für die Rettung der Bürger gesorgt. Der Begründer des flavischen Herrscherhauses stellte den AEGVPTO CAPTA-Prägungen des ersten Princeps der julisch-claudischen Dynastie[31] rund einhundert Jahre später ein IVDAEA CAPTA an die Seite und feierte somit eigentlich einen Triumph für die Befriedung einer Provinz. De iure war Judäa dies bereits, stand es doch seit 63 v. Chr. unter römischer Oberhoheit und hatte seit 6 n. Chr. den Status einer prokuratorischen Provinz inne,[32] aber die Niederschlagung eines ‚Jüdischen Aufstandes' wäre weder eine hinreichende Voraussetzung für eine derartige *pompa* noch für eine *pax Augusta* gewesen. Nun aber stellte sich der *gens Flavia* das Problem der Verstetigung ihrer Macht; es galt, diese *pax* inhaltlich zu füllen und baulich zu manifestieren.

---

[27] MATTINGLY, Coins of the Roman Empire II, Nr. 572+ und 659++; dazu KLEINER, Arches of Vespasian in Rome, 127–136, bes. 131–134; LEMBKE, Iseum Campense in Rom, 90–92 und 178–181; ROEHMER, Politische Bedeutung der römischen Ehrenbögen des 1. Jhs. n. Chr., 223–229.

[28] PFANNER, Titusbogen; DARWALL-SMITH, Emperors and Architecture: Flavian Rome, 166–172; ROEHMER, Politische Bedeutung der römischen Ehrenbögen des 1. Jhs. n. Chr., 248–259.

[29] MAKIN, Triumphal Route, 25–36; COARELLI, Porta Trionfale e Via del Trionfi, 55–103; FAVRO, Urban Impact of Roman Triumphal Parades, 151–164.

[30] So auch CHRIST, Römische Kaiserzeit, 243–284, bes. 247–254.

[31] MATTINGLY, Coins of the Roman Empire I, Nr. 650–655. – KIENAST, Augustus, 59–77.

[32] MILLAR, Roman Near East, 337–386, bes. 337–366; GOODMAN, Ruling Class of Judaea; LEVINE, Judaism and Hellenism in Antiquity, 33–95.

[33] Suet. Vesp. 9,1: *Fecit et nova opera [...] amphitheatrum urbe media [...]*. – Eine nützliche

Mitten in der Stadt läßt Vespasian ein *amphitheatrum* errichten;[33] im Jahre 71 n. Chr. beginnen in dem Tal zwischen Palatin, Esquilin und Caelius die Arbeiten, deren Ende der Bauherr nicht mehr erleben sollte. Der Bau nimmt bei einer Längsachse von 188 m und einer Querachse von 156 m eine Fläche von insgesamt 3357 m^2 ein; der äußere Ring erreicht eine Höhe von ungefähr 500 m.[34] Seine Fassade gliedert sich in vier Geschosse, von denen die drei ersten in 80 Bögen unterteilt sind, die Halbsäulen tuskanischer, ionischer und korinthischer Ordnung flankieren, während das vierte Geschoß eine Attika bildet, in der Pilaster 80 Felder einfassen. In den Arkaden standen nach Ausweis des Revers von Sesterzen und eines Reliefs des sogenannten ‚Hateriergrabes‘ Statuen von Göttern und Heroen, im Mittelbogen des zweiten Geschosses eine Quadriga, jedes zweite Feld der Attika schmückte ein Schild, und die Gewölbe dekorierten Hunderte von stuckierten kleinfigurigen Szenen.[35] Durch die 80 Bögen im Erdgeschoß erreichten die Zuschauer Treppen, die sie zu den fünf Rängen führten, in die die Cavea unterteilt war. Gemäß ihrem sozialen Status fanden hier modernen Schätzungen zufolge zwischen 45.000 und 73.000 Schaulustige in hierarchischer Ordnung Platz; in der Mitte der Nordseite betonte ein Bogen die herrscherliche Tribüne.

Von den Sitzreihen aus wahrnehmbare vergoldete Lettern mit einer Höhe von etwa 20 cm über den vier Haupttoren führten den Zuschauern sprichwörtlich vor Augen, wer dieses Amphitheater mit welchen Mitteln hatte bauen lassen: Die Rekonstruktion dieser Inschrift gelang jüngst Géza Alföldy, und zwar aufgrund einer ‚Lesung‘ der zahlreichen Schlitze zwischen den in Marmor gemeißelten Buchstaben eines epigraphischen Monuments, das von der Wiederherstellung des Amphitheaters nach dem Erdbeben des Jahres 443 n. Chr. durch den Senator und Stadtpräfekten Rufus Caecina Felix Lampadius berichtet.[36] Denn diese Schlitze mit einer Oberflächengröße von etwa 1 cm x 1 cm dienten der Verdübelung von Bronzebuchstaben; ihre Anzahl – insgesamt 67 Dübellöcher ließen sich identifizieren – und die Kenntnis des Formulars römischer Bauinschriften machten einen knappen und formelhaften Text wahrscheinlich: *I[mp(erator)] Caes(ar) Vespasi[anus Aug(ustus)] / amphitheatru[m novum?] / [ex] manubis (vac.) [fieri iussit(?)].*[37] Diese ursprüngliche Fassung erfuhr aber insofern eine leichte Veränderung, als Vespasian am 23. Juni 79 starb und ein *T* für seinen Sohn – die Kaisertitulatur lautete dann *I[mp(erator)] T(itus) Caes(ar) Vespasi[anus Aug(ustus)]* – eingefügt werden mußte, der das Bauwerk im folgenden Jahr einweihte. Den *au-*

---

[33] Auflistung und Diskussion der literarischen Quellen bietet Scheithauer, Kaiserliche Bautätigkeit in Rom, 127–153, bes. 127–136.

[34] Rea, Amphitheatrum, 30–35; Darwall-Smith, Emperors and Architecture: Flavian Rome, 75–90; Claridge, Rome, 276–283; Gabucci, Il Colosseo; Coarelli, Rom, 185–194.

[35] Mattingly, Coins of the Roman Empire II, Nr. 190–191; Sinn / Freyberger, Ausstattung des Hateriergrabes, 63–76/Nr. 8, hier 65 und 68f.

[36] CIL VI 1763 bzw. 32089 (= ILS 5633); dazu PLRE II 655/Nr. 6; Dinca / Morelli / Priuli / Rea, Epigrafe di Rufus Caecina Felix Lampadius, 318–339.

[37] CIL VI 8,2 40454a; dazu Alföldy, Bauinschrift aus dem Colosseum, 195–226.

reae litterae zufolge waren es also Vespasian respektive Titus, die das Amphitheater, das als *novum* charakterisiert wird, aus der Beute errichten ließen. Der explizite Hinweis auf das Theater als ein „neues" scheint zunächst ungewöhnlich, doch da es sich bei den bis zu diesem Zeitpunkt errichteten Amphitheatern – von Statilius Taurus, Caligula oder Nero – jeweils um Holzkonstruktionen gehandelt hatte,[38] in denen nur teilweise Stein verbaut war, zielt die Wahl des Attributes wohl auf ein „neuartiges" Monument – eines, wie Rom es vor den Flaviern noch nicht besessen hatte. Finanziert wurde es *ex manubis* und damit einer altrömischen Tradition folgend, hatten doch schon die im Dienste der *res publica* erfolgreichen Generäle aus dem Erlös, der ihnen aus dem Verkauf der Kriegsbeute zufiel, öffentliche Bauten wie beispielsweise Tempel gestiftet.[39] Der Triumphzug der Flavier hatte eine Ahnung vom unermeßlichen Reichtum Judäas als nun befriedeter Provinz des Imperium vermittelt – der Wert des Goldes in Syrien verringerte sich um die Hälfte[40] –; hier wurde er gleichsam zu Stein.

Im Jahre 80 n. Chr. weihte Titus das Amphitheater ein: Gladiatorenkämpfe und Seeschlachten habe er veranstaltet, 5000 Tiere seien an einem Tag getötet worden, oder gar 9000, aber über einen Zeitraum von 100 Tagen;[41] unter ihnen kaledonische und lukanische Bären, anstürmende Stiere, Löwen von nie gesehener Größe, wilde Eber, Panther im Sprung, hyrkanische Tiger.[42] In Anbetracht dieser Exotika – erstreckten sich die Herkunftländer der in der Arena präsentierten Tiere doch von Schottland bis zum Kaspischen Meer – und Kuriositäten – sich als Herkules gerierende oder die Nereiden imitierende weibliche Wesen[43] – erstaunt es nicht, daß ein Zeitgenosse wie Martial meint, kein Volk könne so ‚barbarisch' sein, daß es jetzt nicht in die Hauptstadt eile, um dieses Weltwunder zu bestaunen, hinter dem jegliche Leistung zurücktrete: *unum pro cunctis fama loquetur opus.*[44]

Martial ist es auch, der deutlich betont, daß Titus Rom sich selbst wiedergegeben habe und das Volk unter ihm jetzt genießen könne, was zuvor allein der Tyrann genoß – war das Amphitheater doch da entstanden, wo Neros goldenes Haus, seine künstlichen Teiche und protzigen Gärten lagen.[45] Der Bevölkerung sind

---

[38] Statilius Taurus: Tac. ann. III, 72,1; Suet. Aug. 29,5; Caligula: Suet. Cal. 21; Cass. Dio LIX, 10,5; Nero: Tac. ann. XIII, 31,1; Plin. nat. XVI, 200; Suet. Nero 12,1; dazu Golvin, L'amphithéâtre romain, 45–67.

[39] Gell. XIII, 25; hier 26: *Nam praeda dicitur corpora ipsa rerum, quae capta sunt, manubiae vero appellatae sunt pecunia a quaestore ex venditione praedae redacta.* Zu dieser Form der Finanzierung Shatzman, Roman General's Authority over Booty, 177–205; Ziolkowski, Temples of Mid-Republican Rome; Aberson, Temples votifs et butin de guerre.

[40] Ios. bell. Iud. VI, 317; dazu jetzt Feldman, Financing the Colosseum, 20–31 sowie 60f.

[41] CIL VI 2059; Suet. Tit. 7,3. – Cass. Dio LXVI, 25.

[42] Mart. epigr. 7–9; 11–15 und 18.

[43] Mart. epigr. 6 und 26.

[44] Mart. epigr. 3 bzw. 1, 7–8.

[45] Mart. epigr. 2: *Hic ubi sidereus propius videt astra colossus / et crescunt media pegmata celsa via, / invidiosa feri radiabant atria regis / unaque iam tota stabat in urbe domus. / hic ubi conspicui venerabilis Amphitheatri / erigitur moles, stagna Neronis erant. / hic ubi miramur*

also Teile der Stadt wieder zugänglich, die der vorige Herrscher für sich allein beansprucht hatte; die ‚privaten' Thermen Neros wurden durch die Titus-Thermen ersetzt, die die bereits erwähnten Münzprägungen vom Beginn der achtziger Jahre ebenso unmittelbar neben dem monumentalen Bau abbilden wie die Meta Sudans, eine kegelförmige Fontäne.[46] Während sich die Flavier in der zeitgenössischen Wahrnehmung einerseits derart entschieden von ihrem letzten legitimen Vorgänger absetzen, suchen sie andererseits Pläne des ersten Princeps zu realisieren beziehungsweise dessen Handlungen zu imitieren: So hatte laut Sueton schon Augustus vorgehabt, in eben diesem Tal ein Amphitheater zu errichten, und so finanzierte auch er – wie noch zu sehen sein wird – Bauten *ex manibiis*.[47] Seit dem *saeculum Augustum* symbolisierten die *aureae litterae* das ‚goldene Zeitalter', das dem Imperium Romanum unter diesem Herrscher beschieden war;[48] und jetzt lebte es wieder auf.

Nordwestlich des Amphitheaters, östlich des Forum Romanum und damit im Südosten der sich anschließenden Foren von Caesar und Augustus entsteht in den Jahren zwischen 71 und 75 n. Chr. dort, wo sich vor dem Brand Roms im Jahre 64 n. Chr. das Macellum der Stadt befunden hatte,[49] das sogenannte Templum Pacis.[50] Derart bezeichnen Plinius der Ältere und Sueton diesen in nur rund vier Jahren entstandenen Bau, während Ammianus Marcellinus drei Jahrhunderte später von einem *forum Pacis* sprechen wird.[51] Und tatsächlich handelt es sich um eine monumental gestaltete Platzanlage, deren Fassade topographisch auf das Augustus-Forum ausgerichtet ist. Den langen, aber schmalen Bereich zwischen beiden zu füllen, blieb Domitian vorbehalten: Mit dem sogenannten ‚Forum Transitorium' realisierte er ein Vorhaben seines Vaters, die schon bestehenden Foren mit dem Templum Pacis zu verbinden. Den langgestreckten Platz (120 m x 45 m) dominierte ein der von Domitian bevorzugten Göttin Minerva geweihter Tempel; und es war schließlich Nerva, der ihn dann im Jahre 79 n. Chr. einweihte.[52]

---

velocia munera thermas, / abstulerat miseris tecta superbus ager. / Claudia diffusas ubi porticus explicat umbras, / ultima pars aulae deficientis erat. / reddita Roma sibi est et sunt te praeside, Caesar, / deliciae populi, quae fuerant domini.

[46] MATTINGLY, Coins of the Roman Empire II, Nr. 190–191 sowie 195+.

[47] Suet. Vesp. 9,1: *Fecit et nova opera [...] amphitheatrum urbe media, ut destinasse compererat Augustum.* – R. Gest. div. Aug. 21.

[48] ALFÖLDY, Augustus und die Inschriften, 289–324, bes. 297–299.

[49] RUYT, Macellum, 160–163.

[50] ANDERSON, Topography of the Imperial Fora, 101–118; DARWALL-SMITH, Emperors and Architecture: Flavian Rome, 55–68; CLARIDGE, Rome, 153–156; Coarelli, Pax, 67–70, bzw. DERS., Rom, 145–147.

[51] Plin. nat. XXXVI, 102; Suet. Vesp. 9,1: *Fecit et nova opera templum Pacis foro proximum Diuique Claudi in Caelio monte coeptum quidem ab Agrippina, sed a Nerone prope funditus destructum [...];* vgl. Ios. bell. Iud. VII, 158; Cass. Dio LXV, 15,1. – Amm. XVI, 10,14.

[52] CIL VI 8,2 953; Suet. Dom. 5. – ANDERSON, Topography of the Imperial Fora, 119–139; BAUER / MORSELLI, Forum Nervae, 307–311; DARWALL-SMITH, Emperors and Architecture: Flavian Rome, 115–124; CLARIDGE, Rome, 156f.; COARELLI, Rom, 121f.

Die Rekonstruktion des Templum Pacis ermöglichten Grabungen in den
dreißiger Jahren des vergangenen Jahrhunderts[53] sowie die Kenntnis einiger
Fragmente der Forma Urbis, des in Marmor gemeißelten Plans der Stadt Rom aus
der Zeit der Severer, der in einer Breite von 18,10 m und einer Höhe von 13 m in
einer der Hallen des Templum-Komplexes angebracht war und Rom im Maßstab
von etwa 1:246 abbildete.[54] Der rechteckige Platz erstreckte sich über eine Fläche
von 110 m x 135 m, die von Porticus – mit jeweils zwei rechteckigen Exedren auf
der Nord- und Südseite – eingerahmt wurde und die vermutlich Bäume, sicher
aber Blumenbeete dekorativ füllten.[55] Den Zugang zu dieser Gartenanlage er-
möglichte in der Mitte der Säulenreihe auf der südwestlichen Seite – zum späteren ‚Forum Transitorium' hin – eine Toranlage, die auf einer Achse mit dem Eingang des Tempels auf der gegenüberliegenden Seite des Platzes lag. Das Heiligtum selbst, dem ein rechteckiger Altar vorgelagert war, betonten einerseits die
Höhe der Fassade und der Giebel, und akzentuierten andererseits die sechs Säulen der Stirnreihe, die sich zwar in die Säulenreihe der Porticus eingliederten,
aber durch ihre größeren Ausmaße und Basen auffielen. Auf beiden Seiten des
Tempels erhoben sich zwei symmetrisch ausgerichtete Bauten, von denen uns der
südliche erhalten blieb; in seiner nördlichen Hälfte war, wie die flachen Nischen
in der Wand bezeugen, in einem Raum von 26 m x 19 m und 18 m Höhe eine Bibliothek untergebracht, die sowohl über einen Eingang von der Seite der Porticus
als auch von jener des Forum Romanum verfügte. Das Kultgebäude öffnete sich
im Hintergrund der Porticus wie eine Exedra; in der Mitte der Rückwand dieses
einfachen Saales mit Apsis (34 m x 22 m) stand die Kultstatue – die Göttin Pax.

In welcher Form die Personifikation des Friedens dargestellt war, das heißt
welche Attribute man der Statue beigegeben hatte, entzieht sich unserer Kenntnis. Doch bilden insbesondere die stadtrömischen Prägungen seit dem Jahr der
Usurpation Vespasians diese Göttin ab: Zunächst stehend oder auch auf einem
Thron sitzend, immer aber mit nur halb bedecktem Oberkörper und einem Zweig
in der ausgestreckten rechten Hand sowie einem *caduceus* in der linken.[56] Im Jahr
des Jüdischen Triumphes dann entzündet Pax mit einer Fackel in der Rechten auf
dem Boden angehäufte Waffen und hält gleichzeitig in der Linken ein Füllhorn;[57]
eine ausführlichere Komposition ergänzt die Personifikation linksseitig noch um
eine Säule, auf der sich eine Statue der Minerva befindet und gegen die ein Schild
gelehnt ist, während die rechte Seite durch einen Altar mit Opferflamme abgeschlossen wird.[58] Die Göttin kann sich aber auch auf eine Säule stützen und mit
einer Hand den Heroldsstab – über einen Geldbeutel, der auf einem Dreifuß liegt

---

[53] COLINI, Forum Pacis, 7–40; CASTAGNOLI / COZZA, Foro della Pace, 119–142.
[54] RODRÍGUEZ ALMEIDA, Forma Urbis Marmorea, 15 a-c und 16a.
[55] LLOYD, Three Monumental Gardens, 91–100, bes. 91–93.
[56] MATTINGLY, Coins of the Roman Empire II, Nr. 20–30, 60, 329 und 345.
[57] MATTINGLY, Coins of the Roman Empire II, Nr. 590 und 610*.
[58] MATTINGLY, Coins of the Roman Empire II, Nr. 553.

– schwingen, mit der anderen einen Zweig halten.[59] Ein im Jahre 75 n. Chr. – also
zur Zeit der Fertigstellung des Templum Pacis – emittierter Denarius zeigt eine
mit entblößtem Oberkörper auf einem Thron sitzende Pax, in der ausgestreckten
Rechten einen Zweig, während die Linke im Schoß liegt.[60] Diese Tatsache impliziert aber nicht, daß es sich um ein Abbild der Kultstatue gehandelt hat; ein Kon-
nex zwischen Münzbild und real existierender Skulptur hat lediglich hypothetischen Charakter, wird doch eine Vielfalt von Typen ohne feste Ikonographie in
diesem Jahrzehnt beinahe durchgängig geprägt: Dies gilt für die stehende oder
sitzende, leicht lasziv gekleidete Göttin mit Zweig und Szepter[61] respektive Füllhorn[62] ebenso wie für die an eine Säule lehnende, bei der der *caduceus* die letzt-
genannten Attribute ersetzt.[63]

Im Heiligtum der Pax aber waren nun Werke der Malerei und Bildhauerei zu
bewundern, zu deren Besichtigung man zuvor laut Josephus die ganze Welt hätte
bereisen müssen,[64] wie zum Beispiel der gelagerte Nil, die größte je en bloc aus
äthiopischem Marmor gefertigte Skulptur, deren Fries Szenen vom Ufer des Flus-
ses zeigt: Zwergenhafte Pygmäen setzen sich im Dickicht des Papyrus gegen Nil-
pferde und Krokodile zur Wehr; die Tiere kämpfen untereinander – während der
greise Flußgott selbst von sechzehn Kindern umgeben ist, die den höchsten Punkt
der Nilschwelle symbolisieren.[65] Darüber hinaus Bilder und Skulpturen, die aus
Griechenland und Kleinasien stammten, unter anderen der Heros des Timanthes,
der Ialysos des Protogenes, die Skylla des Nikomachos und die Venus eines namentlich nicht bekannten Künstlers.[66] Aber auch Raritäten wie Kronen aus Zimt-
holz, die in durchbrochen gearbeitetem Gold eingefaßt waren;[67] und τὰ ἐκ τοῦ
ἱεροῦ τῶν Ἰουδαίων χρυσᾶ κατασκευάσματα, die goldenen Weihgeräte aus
dem Jerusalemer Tempel, die im Triumphzug mitgeführt worden waren: Der
Schaubrottisch und der siebenarmige Leuchter; nicht aber die Torahrolle und die
purpurnen Vorhänge, die der siegreiche Feldherr im Palast bewachen ließ.[68]

Vespasian gab damit der Plebs zurück, was ihr der Tradition nach zustand – die
Beute aus einem siegreich beendeten Krieg. Er schuf einen Ort für Müßiggänger,
Neugierige und Bildungshungrige – schließlich war die Bibliothek für ihre

---

[59] Mattingly, Coins of the Roman Empire II, Nr. 69*, 80*, 86*, 91*, 95–96 und 110–111.
[60] Mattingly, Coins of the Roman Empire II, Nr. 161–164, 172, 184* und 184+.
[61] Mattingly, Coins of the Roman Empire II, Nr. 280–282 und 310.
[62] Mattingly, Coins of the Roman Empire II, Nr. 328, 554–559, 620, 633, 658, 678, 695+,
713++, 715*, 716–718, 727++, 733 und 743+.
[63] Mattingly, Coins of the Roman Empire II, Nr. 661+, 663, 670+, 672*, 682–685, 702*,
709, 724++, 736* und 747.
[64] Ios. bell. Iud. VII, 158–161.
[65] Plin. nat. XXXVI, 58.
[66] Plin. nat. XXXV, 73f.; 102 und 109.
[67] Plin. nat. XII, 94.
[68] Ios. bell. Iud. VII, 162.

Sammlung berühmt[69] –, um den Römern in einer zum Verweilen einladenden und repräsentativen Umgebung vor Augen zu führen, was durch die Leistung der Flavier in ihren Besitz übergegangen war: die kostbaren Kultgegenstände des Heiligtums einer Stadt, die bis zu ihrer Einnahme durch Titus – aber unter dem Oberbefehl seines Vaters – stets vergeblich oder erst gar nicht belagert worden war, wie es die Widmung eines im Osten des Circus Maximus errichteten Ehrenbogens verkündete.[70] Doch ist diese Handlungsweise lediglich Teil eines umfassenderen Konzepts: Zum einen kündet die ständige Ausstellung nämlich vom unermeßlichen Reichtum nun befriedeter Provinzen; so repräsentiert beispielsweise der Nil Ägypten als Teil des Imperium. Zum anderen aber zeigt sich einmal mehr das Bestreben, sich mit der ‚öffentlichen‘ Ausstellung der Bilder und Skulpturen, die Nero einst auf die ‚privaten‘ Prunkzimmer seiner *domus aurea* verteilt hatte,[71] von dem letzten Vertreter der julisch-claudischen Dynastie abzusetzen, mit der gezielten topographischen Ausrichtung des Templum Pacis auf das Forum des Augustus jedoch an den Begründer des Prinzipats anzuschließen.

Dieser ließ die monumentale Platzanlage mit flankierenden Säulenhallen, die seinen Namen trägt, und den Tempel des Mars Ultor, den er einst vor der Schlacht von Philippi gelobt hatte,[72] ausweislich seines „Tatenberichtes" auf privatem Grund und Boden errichten, und zwar *ex manibiis*[73] – von dieser Art der Finanzierung kündeten möglicherweise auch die bronzenen Letter der Bauinschrift.[74] Seinem Eid aus dem Krieg gegen die Mörder des Vaters folgend ordnete Augustus an, der Senat habe künftig – der Komplex wurde im Jahre 2 v. Chr. geweiht – in diesem Tempel über Krieg und Triumphe zu beschließen, von hier seien mit einem *imperium* Ausgestattete in die Provinzen zu schicken und hier hätte ein siegreich Zurückgekehrter die Insignien seiner Triumphe abzulegen;[75]

---

[69] Gell. V, 21,9; XVI, 8,2.

[70] CIL VI 8,2 944 (= ILS 264): *Senatus populusq(ue) Romanus imp(eratori) Tito Caesari divi Vespasiani f(ilio) Vespasian[o] Augusto pontif(ici) max(imo) trib(unicia) pot(estate) X imp(eratori) XVII [c]o(n)s(uli) VIII p(atri) p(atriae) principi suo quod praeceptis patri[is] consiliisq(ue) et auspiciis gentem Iudaeorum domuit et urbem Hierusolymam, omnibus ante se ducibus regibus gentibus aut frustra petitam aut omnino intemptatam delevit.* Dazu KLEINER, Arches of Vespasian in Rome, 130; DARWALL-SMITH, Emperors and Architecture: Flavian Rome, 95f.; ROEHMER, Politische Bedeutung der römischen Ehrenbögen des 1. Jhs. n. Chr., 234–243.

[71] Plin. nat. XXXIV, 84.

[72] Suet. Aug. 29,2; Ov. fast. 5, 569–578.

[73] R. Gest. div. Aug. 21: *In privato solo Martis Ultoris templum [f]orumque Augustum [ex ma]n[i]biis feci.*

[74] CIL VI 8,2 40311: *[Imp(erator) Caesar Divi f(ilius) Augustus, pontifex maximus, imp(erator) XIII]I, c[o(n)s(ul) XIII, tribunicia potestate XXI, pater patriae] [ex manibiis] (vac.) [dono dedit], [idemque cum C(aio) et L(ucio) Caesaribus filiis co(n)s(ulibus) designatis principibus iuventutis dedicavit.* Dazu ALFÖLDY, Augustus und die Inschriften, 294–296, bzw. DERS., Epigrafia augustea e tiberiana di Roma, 17–32; berechtigte Kritik an dieser von einer Kapitale ausgehenden Rekonstruktion übte MILLAR, Inscriptions of Rome, 431–436, bes. 433f.

[75] Suet. Aug. 29,2; Cass. Dio LV, 10,2–5.

damit übernahm der Mars Ultor- zum Teil die Privilegien des kapitolinischen Jupiter-Tempels und wurde zu einem Forum der ,Außenpolitik'.[76] Hier erlebte man jetzt die glorreiche Gegenwart vor dem Hintergrund einer wohlgeordneten Vergangenheit, denn im Bildprogramm dieses Repräsentationsplatzes (125 m × 118 m) verband sich die Romulussage mit dem Trojamythos, das Schicksal Roms mit dem der julischen Familie: Während sich im Giebel neben Venus als Stammutter der Julier Mars als Vater des Romulus präsentierte, standen in den Nischen der Porticus links des Heiligtums Statuen der Mitglieder der Julischen Familie, rechts aber der *summi viri*, der bedeutendsten Männer Roms.[77] Ihre akzentuierte Stellung in den Mittelnischen der beiden Exedren konfrontierte eine Darstellung des Aeneas mit Anchises und Ascanius auf der Flucht aus dem brennenden Troja unmittelbar mit einer des Romulus samt Lanze und *spolia opima*.[78] Das Forum selbst „glänzte" von den *tituli* jener Provinzen und Völker – wie einer Personifikation der Baetica aus reinem Gold[79] –, deren Eingliederung in das Imperium auf Augustus' Eroberungszüge oder Verwaltungsreformen zurückzuführen war.[80] Er selbst bildete den Mittel- und Endpunkt dieses instrumentalisierten zweifachen Vergangenheitsbezuges; von *pietas* und *virtus*, Rache und Taten – als friedensstiftender *pater patriae* in einer Quadriga auf dem mit weißem Marmor gepflasterten Platz.[81]

Ästhetisch gesehen gelang der Anschluß: Plinius nannte das Forum des vergöttlichten Augustus und den Tempel des Friedens des Kaisers Vespasian die schönsten Bauwerke, die der Erdkreis je sah![82] In funktionaler Hinsicht aber scheint Vespasian mit dem Templum Pacis in unmittelbarer Nachbarschaft eines Ortes des *negotium* einen ,Raum der Muße' geschaffen zu haben. Doch wie die Interpretation des Templum als ein für den jüdischen Gott in Konsequenz einer *evocatio* neu geschaffenes Heiligtum[83] diese Praktik Roms mißversteht,[84] verkennt eine Sichtweise als „open-air museum" die Tatsache,[85] daß Vespasian, wenn er auch beispielsweise als erster die öffentliche Besoldung von Lehrern der

---

[76] ZANKER, Augustus und die Macht der Bilder, 196–217.

[77] ANDERSON, Historical Topography of the Imperial Fora, 65–100; KOCKEL, Forum Augustum, 289–295; CLARIDGE, Rome, 158–161; COARELLI, Rom, 116–121.

[78] SPANNAGEL, Ausstattung des Augustusforums.

[79] CIL VI 8,2 31267 (= ILS 103); dazu ALFÖLDY, Monumente römischer Provinzen auf dem Augustusforum, 226–235.

[80] Vell. II, 38,1 und 39,2.

[81] R. Gest. div. Aug. 35.

[82] Plin. nat. XXXVI, 102: *Non inter magnifica basilicam Pauli columnis e phrygibus mirabilem forumque divi Augusti et templum Pacis Vespasiani Imp. Aug., pulcherrima operum, quae umquam vidit orbis?*

[83] GIOVANNINI, Zerstörung Jerusalems durch Titus, 11–34, bes. 24–26, unter Bezugnahme auf Ios. bell. Iud. VI, 299 und Tac. hist. V, 13,1.

[84] WISSOWA, Religion und Kultus der Römer, 44 und 383f.; RÜPKE, Domi militiae, 162–164; BEARD / NORTH / PRICE, Religions of Rome 1, 132–134.

[85] DARWALL-SMITH, Emperors and Architecture: Flavian Rome, 65–68.

Rhetorik durchsetzte,[86] die Künste nicht um ihrer selbst, sondern um seiner Herrschaftssicherung willen förderte.

IUDAEA CAPTA – und mit ihr Jerusalem, die als *longe clarissima urbium Orientis* geltende Stadt.[87] Der Sieg im Jüdischen Krieg setzt zugleich dem ,Vierkaiserjahr' ein Ende; er legitimiert den neuen Herrscher – eine Tatsache, die der Senat in Form der ,Lex de imperio Vespasiani' anerkennt – und ermöglicht analog zu Actium eine *pax Augusta*. Die Stabilisierung ihrer Herrschaft gelingt der *gens Flavia*, die zudem das Manko fehlender Ahnenbilder auszugleichen hat,[88] zugespitzt formuliert durch eine Absetzung von Neros und eine Anbindung an Augustus' Herrschaftsprogrammatik. Mit dem *amphitheatrum Flavium* schafft sie einen Ort, an dem sich die gemäß sozialem Stand und Gruppenzugehörigkeit Plazierten während der zeremoniellen Darstellung genuin römischer Werte als *cives Romani* erfahren konnten.[89] Und im Templum Pacis ermöglicht sie ihnen, das „Staunenswerteste und Kostbarste" aus den Provinzen des Imperium zu bewundern; für manchen Flaneur mag beim Anblick der „Beute des Titus" der Tag des flavischen Triumphes wieder lebendig geworden sein.[90]

Wenige aber dürften die Vorstellung Judäas als einer bewußt gedemütigten Provinz assoziiert, sich also in Erinnerung gerufen haben, daß die siegreichen Feldherren Jerusalem und den Tempel schleifen, nur die drei Türme des herodianischen Palastes und einen Teil der westlichen Befestigungsmauer schonen und die *legio X Fretensis* dort in Garnison legen ließen.[91] Oder aber, daß sie das Land der Juden verpachteten und ihnen – wo auch immer im Imperium sie sich aufhielten – die jährliche Zahlung von zwei Drachmen, die sie zuvor an den Jerusalemer Tempel entrichtet hatten, nun für den kapitolinischen Jupiter abverlangten.[92] War doch der *fiscus Iudaicus* keine neue Einrichtung, sondern eine seit spätestens 44 n. Chr. existierende Provinzialkasse der Provinz Judäa, für die Vespasian parallel zum sogenannten *fiscus Asiaticus* respektive *Alexandrinus* nun erstmals eine stadtrömische Verwaltungsstelle einrichtete.[93] Diese erlaubte ihm mittels seiner Prokuratoren den direkten Zugriff auf die Ressourcen der reichsten Provinzen des Imperium; mit derartigen Maßnahmen suchte er die *publica paupertas* zu bekämpfen und die zerrütteten Staatsfinanzen zu sanieren.[94]

---

[86] Suet. Vesp. 17–19,2; Cass. Dio LXV, 12,1a; dazu kritisch WOODSIDE, Vespasian's Patronage of Education and Arts, 123–129.

[87] Plin. nat. V, 70.

[88] Suet. Vesp. 1,1.

[89] CLAVEL-LÉVÊQUE, L'Empire en jeux, 63–77.

[90] Ios. bell. Iud. VII, 132; Heges. prol. 1.

[91] Ios. bell. Iud. VI, 413 und VII, 1–4.

[92] Cass. Dio LXV, 7,2; Ios. bell. Iud. VI, 216–218.

[93] ALPERS, Das nachrepublikanische Finanzsystem, 192–201 und 290–307; RUTGERS, Roman Policy toward the Jews, 93–116, bes. 111–116.

[94] Tac. hist. IV, 9; Suet. Vesp. 16,3.

Und wenn manch einer der Besucher tatsächlich mehr als vorsichtige Neugier oder aus Unwissen resultierende Abneigung gegenüber der fremden Religionsgemeinschaft, deren Kultgegenstände hier unter anderen zur Schau gestellt waren, verspürt, also anti-judaistische Ressentiments gehegt haben mag, so entzöge sich dies dem analytischen Instrumentarium, das dem Historiker gemeinhin zur Verfügung steht. Denn der taciteische Exkurs über die Juden, aufgrund dessen die Existenz derartiger Gefühle und Einstellungen im Rom der Flavier wiederholt postuliert worden ist, kann – wie schon der *fiscus Iudaicus* – systemimmanent erklärt werden, und zwar etwa durch einen Vergleich mit weiteren ethnographischen Exkursen im Werk des Historiographen.[95] Dann läßt er sich ebenso als „legitimate polemic" charakterisieren wie der Jüdische Krieg – vorausgesetzt, man untersucht ihn im Kontext der Aufstandsbewegungen des ersten nachchristlichen Jahrhunderts[96] – als ein Aufstand unter anderen.

Diese Akzentuierung der Sicht Roms soll den Verlust der Juden, der aus der Zerstörung des Jerusalemer Tempels und damit ihres religiösen Zentrums resultierte, weder relativieren noch minimieren, aber sie will vor einer Extrapolation allgemeiner Aussagen aus isolierten Beispielen warnen. Diese Freiheit bleibt dem Romancier vorbehalten, und so ist die Wahrnehmung der jüdischen Bewohner Roms – sei es des Jüdischen Aufstandes oder des Triumphzuges – wohl allein der in den dreißiger Jahren des vergangenen Jahrhunderts entstandenen „Josephus-Trilogie" von Lion Feuchtwanger zu entnehmen.

Literatur

M. Aberson, Temples votifs et butin de guerre dans la Rome républicaine, Bibliotheca Helvetica Romana 26, Rom u.a. 1994.

G. Alföldy, Zu den Monumenten der römischen Provinzen auf dem Augustusforum, in: H.-J. Drexhage / J. Sünskes (Hgg.), Migratio et Commutatio. Studien zur Alten Geschichte und deren Nachleben. FS T. Pekáry, St. Katharinen 1989, 226–235.

–, Augustus und die Inschriften: Tradition und Innovation. Die Geburt der imperialen Epigraphik, Gymnasium 98 (1991), 289–324.

–, Studi sull'epigrafia augustea e tiberiana di Roma, Vetera 8, Rom 1992.

–, Eine Bauinschrift aus dem Colosseum, ZPE 109 (1995), 195–226.

M. Alpers, Das nachrepublikanische Finanzsystem. Fiscus und Fisci in der frühen Kaiserzeit, Untersuchungen zur antiken Literatur und Geschichte 45, Berlin / New York 1995.

J. C. Anderson, The Historical Topography of the Imperial Fora, Collection Latomus 182, Brüssel 1984.

---

[95] Tac. hist. V, 2–10, vgl. Agr. 10–12 und Germ.; dazu Feldman, Tacitus' Account of Jewish Origins, 331–360; Rokéah, Tacitus and Ancient Antisemitism, 281–294; Schäfer, Judeophobia, 180–195.

[96] Dazu Goodman, Ruling Class of Judaea, 229–251, bzw. Ders, Opponents of Rome, 222–238, und Ders., Jews, Greeks, and Romans, 3–14.

H. BAUER / C. MORSELLI, Art. Forum Nervae, Lexikon Topographicum Urbis Romae II (1995), 307–311.

M. BEARD / J. NORTH / S. PRICE, Religions of Rome 1: A History, Cambridge 1998.

S. BENOIST, Le prince, la cité et les événements: l'année 68–69 à Rome, Historia 50 (2001), 279–311.

P. BILDE, Flavius Josephus between Jerusalem and Rome. His Life, His Works, and Their Importance, Journal for the Study of the Pseudepigrapha Supplement Series 2, Sheffield 1988.

P. BRUNT, Lex de imperio Vespasiani, JRS 67 (1977), 95–116.

F. CASTAGNOLI / L. COZZA, L'angolo meridionale del Foro della Pace, BCAR 76 (1956–1958), 119–142.

K. CHRIST, Geschichte der römischen Kaiserzeit. Von Augustus bis zu Konstantin, 3. Aufl., München 1995.

A. CLARIDGE, Rome. An Oxford Archaeological Guide, Oxford / New York 1998.

M. CLAVEL-LÉVÊQUE, L'Empire en jeux. Espace symbolique et pratique sociale dans le monde romain, Paris 1984.

F. COARELLI, La Porta Trionfale e la Via del Trionfi, DArch 2 (1968), 55–103.

–, Art. Pax, templum, Lexikon Topographicum Urbis Romae IV (1999), 67–70.

–, Rom. Ein archäologischer Führer, Mainz 2000.

A. M. COLINI, Forum Pacis, BCAR 65 (1937), 7–40.

R. H. DARWALL-SMITH, Emperors and Architecture: A Study of Flavian Rome, Collection Latomus 231, Brüssel 1996.

T. DINCA / A. MORELLI / S. PRIULI / R. REA, Anfiteatro flavio. Epigrafe di Rufus Caecina Felix Lampadius, BCAR 91.2 (1986), 318–339.

D. FAVRO, The Street Triumphant. The Urban Impact of Roman Triumphal Parades, in: Z. CELIK / D. FAVRO / R. INGERSOLL (Hgg.), Streets. Critical Perspectives on Public Space, Berkeley u.a. 1994, 151–164.

L. H. FELDMAN, Pro-Jewish Intimations in Tacitus' Account of Jewish Origins, REJ 150.3–4 (1991), 331–360.

–, Financing the Colosseum, Biblical Archaeology Review 27.4 (2001), 20–31 sowie 60f.

E. FLAIG, Den Kaiser herausfordern. Die Usurpation im Römischen Reich, Historische Studien 7, Frankfurt am Main 1992.

A. GABUCCI (Hg.), Il Colosseo, Mailand 1999.

A. GIOVANNINI, Die Zerstörung Jerusalems durch Titus: Eine Strafe Gottes oder eine historische Notwendigkeit?, in: P. BARCELÓ (Hg.), Contra quis ferat arma deos? Vier Augsburger Vorträge zur Religionsgeschichte der römischen Kaiserzeit, München 1996, 11–34.

A. GOLDSWORTHY, Community under Pressure: The Roman Army at the Siege of Jerusalem, in: A. GOLDSWORTHY / I. HAYNES (Hgg.), The Roman Army as a Community, JRA Supplement Series 34, Portsmouth 1999, 197–210.

J. C. GOLVIN, L'amphithéâtre romain. Essai sur la théorisation de sa forme et de ses functions I, Publications du Centre Pierre Paris 18, Paris 1988.

M. GOODMAN, The Ruling Class of Judaea. The Origins of the Jewish Revolt against Rome A.D. 66–70, Cambridge u.a. 1987.

–, Opponents of Rome: Jews and Others, in: L. ALEXANDER (Hg.), Images of Empire, Journal for the Study of the Old Testament Supplement Series 122, Sheffield 1991, 222–238.

–, Jews, Greeks, and Romans, in: DERS. (Hg.), Jews in an Greco-Roman World, Oxford 1998, 3–14.

M. Griffin, The Flavians, in: A. K. Bowman / P. Garnsey / D. Rathbonne (Hgg.), The Cambridge Ancient History XI: The High Empire, A.D. 70–192, 2. Aufl., Cambridge 2000, 1–83.

A. Heinrichs, Vespasian's Visit to Alexandria, ZPE 3 (1968), 51–80.

F. Hurlet, La lex de imperio Vespasiani et la légitimité augustéenne, Latomus 52 (1993), 261–280.

D. Kienast, Augustus. Prinzeps und Monarch, 3. Aufl., Darmstadt 1999.

F. S. Kleiner, The Arches of Vespasian in Rome, MDAI(R) 97 (1990), 127–136.

V. Kockel, Art. Forum Augustum, Lexikon Topographicum Urbis Romae II (1995), 289–295.

K. Lembke, Das Iseum Campense in Rom. Studie über den Isiskult unter Domitian, Archäologie und Geschichte 3, Heidelberg 1994.

B. Levick, Vespasian, London / New York 1999.

L. I. Levine, Judaism and Hellenism in Antiquity. Conflict or Confluence?, Seattle / London 1998.

R. B. Lloyd, Three Monumental Gardens on the Marble Plan, AJA 86 (1982), 91–100.

E. Makin, The Triumphal Route, with Particular Reference to the Flavian Triumph, JRS 11 (1921), 25–36.

H. Mattingly, Coins of the Roman Empire in the British Museum I: Augustus to Vitellius, London 1965.

–, Coins of the Roman Empire in the British Museum II: Vespasian to Domitian, London 1966.

M. McCormick, Eternal Victory. Triumphal Rulership in Late Antiquity, Byzantium, and the Early Medieval West, Cambridge 1986.

F. Millar, The Roman Near East. 31 BC-AD 337, Cambridge (Mass.) / London 1993.

–, The Inscriptions of Rome: Recovery, Recording and Interpretation, JRA 11 (1998), 431–436.

J. Nicols, Vespasian and the partes Flavianae, Historia Einzelschriften 28, Wiesbaden 1978.

F. Parente / J. Sievers (Hgg.), Josephus and the History of the Greco-Roman Period. Essays in Memory of M. Smith, Studia Post-Biblica 41, Leiden u.a. 1994.

M. Pfanner, Der Titusbogen, Beiträge zur Erschließung hellenistischer und kaiserzeitlicher Skulptur und Architektur 2, Mainz 1983.

A. Plattus, Passages into the City. The Interpretive Function of the Roman Triumph, The Princeton Journal. Thematic Studies in Architecture 1 (1983), 93–115.

T. Rajak, Josephus, in: C. Rowe / M. Schofield (Hgg.), The Cambridge History of Greek and Roman Political Thought, Cambridge 2000, 585–596.

R. Rea, Art. Amphitheatrum, Lexikon Topographicum Urbis Romae I (1993), 30–35.

E. Rodríguez Almeida, Forma Urbis Marmorea. Aggiornamento generale 1980, Rom 1981.

M. Roehmer, Der Bogen als Staatsmonument. Zur politischen Bedeutung der römischen Ehrenbögen des 1. Jhs. n. Chr., Quellen und Forschungen zur antiken Welt 28, München 1997.

D. Rokéah, Tacitus and Ancient Antisemitism, REJ 154.3–4 (1995), 281–294.

K. Rosen, Der Historiker als Prophet. Tacitus und die Juden, Gymnasium 103 (1996), 107–126.

J. Rüpke, Domi militiae. Die religiöse Konstruktion des Krieges in Rom, Stuttgart 1990.

L. V. Rutgers, Roman Policy toward the Jews: Expulsions from the City of Rome during the First-Century, in: K. P. Donfried / P. Richardson (Hgg.), Judaism and Christianity in First-Century Rome, Michigan / Cambridge (U. K.) 1998, 93–116.

C. de Ruyt, Macellum. Marché alimentaire des Romains, Publications d'Histoire de l'Art et d'Archéologie de l'Université Catholique de Louvain 35, Louvain-la-Neuve 1983.

P. Schäfer, Judeophobia. Attitudes towards the Jews in the Ancient World, Cambridge (Mass.) / London 1997.

A. Scheithauer, Kaiserliche Bautätigkeit in Rom. Das Echo in der antiken Literatur, Heidelberger Althistorische Beiträge und Epigraphische Studien 32, Stuttgart 2000.

H. Schwier, Tempel und Tempelzerstörung. Untersuchungen zu den theologischen und ideologischen Faktoren im ersten jüdisch-römischen Krieg (66–74 n. Chr.), Novum Testamentum et Orbis Antiquus 11, Freiburg / Göttingen 1989.

I. Shatzman, The Roman General's Authority over Booty, Historia 21 (1972), 177–205.

H.-G. Simon, Historische Interpretationen zur Reichsprägung der Kaiser Vespasian und Titus, Marburg 1952.

F. Sinn / K. S. Freyberger, Vatikanische Museen / Museo Gregoriano Profano ex Lateranense. Katalog der Skulpturen I. Die Grabdenkmäler 2: Die Ausstattung des Hateriergrabes, Monumenta Artis Romanae 24, Mainz 1996.

E. M. Smallwood, The Jews under Roman Rule from Pompey to Diocletian. A Study in Political Relations, Studies in Judaism in Late Antiquity 20, 2. Aufl., Leiden 1981.

M. Spannagel, Exemplaria principis. Untersuchungen zu Entstehung und Ausstattung des Augustusforums, Archäologie und Geschichte 9, Heidelberg 1999.

H. S. Versnel, Triumphus. An Inquiry into the Origin, Development and Meaning of the Roman Triumph, Leiden 1970.

G. Weber, Kaiser, Träume und Visionen in Prinzipat und Spätantike, Historia Einzelschriften 143, Stuttgart 2000.

M. Weber, Wirtschaft und Gesellschaft. Grundriß der verstehenden Soziologie. Hg. von J. Winckelmann, 5. Aufl., Tübingen 1980.

I. Weiler, Titus und die Zerstörung des Tempels von Jerusalem – Absicht oder Zufall?, Klio 50–51 (1968–1969), 139–158.

G. Wissowa, Religion und Kultus der Römer, Handbuch der Altertumswissenschaft 5.4, 2. Aufl., München 1912.

M. S. A. Woodside, Vespasian's Patronage of Education and the Arts, TAPha 73 (1942), 123–129.

P. Zanker, Augustus und die Macht der Bilder, 2. Aufl., München 1990.

A. Ziolkowski, The Temples of Mid-Republican Rome and their Historical and Topographical Context, Saggi di Storia Antica 4, Rom 1992.

Die Zerstörung Jerusalems und seines Tempels als Heilsparadox

Zur Zusammenführung von Geschichtstheologie und Anthropologie im Vierten Esrabuch

von

KONRAD SCHMID

I. Hinführung

Der Jerusalemer Tempel ist in seiner Geschichte zweimal zerstört worden, wobei sich seine zweite Zerstörung durch die Römer 70 n. Chr.[1] bislang als endgültig erwiesen hat. Die geistigen Reaktionen des antiken und auch späteren Israel auf diese Ereignisse sind mannigfach,[2] aber grundsätzlich von Trauer und Klage bestimmt – man braucht hier exemplarisch nur auf die kultische Verlesung der biblischen Threni am 9. Ab zu verweisen oder an rabbinische Aussagen wie „… und du findest auch, daß in der ganzen Zeit, in welcher der Dienst am Hause des Heiligtums bestand, Segen auf der Erde war […]. Seitdem das Haus des Heiligtums zerstört ist, gibt es keinen Segen auf der Erde mehr"[3] zu erinnern.

Aus dem diesbezüglich scheinbar unisono erklingenden Chor von Interpretationen schert, sieht man genau hin, (zumindest[4]) eine Stimme aus, diejenige des apokalyptischen Vierten Esrabuches (4 Es),[5] das die zweite Zerstörung Jerusa-

---

[1] Vgl. die Darstellung bei SCHWIER, Tempel und Tempelzerstörung, 4–54.

[2] Vgl. das Material bei THOMA, Die Zerstörung des jerusalemischen Tempels; DERS., Jüdische Apokalyptik, bes. 138f.; NEUSNER, Judaism in a Time of Crisis; STONE, Reactions; GOLDENBERG, Explanations; KIRSCHNER, Responses; vgl. auch SCHOEPS, Die Tempelzerstörung des Jahres 70; MAIER, Zwischen zweitem und drittem Tempel; GERTEL, Sins.

[3] Abot de Rabbi Natan B5 [9b], zitiert nach JANOWSKI, Tempel und Schöpfung, 215.

[4] Vgl. ansatzweise z.B. ApcBar(syr) 52,6 (sowie die Hinweise bei KLIJN, Die syrische Baruch-Apokalypse, 157).

[5] Vgl. zum folgenden SCHMID, Esras Begegnung mit Zion. Die Bezeichnung entstammt der Vulgata; sie unterscheidet vier Esraschriften (1. Esrabuch = Esr; 2. Esrabuch = Neh; 3. Esrabuch [Kompilation aus II Chr; Esr; Neh]; 4. Esrabuch). Die spätere lateinische Tradition kennt noch ein 5. Esrabuch und ein 6. Esrabuch, wobei das 5. Esrabuch die ersten beiden (4 Es 1f.), das 6. Esrabuch das letzte Kapitel (4 Es 15) des Vierten Esrabuchs (4 Es) in seiner christlichen Form, wie sie die Vulgata bezeugt, beinhaltet. Das Vierte Esrabuch in seiner vorchristlichen Gestalt 4 Es 3–

lems und des Tempels in höchst eigentümlicher Weise deutet, nämlich als Heilsparadox. Die Preisgabe Jerusalems an die Römer und das Niederbrennen des
Tempels wird vom Vierten Esrabuch auch elegisch beklagt (vgl. etwa 10,21–
23), aber nicht nur: Das Vierte Esrabuch sieht in der Zerstörung von Stadt und
Tempel letztlich eine Heilsmaßnahme Gottes, die auf die Rettung Israels hin
ausgerichtet ist.

Die nachstehenden Überlegungen werden diese überraschende, meines Erachtens aber unausweichliche These im einzelnen an Struktur und Text des Vierten
Esrabuches begründen und erläutern (II.–IV.) und in einem knappen Ausblick in
den weiteren Kontext der sogenannten „apokalyptischen" Literatur[6] und ihres
Umgangs mit geschichtlichen Katastrophenerfahrungen stellen (V.).

II. Historischer Ort und literarischer Aufbau
des Vierten Esrabuches

Das Vierte Esrabuch verortet seine Entstehung selbst „im dreißigsten Jahr nach
dem Untergang der Stadt […] in Babel" (3,1), also 557 v. Chr. Das ist literarische
Fiktion, die unschwer als solche erkennbar ist; verdächtig stimmt bereits, daß der
Esra[7] der Hebräischen Bibel nicht in die babylonische Epoche, sondern in die
Perserzeit gehört. Das Vierte Esrabuch ist allerdings noch wesentlich jünger: Das
Datum in 3,1 „weist […], wie mit Recht allgemein angenommen wird, auf das 30.
Jahr nach der Zerstörung Jerusalems vom Jahr 70 n.Chr. […] Demnach dürfte IV
Esr um 100 n. Chr. entstanden sein"[8], was sich auch aus der Adlervision 4 Es 11
ergibt, da die drei Häupter des Adlers auf Vespasian, Titus und Domitian auszule-
gen sind.[9] Das Vierte Esrabuch steht so noch in unmittelbarer zeitlicher Nähe zu
den Ereignissen des Jahres 70 n. Chr., thematisiert diese Erfahrung aber in
Rückprojektion auf die erste Zerstörung Jerusalems durch die Babylonier 587 v.
Chr. und versucht, sie theologisch zu verstehen. Die beiden Katastrophen Jerusa-

---

14 ist auch in den orientalischen Bibelübersetzungen belegt (syrisch, äthiopisch, armenisch, sah-
idisch, georgisch; s. dazu STONE, Fourth Ezra; SCHÜRER, The History of the Jewish People, 303–
305). Die Überlieferung der ursprünglich jüdischen Schrift Viertes Esrabuch erfolgte im wesentlichen nur im Bereich der christlichen Kirchen, sie konnte sich im Judentum sehr viel weniger
durchsetzen als im Christentum. Zur literarischen Einheitlichkeit des Vierten Esrabuches vgl.
STECK, Israel und das gewaltsame Geschick der Propheten, 177 mit Anm. 1; BRANDENBURGER,
Die Verborgenheit Gottes im Weltgeschehen, 22ff.; SCHÜRER, The History of the Jewish People,
300 mit Anm. 13; HARNISCH, Der Prophet als Widerpart, 468f.; DERS., Die Ironie der Offenbarung, 92 Anm. 21, betrachtet die Adler- und die Menschensohnvision als „sekundäre Ankristalli-
sationen an die Zionsvision"; HALLBÄCK, The Fall of Zion, 284, sympathisiert hier mit Harnisch.

[6] Vgl. zu den Fragen um die literarische Gattung der „Apokalypsen" das Themenheft Semeia
14 (1979); KOCH, Vom profetischen zum apokalyptischen Visionsbericht; COLLINS, Genre.

[7] Zur Zuschreibung an Esra vgl. STONE, The Metamorphosis of Ezra.

[8] SCHREINER, Das 4. Buch Esra, 301; vgl. HALLBÄCK, The Fall of Zion, 271 Anm. 9.

[9] S. dazu SCHÜRER, The History of the Jewish People, 297–300.

lems werden also geschichtshermeneutisch identifiziert; für Autor und Leser ist
die erste Stadt- und Tempelzerstörung in babylonischer Zeit auf diejenige in römischer Zeit hin transparent. Verfaßt wurde das Vierte Esrabuch wahrscheinlich
in Palästina in semitischer, also hebräischer oder aramäischer Originalsprache.[10]
Das Vierte Esrabuch zeichnet sich durch einen höchst durchdachten Buchauf-
bau aus, den es bei seiner Auslegung unbedingt zu beachten gilt. Vor allem[11]
Brandenburger[12] und Harnisch[13] haben diesen Aufbau und seine sachliche Bedeutung erkannt und hinreichend klar beschrieben. Er ist durch folgende Elemente und deren sachliche Zuordnung konstituiert: Das Buch gliedert sich in sieben,
durch kurze Erzählabschnitte deutlich voneinander abgesetzte Texteinheiten
(3,1–5,19 [I]; 5,20–6,34 [II]; 6,35–9,25 [III]; 9,26–10,59 [IV]; 10,60–12,49 [V];
12,50–13,56 [VI]; 13,57–14,47 [VII]), die im Anschluß an Violet üblicherweise
als *visio* I–VII bezeichnet werden.[14] Tatsächlich handelt es sich nur bei *visio* IV–
VI um „Visionen" im üblichen Sinne, während in *visio* I–III Dialoge zwischen
Esra und dem Engel Uriel stattfinden.[15] Die *visiones* teilen sich so in zwei Gruppen, in die „Dialoge" in *visio* I–III und die „Visionen im engeren Sinn" IV–VI;
textlich gesprochen ist also zwischen 3,1–9,25 und 9,26–13,56[16] zu unterscheiden, *visio* VII bildet den Abschluß.[17] Für das sachgemäße Verständnis des Vierten
Esrabuches ist diese Grobgliederung zentral, denn der Seher Esra macht inner-

---

[10] Zum Problem vgl. die Diskussion bei BLOCH, The Esra Apocalypse; STONE, Some Remarks; HARNISCH, Verhängnis und Verheißung, 15–18; KOCH, Esras erste Vision, 83 Anm. 4;
GERO, Son, 264 mit Anm. 3; THOMPSON, Responsibility, 84f. (dort 85–109 eine ausführliche For-
schungsgeschichte zum Vierten Esrabuch); DESJARDINS, Law, 25 Anm. 3; WILLETT, Eschatology, 52f.; STONE, Fourth Ezra, 10f.; KLIJN, Esra-Apokalypse; MEDALA, The Original Language
of 4 Esdras.

[11] Vgl. aber bereits die Überlegungen bei MUNDLE, Das religiöse Problem, 235f., sowie die
bei HARNISCH, Die Ironie der Offenbarung, 76 Anm. 3, genannten Arbeiten.

[12] Vgl. BRANDENBURGER, Adam und Christus, 29f.; DERS., Die Verborgenheit Gottes im
Weltgeschehen, 73.91ff. Vgl. die Auslegungsmaxime Brandenburgers: „Was der Verfasser von IV
Esra sagen will, läßt sich nicht aus einzelnen, aus dem Zusammenhang gerissenen Stellen belegen, vielmehr ist zur Ermittlung stets die bewegte und spannungsreiche Gedankenführung zu beachten" (Die Verborgenheit Gottes im Weltgeschehen, 30; zustimmend aufgenommen bei KOCH,
Esras erste Vision, 86 Anm. 6; vgl. LUCK, Das Weltverständnis in der jüdischen Apokalyptik,
297f.).

[13] Vgl. HARNISCH, Verhängnis und Verheißung, 60–67; DERS., Der Prophet als Widerpart,
487–493; DERS., Die Ironie der Offenbarung, 75f.

[14] VIOLET, Die Apokalypsen des Esra und des Baruch, II.XLf.; vgl. HARNISCH, Verhängnis
und Verheißung, 19f. Anm. 3.

[15] Man sollte hieraus allerdings keine offenbarungspsychologische Unterscheidung zwischen „Vision" und „Audition" konstruieren; zum Begriff der „Vision" als Gattungsbezeichnung
vgl. KOCH, Esras erste Vision, 78f.

[16] Vgl. auch SCHÜRER, The History of the Jewish People, 294; GARCÍA MARTÍNEZ, Traditions, 290 (GARCÍA MARTÍNEZ, ebd., weist als Analogie zu diesem Aufbau auf das biblische
Hiobbuch hin; s. zum Hiobvergleich auch HAYMAN, The Problem of Pseudonymity, 56; KNIBB,
Apocalyptic and Wisdom, 65f.; STONE, The Way of the Most High, 351); MACHOLZ, Die Entstehung des hebräischen Bibelkanons, 380f.; HALLBÄCK, The Fall of Zion, 271.

[17] Ausführlich dazu MACHOLZ, Die Entstehung des hebräischen Bibelkanons, 380f.

halb ihrer eine grundlegende Veränderung durch: In *visio* I–III ist Esra als ein von Verwirrung und Ängsten geplagter, aber auch scharf denkender Zweifler gezeichnet, der vom Engel Uriel beständig zurechtgewiesen wird. Von *visio* VI an schwenkt Esra dann faktisch auf die theologische Position Uriels ein und stellt sich Uriel nicht mehr entgegen.[18] Am Schluß des Buches spricht Esra so wie Uriel in *visio* I–III, dem er sich dort vehement widersetzt hatte. In 4 Es 14,34f. statuiert Esra:

„Wenn ihr also euren Sinn beherrscht und euer Herz in Zucht nehmt, werdet ihr am Leben erhalten werden und nach dem Tod Erbarmen erlangen. Denn das Gericht wird nach dem Tod kommen, wenn wir wieder zum Leben gelangen, dann werden die Namen der Gerechten offenbar und die Taten der Sünder sichtbar werden."[19]

Der Positionswechsel Esras wird in der zentralen *visio* IV, der sogenannten „Zionvision", bemerkenswerterweise nicht *dadurch* herbeigeführt, daß Esra sich von den Argumenten und Ausführungen Uriels in den Dialogen hätte überzeugen lassen. Vielmehr wird Esra sozusagen ungewollt in die Urielposition gedrängt: Er sieht sich einer – auch in seinen Augen töricht – klagenden Frau, nämlich Frau Zion, gegenübergestellt, die er ähnlich zu belehren beginnt, wie ihn zuvor Uriel belehrt hatte.[20] Dies bedeutet für die Position des Verfassers des Vierten Esrabu-

---

[18] Vor allem in der englischsprachigen Forschung hat man der Deutung, daß Esra und Uriel in *visio* I–III zwei völlig konträre (und in sich konsistente) Positionen repräsentieren und daß im Dialogteil gegen „Esra" polemisiert werde, einige Skepsis entgegengebracht (vgl. BREECH, These Fragments I Have Shored against the Ruins, 270; HAYMAN, The Problem of Pseudonymity; THOMPSON, Responsibility; STONE, Art. Esdras, 613; s. auch KOCH, Esras erste Vision, 86 mit Anm. 6; zur Frage der „Konsistenz" apokalyptischen Denkens vgl. STONE, Coherence and Inconsistency). Diesen Einwänden ist insofern recht zu geben, als die Position Esras und des Engels in der Tat „nicht in Form ständiger Kollisionen" einander gegenübergestellt werden, sondern „das Gespräch" – im Verlauf von *visio* I–III – durchaus „sinnvoll fortschreitet" (KOCH, Esras erste Vision, 86). Zudem macht es die Wahl der prominenten Figur Esras als Visionär sowie die Breite, die seinen Einwänden eingeräumt wird, kaum wahrscheinlich, daß die seiner Person zugewiesenen Argumente vom Verfasser der Apokalypse als ohne jede Relevanz angesehen werden. Auf der anderen Seite sollte man jedoch die Aporie am Ende von *visio* III, die Peripetie in *visio* IV sowie die gesetzes- bzw. gnadentheologisch einander diametral entgegenstehenden Esra-Aussagen in 4 Es 3,1–9,25 einerseits und 4 Es 14 andererseits nicht unterschätzen: Auch wenn es sich bei den Zurechtweisungen Esras durch Uriel nicht um Polemik handelt, so wird die Esra-Position in *visio* I–III doch eindeutig korrigiert. Meines Erachtens wird Esra im Dialogteil des Vierten Esrabuches als *Problemträger* ernst genommen, das heißt aber nicht, daß seine Argumente als *sub specie Dei* zutreffend aufgefaßt werden. STONES Charakterisierung des Vierten Esrabuchs als „Odyssey of Ezra's Soul" (Art. Esdras, 613; vgl. auch HAYMAN, The Problem of Pseudonymity) nähert sich wieder Gunkels psychologischer Erklärung des Vierten Esrabuches an (GUNKEL, Das vierte Buch Esra, 331–401; vgl. auch die Kritik an BREECH, These Fragments I Have Shored against the Ruins, HAYMAN, The Problem of Pseudonymity, und THOMPSON, Responsibility, bei HARNISCH, Der Prophet als Widerpart, 461–465).

[19] Übersetzung nach SCHREINER, Das 4. Buch Esra, 404f.

[20] VOLZ, Die Eschatologie der jüdischen Gemeinde, 58, schreibt: „Vor dem Kosmos und dem Gott des Kosmos aber verschwinden die nationalen Güter Israels und des Zions" und trifft damit ein Grundmoment der Apokalyptik; hieraus ergibt sich aber auch ein Hinweis auf die spezifische Position des Vierten Esrabuches innerhalb der Apokalyptik: Die zentrale Position und Funktion

ches: In *visio* I–III sind die Esra-Aussagen mit denjenigen Uriels zusammenzu-
nehmen, die die Einwürfe Esras korrigieren, und erst ab *visio* IV spiegeln sowohl
die gewandelte Esra- als auch die Urielposition je für sich genommen das Aussa-
geinteresse des Verfassers wider.

III. Das anthropologische Problem des bösen Herzens und der Abweis göttlicher Gnade

Die zu Beginn des Buches vorgetragene Klage Esras über die „Verwüstung" Jerusalems und den gleichzeitigen „Überfluß" Babels (3,2) bildet den Ausgangspunkt
der Problemstellung des Buches. Sehr schnell schreitet die Klage Esras aber fort
zum Thema des allgemeinen Sündenverhängnisses der Menschheit (3,5.7.10.21f.
26.28–36), das durch den Fall Adams ausgelöst worden ist. So wird die Entgegen-
setzung von „Babel" und „Zion" in *visio* I thematisch zur Gegenüberstellung von
„bösem Herzen" (*cor malignum*)[21] und „Gesetz" vorangetrieben,[22] die in *visio* III

---

der Zionvision innerhalb des Vierten Esrabuches könnte gerade dadurch motiviert sein, die apokalyptischen Kosmosspekulationen wieder israelitisch auszurichten. Das Vierte Esrabuch hat in
der Apokalyptik eine ähnlich Funktion inne wie Bar 3 in der Weisheit, nämlich die der Israelzen-
trierung (vgl. dazu STECK, Israels Gott; DERS., Das apokryphe Baruchbuch).

[21] Das „böse Herz" im Vierten Esrabuch ist in seiner genauen anthropologischen Konturie-
rung nicht ganz einfach zu fassen. Einigermaßen klar ist, daß es nicht einfach mit der rabbinischen Vorstellung des „bösen Triebs" (*yṣr hr'*; vgl. Gen 6,5 sowie das Material bei STRACK / BIL-
LERBECK, Kommentar zum Neuen Testament IV/1, 466–483; vgl. die Diskussion bei THOMPSON,
Responsibility, 332–339; KOCH, Esras erste Vision, 90–92 Anm. 11; STONE, Fourth Ezra, 63–66)
identifiziert werden kann (BRANDENBURGER, Adam und Christus, 27f.33f.; DERS., Die Verborgenheit Gottes im Weltgeschehen, 172f.; HARNISCH, Verhängnis und Verheißung, 44–51), sondern allenfalls eine Folge dieses „Triebs" darstellt (BRANDENBURGER, Adam und Christus, 34;
HARNISCH, Verhängnis und Verheißung, 48). Gegen diese letzte Deutung einer „Kausal-
verknüpfung" hat sich KOCH (Esras erste Vision, 90–92 Anm. 11, dort auch alle Zitate im folgenden) gewandt, seines Erachtens ist „für einen bösen Trieb […] in der Anthropologie des Esra
kaum Raum". „Das böse Herz stellt keine Schöpfungsbegebenheit dar, sondern ist von Adam
nachträglich ‚angezogen' worden, dies aber so, daß es als eine Art magischer Gewandung nicht
mehr abgestreift werden kann. Woher die Möglichkeit eines bösen Herzens kommt, interessiert
den mit seiner Gegenwart und Zukunft, nicht aber mit metaphysischen Spekulationen befaßten
Apokalyptiker nicht". Wäre der böse Trieb von Gott anerschaffen, dann – so Koch – „hätte Gott
die gesamte Last der Sünde in der Menschheitsgeschichte verursacht und zu verantworten, denn
wer den Samen aussät, ist für seine Frucht verantwortlich […]. Dies kann nicht im Ernst die Meinung des Apokalyptikers sein!". In der Tat vermeidet das Vierte Esrabuch die Aussage, Gott habe
das „böse Herz" dem Menschen anerschaffen (STONE, Fourth Ezra, 63 mit Anm. 18), und ist natürlich in seinem Gesamtkonzept darauf ausgerichtet, die „deuteronomistisch" gedachte Verant-
wortlichkeit der Menschen gegenüber dem Gesetz (4 Es 14) gerade gegen den Verhängnisgedan-
ken der Sünde in Anschlag zu bringen. Auf der anderen Seite ist aber ebenso deutlich, daß der
Gedanke eines von Gott anerschaffenen oder jedenfalls tolerierten bösen Triebs für die Position
Esras in *visio* I–III keineswegs absurd ist, wie sie auch dem rabbinischen Schrifttum geradezu
geläufig ist (STONE, Fourth Ezra, 64; STRACK / BILLERBECK, Kommentar zum Neuen Testament
IV/1, 468). Koch optiert zudem in 3,21.26 textkritisch einseitig für S („das böse Herz anziehen"),

ihren Höhepunkt hat (vgl. die klimaktische Anordnung 5,13; 6,30f.; 9,23–25).[23]
Der klagende Visionär Esra stellt fest: Alle Menschen sind tief in der Sünde versunken (8,17), es gibt keinen von einer Frau Geborenen, der nicht gesündigt hätte, keinen der Lebenden, der nicht Verfehlungen aufzuweisen hätte (8,35), alle
auf der Welt sind von Gottlosigkeit entstellt, voll von Sünden, tief in Schuld
(7,68), es wäre besser, die Erde hätte Adam nie hervorgebracht (7,116).[24]

Aus dieser radikal-skeptischen Sicht des Menschen und seiner Korruption ergeben sich die theologisch eigentlich zentralen Probleme im Vierten Esrabuch:
Wie kann der Mensch trotz seines „bösen Herzens" in das Heil gelangen? Wie
kann der Mensch in seiner Sündhaftigkeit vor Gott bestehen?

Eine prominente Lösung, die keineswegs erst das Neue Testament für das Problem des „bösen Herzens" bereithält, liegt in der Betonung der Gnade und Barmherzigkeit Gottes: Gott erbarmt sich der Sünder. Dieser Weg wird im Vierten Esrabuch zwar diskutiert, sachlich aber eindeutig abgewiesen. Esra beruft sich
zweimal auf die geschichtlich bereits vielfach erwiesene Gnade Gottes, um das
von Uriel angekündigte Gericht von der großen Mehrzahl der Menschheit, die
gesündigt hat, abzuwenden:

„Denn dadurch wird deine Gerechtigkeit und deine Güte offenbar, daß du dich derer erbarmt (*misereri*) hast, die keinen Bestand an guten Werken haben" (8,36).

Dieser Appell kann sich auf eine bibelfeste Grundlage stützen, die Esra mit einer
langen Beispielliste aus dem Alten Testament anführt (7,106–111). In der Tat sind
Barmherzigkeit und Gnade Eigenschaften Gottes, die im gesamten Alten Testament vom Dekalog und der Tora über die Propheten bis zu den Psalmen etwa in
Gestalt der Bekenntnisformel „Barmherzig und gnädig ist Jhwh, geduldig und
von großer Güte …" und auch verwandten Aussagen immer wieder begegnen. Es

---

die Überlieferungslage der Versionen ist jedoch an dieser Stelle so disparat (vgl. SCHREINER, Das
4. Buch Esra, 314f.; STONE, Fourth Ezra, 59; KLIJN, Esra-Apokalypse, 8f.), daß sie keinen anderen Schluß zuläßt, als daß bereits die Versionen mit diesem Problem gekämpft haben. Daß die
Frage der Herkunft des „bösen Herzens" im Vierten Esrabuch weder von Esra noch von Uriel
wirklich explizit gemacht wird, hat m. E. nicht mit Desinteresse des „Apokalyptikers" zu tun,
sondern ist sachlich bedingt: Woher das „böse Herz" kommt, ist nicht (oder mit 14,47 nur für die
Weisen) beantwortbar (vgl. zum Problem auch COLLINS, The Origin of Evil). Sein Vorhandensein ist eine gegebene, je und je zu beobachtende Realität – aber man kann es „aus seiner Rohheit
herausführen" (*erudire* 14,34, SCHREINER, Das 4. Buch Esra, 403, übersetzt: „in Zucht nehmen").

[22] Vgl. hierzu HALLBÄCK, The Fall of Zion, 280f.

[23] Vgl. HARNISCH, Die Ironie der Offenbarung, 75f.

[24] Das Alte Testament kennt eine derart radikale Sicht noch nicht, auch in den klassisch „J"
zugewiesenen, neuerdings aber mitunter sehr spät datierten Stücken Gen 2f. (vgl. OTTO, Die Paradieserzählung; redaktionsgeschichtlich differenziert, KRATZ, Komposition, 254f.); 6,5–8;
8,21f. (vgl. SKA, El relato del diluvio; BLENKINSOPP, P and J in Genesis; DERS., The Pentateuch;
KRÜGER, Herz, 73–76; KRATZ, Komposition, 260) nicht. Die nächsten Parallelen zu diesen Aussagen Esras finden sich erst in den jungen Auslegungen zu Gen 2f. in den etwas früher als das
Vierte Esrabuch entstandenen Schriften VitAd und ApcMos (vgl. SCHÄFER, Art. Adam, 425;
SCHÜRER, The History of the Jewish People, 757–760).

handelt sich bei der Barmherzigkeit und Gnade Gottes nicht einmal um ein Spezi-
fikum der Religion Israels, auch in der Literatur des Alten Orients läßt sich ähnliches breit belegen. Ugarit kennt etwa für El die Epitheta „der Barmherzige und
der Nachsichtige", und in Ägypten und Mesopotamien ist es der besonders für
Recht und Gerechtigkeit zuständige Sonnengott, der als gnädig und barmherzig
gilt.[25] Barmherzigkeit und Gnade sind so im Alten Orient geradezu integraler Bestandteil von „Gerechtigkeit".[26]

Aber das Vierte Esrabuch denkt hier anders und destruiert die Barmherzigkeit
und Gnade Gottes, auf die sich Esra stützen will, radikal mittels der Urielaussagen.[27] Wohl war Gott bislang und vielerorten gnädig, so Uriel, aber nicht aus
Gnade, sondern weil er die Zeiten so vorherbestimmt hat (7,74). Gnade ist lediglich ein befristeter Programmpunkt Gottes für den vergänglichen und bald vergangenen ersten Äon.[28] Uriel führt gegen das Sünden-Gnaden-Syndrom die un-
nachsichtige und unbarmherzige Gerechtigkeit Gottes ins Spiel. Im kommenden
Äon nämlich werden die Barmherzigkeit und Nachsichtigkeit verschwunden, die
Gerechtigkeit und Wahrheit aber erstanden sein (7,104.113–115). Zwar kann
dann in 14,34 wieder die Rede davon sein, daß die Gerechten, die ihr Herz im
Zaum halten, nach dem Tod (*post mortem*) Barmherzigkeit (*misericordia*) erlangen werden (übrigens in wörtlicher Aufnahme von 4,24), doch damit ist die *misericordia* natürlich ebenso in ihrer eigentlichen Funktion außer Kraft gesetzt wie
in *visio* III, denn man erlangt sie erst *nach* dem entscheidenden Gericht (ebenso
12,34). Dort, wo sie den Sündern so bitter nötig wäre, gibt es sie nicht.

Das heißt nichts weniger, als daß diejenigen Lebensvorgänge, die die Menschen seit jeher als Erfahrungen der Gnade Gottes interpretierten – wenn man so
will, die Fehlertoleranz der Natur – theologisch disqualifiziert werden: So handelt Gott laut dem Vierten Esrabuch nicht, seine Gnade war nur ein Notbehelf,
denn eigentlich ist er gnadenlos gerecht. Das ist die himmlische Antwort, die Esra
auf seine Gnadentheologie präsentiert bekommt – und hinter dieser himmlischen
Antwort verbirgt sich natürlich der Verfasser des Vierten Esrabuches.[29]

---

[25] OTTO, Theologische Ethik, 85; CROSS, Art. אל, 263; FREEDMAN / LUNDBOM / FABRY, Art.
חנן, 23f.; SIMIAN-YOFRE / DAHMEN, Art. רחם, 461f.; vgl. auch das Material bei FALKENSTEIN /
VON SODEN, Sumerische und Akkadische Hymnen und Gebete, bes. 245f.271–273.

[26] Vgl. SCHMID, Gerechtigkeit, z.B. 177–179; vgl. weiterführend und differenzierend die Beiträge in ASSMANN / JANOWSKI / WELKER, Gerechtigkeit.

[27] Vgl. auch LUCK, Das Weltverständnis in der jüdischen Apokalyptik.

[28] Vgl. zur Zwei-Äonenlehre u. Abschnitt V. (sowie den Exkurs bei STONE, Fourth Ezra, 92f.,
zu 7,50 ebd. 228.231).

[29] Ihr scharfes Profil erhält diese Aussage der eigentlich gnadenlosen Gerechtigkeit Gottes
weiter, wenn man sie gegen den Diskussionsstand zur Zuordnung von Gnade und Gerechtigkeit
in den Hodajot aus Qumran hält (zu Berührungspunkten des Vierten Esrabuches mit dem Qum-
ranschrifttum vgl. GARCÍA MARTÍNEZ, Traditions; COLLINS, Apocalyptic Movement). Aufschlußreich ist etwa 1QH 12,29–33: „Aber was ist (schon) ein Fleisch(wesen) wie dieses? Und
was vermag ein Lehmgebilde, um deine Wunder groß zu benennen? Ist es doch in Schuld von
Mutterleib an und bis ins Alter der Untreue schuldig! Und ich weiß, daß nicht beim Menschen

IV. Die Zerstörung Jerusalems als Heilsparadox im Vierten Esrabuch: Trauer und Mitleid um Jerusalem als Remedur gegen das „böse Herz"

Auf die Barmherzigkeit und Gnade Gottes kann der Mensch nach dem Vierten Esrabuch also nicht zählen. Vielmehr zeigt der Gesamtduktus des Vierten Esrabuches, daß es keinen Weg am Gesetz vorbei gibt. Am Schluß des Buches wird die erneute Niederschrift des verbrannten Gesetzes berichtet, durch das künftige Generationen unterrichtet werden können, „damit die Menschen den Weg finden können und die, welche leben wollen, in der Endzeit das Leben erlangen"[30] (14,22). Esra versammelt schließlich „das ganze Volk" und mahnt es neu an das Gesetz, das die Väter Israels nicht gehalten hatten (14,27–35). So liegt das Achtergewicht des Vierten Esrabuches auf der erneuten Promulgation des Gesetzes.[31]

Das elementare Grundproblem bleibt jedoch bestehen: Wie soll denn das Volk Israel das Gesetz halten können, wo es doch nach wie vor das „böse Herz" hat? Nach den Dialogen stellt es sich sogar in noch verschärfter Form, denn ohne göttliche Gnade ist der Mensch noch dringender darauf angewiesen, selbst seine Gerechtigkeit zu erlangen.

Gerechtigkeit liegt und nicht bei einem Menschensohn vollkommener Wandel: Bei Gott, dem Höchsten, sind alle Gerechtigkeitstaten, doch eines Menschen Wandel ist unstet, wenn nicht im Geist, (den) Gott ihm geformt, um zu vervollkommnen den Wandel für Menschenkinder, sie alle seine Werke in der Kraft seiner Macht erkennen und die Fülle seines Erbarmens für alle Söhne seines Wohlgefallens" (Übersetzung nach MAIER, Die Qumran-Essener I, 75f.); 1QH 15,16–19: „Du kennst ja das Gebilde deines Knechts, denn […] zu erheben. […] zu stärken mit Kraft, aber Fleischeszuflucht habe ich nicht. […] keine gerechten Taten, sich zu retten vo[r dir] ohne Vergebung. Doch ich stütze mich auf die F[ülle deines Erbarmens und auf […]. Deiner Gnade harre ich, um aufsprießen zu lassen [durch H]ilfe und großzuziehen einen Sproß, zu stärken durch Kraft und zu […]" (Übersetzung nach MAIER, 86); 1QH 19,5f.7–9.10f.: „Ich will deine Gnadenweise besingen und deine Macht bedenken den ganzen Tag. […] Ich habe erkannt, daß Wahrheit dein Mund und in deiner Hand Gerechtigkeit (liegt), in deinem Denken liegt alle Erkenntnis und in deiner Kraft alle Macht, alle Herrlichkeit, sie ist bei dir. Durch deinen Zorn (kommen) alle Plagegerichte, und durch deine Güte reiche Vergebungen und dein Erbarmen gilt allen Söhnen deines Wohlgefallens. […] Wegen deiner Ehre hast du (den) Menschen von seinen Vergehen gereinigt, sich zu heiligen für dich von allen Unreinheitsgreueln und Veruntreuungsschuld …" (Übersetzung nach MAIER, Die Qumran-Essener I, 99f.). – Die Hodajot vertreten deutlich eine komplementäre Zuordnung von Gnade und Gerechtigkeit Gottes: Wohl ist Gott gerecht, aber er ist gerade darin auch gnädig, denn sonst könnte niemand vor ihm bestehen. Das Vierte Esrabuch stellt sich also mit seiner radikalen Bestreitung der Gnade Gottes als eines ewigen und unveränderlichen Wesenszugs Gottes und ihrer elementaren Trennung von der Gerechtigkeit Gottes gegen die (in diesem Punkt durchaus traditionelle) Gotteslehre seiner Zeit, die Gnade und Gerechtigkeit Gottes nicht *gegeneinander* stellt, sondern die Gnade Gottes als wesentlichen Aspekt seiner Gerechtigkeit faßt.

[30] Übersetzung nach SCHREINER, Das 4. Buch Esra, 402.

[31] Vgl. hierzu besonders STECK, Israel und das gewaltsame Geschick der Propheten, 177f.; HARNISCH, Der Prophet als Widerpart, 483–485.

Soll man hinter der Position des Vierten Esrabuches „Semipelagianismus" vermuten: Israel ist zwar wegen seiner Sündhaftigkeit nicht imstande, das Gesetz zu halten, soll aber wenigstens sein Bestes versuchen? Diese Annahme ist abzuweisen: Auch wenn dies nicht auf den ersten Blick ersichtlich ist, so formuliert das Vierte Esrabuch eine eigene, überraschende Lösung auf die Frage, wie denn das „böse Herz" zu überwinden und das Gesetz zu halten sei. Sie ergibt sich aus der sogenannten „Zionvision" (9,26–10,59).

Die Dialoge zwischen Esra und Uriel in *visio* I–III führen auf einen gewissen Endpunkt in der Diskussion hin. Die Probleme sind in aller Schärfe auf den Tisch gelegt und von Uriel radikal beantwortet worden: Es gibt viele Sünder und wenige Gerechte, die Sünder konnten bislang dank der Gnade Gottes überleben, dies wird aber mit dem kommenden Gericht ein Ende nehmen. Dann werden allein die Gerechten vor der Gerechtigkeit Gottes bestehen können. Man könnte sich vorstellen, daß das Vierte Esrabuch hier abbricht. Das Lehrgespräch ist beendet, Esra in einer Art *deus ex machina*-Theologie eines Besseren belehrt.

Doch das Buch geht weiter, und zwar mit der Zionvision, die sachlich zur anfänglichen Problemexposition 3,1f. zurücklenkt. Erst sie – das zeigen die unmißverständlichen literarischen Gliederungsmerkmale des Buches[32] – markiert die Peripetie des Vierten Esrabuches. Interpretiert man diesen Befund sachlich, bedeutet das nichts weniger, als daß die Belehrungen Uriels vom Verfasser des Vierten Esrabuches jedenfalls in pragmatischer Hinsicht als nicht suffizient angesehen werden. Denn nicht sie erbringen den Gesinnungswechsel Esras, der ihn von seinem Fragen abhalten würde (vgl. 9,13 *tu ergo adhuc noli curiosus esse* und dann den Selbstvorwurf 12,4), sondern allererst die Begegnung mit der klagenden Frau in *visio* IV. Wohl hat Uriel auch im Sinne des Verfassers des Vierten Esrabuches theologisch recht, nur: Wirklich überzeugen kann Esra die *Belehrung* Uriels nicht, ihn umzustimmen vermag erst die nachfolgende *Begegnung*.[33] Die existentielle Dimension der Probleme Esras, die er vorträgt, wird bereits in den Dialogen vorbereitet. In 4,23 sagt Esra:

„Ich wollte dich doch nicht über die oberen Wege fragen, sondern über das, was täglich an uns vorbeizieht: Weshalb ist Israel zur Schmach den Heiden ausgeliefert, das Volk, das du geliebt hast, gottlosen Völkern? Das Gesetz unserer Väter ist vernichtet, und die geschriebenen Anordnungen sind nirgends mehr vorhanden".[34]

Und in 7,16 tadelt Uriel Esra folgendermaßen:

„Warum hast du dir nicht das Künftige zu Herzen genommen, sondern die Gegenwart?"[35]

---

[32] Vgl. noch einmal BRANDENBURGER, Die Verborgenheit Gottes im Weltgeschehen, 72f.

[33] HARNISCH, Die Ironie der Offenbarung, 93f. (vgl. auch ebd. Anm. 24), spricht prägnant davon, daß Esra in die Wahrheit „hineingetäuscht" wird.

[34] Übersetzung nach SCHREINER, Das 4. Buch Esra, 319. Sachlich wird dieser Punkt in 4 Es 14,22.42–44 aufgegriffen.

[35] Übersetzung nach SCHREINER, Das 4. Buch Esra, 343.

Esra wird also keineswegs als völlig weltabgewandter Visionär präsentiert, sondern als aktuell und existentiell um sein Volk leidend. Zwar tadelt ihn Uriel für
diese Haltung, doch nimmt das Vierte Esrabuch, wie die Zentralstellung der
Zionvision zeigt, diese existentielle Dimension der Esraposition ernst und greift
sie entsprechend auf.

Wie läuft nun die entscheidende Begegnung Esras mit der Frau Zion ab? Harnisch[36] hat diesen Vorgang detailliert beschrieben, so daß es hier genügt, die
Grundlinien nachzuzeichnen. Esra war bisher in der Stadt Babel und hatte gefa-
stet (3,1). Nun wird er von Uriel angewiesen, auf das offene Feld hinauszugehen
und vegetarische Speise zu sich zu nehmen (9,23–25; vgl. 5,13; 6,30f.). Schon
dies zeigt eine elementare Veränderung an. Die nun folgende Vision, *visio* IV, unterscheidet sich in mehrerer Weise von anderen „Visionen", wie sie die apokalyptische Literatur kennt. Üblicherweise besteht eine Vision – grob gesprochen – aus
drei Teilen: der Einleitung, der Schauung, und schließlich der Deutung.[37] In der
Zionvision nun ist das Element der Schauung eigentümlich abgewandelt. Zunächst einmal ist die Vision völlig getarnt: Nicht der Himmel öffnet sich, sondern
Esra wendet sich dort um, wo er steht, und sieht plötzlich eine Frau hinter sich
(9,38). Daß es sich hierbei um eine Vision handelt, wird sich erst *im Nachhinein*
herausstellen, sobald sich die Frau zur Stadt verwandelt. Esra erlebt aus seiner
Perspektive schlicht eine Begegnung. Deshalb beginnt er sich nun – aus Leser-
perspektive: kurioserweise – mit dem Visionsgegenstand zu unterhalten und mit
ihm zu diskutieren.[38] Das ist in apokalyptischen Visionen sonst nicht der Fall:
Das Geschaute bleibt in der himmlischen Sphäre und wird erst durch die Deutung
quasi in das Diesseits überführt. Anders in der Zionvision des Vierten Esrabuches: Esra wird selbst zum aktiven Bestandteil der Vision und arbeitet an ihr
mit, ja die Akteure der Vision werden im Gefolge sogar vertauscht, denn ihr
Zweck ist am Ende gerade auch der, daß nicht nur *Esra* etwas „gesehen hat"
(*videre* pf. 9,38; 10,44), sondern daß *der Höchste* das aufrichtige „Trauern" (*con-
tristare*) und „Klagen" (*lugere*) Esras um Zion „gesehen hat" (*videre* pf. 10,39).
Die Zionvision ist also nicht nur eine Vision Esras, sondern gleichzeitig auch eine
Vision Gottes.

Nun liegt es im Wesen einer apokalyptischen Vision, daß sie dem Schauenden
etwas „enthüllt", ein Wissen übermittelt, das dieser zuvor noch nicht hatte. Was
aber soll eine Vision *Gottes* (gen. subj.) beinhalten können? Man wird damit zu
rechnen haben, daß ein bestimmter Grund vorliegt, daß das Vierte Esrabuch das
aufrichtige „Trauern" und „Klagen" Esras um Zion als Schauung Gottes, als göttliche Kehrseite der Zionvision Esras hinstellt.

---

[36] HARNISCH, Die Ironie der Offenbarung; vgl. auch die thematische Zusammenstellung der
„transitional aspects" in *visio* IV bei THOMPSON, Responsibility, 232–234.

[37] Vgl. dazu KOCH, Vom profetischen zum apokalyptischen Visionsbericht.

[38] Es empfiehlt sich deshalb nicht, mit BRANDENBURGER, Die Verborgenheit Gottes im Weltgeschehen, 73ff., Zionepisode und Zionvision arbeitstechnisch voneinander zu trennen.

Dieser Grund liegt meines Erachtens darin, daß das „Trauern" Esras um Zion nichts weniger als den auch für himmlisches Wissen relevanten Tatbeweis Esras darstellt, daß der Mensch dem Sündenverhängnis, seinem „bösen Herzen", wehren kann: Es wird in der Deutung der Zionvision von Uriel besonders betont, Esra habe *„von ganzem Herzen"* (*ex toto corde* 10,50) um Zion getrauert (*contristatus es*) und Mitleid (*pateris pro ea*) gehabt. Dieser Ausdruck „von ganzem Herzen" ist durchaus wörtlich zu nehmen, wenn man die Pointe nicht nur der Zionvision, sondern des Vierten Esrabuches insgesamt verstehen will. Genau dadurch, daß Esra „von *ganzem* Herzen" um Zion „trauert" und um sie „Leid trägt", wehrt er dem „bösen" menschlichen Herzen, das er wie jeder andere in sich trägt (vgl. 3,22.26). Stützen läßt sich die Annahme, daß der Ausdruck „von ganzem Herzen" hier nicht als Floskel gebraucht wird, sondern als Nennwert zu nehmen ist, dadurch, daß in der Zionvision eigens hervorgehoben wird, daß Esra seine Gedanken fahren ließ (9,39) und daß er von den Reden abließ, mit denen er bisher beschäftigt war (10,5). Die Begegnung mit der Frau löst ihn aus der Verstrickung seines Denkens und leert so sein Herz vollkommen für das „Trauern" um und das „Mitleiden" mit Zion.

Theologisch gesehen bedeutet das aber nichts weniger, als daß die katastrophale Zerstörung Jerusalems 70 n. Chr. vom Verfasser des Vierten Esrabuches als – zugespitzt gesagt – soteriologische Letztmaßnahme Gottes interpretiert worden ist, damit Israel dem von Esra als Sündenverhängnis eingestuften Problem des „bösen Herzens" wehren kann: „Trauern" und „Mitleiden" mit Zion allein können das menschliche Herz aus seiner Sündenverstrickung lösen und führen so zur Gerechtigkeit vor Gott und damit zur Rettung im Gericht. Mit der Zerstörung Jerusalems liegt folglich in den Augen des Vierten Esrabuches eine Art Heilsparadox vor, das auf der einen Seite elegisch beklagt werden kann – so von Esra selbst in der Zionvision:

„... unser Heiligtum [ist] verwüstet [...], unser Altar niedergerissen, unser Tempel zerstört, unsere Harfen auf den Boden geworfen, unser Lobgesang verstummt, unser Jubel verschwunden, das Licht unseres Leuchters erloschen, die Lade unseres Bundes geraubt, unsere Heiligtümer entweiht, der Name, der über uns ausgerufen wurde, entehrt, unsere Edlen mißhandelt, unsere Priester verbrannt, unsere Leviten in die Gefangenschaft geführt, unsere Jungfrauen befleckt, unsere Frauen vergewaltigt, unsere Gerechten verschleppt, unsere Kinder entführt, unsere jungen Männer [sind] zu Sklaven und unsere Helden schwach geworden".[39]

Auf der anderen Seite ist es aber gerade die Härte dieser Katastrophe, die allein das menschliche Herz aus seiner Verstrickung lösen kann, wie sich dies an Esra exemplarisch[40] zeigt.[41]

---

[39] 4 Es 10,21, Übersetzung nach SCHREINER, Das 4. Buch Esra, 379.

[40] Esras „Herz" wird – da er ja der letzte „Prophet" (4 Es 12,42) ist – in 4 Es 14 auf eine noch höhere Entwicklungsstufe gehoben, indem er zunächst die *signa, somnia* und *interpretationes*, die er gesehen hat, darin aufbewahren soll (V. 8); dann aber wird Gott zwecks der Niederschrift

Zu diesem Konzept drängt sich eine philosophiegeschichtliche Reminiszenz auf: Das Vierte Esrabuch steht mit dieser Sicht in einer frappanten sachlichen Nähe zur aristotelischen Tragödientheorie, die die Aufgabe der Trägodie in der durch ἔλεος und φόβος – was Schadewaldt mit „Jammer" und „Schrecken" übersetzt hat[42] – erzielten κάθαρσις von ebendiesen Affekten sieht.[43] Aristoteles führt im folgenden[44] weiter aus, daß die Tragödie nicht den Umschlag „makelloser" (ἐπιεικεῖς) Männer vom Glück ins Unglück zeigen dürfe, denn dies sei weder „schaudererregend" noch „jammervoll", sondern „abscheulich" (μιαρόν), aber auch nicht den Übergang von „Schuften" (μοχθηροί) vom Unglück ins Glück – das sei das Untragischste, was es gebe. Schließlich dürfe man auch nicht den Übergang eines „ganz schlechten" (σφόδρα πονηρός) Menschen vom Unglück ins Glück darstellen; das befriedige zwar das natürliche menschliche Gefühl, errege aber weder „Jammer" noch „Schrecken". Was aber ist dann tragisch? Aristoteles sagt: Widerfahrnisse desjenigen Helden, der zwischen diesen Möglichkeiten steht; tragische Helden sind also weder ἐπιεικεῖς noch πονηροί, sondern bewegen sich zwischen diesen beiden Polen. „Jammer" (ἔλεος) wird dann hervorgerufen, wenn jemand „unschuldig" (ἀνάξιος) ins Unglück gestürzt wird, „Schrecken" (φόβος), wenn der ins Unglück Gestürzte so ist wie wir (ὅμοιος). Ganz entsprechend ist Zion im Vierten Esrabuch gezeichnet als eine, die zum einen unverdient vom Unglück getroffen wurde – von einer Schuld Zions verlautet im Vierten Esrabuch nichts[45] – und zum anderen in ihren Ängsten und Zweifeln Esra nahe verwandt ist – auch die Frau ist ruhelos, auch sie kommt auf das Feld, wohin Esra gegangen ist (10,3). Ob das Vierte Esrabuch die aristotelische Tragödientheorie gekannt hat, ist keineswegs unwahrscheinlich,[46] braucht hier aber nicht entschieden zu werden. Bemerkenswert ist jedenfalls die Übereinstimmung der Konzepte.

In der Bestimmung des „Mitleids" setzt sich das Vierte Esrabuch von einer im hellenistischen Judentum durchaus geläufigen Gesetzesinterpretation ab, die die Essenz des Gesetzes selbst als „Erbarmen" und „Mitleid" zusammenfassen will. Zu nennen sind etwa Sir 13,15f.; 28,4; Philo Virt. 140[47], ARN 4[48] sowie Übersetzungstendenzen in der LXX, die an einer Reihe von Stellen *ṣdqh* „Gerechtigkeit"

---

der 94 Bücher die *lucerna intellectus* in seinem Herz anzünden (V. 25). Das gilt entsprechend für die „Weisen" (vgl. 12,38).

[41] An dieser Stelle unterscheidet sich die syrische Baruchapokalypse, die auch das „böse Herz" nicht kennt, konzeptionell erheblich vom Vierten Esrabuch (s. hierzu auch THOMPSON, Responsibility, 121–155); vgl. vor allem ApcBar(syr) 10,7: „Uns aber, die wir jetzt leben – wehe uns, daß wir die Trübsal Zions gesehen haben und das, was sich mit Jerusalem ereignet hat" sowie das bei BERGER, Synopse, 97–110 gesammelte Parallelmaterial aus ApcBar(syr) zu *visio* IV.

[42] SCHADEWALDT, Furcht und Mitleid, 194–236. Zur Diskussion um diese Deutung vgl. die Hinweise bei NESCHKE, Die Poetik des Aristoteles, 117 Anm. 17.

[43] ARISTOTELES, Poetik, 1449b/18f.

[44] ARISTOTELES, Poetik, 1452b–1453a/38f.

[45] Vgl. dagegen etwa in der Hebräischen Bibel Jes 40,1f.; Jer 4,13–15.29f.; 13,18–22; Ez 16; Thr 1,8f.; 4,22 u.ö.; vgl. STECK, Zion als Gelände und Gestalt, 141f.; zu den Jer-Belegen SCHMID, Buchgestalten, 330–332.

[46] Zur antiken Verbreitung von Aristoteles-Schriften und ihrer Bedeutung im Schulwesen vgl. die Überlegungen bei MARROU, Geschichte der Erziehung, 237f.

[47] Vgl. BERGER, Die Gesetzesauslegung Jesu, 240.

[48] Leicht zugänglich bei STRACK / BILLERBECK, Kommentar zum Neuen Testament I, 500, dort weiteres Material.

mit ἔλεος oder ἐλεημοσύνη wiedergeben kann.[49] Für das Vierte Esrabuch sind die „Trauer" und das „Mitleid" Esras hingegen keine ethischen Werte, die in Handlungen umsetzbar sind, sondern stehen der Sache nach eher dem „Jammer" und dem „Schrecken" Aristoteles' nahe. Das Problem des Vierten Esrabuches besteht nicht darin, wie man sich in der Vielfalt des Gesetzes zurechtzufinden hat, so daß das Vierte Esrabuch eine bestimmte maßgebliche Zusammenfassung dafür formulieren wollte, sondern vielmehr, wo überhaupt ein Weg an dem „bösen Herzen" vorbei zum Gesetz führt.[50]

Visio IV enthält so eine überraschende, wenn auch verborgene Lösung der in *visio* I–III vorgetragenen existentiellen und theoretischen Probleme. Wenn sich der Verfasser des Vierten Esrabuches in *visio* III gegen das Theologumenon der Gnade und Barmherzigkeit Gottes stellt, so muß ihm klar gewesen sein, daß er damit gegen einen allgemeinen theologischen Konsens verstößt. Daß Gott gnädig ist, ja daß gerade auch ein gerechter Gott gnädig ist, weiß der ganze Alte Orient und weiß insbesondere auch das Alte Testament. Wer die gnadenlose Gerechtigkeit Gottes im Gericht behauptet, wie dies das Vierte Esrabuch tut, muß deshalb auch in besonderem Maße und ganz konkret begründen können, daß ein Mensch gerecht sein kann. Ebendies versucht das Vierte Esrabuch zu zeigen, und zwar sowohl allgemein-theoretisch (*visio* I–III) wie auch exemplarisch-konkret (*visio* IV). Es ist dabei äußerst bemerkenswert, daß die universellen und die existentiellen Aspekte dieses Problems des gerechten Menschen offenbar als nicht deckungsgleich angesehen werden und deshalb sachlich und literarisch getrennt erscheinen: Daß die Tora als solche *nicht* auf den Menschen zugeschnitten ist, „nahe und einfach zu tun", wie dies das Deuteronomium noch statuierte (Dtn 30,11), ist eine Spitzenaussage, die das Alte Testament nur an ganz wenigen Stellen impliziert (z.B. Jer 31,31–34[51]). In ihrer sachlichen Fluchtlinie liegt das Vierte Esrabuch, das *gleichwohl* am Gesetz und dem ihm entsprechenden Handeln festhalten will. Aus diesem Interesse heraus läßt sich die besondere Konstellation von *visio* I–III und IV verstehen: Das Vierte Esrabuch scheint deutlich gesehen zu haben, daß eine konsequent gedachte Gesetzestheologie Gnade und Gerechtigkeit Gottes nicht in eins setzen darf, denn dann ist eine Fortentwicklung zu einem automatischen Sünden-Gnaden-Syndrom, ja in der Konsequenz eine *pecca-fortiter*-Position, jedenfalls nicht ausgeschlossen. Dem will das Vierte Esrabuch von Grund auf wehren: Der Mensch ist trotz seines „bösen Herzens" an das Gesetz und nicht an die Gnade gewiesen. Daß das Vierte Esrabuch in seiner Substanz in der Tat eine gesetzestheologische Schrift ist, kann man nicht gut bestreiten. Das zeigt neben markanten Urielaussagen (7,20–25) vor allem das Schlußkapitel, auf

[49] BERGER, Die Gesetzesauslegung Jesu, 157f. Vgl. auch STRACK / BILLERBECK, Kommentar zum Neuen Testament I, 357f.907f.
[50] Vgl. die Gleichsetzung von *mandata* und *lex* in 7,20–25.
[51] Vgl. SCHMID, Buchgestalten, 295–304.

welches das Buch hinausläuft, deutlich: Esra schreibt das bei der Zerstörung Jerusalems verbrannte Gesetz noch einmal auf, damit Israel den Weg finden und in der Endzeit das Leben erlangen kann (14,22).

Seine besondere Qualität als gesetzestheologische Schrift gewinnt das Vierte Esrabuch dadurch, daß es den Weg des Gesetzes gegen alle Widerständigkeit zeitgeschichtlicher Erfahrung durchhalten will. Die ultimative Zerstörung Jerusalems und seines Tempels 70 n. Chr. scheint doch gezeigt zu haben, daß es mit dem Gesetz und seiner Haltbarkeit nichts ist. Der Mensch kann das Gesetz nicht halten und wird deshalb aus der Heilsgemeinschaft mit Gott ausgeschlossen: Gott gibt seine Stadt und sein Heiligtum dem Verderben preis. Gegen diese Position steht das Vierte Esrabuch auf und interpretiert die Zerstörung Jerusalems und des Tempels ganz anders: Sie befreit durch „Trauer" und „Mitleid" aus der Verstrickung des „bösen Herzens" und ebnet in einer ganz neuen Weise den Weg zum Gesetz, dessen Befolgen allein zum Eingehen in den neuen Äon befähigt – so ist es Esra ergangen, und so gilt es für ganz Israel, wenn auch der explizierte Sinn dieses Heilsparadoxes nicht öffentlich gemacht wird – das Vierte Esrabuch dürfte sich selbst unter die siebzig verwahrten der nach der Katastrophe wiederhergestellten Bücher eingereiht haben (vgl. 12,37f.) – und den Weisen vorbehalten bleibt (14,47).[52]

V. Der weitere Kontext der apokalyptischen Literatur

In welchen Relationen zur weiteren apokalyptischen Literatur steht dieses spezifische Konzept des Vierten Esrabuches? Mit dieser Frage stellt sich sogleich das außerordentlich umstrittene Problem nach Definition und Umgrenzung der apokalyptischen Literatur – was ist zu ihr hinzuzuzählen, was nicht, inwieweit stellt sie überhaupt ein zusammengehöriges Corpus dar, innerhalb dessen Vergleiche anstellbar sind?[53] Zu beiden Fragehorizonten sind hier nur einige skizzenhafte Andeutungen möglich.

Seit den Qumranfunden[54] ist deutlich geworden, daß die unter dem Thema „Apokalyptik" verhandelte geistige Bewegung und deren literarische Ausprägungen älter sein müssen als das makkabäische Danielbuch[55], das man – namentlich aufgrund des makkabäerzeitlichen Materials in seinen Kapiteln 2 und 7ff. – üblicherweise als die älteste „Apokalypse" betrachtet hatte: Offenbar sind

---

[52] Vgl. hierzu KNIBB, Apocalyptic and Wisdom; MACHOLZ, Die Entstehung des hebräischen Bibelkanons, 388f.

[53] Vgl. KOCH, Einleitung; MÜLLER, Apokalyptik.

[54] Vgl. STEGEMANN, Die Bedeutung der Qumranfunde, 495–509; COLLINS, Place, 42–44.

[55] Vgl. KOCH, Die Reiche der Welt; DERS., Das Buch Daniel; KRATZ, Translatio imperii; SCHREINER, Gestalt und Botschaft; STECK, Weltgeschehen und Gottesvolk; COLLINS / FLINT, The Book of Daniel.

die Anfänge der Apokalyptik – das gilt unbeschadet aller historischen Abgren-
zungs- und sachlicher Definitionsprobleme[56], die eng untereinander interagieren
– eher im Bereich der handschriftlich bereits verhältnismäßig früh bezeugten
Henoch- als in der Danielliteratur zu fassen und gehören noch in das 3. und nicht
erst in das 2. vorchristliche Jahrhundert.[57] Dieser Befund ist sachlich von erheblichem Belang, weist er doch darauf hin, daß für die Entwicklung der Apokalyptik
das in den astronomischen Partien der Henochliteratur niedergelegte Priesterwis-
sen eine entscheidende Rolle gespielt haben dürfte,[58] dieses Wissen ist auf jeden
Fall von weitreichenderer Bedeutung als diejenigen Bestände, die üblicherweise
im Kontext der fruchtlosen Debatte um die Alternative einer Ableitung der Apokalyptik aus Prophetie oder Weisheit[59] angeführt worden sind. Weiterhin ist damit auch wahrscheinlich, daß das früher gern als iranischer Import angesehene[60]

---

[56] Zu der einflußreichen Darstellung VIELHAUERS, Die Apokalyptik, die ihren Katalog kenn-
zeichnender Merkmale apokalyptischer Literatur vor allem mit Material aus dem Vierten Esrabuch und der syrischen Baruch-Apokalypse (497–503) belegt, vgl. die Problematisierung durch
STECK, Überlegungen zur Eigenart der spätisraelitischen Apokalyptik; neuerdings STEGEMANN,
Die Bedeutung der Qumranfunde; MÜLLER, Apokalyptik, 35–173; BEYERLE, Wiederentdek-
kung, 39–46.

[57] STEGEMANN, Die Bedeutung der Qumranfunde, 502–508; KRATZ, Art. Apokalyptik, 592.

[58] Vgl. dazu ALBANI, Astronomie und Schöpfungsglaube; KOCH, Die Anfänge der Apokalyptik.

[59] Dieser seit VON RAD (Theologie II, 316–338, mit Hinweis auf das seines Erachtens „im
Grunde geschichtslose[] Denken" [332] der Apokalyptik) ebenso vielverhandelten wie wenig
aussichtsreichen Alternative (vgl. zuletzt wieder HAHN, Frühjüdische und urchristliche Apokalyptik, 18f. mit Option für Herleitung aus der Prophetie; vgl. dagegen z.B. MICHEL, Weisheit und
Apokalyptik; COLLINS, Place; VANDERKAM, The Prophetic-Sapiential Origins; KRATZ, Art. Apokalyptik) steht vor allem entgegen, daß Prophetie und Weisheit im 3. Jh. v. Chr. keine isoliert ne-
beneinanderstehenden Überlieferungsstränge mehr sind, sondern mannigfach untereinander interagieren (vgl. KRÜGER, Dekonstruktion, 170–172); die Ausprägung der Apokalyptik läßt sich
nachgerade nur aus dieser Interaktion verstehen: Das Grundthema der Gerechtigkeit ist genuin in
der Weisheit beheimatet, während sich die eschatologische Geschichtsdeutung elementaren Im-
pulsen aus der prophetischen Überlieferung verdankt.

[60] So verließ sich etwa auch ein profunder Kenner der Materie wie Bousset auf seinen Eindruck, daß sich die Apokalyptik „nicht organisch aus der messianischen Hoffnung heraus entwik-
kelt" habe; hinzu trat für ihn, daß „das Spätjudentum einen durchaus epigonenhaften Charakter"
habe, einschneidende geistesgeschichtliche Neuerungen von ihm also gar nicht zu erwarten sei-
en. So dränge „sich von allen Seiten der Gedanke auf, daß auch die jüdische Apokalyptik nicht
genuin auf dem Boden der Religion der Propheten und Psalmen gewachsen, sondern fremdarti-
ger Herkunft sei" (BOUSSET, Apokalyptik, 37f.; vgl. DERS. / [GRESSMANN], Die Religion des Judentums, 515) – Boussets Meinung nach stammt sie aus dem Iran. So anerkannt diese Meinung
im Rahmen der religionsgeschichtlichen Schule war (vgl. die Darstellung bei KOCH, Einleitung,
113–115.128), so problematisch erscheint sie der neueren Forschung (vgl. COLPE, Die religionsgeschichtliche Schule). Es ist außerordentlich umstritten, wie alt das einschlägige iranische Material ist (vgl. HENGEL, Judentum und Hellenismus, 353f.; COLLINS, Persian Apocalypses;
WIDENGREN, Leitende Ideen; KOCH, Weltgeschichte und Gottesreich), ob es nicht seinerseits erst
auf die spätisraelitische Apokalyptik reagiert, die ihrerseits deshalb eher als Spenderin denn als
Empfängerin solcher Ideen in Frage käme (vgl. KOCH, Einleitung, 128; s. bereits BOUSSET, Apokalyptik, 39). Zu erwägen bleibt auch, daß die Ähnlichkeiten und Berührungen zwischen Iran

Phänomen der Apokalyptik religionsgeschichtlich viel stärker in der spätisraeliti-schen Geistesgeschichte verankert und aus ihr erklärbar sein dürfte, als man her-kömmlicherweise anzunehmen bereit war. Namentlich der mit der Zerschlagung des Perserreichs durch Alexander den Großen korrelierte Zusammenbruch theo-kratisch ausgerichteter – und herkömmlich in priesterlichen Trägerkreisen behei-mateter – Konzeptionen wie derjenigen der Priesterschrift[61] oder später der Psal-men[62], die in der *pax persica* nachgerade das gottgewollte Ende der Geschichte erblicken konnten, dürfte die Ausbildung apokalyptischer Geschichtstheologie entscheidend begünstigt haben: Am sachlichen Grundzug des (priesterlichen) Ideals der Theokratie wurde in der nachpersischen Ära grundsätzlich festgehalten – Gott ist Herrscher und Lenker der Welt –, die Behauptung ihrer irdischen Ver-wirklichung in der Perserzeit im Sinne einer „realized eschatology" mußte jedoch evidenterweise aufgegeben und historisch wieder verflüssigt werden – wie Got-tes Herrschaft über die Welt letztendlich aussehen wird, das wird nun Gegenstand apokalyptischer Geschichtsspekulation.

So wie die geistige Katastrophe des Zusammenbruchs der perserzeitlichen Ordo-Erfahrung und die damit zusammenhängende Krise gegenwartsorientierter theokratischer Konzeptionen die Ausbildung apokalyptischer Konzeptionen möglicherweise nachgerade im Sinne einer Initialzündung gesteuert haben dürf-ten, so haben die späteren Katastrophenerfahrungen der Entweihung des Jerusa-lemer Tempels durch Antiochus IV.[63] und seiner und der Stadt Jerusalem Zerstö-rung 70 n. Chr. durch die Römer[64] ihre weitere Entfaltung maßgeblich geprägt. Die Apokalyptik läßt sich als theologische Reaktion auf Evidenzverluste theokra-tischer Konzeptionen begreiflich machen, die durch diesen Konzeptionen wider-sprechende politische Ereignisse motiviert sind. Diese Annahme liegt schon durch die theologiegeschichtliche Distribution[65] der üblicherweise als apokalyp-tisch eingestuften Schriften nahe: Sie lassen sich mehrheitlich um diese beiden Zentraldaten gruppieren[66] und reflektieren zum Teil sehr direkt und – soweit das im Rahmen der historischen Fiktion denkbar ist – explizit auf die entsprechenden

---

und Israel gar nicht mit Übernahmen in der einen oder anderen Richtung zu erklären sind, son-dern vielmehr mit einer vergleichbaren Geistesströmung zu tun haben – sei es, daß sie beide Kul-turräume übergreife oder eher mit zwei ähnlichen Strängen hier und dort zu rechnen sei (vgl. bes. Müller, Apokalyptik, 19–33).

[61] Vgl. Zenger, Art. Priesterschrift.

[62] Vgl. bes. Kratz, Die Gnade des täglichen Brots.

[63] Worin sie auch bestanden haben mag; Keel (Maßnahmen, 112f.) schlägt neuerdings vor, daß Antiochus IV. die Juden Jerusalems gezwungen haben soll, „Schweine zu opfern und Schweinefleisch zu essen" (vgl. 1 Mac 1,47; weiter 1,63; 2 Mac 6,18; 7,1).

[64] Vgl. dazu Schäfer, Geschichte der Juden, 141–143.

[65] Vgl. Sacchi, Jewish Apocalyptic, 88–108.

[66] Makkabäerzeitlich beeinflußt sind: die Tier- und die Zehnwochenapokalypse in Hen(aeth) (vgl. zur ersten Orientierung Schmid, Erzväter, 331–337), Dan, vgl. auch Jub (vgl. ebd., 324–327); auf die Ereignisse 70 n. Chr. beziehen sich 4 Es; ApcBar(syr) (vgl. ebd., 337–341); ApcAbr; PsPhilo.

Erfahrungen: Zu verweisen ist hier besonders auf Hen(aeth) 90,6–12; 93,9f.; 4 Es 10,21–23; ApcBar(syr) 7,1; 8,2; 10,5–19; ApcAbr 27,3; vgl. auch PsPhilo 19,7.

Man wird also festhalten dürfen, daß apokalyptische Konzeptionen im Gefolge von geschichtlichen Widerfahrnissen entstehen, die der traditionell in theokratischen Kreisen postulierten heilvollen Präsenz Gottes in der Welt widerstreiten. Da diese Präsenz elementar sowohl über weltpolitische als auch tempeltheologische Dimensionen verfügt, können weltpolitische Erschütterungen wie auch Probleme mit dem Tempelkult bis hin zu dessen Abbruch Fragen der Art motivieren, wie sie die Apokalypsen bearbeiten: Wo ist Gott? Ist er nurmehr verborgen? Hat er sein Volk ganz verstoßen? Beantwortet werden diese Fragen in aller Regel mit einem Bekenntnis zur sich umfassend in der Geschichte verwirklichenden Schöpfermacht Gottes, die allerdings ganz unterschiedliche – heil- und unheilvolle – Manifestationsformen zeigen kann und geschichtlich differenziert werden muß.

Die Tempelzerstörung von 70 n. Chr. stellte im Blick auf die Frage der Präsenz Gottes in der Welt eine Grenzerfahrung von besonderem Ausmaß dar, und es muß von daher nicht wundernehmen, daß dieses Ereignis besondere Anstrengungen zur theologischen Bewältigung forderte. Unter den Antworten innerhalb der jüdischen Apokalyptik[67] ist im wesentlichen neben dem Vierten Esrabuch die Konzeption der syrischen Baruch-Apokalypse zu nennen; von untergeordneter Bedeutung sind die Apokalypse des Abraham[68] und PsPhilo[69]. Allerdings haben auch das Vierte Esrabuch und die syrische Baruch-Apokalypse im Judentum, das sich nach 70 n. Chr. in die rabbinische Richtung entwickelte, keine Wirkung entfalten können und sind nur durch ihre Rezeption und Tradierung durch das Christentum erhalten geblieben.

Kennzeichnend ist für diese beiden Schriften, daß sich in ihren Antworten auf die Katastrophe der Tempelzerstörung das mancherorts für die Apokalyptik insgesamt als nachgerade konstitutiv geltende Charakteristikum einer Zwei-Äonen-Lehre erstmals explizit belegen läßt; sie dürfte ursächlich mit der Erfahrung der Zerstörung des zweiten Tempels in Zusammenhang zu bringen sein. Vielhauer etwa hat durchaus treffend festgehalten, daß die Vorstellung der Zwei-Äonen-Lehre „erst in der späteren Apokalyptik begrifflich explizit (4Esr, syr. Bar.)" wird – nämlich in denjenigen Schriften, die nach 70 n. Chr. entstanden sind –, er setzt aber fälschlicherweise voraus, daß diese gleichwohl „faktisch schon in den ältesten Apokalypsen vorhanden"[70] sei. Das ist eine Eisegese, die durch die Texte weder gestützt noch überhaupt nahegelegt wird. Natürlich gibt es vorstellungsge-

---

[67] Für die christliche Apokalyptik ist besonders die ApkJoh zu nennen, zu ihr im Vergleich mit dem Vierten Esrabuch und der syrischen Brauch-Apokalypse BOGAERT, La ruine de Jérusalem, 135–141.

[68] Vgl. PHILONENKO-SAYAR / PHILONENKO, Die Apokalypse Abrahams, 419.

[69] Vgl. DIETZFELBINGER, Pseudo-Philo, 97–99.

[70] VIELHAUER, Die Apokalyptik, 498.

schichtliche Anwege zur Zwei-Äonen-Lehre, namentlich über die Verheißung eines neuen Himmels und einer neuen Erde (vgl. Jes 65f.; Hen(aeth) 91,16 innerhalb der Zehnwochenapokalypse); von einer ausgestalteten Konzeption der anfänglichen Schöpfung einer doppelten Weltzeit, wie sie für die Zwei-Äonen-Lehre kennzeichnend ist (4 Es 7,50), kann in Schriften mit Entstehungsdatum vor 70 n. Chr. aber keine Rede sein.

Komplementär zu diesem negativen Befund läßt sich die Zwei-Äonen-Lehre historisch plausibel mit der Zerstörung des zweiten Tempels in Verbindung bringen: Eine derart ultimativ erscheinende Elimination des Tempels als Ort der Präsenz Gottes in der Welt[71] drängte in bestimmten Kreisen auf die Deutung hin, daß die Welt als ganze nicht in ihrer diesseitigen Gestalt aufgehen könne, sondern daß Gott von allem Anfang an nicht eine, sondern zwei Welt(zeit)en geschaffen haben müsse – die beiden Äonen. Der erste Äon ist gekennzeichnet nicht durch den kontinuierlichen Rückzug Gottes selbst aus der Weltgeschichte – wie manchmal pauschal bezüglich der apokalyptischen Geschichtsschau geurteilt wird[72] –, sondern durch eine Rücknahme des Heilswillens Gottes aus der Geschichte; selbstredend bleibt aber Gott auch in der Katastrophe die bestimmende Geschichtsmacht. Seine heilvolle Präsenz wird demgegenüber in den zweiten, kommenden Äon verlagert. Damit wird die klassische priesterliche Tempeltheologie, die sich bündig über die Formel einer „Schöpfung in der Schöpfung"[73] beschreiben läßt, transformiert in eine Theologie der „Schöpfung nach der Schöpfung": Der kommende Äon bringt die eine Schöpfung Gottes zu ihrem Ziel.

Die Zwei-Äonen-Lehre verbindet das Vierte Esrabuch und die syrische Baruch-Apokalypse, getrennt werden die beiden Schriften durch das Thema des *cor malignum*, das in der syrischen Baruch-Apokalypse fehlt. Zu einer Interpretation der Zerstörung Jerusalems als Heilsparadox mit fundamentalen anthropologischen Konsequenzen ist allein das Vierte Esrabuch vorgestoßen.[74] Ihre sachlich nächsten Parallelen haben diese anthropologischen Überlegungen des Vierten Esrabuches auffälligerweise in der paulinischen Literatur des Neuen Testa-

---

[71] Vgl. JANOWSKI, „Ich will in eurer Mitte wohnen"; DERS., Tempel und Schöpfung.

[72] Mit LUCK, Das Weltverständnis in der jüdischen Apokalyptik, 287, ist die Zwei-Äonenlehre nicht als bloßer Dualismus abzutun, sondern es bleibt festzuhalten, „daß gerade durch den Aufriß von der Schöpfung bis zum Gericht und darüber hinaus die Welt als Schöpfung, d.h. als geordnete Welt angesichts widriger Welterfahrung festgehalten oder besser gesagt wiedergewonnen werden soll".

[73] Vgl. BLUM, Studien zur Komposition des Pentateuch, 289–332, bes. 311. Der Tempelkult reaktiviert und restituiert Züge der ursprünglichen Schöpfung.

[74] Allerdings ist auch in ApcBar(syr) 7,2f. die Zerstörung Jerusalems allein Tat Gottes, aber aus einem völlig anderen Motiv heraus: „Danach hörte ich [sc. Baruch], daß dieser Engel zu den Engeln sagte, die die Fackeln hielten: Fangt nun an, ihre [sc. Jerusalems] Mauern zu zerstören, und stürzt sie um bis auf die Fundamente, damit die Feinde sich nicht rühmen können und sagen: Wir haben die Mauern Zions zerstört und den Ort des mächtigen Gottes verbrannt".

ments,[75] die Nähe des Vierten Esrabuches zu Paulus könnte gar fragen lassen, ob das Vierte Esrabuch – was von den jeweiligen Entstehungszeiten her ohne weiteres möglich ist – die paulinische Literatur gekannt hat und auf seine Weise darauf reagiert.

Mit seiner Zusammenführung von Geschichtstheologie und Anthropologie zeigt das Vierte Esrabuch sowohl ein außerordentlich sensibles Problembewußtsein als auch ein besonders innovatives konzeptionelles Denken; ein vergleichbares Niveau ist in der zwischentestamentlichen Literatur nur an wenigen Stellen erreicht worden. Äußerer Anlaß war die Zerstörung Jerusalems und seines Tempels, die innere Durchdringung dieser Erfahrung im Vierten Esrabuch ist jedoch dem originären Konzept seiner Autoren zu verdanken.

Literatur

M. ALBANI, Astronomie und Schöpfungsglaube. Untersuchungen zum Astronomischen Henochbuch, WMANT 68, Neukirchen-Vluyn 1994.

ARISTOTELES, Poetik. Griechisch/Deutsch, übersetzt und herausgegeben von M. FUHRMANN, Stuttgart 1982.

J. ASSMANN / B. JANOWSKI / M. WELKER (Hgg.), Gerechtigkeit. Richten und Retten in der abendländischen Tradition und ihren altorientalischen Ursprüngen, München 1998.

K. BERGER, Die Gesetzesauslegung Jesu, WMANT 40, Neukirchen-Vluyn 1972.

–, Synopse des Vierten Buches Esra und der Syrischen Baruch-Apokalypse, TANZ 8, Tübingen / Basel 1992.

S. BEYERLE, „Du bist kein Richter über dem Herrn" (4Esr 7,19). Zur Konzeption von Gesetz und Gericht im 4. Esrabuch, in: DERS. / G. MAYER / H. STRAUSS (Hgg.), Recht und Ethos im Alten Testament. Gestalt und Wirkung, Neukirchen-Vluyn 1999, 315–337.

–, Die Wiederentdeckung der Apokalyptik in den Schriften Altisraels und des Frühjudentums, VF 43 (1998), 34–59.

J. BLENKINSOPP, P and J in Genesis 1:1–11:26: An Alternative Hypothesis, in: A. B. BECK u.a. (Hgg.), Fortunate the Eyes That See. FS D. N. FREEDMAN, Grand Rapids 1995, 1–15.

–, The Pentateuch. An Introduction to the First Five Books of the Bible, New York u.a. 1992.

J. BLOCH, The Esra Apocalypse: Was It Written in Hebrew, Greek or Aramaic?, JQR 48 (1957/1958), 279–294.

E. BLUM, Studien zur Komposition des Pentateuch, BZAW 189, Berlin / New York 1990.

P. M. BOGAERT, La ruine de Jérusalem et les apocalypses juives après 70, in: L. MONLOUBOU (Hg.), Apocalypses et théologie de l'espérance, LeDiv 95, Paris 1977, 123–142.

W. BOUSSET / (H. GRESSMANN), Die Religion des Judentums im späthellenistischen Zeitalter, 4. Aufl., Tübingen 1966.

W. BOUSSET, Die jüdische Apokalyptik, ihre religionsgeschichtliche Herkunft und ihre Bedeutung für das neue [sic] Testament, Berlin 1903.

---

[75] Vgl. WEDER, Gesetz und Sünde.

E. BRANDENBURGER, Adam und Christus. Exegetisch-religionsgeschichtliche Untersuchung zu Röm 5,12–21 (1.Kor 15), WMANT 7, Neukirchen 1962.

–, Die Verborgenheit Gottes im Weltgeschehen. Das literarische und theologische Problem des 4. Esrabuches, AThANT 68, Zürich 1983.

E. BREECH, These Fragments I Have Shored against the Ruins. The Form and Function of 4 Esa, JBL 92 (1973), 267–274.

J. J. COLLINS, Genre, Ideology and Social Movements in Jewish Apocalypticism, in: DERS., Seers, Sybils and Sages in Hellenistic-Roman Judaism, JSJ.S 54, Leiden u.a. 1997, 25–38.

–, The Origin of Evil in Apocalyptic Literature and the Dead Sea Scrolls, in: DERS., Seers, Sybils and Sages in Hellenistic-Roman Judaism, JSJ.S 54, Leiden u.a. 1997, 287–299.

–, Persian Apocalypses, Semeia 14 (1979), 207–217.

–, The Place of Apocalypticism in the Religion of Israel, in: DERS., Seers, Sybils and Sages in Hellenistic-Roman Judaism, JSJ.S 54, Leiden u.a. 1997, 39–57.

–, Was the Dead Sea Sect an Apocalyptic Movement, in: DERS., Seers, Sybils and Sages in Hellenistic-Roman Judaism, JSJ.S 54, Leiden u.a. 1997, 261–285.

J. J. COLLINS / P. W. FLINT, The Book of Daniel. Composition and Reception, Vol.I/II, VT.S 83/1.2/FIOTL II/1.2, Leiden u.a. 2001.

C. COLPE, Die religionsgeschichtliche Schule. Darstellung und Kritik ihres Bildes vom gnostischen Erlösermythus, FRLANT 78, Göttingen 1961.

F. M. CROSS, Art. אל, ThWAT I (1973), 259–279.

M. DESJARDINS, Law in 2Baruch and 4Ezra, SR 14 (1985), 25–37.

C. DIETZFELBINGER, Pseudo-Philo: Antiquitates Biblicae, JSHRZ II/2, Gütersloh 1975.

A. FALKENSTEIN / W. VON SODEN, Sumerische und Akkadische Hymnen und Gebete, Zürich / Stuttgart 1953.

D. N. FREEDMAN / J. LUNDBOM / H. J. FABRY, Art. חנן, ThWAT III (1982), 23–39.

F. GARCÍA MARTÍNEZ, Traditions communes dans le IVe Esdras et dans les Mss de Qumran, RdQ 57–58/15 (1991), 287–301.

S. GERO, ‚My Son the Messiah‘: A Note on 4Esr 7,28–29, ZNW 66 (1975), 264–267.

E. B. GERTEL, Because of Our Sins?, Tradition 15 (1976), 68–82.

R. GOLDENBERG, Early Explanations of the Destruction of Jerusalem, JJSt 33 (1982), 517–526.

H. GUNKEL, Das vierte Buch Esra, APAT 2, Tübingen 1900, 331–401.

F. HAHN, Frühjüdische und urchristliche Apokalyptik. Eine Einführung, BThSt 36, Neukirchen-Vluyn 1998.

G. HALLBÄCK, The Fall of Zion and the Revelation of the Law. An Interpretation of 4 Ezra, SJOT 6 (1992), 263–292.

W. HARNISCH, Der Prophet als Widerpart und Zeuge der Offenbarung. Erwägungen zur Interdependenz von Form und Sache im 4. Buch Esra, in: D. HELLHOLM (Hg.), Apocalypticism in the Mediterranean World and the Near East, Tübingen 1983, 461–493.

–, Die Ironie der Offenbarung. Exegetische Erwägungen zur Zionvision im 4. Buch Esra, ZAW 95 (1983), 75–95.

–, Verhängnis und Verheißung der Geschichte. Untersuchungen zum Zeit- und Geschichtsverständnis im 4. Buch Esra und in der syr. Baruchapokalypse, FRLANT 97, Göttingen 1969.

A. P. HAYMAN, The Problem of Pseudonymity in the Esra Apocalypse, JSJ 6 (1975), 47–56.

M. HENGEL, Judentum und Hellenismus. Studien zu ihrer Begegnung unter Berücksichtigung Palästinas bis zur Mitte des 2. Jh.s v. Chr., 3. Aufl., Tübingen 1988.

B. JANOWSKI, Tempel und Schöpfung. Schöpfungstheologische Aspekte der priesterschriftlichen Heiligtumskonzeption, in: DERS., Gottes Gegenwart in Israel. Beiträge zur Theologie des Alten Testaments, Neukirchen-Vluyn 1993, 214–246.

–, „Ich will in eurer Mitte wohnen". Struktur und Genese der exilischen *Schekina*-Theologie, in: DERS., Gottes Gegenwart in Israel. Beiträge zur Theologie des Alten Testaments, Neukirchen-Vluyn 1993, 119–147.

O. KEEL, Die kultischen Maßnahmen Antiochus' IV. Religionsverfolgung und/oder Reformversuch? Eine Skizze, in: DERS. / U. STAUB, Hellenismus und Judentum. Vier Studien zu Daniel 7 und zur Religionsnot unter Antiochus IV., OBO 178, Fribourg / Göttingen 2001, 87–121.

R. KIRSCHNER, Apocalyptic and Rabbinic Responses to the Destruction of 70, HThR 78 (1985), 27–46.

A. F. J. KLIJN, Die Esra-Apokalypse (IV. Esra). Nach dem lateinischen Text unter Benutzung der anderen Versionen übersetzt und herausgegeben, GCS, Berlin 1992.

–, Die syrische Baruch-Apokalypse, JSHRZ V/2, Gütersloh 1976, 103–184.

M. A. KNIBB, Apocalyptic and Wisdom in 4Ezra, JSJ 13 (1982), 56–74.

K. KOCH, Die Anfänge der Apokalyptik in Israel und die Rolle des astronomischen Henochbuchs, in: DERS., Vor der Wende der Zeiten. Beiträge zur apokalyptischen Literatur. Gesammelte Aufsätze III, Neukirchen-Vluyn 1996, 3–39.

–, Esras erste Vision. Weltzeiten und Weg des Höchsten, BZ 22 (1978), 46–75 [= DERS., Vor der Wende der Zeiten. Beiträge zur apokalyptischen Literatur. Gesammelte Aufsätze III, Neukirchen-Vluyn 1996, 77–106].

–, Einleitung, in: DERS. / J. M. SCHMIDT (Hgg.), Apokalyptik, WdF 365, Darmstadt 1982, 1–29 [= DERS., Vor der Wende der Zeiten. Beiträge zur apokalyptischen Literatur. Gesammelte Aufsätze III, Neukirchen-Vluyn 1996, 109–133].

–, Die Reiche der Welt und der kommende Menschensohn. Studien zum Danielbuch. Gesammelte Aufsätze II, Neukirchen-Vluyn 1995.

–, Das Buch Daniel, EdF 144, Darmstadt 1980.

–, Vom profetischen zum apokalyptischen Visionsbericht, in: D. HELLHOLM (Hg.), Apocalypticism in the Mediterranean World and the Near East, 2.Aufl., Tübingen 1989, 414–446 [= DERS., Vor der Wende der Zeiten. Beiträge zur apokalyptischen Literatur. Gesammelte Aufsätze III, Neukirchen-Vluyn 1996, 143–178].

–, Weltgeschichte und Gottesreich im Danielbuch und die iranischen Parallelen, in: DERS., Die Reiche der Welt und der kommende Menschensohn. Studien zum Danielbuch. Gesammelte Aufsätze II, Neukirchen-Vluyn 1995, 46–65.

R. G. KRATZ, Art. Apokalyptik. II. Altes Testament, RGG[4] I, Tübingen 1998, 591f.

–, Die Gnade des täglichen Brots. Späte Psalmen auf dem Weg zum Vaterunser, ZThK 89 (1992), 1–40.

–, Die Komposition der erzählenden Bücher des Alten Testaments. Grundwissen der Bibelkritik, UTB 2157, Göttingen 2000.

–, Translatio imperii. Untersuchungen zu den aramäischen Danielerzählungen und ihrem theologiegeschichtlichen Umfeld, WMANT 63, Neukirchen-Vluyn 1991.

T. KRÜGER, Das menschliche Herz und die Weisung Gottes. Elemente einer Diskussion über Möglichkeiten und Grenzen der Tora-Rezeption im Alten Testament, in: R. G. KRATZ / DERS. (Hgg.), Rezeption und Auslegung im Alten Testament und in seinem Umfeld. Ein Symposium aus Anlaß des 60. Geburtstags von ODIL HANNES STECK, OBO 153, Freiburg Schweiz / Göttingen 1997, 65–92.

–, Dekonstruktion und Rekonstruktion prophetischer Eschatologie im Qohelet-Buch, in: DERS., Kritische Weisheit. Studien zur weisheitlichen Traditionskritik im Alten Testament, Zürich 1997.

U. LUCK, Das Weltverständnis in der jüdischen Apokalyptik dargestellt am äthiopischen Henoch und am 4. Esra, ZThK 73 (1976), 283–305.

C. MACHOLZ, Die Entstehung des hebräischen Bibelkanons nach 4 Esra 14, in: E. BLUM / DERS. / E. W. STEGEMANN (Hgg.), Die Hebräische Bibel und ihre zweifache Nachgeschichte. FS R. RENDTORFF, Neukirchen-Vluyn 1990, 379–391.

J. MAIER, Die Qumran-Essener: Die Texte vom Toten Meer I, München / Basel 1995.

–, Zwischen zweitem und drittem Tempel, in: S. LAUER (Hg.), Tempelkult und Tempelzerstörung (70 n. Chr.). Interpretationen, JudChr 15, Bern u.a. 1994, 105–133.

H.-I. MARROU: Geschichte der Erziehung im klassischen Altertum, Freiburg 1957.

S. MEDALA, The Original Language of 4 Esdras, in: Z. J. KASPERA (Hg.), Intertestamental Essays in Honour of JÓZEF TADEUSZ MILIK, Qumranica Mogilanensia 6, Kraków 1992, 313–326.

D. MICHEL, Weisheit und Apokalyptik, in: A. S. VAN DER WOUDE (Hg.), The Book of Daniel in the Light of New Findings, BEThL 106, Leuven 1993, 413–434.

W. MUNDLE, Das religiöse Problem des IV. Esrabuches, ZAW 47 (1929), 222–249.

K. MÜLLER, Studien zur frühjüdischen Apokalyptik, SBAB 11, Stuttgart 1991.

A. B. NESCHKE, Die Poetik des Aristoteles 1: Interpretationen, Frankfurt a.M. 1980.

J. NEUSNER, Judaism in a Time of Crisis. Four Responses to the Destruction of the Second Temple, Judaism 21 (1972), 313–327.

E. OTTO, Die Paradieserzählung Gen 2–3: Eine nachpriesterschriftliche Lehrerzählung in ihrem religionshistorischen Kontext, in: A. A. DIESEL u.a. (Hgg.), „Jedes Ding hat seine Zeit …". Studien zur israelitischen und altorientalischen Weisheit. FS D. MICHEL, Berlin / New York 1996, 167–192.

–, Theologische Ethik des Alten Testaments, ThW 3,2, Stuttgart u.a. 1994.

B. PHILONENKO-SAYAR / M. PHILONENKO, Die Apokalypse Abrahams, JSHRZ V/5, Gütersloh 1982.

G. VON RAD, Theologie des Alten Testaments 2: Die Theologie der prophetischen Überlieferungen Israels, 9. Aufl., München (1960) 1987.

P. SACCHI, Jewish Apocalyptic and its History, JSP.S 20, Sheffield 1990.

W. SCHADEWALDT, Furcht und Mitleid? Zur Deutung des Aristotelischen Tragödiensatzes, in: DERS., Hellas und Hesperien. Gesammelte Schriften zur Antike und zur neueren Literatur in zwei Bänden 1: Zur Antike, 2. Aufl., Zürich / Stuttgart 1970, 194–236.

P. SCHÄFER, Art. Adam II. Im Judentum, TRE 1 (1977), 424–427.

–, Geschichte der Juden in der Antike. Die Juden Palästinas von Alexander dem Großen bis zur arabischen Eroberung, Stuttgart 1983.

H. H. SCHMID, Gerechtigkeit als Weltordnung. Hintergrund und Geschichte des alttestamentlichen Gerechtigkeitsbegriffes, BHTh 40, Tübingen 1968.

K. SCHMID, Buchgestalten des Jeremiabuches. Untersuchungen zur Redaktions- und Rezeptionsgeschichte von Jer 30–33 im Kontext des Buches, WMANT 72, Neukirchen-Vluyn 1996.

–, Erzväter und Exodus. Untersuchungen zur doppelten Begründung der Ursprünge Israels innerhalb der Geschichtsbücher des Alten Testaments, WMANT 81, Neukirchen-Vluyn 1999.

–, Esras Begegnung mit Zion. Die Deutung der Zerstörung Jerusalems im 4. Esrabuch und das Problem des „bösen Herzens", JSJ 29 (1998), 261–277.

H. J. Schoeps, Die Tempelzerstörung des Jahres 70 in der jüdischen Religionsgeschichte, CNT 6, Uppsala 1942, 1–45.

J. Schreiner, Das 4. Buch Esra, JSHRZ V/4, Gütersloh 1981.

–, „… wird der Gott des Himmels ein Reich errichten, das in Ewigkeit nicht untergeht" (Dan 2,44). Gestalt und Botschaft apokalyptischen Redens von Gott am Beispiel von Daniel 2, in: N. Lohfink u.a.(Hgg.), „Ich will euer Gott werden". Beispiele biblischen Redens von Gott, SBS 100, Stuttgart 1981, 123–149.

E. Schürer, The History of the Jewish People in the Age of Jesus Christ (175 B.C. – A.D. 135), III/1, hg. von G. Vermes / F. Millar / M. Goodman, Edinburgh 1986.

H. Schwier, Tempel und Tempelzerstörung. Untersuchungen zu den theologischen und ideologischen Faktoren im ersten jüdisch-römischen Krieg (66–74 n.Chr.), NTOA 11, Freiburg / Göttingen 1989.

H. Simian-Yofre / U. Dahmen, Art. רחם, ThWAT VIII (1993), 460–477.

J. L. Ska, El relato del diluvio. Un relato sacerdotal y algunos fragmentos posteriores, EstB 52 (1994), 37–62.

O. H. Steck, Das apokryphe Baruchbuch. Studien zu Rezeption und Konzentration »kanonischer« Überlieferung, FRLANT 160, Göttingen 1993.

–, Israels Gott statt anderer Götter – Israels Gesetz statt fremder Weisheit. Beobachtungen zur Rezeption von Hi 28 in Bar 3,9–4,4, in: I. Kottsieper u.a. (Hgg.), „Wer ist wie du, Herr, unter den Göttern?". Studien zur Theologie und Religionsgeschichte Israels, FS O. Kaiser, Göttingen 1994, 457–471.

–, Israel und das gewaltsame Geschick der Propheten. Untersuchungen zur Überlieferung des deuteronomistischen Geschichtsbildes im Alten Testament, Spätjudentum und Urchristentum, WMANT 23, Neukirchen-Vluyn 1967.

–, Zion als Gelände und Gestalt. Überlegungen zur Wahrnehmung Jerusalems als Stadt und Frau im Alten Testament, in: Ders., Gottesknecht und Zion. Gesammelte Aufsätze zu Deuterojesaja, FAT 4, Tübingen 1992, 126–145.

–, Überlegungen zur Eigenart der spätisraelitischen Apokalyptik, in: J. Jeremias / L. Perlitt (Hgg.), Die Botschaft und die Boten, FS H. W. Wolff, Neukirchen-Vluyn 1981, 301–315.

–, Weltgeschehen und Gottesvolk im Buche Daniel (1980), in: Ders., Wahrnehmungen Gottes im Alten Testament. Gesammelte Studien, ThB 70, München 1982, 262–290.

H. Stegemann, Die Bedeutung der Qumranfunde für die Erforschung der Apokalyptik, in: D. Hellholm (Hg.), Apocalypticism in the Mediterranean World and the Near East, 2. Aufl., Tübingen 1989, 495–509.

M. E. Stone, Art. Esdras, Second Book of, ABD 2 (1992), 611–614.

–, Coherence and Inconsistency in the Apocalpyses: The Case of ‚The End' in 4Ezra, JBL 102 (1983), 229–243 [= Ders., Selected Studies in Pseudepigrapha and Apocrypha with Special Reference to the Armenian Tradition, SVTP 9, Leiden u.a. 1991, 333–347].

–, The Metamorphosis of Ezra: Jewish Apocalypse and Medieval Vision, in: Ders., Selected Studies in Pseudepigrapha and Apocrypha with Special Reference to the Armenian Tradition, SVTP 9, Leiden u.a. 1991, 359–376.

–, The Way of the Most High and the Injustice of God in 4 Ezra, in: Ders., Selected Studies in Pseudepigrapha and Apocrypha with Special Reference to the Armenian Tradition, SVTP 9, Leiden u.a. 1991, 348–358.

–, Fourth Ezra, Hermeneia, Minneapolis 1990.

–, Reactions to the Destruction of the Second Temple, JSJ 12 (1981), 195–204 [= Ders.,

Selected Studies in Pseudepigrapha and Apocrypha with Special Reference to the Armenian Tradition, SVTP 9, Leiden u.a. 1991, 429–438].

–, Some Remarks on the Textual Criticism of IV Esra, HThR 60 (1967), 107–115.

H. L. STRACK / P. BILLERBECK, Kommentar zum Neuen Testament aus Talmud und Midrasch I: Das Evangelium nach Matthäus, 10.Aufl., München 1994; IV/1: Exkurse zu einzelnen Stellen des Neuen Testaments, 8.Aufl., München 1986.

C. THOMA, Die Zerstörung des jerusalemischen Tempels im Jahre 70 n. Chr. Geistig-religiöse Bedeutung für Judentum und Christentum nach den Aussagen jüdischer und christlicher Primärliteratur, Diss. phil. (masch.), Wien 1966.

–, Jüdische Apokalyptik am Ende des ersten nachchristlichen Jahrhunderts. Religionsgeschichtliche Bemerkungen zur syrischen Baruchapokalypse und zum vierten Esrabuch, Kairos 11 (1969), 134–144.

T. L. THOMPSON, Responsibility for Evil in the Theodicy of IV Ezra, SBL.DS 29, Missoula 1977.

J. C. VANDERKAM, The Prophetic-Sapiential Origins of Apocalyptic Thought, in: DERS., From Revelation to Canon. Studies in the Hebrew Bible and Second Temple Literature, JSJ.S 62, Leiden u.a. 2000, 241–254.

P. VIELHAUER, Die Apokalyptik, in: W. SCHNEEMELCHER (Hg.), Neutestamentliche Apokryphen in deutscher Übersetzung, 6.Aufl., Tübingen 1997, 492–508.

B. VIOLET, Die Apokalypsen des Esra und des Baruch in deutscher Gestalt. Mit Textvorschlägen für Esra und Baruch von H. GRESSMANN, GCS 32, Leipzig 1924.

P. VOLZ, Die Eschatologie der jüdischen Gemeinde im neutestamentlichen Zeitalter, Tübingen 1934.

H. WEDER, Gesetz und Sünde. Gedanken zu einem qualitativen Sprung im Denken des Paulus, NTS 31 (1985), 357–376 [= DERS., Einblicke ins Evangelium. Exegetische Beiträge zur neutestamentlichen Hermeneutik, Göttingen 1992, 323–346].

G. WIDENGREN, Leitende Ideen und Quellen der iranischen Apokalyptik, in: D. HELLHOLM (Hg.), Apocalypticism in the Mediterranean World and the Near East, Tübingen, 2. Aufl., 1989, 77–162.

T. W. WILLETT, Eschatology in the Theodicies of 2 Baruch and 4 Ezra, JSP.S 4, Sheffield 1989.

E. ZENGER, Art. Priesterschrift, TRE 27, Berlin / New York 1997, 435–446.

Reaktionen auf die Tempelzerstörung in der rabbinischen Literatur

von

GÜNTER STEMBERGER

Traditionelle Darstellungen, die die rabbinische Literatur als Einheit sehen oder einfach nach Tradentennamen zeitlich ordnen, können zu allen Aspekten der Tempelzerstörung schon von den ersten Anfängen des Rabbinats, ab Jochanan ben Zakkai, eine Fülle von Texten bieten. Die Frage nach der Schuld an der Zerstörung wird da genauso schon von der frühesten Zeit an beantwortet wie das Problem einer jüdischen Existenz ohne Tempel – Tora und Nächstenliebe gelten als Ersatz für Opfer. Auch die Hoffnung auf den baldigen Wiederaufbau des Tempels und die Erneuerung des Kults ist bei einem solchen Zugang zur rabbinischen Literatur von Anfang an zu belegen. Ganz anders sieht es aus, wenn man nicht die Abfolge von Tradenten, sondern die Entstehungszeit einzelner rabbinischer Schriften als Ordnungskriterium nimmt, wie das in der folgenden Darstellung geschieht. Während klassische Formen der Darbietung rabbinischen Materials das Denken der Rabbinen fast als zeitlose Größe erscheinen lassen, wo alles Wesentliche schon immer gegeben ist, tritt bei einem nach Schriften geordneten Zugriff auf das Material eine geschichtliche Entwicklung zutage, die nicht nur plausibler ist, sondern vieles neu verstehen läßt.

I. Mischna, Tosefta, halakhische Midraschim

1. Mischna

Die beiden grundlegenden Werke des Rabbinats sind die um etwa 200 redigierte Mischna und die zur Mischna parallel aufgebaute, trotz einzelner früher Texte insgesamt etwas spätere Tosefta.

In der Mischna kommt die Zerstörung des Tempels fast gar nicht in den Blick. In den Ordnungen Mo'ed und Qodaschim, in denen die Mischna Feste und Tempelopfer bespricht, trifft sie weithin Regelungen über den Ablauf des Kults, als ob der Tempel noch immer stünde (dies gilt auch bei perfektisch wirkenden Aussagen, die in Wirklichkeit meist nicht Vergangenheit schildern, sondern einfach

Normen formulieren – das Zeitensystem des Hebräischen ist in der Mischna noch nicht voll gefestigt). Sogar der Traktat Middot, der den Tempel beschreibt – unsicher ist, wie weit er den tatsächlichen Bau vor 70 oder, eventuell damit gemischt, Idealvorstellungen einbringt –, verwendet vielfach präsentische Formen.[1] Nie erwähnt er die Zerstörung des Tempels. Allein bei der Beschreibung der vier Kammern im Vorhof der Frauen heißt es, daß sie nicht überdacht waren, „und so werden sie auch in Zukunft sein" (begründet mit Ez 46,21f.). Das kann sich auf einen erwarteten Wiederaufbau ebenso beziehen wie auf den Idealtempel der messianischen Zeit. In der Tosefta hat der Traktat kein Gegenstück, in den Talmudim wird er nicht kommentiert.

Nur einzelne Aussagen der Mischna beziehen sich explizit auf die Zerstörung des Tempels und regeln, was in einer Zeit ohne Tempel anders als früher ablaufen muß. Wesentlich sind hier die Jochanan ben Zakkai in mRHSh 4,1–4 zugeschriebenen Verordnungen (Taqqanot):

„Wenn der Feiertag des Neujahrs auf einen Sabbat fällt, pflegte man im Tempel (das Schofar) zu blasen, nicht aber in der Provinz. Nachdem der Tempel zerstört wurde, verordnete Rabban Jochanan ben Zakkai, daß man überall blase, wo es einen Gerichtshof gibt…

Anfangs pflegte man den Feststrauß (beim Laubhüttenfest) im Tempel sieben Tage zu nehmen, in der Provinz aber nur einen Tag. Nachdem der Tempel zerstört wurde, verordnete Rabban Jochanan ben Zakkai, daß man den Feststrauß in der Provinz sieben Tage nehme, zur Erinnerung an den Tempel, und daß den ganzen Tag des Schwingens (der ersten Getreidegarbe) der Genuß neuen Getreides verboten sei.

Anfangs pflegte man das Zeugnis des Neumondes den ganzen Tag entgegenzunehmen. Einmal verspätete sich die Ankunft der Zeugen, und die Leviten rezitierten den falschen Psalm. Da verordnete man, daß man sie nur bis zum Nachmittagsopfer entgegennehme. Kommen aber Zeugen erst nach dem Nachmittagsopfer, hält man diesen Tag als heilig und auch den folgenden Tag als heilig. Nachdem der Tempel zerstört wurde, verordnete Rabban Jochanan ben Zakkai, daß man das Zeugnis des Neumondes den ganzen Tag entgegennehme".

Aus heutiger Sicht betreffen alle diese Regelungen eher Details des religiösen Lebens, in denen man auf die Zerstörung des Tempels reagierte und gewisse Unterschiede zwischen Tempel und dem übrigen Judäa aufhob. Die Begründung „zur Erinnerung an den Tempel" drückt kaum die Erwartung von dessen baldiger Erneuerung aus – in der Mischna kommt sie nur noch in mSuk 3,12 vor, einer wörtlichen Parallele zum hier zitierten Abschnitt über den Feststrauß. Die Zerstö-

---

[1] Bar-Ilan, Are *Tamid* and *Middot* Polemical Tractates?, folgert aus dem Vergleich einer Reihe von Aussagen in Middot mit solchen aus Texten von Qumran, daß der Traktat eine Polemik gegen andere Gruppen wie die Essener ist. Die Gegenüberstellung der Positionen macht dieses Urteil plausibel. Doch stellt sich dann die Frage, wann eine solche Polemik wohl Sinn machte. Am ehesten wohl doch, solange der Tempel noch stand oder bald nach seiner Zerstörung, als man Streitpunkte im Blick auf den Wiederaufbau klären wollte. Im einen wie im anderen Fall verwundert, daß die Redaktion des Traktats beziehungsweise der Mischna die Zerstörung nirgends erwähnt.

rung des Tempels wird einfach als Zeitpunkt genannt, nach dem bestimmte Dinge geändert wurden.[2]

Ein konkretes Problem, das sich aus der Zerstörung des Tempels ergab, war die Frage, wie man Gelübde beurteilen sollte, zu deren Einlösung ein Opfer vorgeschrieben war, das nun nicht mehr dargebracht werden konnte. In mNaz 5,4 wird dazu eine ausdrücklich als falsch beurteilte Entscheidung erwähnt:

> „Diesen Irrtum beging Nachum der Meder, als Nasiräer aus der Diaspora heraufkamen und den Tempel zerstört vorfanden. Nachum der Meder fragte sie: Wenn ihr gewußt hättet, daß der Tempel zerstört würde, wäret ihr da Nasiräer geworden? Sie antworteten ihm: Nein, und er löste ihnen (das Gelübde).
>
> Als die Sache vor die Gelehrten kam, sagten sie: Jeder, der ein Nasiräergelübde getan hat, bevor der Tempel zerstört wurde, ist ein Nasiräer; (hat er es getan), nachdem der Tempel zerstört wurde, ist er nicht Nasiräer".

Der Irrtum Nachums war, die Unkenntnis eines erst *nach* Ablegung des Gelübdes eingetroffenen Ereignisses zum Grund für die Auflösung des Gelübdes zu machen. Nur die Unkenntnis von zum Zeitpunkt eines Gelübdes schon existierenden Umständen kann die Auflösung begründen. Die Entscheidung der Rabbinen ist rein formal. Die schon vor dem 9. Ab des Jahres 70 abgelegten Gelübde sind verbindlich – diese Personen bleiben zum Opfer verpflichtet, wann immer der Tempel zu ihren Lebzeiten wieder errichtet würde. Versteht man den zweiten Teil der Entscheidung absolut, das heißt nicht nur von in Unkenntnis der Zerstörung abgelegten Gelübden, ist seit dem Zeitpunkt der Zerstörung kein gültiges Gelübde mehr möglich, wenn in Verbindung damit Opfer vorgeschrieben sind, obwohl nirgends gesagt ist, innerhalb welcher Frist das Opfer darzubringen ist. So verstanden,[3] setzt die Entscheidung voraus, daß die Rabbinen mit einer Wiedererrichtung des Tempels in absehbarer Zeit nicht rechnen.

Nach Lev 19,23f. darf man die Früchte neu gepflanzter Bäume drei Jahre lang nicht genießen; die Früchte des vierten Jahres sind als Festgabe für den Herrn geheiligt. Dazu heißt es in mMaasSh 5,2, bis zu einer Tagesreise weit habe man die Früchte des vierjährigen Weinbergs nach Jerusalem gebracht (bei größerer Entfernung wurden sie verkauft und der Erlös im Tempel verbraucht). Als es viele

---

[2] So auch in mMen 10,5, wo auf die hier gebrachte Entscheidung Jochanans zum neuen Getreide Bezug genommen wird. In mMQ 3,5 heißt es vom Wochenfest, daß es seit Zerstörung des Tempels für die Berechnung der Trauerzeit einem Sabbat gleicht. In mSot 9,12.15 werden in einer wohl späten und auch sicher mehrfach ergänzten Aufzählung, was alles im Lauf der Geschichte schlechter geworden ist, auch zweimal negative Entwicklungen seit der Zerstörung des Tempels genannt. Eine Besserung wird hier erst von der Endzeit erwartet; eine Rückkehr zu früheren Verhältnissen ist nirgends im Blick.

[3] Möglich wäre es, die Entscheidung auf in Unkenntnis der Zerstörung abgelegte Gelübde zu beschränken. Wer bewußt eine Bindung durch das Gelübde auf unabsehbare Zeit, bis zur erneuerten Möglichkeit von Opfern, in Kauf nimmt, wäre demnach gebunden. Das ändert aber wenig an der Perspektive der Entscheidung.

Trauben gab, erlaubte man, sie bis direkt vor den Mauern von Jerusalem noch auszulösen:

„Und die Sache unterlag der Bedingung, daß, wann immer sie wollten, der frühere Zustand wiederhergestellt werde.

　　R. Jose sagte: Erst nachdem der Tempel zerstört wurde, gab es diese Bedingung. Und die Bedingung war: Wann immer der Tempel wieder erbaut würde, soll der frühere Zustand wiederhergestellt werden".

R. Jose (ha-Gelili), einem Meister aus der Zeit nach dem Bar-Kokhba-Aufstand, wird diese sekundäre und kaum sachgemäße Erklärung zugeschrieben, die Neuerung sei überhaupt erst nach Zerstörung des Tempels eingeführt und bis zu einem eventuellen Wiederaufbau begrenzt worden. Damit rückt, abgesehen vielleicht von mMid 2,5, erstmals in den bisher besprochenen Texten die (realistische?) Möglichkeit eines Wiederaufbaus in den Blick. Sonst ist davon in der Mischna nur noch an drei Stellen die Rede. In mTam 7,3 wird der Traktat vorläufig[4] abgeschlossen: „Das ist die Ordnung des täglichen Opfers gemäß dem Kult im Haus des Herrn, unseres Gottes. Möge es schnell (wieder) erbaut werden, in unseren Tagen". Der letzte Satz, dem spätere Textfassungen noch ein Amen hinzufügten, ist eine in der Liturgie verbreitete Formel, die vielleicht auch erst später eingefügt worden ist; dasselbe gilt von mTaan 4,8, ebenfalls Ende eines Traktats. Der dritte Beleg ist mPes 10,6, wo R. Aqiba im Rahmen der häuslichen Pesachfeier die Gebetformel zugeschrieben wird:

„Unser Gott und der Gott unserer Väter möge uns gelangen lassen zu Wallfahrtsfesten, die auf uns zukommen zum Frieden, voll Freude über den ewigen Bau, um zu essen von den Pesachopfern und den Schlachtopfern, deren Blut an die Wand deines Altares komme zum Wohlgefallen. Und wir werden dir danken – gepriesen seist du, Herr, der Israel erlöst".

Das ganze Kapitel mit seiner Schilderung des Pesachseders hat im Lauf der Überlieferung gerade wegen seiner liturgischen Relevanz vielfältige Bearbeitung erfahren.[5] Auch der hier nach Codex Kaufmann zitierte Abschnitt variiert stark in den Handschriften; die Möglichkeit einer späteren Ergänzung ist daher auch hier nicht auszuschließen. Die Hoffnung auf einen Wiederaufbau des Tempels findet somit, wenn überhaupt, in der Mischna nur ganz am Rand Erwähnung; die Zerstörung als solche wird als Zeitpunkt halakhischer Veränderungen genannt, ist aber für die Gedankenwelt der Mischna insgesamt von minimaler Bedeutung. Dazu paßt auch, daß in mTaan 4,6–7 der 9. Ab als Datum verschiedener Unglücksfälle in der Geschichte Israels genannt wird, darunter die Zerstörung des ersten und des zweiten Tempels. Die Ereignisse des Jahres 70 werden keineswegs herausgehoben, sondern mit anderen negativen Erinnerungen zusammengefaßt. Die Tempelzerstörung war *ein* nationales Unglück unter anderen.

---

[4] Es folgt nur noch ein Nachtrag, eine Aufzählung der Psalmen, die die Leviten an den einzelnen Tagen der Woche rezitierten.

[5] Siehe Bokser, The Origins of the Seder.

2. Tosefta

In der in der Endgestalt etwas späteren Tosefta ändert sich das Bild nicht wesentlich. Es sind in etwa dieselben Halakhot, zu denen Veränderungen für die Zeit nach 70 angegeben werden, zusätzlich tBM 2,17 zur Veröffentlichung von Funden, die zuvor zu den Wallfahrtsfesten im Tempel erfolgte; tNed 4,7 zur Terminangabe Pesach: Galt sie früher bis nach dem Schlachten der Lämmer, so jetzt für den ganzen 14. Nisan. In tTaan 2,3 heißt es, daß die diensthabende Priesterwache und die dazugehörige Standmannschaft in ihrer Dienstwoche nicht Haare schneiden noch Kleider waschen; in 3,6 werden Trauerkundgebungen und Fasten an den Tagen untersagt, da man das Holzfest feiert. Beide Abschnitte fügen wörtlich gleich an: „gleich, ob nach Zerstörung des Tempels oder vor Zerstörung des Tempels. R. Jose sagt: seit der Tempel zerstört wurde, ist es erlaubt, weil es für sie Trauer bedeutet". Offenbar wird man durch den geänderten Brauch an die Ursache der Änderung, die Zerstörung des Tempels, erinnert und empfindet daher Trauer.

In tRHSh 2,9 wird die Verordnung Jochanan ben Zakkais zur Annahme der Zeugen für den Neumond gebracht (siehe oben mRHSh 4); daran fügt der Text an: „sobald das Haus in Schnelle wieder erbaut sein wird, werden diese Dinge zum früheren Zustand zurückkehren". Es ist derselbe Wunsch, der in mMaasSh 5,2 in anderem Zusammenhang gebracht wurde. Sonst wird die Möglichkeit eines Wiederaufbaus nur an drei Stellen erwähnt. In tShab 1,13 sagt R. Natan, R. Jischmael werde wegen einer unabsichtlichen Übertretung des Sabbatgesetzes „sobald der Tempel (wieder) erbaut sein wird, ein Sündopfer darbringen". In tTaan 3,9 heißt es, daß die Zerstörung des ersten wie des zweiten Tempels am 9. Ab in der Priesterwache des Jojarib erfolgte. Dabei rezitierten die Leviten auf der Plattform: „Er hat über sie ihr Unrecht gebracht" (Ps 94,23). „Morgen, wenn das Haus wieder erbaut wird, was sagen sie? ‚Gepriesen sei der Herr, der Gott Israels, von Ewigkeit zu Ewigkeit' (I Chr 16,36)". Dazu kommt der Schluß des Traktates Menachot, wo allein auch die Frage nach der Ursache der Zerstörung gestellt wird. Nach einer Kritik am Verhalten bestimmter Familien von Hohenpriestern, besonders ihrer Geldgier, heißt es in tMen 13,22f., Schilo sei wegen der Verachtung der heiligen Dinge, die dort herrschte, zerstört worden, der erste Tempel wegen Götzendienst, Unzucht und Blutvergießen.

„Doch beim letzten (Tempel) wissen wir, daß sie sich um die Tora mühten und eifrig in bezug auf den Zehnten waren. Warum gingen sie ins Exil? Weil sie den Mammon liebten und jeder seinen Nächsten haßte. Das lehrt dich, daß gegenseitiger Haß vor Gott böse ist und die Schrift ihn mit Götzendienst, Unzucht und Blutvergießen gleich wertet.

Doch vom letzten Tempel, der erbaut werden wird zu unseren Lebzeiten und in unseren Tagen, was ist von ihm gesagt? ‚Am Ende der Tage wird es geschehen: Der Berg des Herrn mit dem Haus des Herrn steht fest gegründet als höchster der Berge…' (Jes 2,2)".

So erbauliche Abschlüsse mit einem Ausblick auf das Ende der Zeiten sind am Ende von Traktaten oft zu finden und vielfach auch im Lauf der Textüberlieferung ergänzt worden. Doch auch wenn wir den Schluß als ursprünglich ansehen, bleibt der Eindruck, daß auch in der Tosefta der Gedanke an die Tempelzerstörung keine große Bedeutung hat, die Hoffnung auf einen Wiederaufbau auch hier marginal ist; die Begründung eines Tuns als „Erinnerung an den Tempel", schon in der Mischna selten, kommt hier nur in tYom 1,9 vor: Priester pflegten die Nacht auf den Versöhnungstag mit dem Hohenpriester zu durchwachen; „so pflegten sie nach Zerstörung des Tempels in den Provinzen zur Erinnerung an den Tempel zu tun, doch sie sündigten" – nächtliches Wachen außerhalb des ursprünglichen Kontextes im Tempel und damit wohl allgemeiner ein Nachahmen früherer Tempelbräuche ist somit nicht gerade zu empfehlen.

3. Halakhische Midraschim und Seder Olam Rabba

Die *halakhischen Midraschim*, deren Redaktion im großen und ganzen – mit gewissen Problemen bei der Mekhilta zu Exodus – auch noch im 3. bis 4. Jahrhundert angesetzt werden kann, bieten zur Thematik kaum Relevantes. Sifra (zu Levitikus) nennt die aus mRHSh 4 bekannten Anordnungen Jochanan ben Zakkais, „nachdem der Tempel zerstört wurde", bezüglich des neuen Getreides und des Feststraußes zu Laubhütten, im zweiten Fall wie in Mischna ausdrücklich „zur Erinnerung an den Tempel" (Emor Parascha 10 und Pereq 16). SifDev 31 (von Finkelstein als spätere Ergänzung betrachtet) leitet aus dem Vergleich des 9. Ab mit anderen Fasttagen ab, „daß der Tod der Gerechten vor dem Heiligen, gepriesen sei er, wie die Zerstörung des Tempels ist" (so auch tSot 6,10).

Sifra Qedoshim Pereq 7 wendet sich gegen die Auffassung, gewisse Gebote könnten nur gelten, solange der Tempel existiert (ebenso Emor Pereq 11). In Emor Pereq 13 heißt es:

„Jeder, der Nachlese, Vergessenes, Ackerrand und Armenzehnt abgibt, dem rechnet man es an, als ob der Tempel stünde und er in ihm Opfer darbrächte. Und jeder, der nicht Nachlese, Vergessenes, Ackerrand und Armenzehnt abgibt, dem rechnet man es an, als ob der Tempel stünde und er in ihm nicht Opfer darbrächte".

Die von der Tora vorgesehenen Abgaben für die Armen ersetzen demnach Kult und Opfer; dies ist die erste explizite Aussage zum Thema, der wir begegnen. Auch zur Frage der Schuld an der Tempelzerstörung findet man eine Aussage in SifBam 161: „Blutvergießen verunreinigt das Land und läßt die Schekhina weggehen. Und wegen Blutvergießens wurde der Tempel zerstört". Dazu wird die aus mYom 2,2 und tYom 1,12 bekannte Geschichte gebracht, in der ein Priester den andern im Kampf um den Vorrang am Altar tötete. Wenn Sifra Bechuqqotai Pereq 3 Lev 26,11 „ich schlage meine Wohnstätte in eurer Mitte auf" ohne weitere Erklärung auf den Tempel bezieht, ist damit aus dem Kontext der Bezug auf die messianische Zeit deutlich – für die Gegenwart wird weder der Verlust des Tempels thematisiert noch eine Hoffnung auf seine Erneuerung in der Geschichte geäußert.

Die einzige weitere rabbinische Schrift aus diesem Zeitraum ist der Seder Olam, in dessen Schlußkapitel ein R. Jose (Mitte 2. Jh.) zugeschriebener Ausspruch nach einer Aufzählung der Dauer der einzelnen Herrschaften über Israel (Persien, Griechenland, Hasmonäer, Haus des Herodes) feststellt: „Von da an komm und rechne nach Zerstörung des Tempels" (SOR 30).

Eine Zeitrechnung ab Zerstörung des Tempels wäre ein sehr deutlicher Beleg für das Bewußtsein, daß das Jahr 70 (bzw. 68, wie traditionelle jüdische Chronologie die Zerstörung datiert) ein grundlegender Bruch in der jüdischen Geschichte ist und den Anfang einer völlig neuen Epoche bedeutet. In der Praxis aber kommt es erst sehr viel später – und auch da nur sporadisch – zur Anwendung einer solchen Zeitrechnung. SifBam 64 spricht zwar von einer Zählung ab Zerstörung, entnimmt dies aber der Angabe von Ez 40,1, wie auch die Zählung nach Bestand des Tempels zuvor und dann die Zählung ab Verbannung einfach biblischen Angaben entnommen sind; von einer Praxis der Zeitrechnung nach 70 ist hier ebensowenig die Rede wie in der Parallele MekhY Bachodesch zu Ex 19,1.

Laut mGit 8,5 ist eine Scheidungsurkunde ungültig, wenn sie „nach einer Ära (wörtlich: Regierung), die nicht üblich ist (*she-eina hogenet*), der Herrschaft Mediens, der Herrschaft Griechenlands, der Errichtung des Tempels und der Zerstörung des Tempels" datiert worden ist; die Eventualität einer solchen Datierung wird zwar gesehen, doch sofort als ungültig abgelehnt.[6] Die frühesten Belege für eine Zeitrechnung ab Zerstörung des Tempels finden sich erst in den Grabsteinen von Zoar am Südostufer des Toten Meers; die meisten der bisher publizierten 25 Grabsteine haben eine doppelte Datierung nach Zerstörung des Tempels wie auch nach dem Jahr innerhalb des Sabbatjahrzyklus. Die Daten reichen vom Jahr 282 bis zum Jahr 435 nach Zerstörung, das heißt von der Mitte des 4. bis zum Beginn des 6. Jh.s.[7] Auf dem Türsturz der Synagoge von Nabratein in Obergaliläa wird

---

[6] MAHLER, Handbuch der jüdischen Chronologie, 409, übersetzt: „nicht [landes]üblich" und bezieht die Ungültigkeit solcher Datierung allein auf im Ausland erstellte Urkunden. Das ist aber im Text nirgends gesagt. Nach ihm war die Ära der Zerstörung in Palästina noch lange üblich, nicht jedoch im Ausland (157). Die seit Mahler bekannt gewordenen Belege – neben den Grabsteinen von Zoar v.a. zahlreiche Urkunden aus der Geniza von Kairo, sind jedoch viel breiter gestreut. Siehe FRIEDMAN, Jewish Marriage in Palestine, I, 104–106, und die Texte in II: Von 67 Heiratsverträgen aus dem 10.–11. Jh. enthalten fünf auch die Zählung ab Zerstörung, gewöhnlich verbunden mit der Bitte um baldigen Wiederaufbau.

[7] Abweichungen im Synchronismus gehen wohl auf Fehler ungeübter Schreiber zurück, im Einzelfall auch auf den Einsatz des Jahres ab Zerstörung mit dem 9. Ab und nicht mit dem für das Sabbatjahr geltenden Neujahr. Ausgang der Zählung scheint das Jahr 70 (und nicht 68) zu sein, Details sind aber unsicher. Publikation der Texte und Diskussion der kalendarischen Probleme: ASSIS, Teshuva; NAVEH, Aramaic Tombstones; DERS., More on the Tombstones; DERS., Seven New Epitaphs; STERN, New Tombstones from Zoar. Dort auch Hinweise auf frühere Literatur. Ein Plädoyer für 70 anstatt 68 als Ausgangsjahr der talmudischen Zählung bringt FRANK, Talmudic and Rabbinic Chronology, 20–24.

der Wiederaufbau auf das Jahr 494 ab Zerstörung des Tempels datiert, damit auf 562 oder 564 n. Chr. In literarischen Texten kommen Hinweise auf eine solche Zählung (oder zumindest das Wissen um die Zahl der Jahre seit der Zerstörung) erst später. Eine Apokalypse aus der Zeit der arabischen Eroberung, der Sefer Serubbabel, nennt dem Seher das Jahr 990 als Jahr der Erlösung. Da der fiktive Zeitpunkt der Enthüllung der Bau des zweiten Tempels ist, dessen Zerstörung nach 420 Jahren angekündigt wird, wird also die Erlösung im Jahr 570 nach Zerstörung, also 638 oder 640 n. Chr. erwartet. Noch später sind rabbinische Angaben: PesR 1 sagt, daß 777 Jahre seit Zerstörung des Tempels vergangen sind (ein Schreiber hat dazu als Glosse bemerkt: „jetzt sind es schon 1151"). Wenn man nicht mit manchen Autoren ab der Zerstörung des ersten Tempels rechnen will, kommt man hier in das Jahr 845 oder 847 n. Chr.

Faktum bleibt, daß die Zeitrechnung ab Zerstörung des Tempels erst ab Mitte des 4. Jh.s belegt ist und offenbar noch lange nicht wirklich üblich wurde. Die inschriftlichen Belege für diese Zählung sind nicht dem Einflußbereich des Rabbinats zuzurechnen. Dies gilt wohl auch für den Sefer Serubbabel. Damit ist die Angabe des Seder Olam für die Frühzeit der rabbinischen Bewegung völlig vereinzelt und folgenlos geblieben; mGit 8,5 lehnt eine solche Zählung für den Urkundenbereich explizit ab. Die Zeitrechnung ab Zerstörung des Tempels scheint sich also lange nur in gewissen Kreisen des Volkes gehalten zu haben, gegen die sich die Rabbinen nicht durchsetzen konnten. Apokalyptisch gestimmte Kreise mochten die Jahre von der Zerstörung zählen, zuerst wohl, um zu wissen, ab wann man mit einem Wiederaufbau rechnen konnte, später wohl immer mehr, um damit den Abstand von der goldenen Zeit festzuhalten, als der Tempel noch stand. Die Rabbinen dagegen lehnten es offenbar ab, durch eine besondere Zeitrechnung falsche Erwartungen zu schüren, den Verlust des Tempels als Wende in der Geschichte Israels im steten Bewußtsein zu halten.

Zusammenfassend läßt sich also feststellen, daß rabbinische Literatur bis in das 3. Jh. nur in ziemlich geringem Umfang auf die Zerstörung des Tempels reagiert, wo es nicht um dadurch notwendig gewordene Änderungen in der religiösen Praxis geht. Diese Zurückhaltung der Rabbinen ist sicher in Reaktion auf den Aufstand Bar Kokhbas (132–135) und apokalyptisch geprägte Tendenzen im Volk zu sehen. Dieser messianisch motivierte Aufstand wurde unter anderem offensichtlich auch von der Erwartung getragen, daß analog zu der Zeitspanne zwischen Zerstörung des ersten Tempels und der Erlaubnis zu seinem Wiederaufbau unter Kyros nun die Zeit für die Erneuerung des Tempels gekommen sei.[8] Daß für

---

[8] Liest man die Heilsverheißung an Israel, „wenn siebzig Jahre für Babel vorüber sind" (Jer 29,10) zusammen mit II Reg 25,8 (Zerstörung des Tempels im 19. Jahr Nebukadnezzars), ergibt sich, daß die Erlaubnis zum Wiederaufbau des Tempels durch Kyros 52 Jahre nach der Zerstörung erfolgte: Das setzt EkhaR Peticha 34 voraus, ebenso z.B. PesK 5,9, und so rechnet auch noch Saadja Gaon, der damit die sieben Jahrwochen von Dan 9,25 verbindet. Eine solche Rechnung könnte auch den Ausbruch des Aufstands im Jahr 132 begründen. Ab Beginn des Aufstands

den Aufstand eine Erneuerung des Tempels ein wesentliches Ziel war, geht auch
aus der Münzprägung der Aufständischen mit der Tempelsymbolik hervor.[9] Die
Katastrophe des zweiten Aufstands gegen Rom, der durch solche Hoffnungen
motiviert war, hat die Rabbinen dazu gebracht, das Andenken an den Tempel, die
Trauer um ihn und deren stete Vergegenwärtigung in einer eigenen Zeitrechnung
so weit als möglich in den Hintergrund zu rücken.[10]

II. Palästinischer Talmud und Midraschim aus dem 5. Jahrhundert

Eine bedeutend stärkere Gewichtung erhält das Thema der Tempelzerstörung in
den großen Werken der palästinisch-rabbinischen Literatur, die im 5. Jahrhundert
ihre Redaktion erfahren haben, das heißt vor allem im palästinischen Talmud sowie im Midrasch zu den Klageliedern und verschiedenen anderen Midraschim
der Zeit. Aufgrund der Fülle des ab nun vorliegenden Materials kann hier nur
noch auf wesentliche Texte eingegangen werden. Natürlich kann man davon ausgehen, daß viel Material in diesen Schriften bedeutend älter ist, doch sind solche
Hypothesen für eine historische Rekonstruktion sehr problematisch. Was in diese

---

rechnet man dann aber nicht mehr „ab Zerstörung des Tempels", sondern, wie Münzen und Urkunden belegen, „Jahr 1 (usw.) der Freiheit Israels". Außerhalb dieses religiös motivierten Kontextes werden – so etwa in den Urkunden Babathas – immer nur die offiziellen Chronologien (se-
leukidisch, Provinzialära, Konsuln) verwendet.

[9] Siehe MILDENBERG, The Coinage. Die Motivation des Aufstands ist natürlich getrennt von
der historischen Frage zu sehen, wie weit es damals tatsächlich zu Anfängen eines Neubaus gekommen ist; SCHÄFER, Der Bar Kokhba-Aufstand, ist hier zu Recht äußerst skeptisch.

[10] COHEN, The Destruction, 18f., betont ebenfalls das Schweigen der tannaitischen Quellen
zum Thema. „Was it silence engendered by shock and despair? Not knowing what to say in the
face of catastrophe, the rabbis said nothing. Or was it silence engendered by determination? Igno-
ring the harsh political realities, the rabbis devoted their energies to creating a religious system
which would ensure the survival of Judaism" (vgl. DERS., The Temple, 314: „no single tannaitic
work gives any explicit indication that a response is needed to the destruction of the temple").
Wie aus dem Bisherigen klar ist, neige ich eher zur zweiten Antwort, sehe dahinter jedoch wesentlich eine polemisch-politische Entscheidung. Siehe auch AVERY-PECK, Judaism without the
Temple, 422: „The Mishnah's authors […] respond to the destruction of the earthly Temple by
recreating a Temple of the imagination, a Temple in the mind of the people, that permeates all aspects of the social, communal and ritual economy of the nation". Die symbolische Umsetzung
zahlreicher Elemente, die früher an den Tempel gebunden waren, in der geistigen Welt der Rabbinen macht die Wiederherstellung des früheren Zustands mit einem materiellen Tempel relativ
unbedeutend. Man könnte einwenden, daß in liturgischen Texten, vor allem in der Berakha *Bone
Jerushalaim* („der du Jerusalem erbaust") schon in tannaitischer Zeit regelmäßig um die Erneuerung Jerusalems und des Tempels gebetet wurde; doch wird diese Berakha erst im Yerushalmi
explizit erwähnt und auch da noch ohne den Wortlaut des Textes, so daß wir erst sehr späte Formulierungen dieser Grundgebete kennen. Zur konkreten Berakha siehe HEINEMANN, Prayer in
the Talmud, 48–58; allgemeiner zur Erlösungshoffnung im Achtzehngebet KIMELMAN, The Daily Amidah.

Schriften aufgenommen wurde, ist vor allem als Beleg für die Interessen zur Zeit der Redaktion dieser Schriften zu werten, auch wenn überlieferte Details früher sein mögen.

1. Der palästinische Talmud

Der *palästinische Talmud (Yerushalmi)* greift natürlich die Stellen der Mischna auf, die von der Zerstörung des Tempels reden, bietet jedoch relativ wenig eigenes Material zum Thema. Neu ist erzählendes Material, wie etwa die Reihe von Vorzeichen, die schon vierzig Jahre vor der Zerstörung auf das kommende Unheil vorauswies. Jochanan ben Zakkai habe damals der Tempelhalle gesagt, daß sie einst zerstört werde, wisse man ja schon aus Sach 11,1: „Öffne deine Tore, Libanon, damit das Feuer deine Zedern frißt" (yYom 6,3,43c; vgl. yNaz 5,5,54a: „Schon die Propheten haben euch geweissagt, daß der Tempel zerstört werden wird").[11] Obwohl demnach die Zerstörung des Tempels schon vorherbestimmt ist, fragt man dennoch in anderem Zusammenhang, warum der Tempel zerstört wurde. Dazu antwortet yYom 1,1,38c, die drei Kardinalsünden Götzendienst, Unzucht und Blutvergießen hätten zur Zerstörung sowohl des ersten wie des zweiten Tempels geführt. Dagegen wendet sich Jochanan ben Torta mit der schon aus tMen 13,22f. zitierten Tradition, diese Sünden habe es im zweiten Tempel nicht gegeben, vielmehr seien Geldgier und grundloser Haß schuld an der Zerstörung gewesen. Um wieviel schwerer als andere Vergehen der Haß wiegt, ersieht man daraus, daß der erste Tempel wieder erbaut wurde, der zweite hingegen nicht. Diese Bemerkung, als Aussage eines Rabbi vom Beginn des 4. Jh.s zitiert, rechnet offenbar nicht mehr mit einer (baldigen) Erneuerung des Tempels. „Den ersten wurde ihre Sünde, aber auch ihr Ende[12] offenbart. Den zweiten wurde ihre Sünde offenbart, ihr Ende aber nicht offenbart". Nach der ersten Zerstörung wußte man also, wann man mit einem Neuanfang rechnen konnte; auf den zweiten Tempel ist das aber nicht übertragbar. Wann es zu einem neuen Tempel kommt, weiß man nicht. Der Abschnitt schließt mit der Aussage: „Jeder Generation, in der (der Tempel) nicht (wieder) erbaut wird, rechnet man es an, als ob sie ihn zerstört hätte". Wie schon zuvor gesagt, trägt die fehlende Umkehr des Volkes Schuld daran, daß der Tempel nicht wieder errichtet wurde. Insofern die Umkehr des Volkes auch Bedingung für das Kommen des Messias ist (yTaan 1,1,63d), rückt auch die Erwartung eines neuen Tempels an das Ende der Zeiten beziehungsweise wird durch die messianische Hoffnung ersetzt: Nach yBer 2,4,4d wurde der Messias am Tag der Tempelzerstörung geboren: „An diesem Tag wurde (der Tempel) zerstört; an diesem Tag (des Jahres) wird er wieder erbaut".

---

[11] Libanon ist in der rabbinischen Literatur eine Chiffre für den Tempel. Siehe VERMES, Scripture and Tradition in Judaism, 26–39.

[12] Der mit „Ende" übersetzte Begriff *qets* wird vor allem eschatologisch verwendet, bedeutet das Ende der Zeiten, den Termin der Erlösung.

Daß Gott selbst von der Zerstörung des Tempels betroffen ist, wird in der späteren Literatur ein wichtiges Thema. Im Yerushalmi klingt es höchstens in yBer 9,3,13c als Erklärung der Erdbeben an. Zu Ps 104,32 „Er blickt auf die Erde und sie erbebt" heißt es: „Wenn der Heilige, gepriesen sei er, auf die Theater und Zirkusse blickt, wie sie in Ruhe, Sicherheit und Frieden sind, während sein Tempel zerstört ist, dann droht er seiner Welt, sie zu zerstören".[13]

2. Midrasch Klagelieder

Die Klagelieder waren offenbar schon sehr früh die biblische Lesung, wenn man den 9. Ab liturgisch beging. Somit lag es nahe, in Predigten zum Tag an diesen Text anzuschließen. So hat es wohl schon früh viel Material zur erbaulichen Auslegung des Textes gegeben, das dann auch die Basis für den Midrasch dazu, *Ekha Rabba*, gegeben hat; als populärer Text hat dieser Midrasch auch manche spätere Ergänzung und Überarbeitung erfahren, wie unter anderem auch das Vorliegen zweier Textrezensionen zeigt. Bezeichnend für den Zugang von Ekha Rabba zur Katastrophe von 70 ist, daß der Midrasch sie zusammen mit den anderen nationalen Katastrophen des Judentums sieht, mit der ersten Zerstörung unter Nebukadnezzar ebenso wie mit diversen Martyrien im Lauf der jüdischen Geschichte und den blutigen Ereignissen des Bar Kokhba-Aufstandes. Und auch für das Jahr 70 ist die Belagerung und Einnahme Jerusalems mit all den Schrecken, die sie begleiteten, viel breiter behandelt als die Zerstörung des Tempels. Diese verliert so jedwede Einzigartigkeit, sondern ist nur *ein*, wenn auch wichtiges, Glied in der Reihe leidvoller Erfahrungen jüdischer Geschichte, wie das ja auch der kollektive Trauertag am 9. Ab deutlich macht; dazu paßt, daß man vielfach nicht sicher sagen kann, von welcher der beiden Tempelzerstörungen der Text spricht.

Auf die Frage nach dem Grund für die Zerstörung des Tempels verweist EkhaR immer wieder auf die Sünden Israels (so etwa in Peticha 10). Neben dieser traditionellen Aussage steht aber auch die Erzählung, zu einem Gastmahl sei irrtümlich Bar Qamtsa, der Feind des Gastgebers, statt Qamtsa, seinem Freund, eingeladen worden. Der irrtümlich Geladene kam und wurde vom Gastgeber, sobald dieser ihn entdeckte, trotz aller Bitten hinausgeworfen. Darauf habe der Beleidigte beschlossen, sich zu rächen und die Juden beim Kaiser zu denunzieren, sie planten einen Aufstand; Beweis dafür sei, daß sie nicht mehr bereit seien, ein Opfer des Kaisers für den Tempel anzunehmen. Ein vom Kaiser als Test gesandtes Opfertier wird von einem besonders skrupulösen Weisen wegen einer kleinsten Verletzung als untauglich erklärt, und so habe das Unglück seinen Gang genommen. Somit sei die Verwechslung zwischen Qamtsa und Bar Qamtsa die Ur-

---

[13] BECKER, Earthquakes, Insects, Miracles, 391f., verweist auf die ethische Intention von Erdbeben usw. im stoischen Verständnis, das hier der Text aufgreift, wenn für das „Drohen" Gottes ein griechisches Lehnwort (ἀπείλων) verwendet wird. Der in den Himmel aufgestiegene Elija – hier der Sprecher – ist in besonderer Weise geeignet, über die Ordnung des Kosmos Auskunft zu geben.

sache für die Zerstörung gewesen; nach Meinung von R. Jose dagegen habe die Skrupelhaftigkeit des Weisen dazu geführt (EkhaR 4,2). Die Geschichte verarbeitet anekdotenhaft echte historische Erinnerung, daß die Ablehnung der Opfer zum Wohl des Kaisers das Signal für den Aufstand gegen Rom gewesen sei.[14] Könnte man die erste Begründung noch als Einzelbeispiel des grundlosen Hasses sehen, den schon tMen 13,22 als Grund der Zerstörung nennt, so verwundert die zweite Begründung, das strikte Festhalten auch an Details der Halakha ohne Rücksicht auf die konkreten historischen Umstände habe zur Zerstörung geführt. Da kann man kaum noch von (moralischer) Schuld sprechen, sondern allein von im konkreten Fall unvernünftigem Festhalten an einer im Prinzip lobenswerten Treue zum Gesetz. Im Grunde wird hier der Beschluß zur Zerstörung eher ein tragisches Verhängnis als Schuld im eigentlichen Sinn.

Thr 4,11 „Ausgegossen hat der Herr seinen Zorn. Er entfachte in Zion ein Feuer, das bis auf den Grund alles zerstörte", erklärt der Ausleger mit einem Verweis auf Ps 79,1: „Ein Psalm Asafs. Gott, die Heiden sind eingedrungen in dein Erbe, sie haben deinen heiligen Tempel entweiht und Jerusalem in Trümmer gelegt". Wie, so fragt das Volk, kann Asaf angesichts der Katastrophe einen Psalm singen, nicht ein Klagelied? Asaf erklärt, gerade wegen der Zerstörung des Tempels singe er ein Danklied: „Der Heilige, gepriesen sei er, hat seinen Zorn auf Holz und Steine ausgegossen, und nicht auf sein Volk Israel". Mag auch der Tempel zerstört sein, so ist Israel, dem eigentlich der Zorn Gottes gegolten hatte, noch einmal davongekommen. Auch sonst ist die Zerstörung des Tempels als Unglück nur relativ. So kann man beim Begräbnis eines Gerechten sagen:

„Der Hingang der Gerechten wiegt vor dem Heiligen, gepriesen sei er, schwerer als die 98 Flüche im Deuteronomium und die Zerstörung des Tempels. Von den Flüchen heißt es: ‚Es wird der Herr die Schläge wundersam steigern' (Dtn 28,59). Und von der Zerstörung des Tempels heißt es: ‚Wundersam ist sie gesunken' (Thr 1,9). Doch vom Hingang der Gerechten heißt es: ‚Darum will ich auch in Zukunft an diesem Volk wundersam handeln, so wundersam, wie es niemand erwartet' (Jes 29,14). Und warum das alles? ‚Denn die Weisheit seiner Weisen ist vergangen und die Klugheit seiner Klugen hat sich verborgen' (ebd.)" (EkhaR 1,9).

Der Tod auch nur eines Toragelehrten wiegt demnach schwerer als der Untergang des Tempels. Ähnlich heißt es EkhaR 1,15, daß der Hingang junger Männer schwerer wiegt als die Zerstörung des Tempels. Dazu paßt die Erzählung von einer Frau, die in der Nachbarschaft von Rabban Gamaliel in der Nacht um ihren verstorbenen Sohn weinte.

---

[14] Die Namen Qamtsa und Bar Qamtsa könnten ebenfalls nicht bloße Erfindung sein, erwähnt doch Josephus zu Beginn des Aufstands gegen Rom in Tiberias in der Gruppe der respektablen Bürger einen Kompsos Sohn des Kompsos (Vita 33).

„Und Rabban Gamaliel hörte ihre Stimme und erinnerte sich an die Zerstörung des Tempels, und da weinte er mit ihr, bis ihm die Wimpern ausfielen. Und als seine Schüler das merkten, standen sie auf und entfernten sie aus seiner Nachbarschaft" (EkhaR 1,2).

Das Weinen Gamaliels um den Tempel ist nur Reflex auf die Klage der Frau um ihren Sohn; seine Schüler fürchten, daß ihr Meister dabei zu Schaden kommt, und vertreiben die Frau, die ihn erst an die Zerstörung des Tempels erinnert hat.[15] Das legt sogar im Kontext dieses Midrasch nahe, daß übertriebene Trauer um den Verlust des Tempels schädlich sein kann. Mit zeitlichem Abstand kann man leichter davon reden, wie EkhaR 2,2 erklärt, warum Rabbi (Jehuda ha-Nasi) nur 24 Auslegungen von Thr 2,2 „Schonungslos hat der Herr vernichtet alle Fluren Jakobs" vorgelegt hat, R. Jochanan dagegen sechzig: „Da Rabbi näher zur Zerstörung lebte, erinnerte er sich noch. Er legte aus und weinte und tröstete sich wieder". Man weiß zwar, daß die Zerstörung des Tempels Strafe Gottes für die Sünden Israels ist. Ein heidnischer König war dabei nur das Werkzeug Gottes, doch werden die Heiden einst dafür gestraft werden, daß sie ihr Mandat überzogen haben (EkhaR 4,12). Inzwischen kann Israel sich sicher sein, daß Gott selbst die Zerstörung Jerusalems beklagt, daß er die Seinen nicht verlassen hat und nicht verlassen wird (EkhaR 3,31) und daß er sie einst erlösen wird. Darauf schaut Israel aus, nicht aber auf eine Erneuerung des Tempels. Nur in Peticha 33 kommt in Übernahme einer längeren Passage von mTaan 4,8 die Formel vom „Tempel, möge er schnell erbaut werden, in unseren Tagen", im eigentlichen Midrasch ist aber davon nirgends die Rede.

3. Pesiqta deRab Kahana

Zuletzt sei hier noch auf die *Pesiqta deRab Kahana* eingegangen, eine Predigtsammlung zum Festzyklus des Jahres, in der die Zerstörung des Tempels eine große Rolle spielt. Dieser Midrasch ist der erste Beleg für einen Zyklus von zehn Predigten zu Prophetentexten um den 9. Ab, drei Bußsabbate vor dem Tag, sieben Trostsabbate danach. Damit kreist ein Drittel der ganzen Sammlung um das Thema der Zerstörung Jerusalems und des Tempels. Die Trauer um die Zerstörung des Tempels steht hier eher im Hintergrund. Es ist Gott selbst, der wie ein König um seinen zerstörten Palast trauert, weshalb man Jes 40,1 „Tröstet, tröstet mein Volk" eigentlich verstehen sollte: „Tröstet (mich), tröstet (mich), mein Volk" (PesK 16,9). Israel dagegen scheint sich in einer Existenz ohne Tempel weithin problemlos zurechtzufinden:

„Es sagte R. Levi: (Gott sagt:) Als (der Tempel noch) stand, ließ er mir böse Menschen erstehen wie Ahas, Manasse und Amon. Da er zerstört ist, läßt er mir Gerechte erstehen wie Daniel und seine Gesellschaft, Mordechai und seine Gesellschaft, Esra und seine Gesellschaft.

---

[15] Siehe dazu Hasan-Rokem, Web of Life, 137f.

R. Acha im Namen des R. Jochanan: Mehr Gerechte ließ er mir erstehen, da er zerstört ist, als er mir erstehen ließ, als er noch stand" (PesK 20,5).

Ist auch der Text auf die Zerstörung des ersten Tempels bezogen, gilt er dem Leser doch sicher auch für die eigene Zeit, zumal er sich bewußt ist, auch in einer Gegenwart ohne Tempel im Studium der Tora einen Ersatz dafür zu haben, wie PesK 6,3 besagt:

„R. Acha im Namen des R. Chanina bar Pappa: Israel soll nicht sagen, in der Vergangenheit haben wir Opfer dargebracht und uns mit ihnen befaßt; jetzt aber, da wir keine Opfer mehr darbringen, wozu sollen wir uns da damit befassen? Es sagte ihnen der Heilige, gepriesen sei er: Wenn ihr euch mit ihnen befaßt, ist es, als ob ihr sie darbrächtet…

Samuel sagt: ‚Wenn sie sich all dessen schämen, was sie getan haben, dann mach ihnen die Gestalt des Tempels bekannt, seine Einrichtung, seine Ausgänge und Eingänge und seine ganze Gestalt' (Ez 43,11). Aber gibt es denn jetzt eine Gestalt des Tempels?! Vielmehr sagte ihnen der Heilige: Wenn ihr euch damit befaßt, ist es, als ob ihr ihn erbautet".

Das Studium der Opfervorschriften wie der Beschreibung des Tempels ersetzt in der Gegenwart den Tempel und die Opfer, die einst darin dargebracht wurden. Jedem, der Buße tut, rechnet Gott es an, „als würde er nach Jerusalem hinaufziehen, den Tempel und den Altar erbauen und darauf alle Opfer darbringen", wie PesK 24,5 aus Ps 51,19–21 ableitet: „Das Opfer, das Gott gefällt, ist ein zerknirschter Geist, ein zerbrochenes Herz […]. In deiner Huld hast du Zion Gutes getan und hast Freude an rechten Opfern".[16] Nach anderen Rabbinen aber bezieht sich der Text darauf, daß der Vorbeter, wenn er vor den Toraschrein tritt, den Bau des Tempels und die Opfer erwähnen und die entsprechende Berakha rezitieren muß.

Aber auch ein Gebet um die Erneuerung des Tempels kann keine entsprechende Aktion nach sich ziehen. Das ist dem Willen Gottes und seinem Messias zu überlassen, der hinter der Westmauer des Tempels steht, die nie zerstört werden wird, und schon seiner Sendung harrt (PesK 5,8). Die Fortsetzung des Textes betont, daß die Zeit gekommen ist, daß der Tempel wieder erbaut werde, und dieser herrlicher als der frühere sein werde (Hag 2,9), bezieht das aber klar auf den Wiederaufbau nach Erlaubnis des Kyros. Wenn für den Leser des Textes auch eigene Hoffnung hier mitschwingt, so warnt doch der Schluß dieses Kapitels vor jeder übereilten Eigeninitiative mit Jes 52,12: „Doch zieht nicht weg in Hast […] denn vor euch geht der Herr und es sammelt euch ein der Gott Israels". Die Erneuerung des Tempels ist ein wunderbares Geschehen – Gott selbst wird Sinai, Tabor und Karmel zusammenführen und auf ihren Gipfeln den Tempel bauen (PesK 21,4). Das Osttor des Tempels wird aus einem einzigen Edelstein bestehen, an dem jetzt

---

[16] Ausführlich zu diesem Motiv SCHREINER, Wo man Tora lernt, der dabei vor allem auf einige Stellen von Abot und Abot deR. Natan eingeht. Abot deR. Natan bietet ziemlich viel Material zu unserer Thematik; vgl. KISTER, Legends of the Destruction. Wenn in unserer Darstellung diese Schrift nicht eigens behandelt wird, so einmal aus Raumgründen, vor allem aber wegen der heute wieder weithin offenen Fragen um historische Entwicklung und Textgestalt(en) der Schrift.

schon die Dienstengel auf dem Meeresgrund arbeiten, wie ein wunderbar geretteter schiffbrüchiger Knabe erzählen kann (PesK 18,5). Deutlicher kann man nicht ausdrücken, wie sehr der Wiederaufbau des Tempels menschlicher Initiative und menschlichem Zugriff entzogen ist.[17]

4. Tempel und Synagoge

Zu rabbinischen Reaktionen auf die Zerstörung des Tempels gehört auch die Einstellung der Rabbinen zur Synagoge, genauer das Verhältnis der Synagoge zum Tempel in der Sicht der Rabbinen, worauf hier kurz einzugehen ist. In den Jahrhunderten nach 70 ersetzt die Synagoge immer mehr den Tempel und übernimmt manche der früher diesem vorbehaltenen Gebräuche (zum Beispiel Priestersegen mMeg 4,3–7). Die ab dem 3. Jh. fast allgemeine Ausrichtung der zahlreichen bisher ausgegrabenen Synagogen Palästinas nach Jerusalem deckt sich mit der rabbinischen Bestimmung, beim Gebet habe man sich gegen Jerusalem zu wenden, wer in Jerusalem selbst ist, zum Tempel hin (tBer 1,15–16).[18] Die Ausrichtung auf Jerusalem und den Tempel macht die Quelle der nun immer mehr den Synagogen zugeschriebenen Heiligkeit deutlich (frühere Synagogen waren eher Gemeindezentren); diese beruht darauf, daß sich hier das Volk Israel konstituiert, bei Zusammenkunft von zumindest zehn Männern zum Gebet die Schekhina, die göttliche Gegenwart, unter ihnen weilt (MekhY Bachodesch 2 zu Ex 20,21; vgl. PesK 28,8) und daß hier die Tora verlesen und aufbewahrt wird.

Diese neue Heiligkeit drückt sich unter anderem darin aus, daß eine Synagoge nicht beliebig verwendet (tMeg 2,18) und auch nicht frei verkauft werden darf (mMeg 3,1). Sogar eine zerstörte Synagoge soll man nicht als Werkstätte oder auch nur als Abkürzung benützen. Unter Berufung auf Lev 26,31 „Ich verwüste eure Heiligtümer" (*miqdeshekhem*) begründet dies mMeg 3,3 damit, daß auch nach der Zerstörung ihre Heiligkeit bleibt. Manche Bibelhandschriften lesen hier Einzahl „euer Heiligtum", da es ja nur einen Tempel gibt. Für die Rabbinen ist eine Korrektur des Bibeltextes unmöglich. So deuten sie: „‚Eure Heiligtümer': (Der Plural) schließt die Synagogen und Lehrhäuser ein" (Sifra Bechuqqotai Pereq 6,4).[19] Dementsprechend wird die Synagoge in zahlreichen Inschriften ab dem 4. Jh. als „heiliger Ort" bezeichnet (aram. *atra qedisha* bzw. griech. ἅγιος τόπος).

---

[17] BARTH, The „Three of Rebuke and Seven of Consolation" Sermons, 513, betont zu Recht den Quietismus, der diese Predigten bestimmt: „Neither urgent messianism nor a quickened sense of redemption pervade these sermons". Ob dies allerdings reicht, um eine genauere Datierung von PesK 13–22 in die für die Juden Palästinas ruhige Zeit zwischen Chalcedon und Justinian, enger in die 2. Hälfte des 5. Jh.s zu datieren, muß wohl offenbleiben.

[18] Dazu siehe HOUTMAN, „They direct their heart to Jerusalem".

[19] FINE, Sanctity of the Synagoge, 43, der 35ff. eine umfassende Darstellung der zunehmenden Heiligkeit der Synagoge bietet, umschreibt zu Recht: „synagogues are your temples even when the Jerusalem Temple does not exist". Fraglich dagegen scheint mir, was er einige Zeilen später schreibt: „It is likely that the special treatment given to a ruined synagogue and the acute

Auch eine Synagoge ist also in gewissem Sinn *miqdash*, Tempel. Dazu paßt die von den Rabbinen betonte Entsprechung der täglichen Gebete zu den Opfern im Tempel (tBer 3,1–3) ebenso wie eine Rab Samuel bar R. Isaak zugeschriebene Aussage, die den Ausdruck „kleines Heiligtum" (*miqdash me'at* Ez 11,16) auf die Synagogen und Lehrhäuser bezieht (bMeg 29a).[20]

Gegen diese Tendenz, die Synagoge zumindest als teilweisen Ersatz des Tempels anzusehen, richten sich manche Rabbinen (bRHSh 24a-b u.ö.):

> „Es wird gelehrt: Man mache nicht ein Haus nach dem Vorbild des Heiligtums, eine Exedra nach Vorbild der Tempelhalle, einen Hof entsprechend dem (Tempel)Hof, einen Tisch entsprechend dem Tisch (für die Schaubrote), einen Leuchter entsprechend dem Leuchter (im Tempel). Vielmehr mache man ihn mit fünf oder sechs oder acht (Armen), mit sieben aber mache man ihn nicht, nicht einmal mit allen übrigen Metallen. R. Jose bar Jehuda sagt: Auch aus Holz mache man ihn nicht, wie ihn die Hasmonäer machten…".[21]

Dieser Versuch, den Abstand des Tempels von der Synagoge zu wahren, ist vereinzelt und in palästinischen Texten nicht belegt. Siebenarmige Leuchter (dreidimensional und nicht bloß im Bild), deren Verwendung dieser Text ablehnt, wurden in den Ausgrabungen der Synagogen von Hammat Tiberias A, Eschtemoa, Susija und Maon gefunden. Der wesentliche Abstand war durch das Fehlen von Opfern, die nunmehr durch Gebete ersetzt waren, deutlich genug. In dieser spiritualisierten Form mochten aber die Synagogen sehr wohl eine gewisse Kontinuität wahren. Darauf verweist auch die Beliebtheit der Darstellung der Opferung Isaaks auf Synagogenfußböden – nach rabbinischer Tradition ist diese Szene am Ort des späteren Tempels zu lokalisieren und begründet die Wirksamkeit des Opferdienstes im Tempel. Dazu kommt im Mosaik der Synagoge von Sepphoris (frühes 5. Jh.) zusätzlich die Darstellung der Amtseinsetzung Aarons als Priester mit den Opfertieren, dem Schaubrottisch und der Darbringung der Erstlingsfrüchte.[22] Auf dem Boden einer Synagoge dargestellt, bedeuten diese Szenen sicher nicht nur eine Erinnerung an den zerstörten Tempel; sie sind gleichsam Darstellung dessen, was in anderer, geistiger Form im Gottesdienst der Synagoge weitergeführt wird. Wenn aus etwa derselben Zeit auch schon die frühesten Belege liturgischer Dichtung stammen, die Abodot des Jose ben Jose, in denen am Versöhnungstag der Vollzug des Kultes durch den Hohenpriester in liebevollem

---

interest in its reconstruction are colored by the strong rabbinic interest in the rebuilding of the Jerusalem Temple". Für dieses „starke Interesse" gibt es erstaunlich wenig Belege.

[20] So der Text der Handschriften; die übliche Druckausgabe nennt als Tradenten R. Isaak und schränkt die Aussage auf Babylonien ein.

[21] Der Text ist zwar als tannaitische Tradition eingeleitet, jedoch nur im Bavli – dort mehrfach – überliefert, was LEVINE, The Ancient Synagogue, 189 Anm. 100, zu Recht hervorhebt: „Might this indicate that the Palestinian *amoraim* did not object to such representations or that they saw no reason to do so in light of popular practice?"

[22] Dazu STEMBERGER, Biblische Darstellungen. Auch die auf Mosaikfußböden von Synagogen dieser Zeit verbreitete Darstellung des Tierkreises knüpft wohl an Tempelsymbolik – das Heiligtum als Zentrum des Kosmos – an: So wohl zu Recht COHEN, The Temple, 321.

Detail geschildert wird, deutet das in dieselbe Richtung, die Überhöhung des einstigen Opferkultes im Wort.

5. Zum geschichtlichen Kontext

Gegenüber der ersten Periode rabbinischer Literatur begegnet uns in dieser zweiten Phase ein unbefangener Umgang mit der Erinnerung an den zerstörten Tempel. Dringende Erwartung einer Erneuerung des Tempels ist nirgends wahrzunehmen, die Hoffnung auf seinen Wiederaufbau verschmilzt mit der allgemeinen Erwartung der messianischen Zeit, die man nicht herbeidrängen darf, sondern ganz Gott überlassen muß. Für die Gegenwart hat man einen weitgehenden Ersatz des Tempels, seiner Opfer und der daraus erstehenden Sühne in der Synagoge, dem Gebet der Gemeinde und dem Studium der Tora, die dort stattfinden.

Diese Gelassenheit kann man wohl in Verbindung mit dem Scheitern des Versuches Julians sehen, den Tempel wiederaufzubauen. Man hätte Julian in Entsprechung zu Kyros verstehen können: Auch beim zweiten Tempel hatte ein heidnischer Herrscher die Initiative übernommen. So wäre auch der Heide Julian kein grundsätzliches Problem gewesen. Daß aber der Versuch, dem die Rabbinen wohl nur mit größter Distanz gegenüberstehen konnten, so schnell gescheitert war, konnte nur als Zeichen verstanden werden, daß die Erneuerung des Tempels in der eigenen Geschichte nicht Gottes Wille war.[23] Da dieses Wissen nunmehr innerjüdisch als Allgemeingut gesehen werden konnte, konnte man auch unbefangener vom lange zurückliegenden Verlust des Tempels sprechen, ohne unbedachte Reaktionen religiöser Eiferer befürchten zu müssen.

III. Reaktionen auf Perserherrschaft und arabische Eroberung im 7. Jahrhundert

Eine völlig neue Situation entstand durch die Wirren der ersten Jahrzehnte des 7. Jh.s, als die Perser große Teile des Ostens des römischen Reiches eroberten und im Jahr 614 auch Palästina in ihre Gewalt brachten. Zwar konnte Heraklius 628 die verlorenen Gebiete zurückgewinnen, doch bald darauf begannen die ersten

---

[23] Die Erzählung in BerR 64,10 vom schon im Ansatz gescheiterten Versuch eines Wiederaufbaus des Tempels in der Zeit von R. Jehoschua ben Chanania (somit unter Trajan oder Hadrian anzusetzen), weil die Regierung nach anfänglicher Erlaubnis nach Intrigen der Samaritaner den Bau an unerfüllbare Bedingungen (eine Verschiebung des Standortes) geknüpft hatte, wird vielfach als Überformung von Erinnerungen an Julians Projekt verstanden. Dieses selbst wird explizit in der rabbinischen Literatur nicht erwähnt; die Rabbinen wollten ihm offenbar nicht durch Diskussion Bedeutung zukommen lassen. Erwähnt sei hier auch eine kleine Schrift, die Baraita de-Melekhet ha-Mishkan, eine Beschreibung des Stiftszeltes während der Wüstenwanderung Israels (Ex 35–40), die ihr Herausgeber KIRSCHNER, Baraita de-Melekhet ha-Mishkan, 80–83, versuchsweise ebenfalls mit dem Unternehmen Julians in Verbindung setzt.

Einfälle arabischer Truppen in Palästina, das 638 mit der Übergabe Jerusalems endgültig an die neuen Herren fiel. Diese Jahrzehnte, in denen das Ende des „vierten Reichs" Rom absehbar wurde, ließen unter vielen Juden Palästinas eine akute Endzeitstimmung aufkommen. In diesem Zusammenhang entstandene apokalyptische Texte sind zwar nicht eigentlich dem Rabbinat zuzurechnen; doch die Tatsache, daß das in ihnen entwickelte endzeitliche Szenarium fast sofort auch in die liturgische Dichtung übernommen wurde und auch die Apokalypsen selbst weiter tradiert wurden, belegt, daß das darin entwickelte Gedankengut auch in rabbinischen Kreisen annehmbar war.

Wichtigster Beleg für die jüdische Sicht der Ereignisse dieser Jahrzehnte ist der *Sefer Serubbabel*,[24] aus dem Historiker auch einzelne sonst nicht belegte Ereignisse der ersten Jahre persischer Herrschaft rekonstruiert haben, so etwa, daß die Perser bis etwa 617/618 Jerusalem unter jüdische Verwaltung stellten, dann aber doch wieder mehr der christlichen Bevölkerung vertrauten und den jüdischen Anführer hinrichten ließen. In diesem Kontext nimmt man vielfach auch an, daß in den Jahren nach 614 auf dem Platz des zerstörten Tempels die Opfer wiederaufgenommen wurden.[25] Wie weit die Aussagen des Textes für die Faktengeschichte verwertet werden können, ist im einzelnen nicht zu sichern; für uns hier wesentlich sind die in dieser Schrift ausgedrückten endzeitlichen Erwartungen.

Sefer Serubbabel schildert, wie in einer ersten Phase Nehemia ben Chuschiel, der kriegerische Messias, ganz Israel einsammelt und nach Jerusalem bringt; „und sie werden ein Opfer darbringen und es wird Gott angenehm sein" (78). Doch dann kommt im fünften Jahr Nehemias der persische König nach Jerusalem und tötet Nehemia (78–80). Die eigentliche Erlösung kommt erst nach einer Zeit der Bedrängnis mit dem Auftreten des davidischen Messias Menachem ben Ammiel, der auch Nehemia wieder zum Leben erweckt und, begleitet von Elia, Israel im Monat Ab wieder nach Jerusalem führt:

„Und sie werden sich auf den Ruinen Jerusalems niederlassen, und es wird große Freude sein für Israel. Und sie werden dem Herrn ein Opfer darbringen, und es wird ihnen Sühne wirken. Und wohlgefallen wird dem Herrn das Speiseopfer Israels wie zuerst und in den alten Tagen, und der Herr wird den Wohlgeruch seines Volkes Israel riechen und sich freuen und sehr frohlocken über Israel. Und der Herr wird den oben erbauten Tempel auf die Erde herabkommen lassen, und die Wolke des Weihrauchs wird aus dem Heiligtum Gottes zum Himmel emporsteigen" (84).

---

[24] Übersetzungen folgen der Ausgabe EBEN-SCHMUEL, Midresche Geulla, 71–88, auch wenn sie nicht den Ansprüchen einer kritischen Ausgabe entsprechen kann; auf sie verweisen die Seitenangaben.

[25] M. AVI-YONAH, Geschichte der Juden, 266–272. „Es scheint also, daß zum dritten Mal seit der Zerstörung des Tempels der Versuch gemacht worden sei, den Opferdienst wieder aufzunehmen: in den Tagen Bar-Kochbas, zur Zeit Julians und jetzt, nach der persischen Eroberung" (267).

Nun zieht der Messias mit dem ganzen Volk aus der Stadt, und Gott selbst wird sich auf dem Ölberg offenbaren. Metatron zeigt dem Seher in einer Vision die dann kommende Vollendung:

„Und er ließ mich das wiedererbaute Jerusalem sehen, in Länge und Breite vergrößert, und er ließ mich die Mauern Jerusalems sehen, Mauern aus Feuer ringsum, ‚von der Wüste und vom Libanon, vom Strom, dem Eufrat, bis zum Meer im Westen‘ (Dtn 11,4). Und er ließ mich das Heiligtum sehen, erbaut auf den Gipfeln von fünf Bergen, und er sagte zu mir: Das sind die Berge, die der Herr erwählt hat, um seinen Tempel darauf zu setzen. Und ich fragte, wie sie heißen. Und er sagte mir: Das sind ihre Namen – Libanon und Moria, Tabor und Karmel und Hermon“ (85).

In dieser Schilderung fällt auf, daß sowohl der kriegerische wie der davidische Messias in Jerusalem Opfer darbringen, ehe der Tempel erneuert wurde. Das erste Mal ist neutral von Opfer (*qorban*) die Rede, das zweite Mal spezifischer von Speiseopfer (*mincha*), womit vielleicht auch die erste Erwähnung des Opfers näher zu bestimmen ist; von Opfertieren ist jedenfalls nicht die Rede. Aber auch nach der Darbringung des Opfers macht man sich nicht daran, den Tempel wieder zu erneuern. Zu einem neuen Tempel kommt es erst in der Zeit des davidischen Messias; er ist nicht das Werk menschlicher Arbeit, sondern kommt fertig aus dem Himmel auf die Erde herab. So wie das endzeitliche Jerusalem in seiner Ausdehnung beschrieben wird, die in der Bibel das ganze verheißene Land hat, so erstreckt sich auch der Tempel auf alle heilsgeschichtlich einmal relevanten Berge des Landes (dabei greift der Text Traditionen aus dem Midrasch auf, so z.B. PesK 20,7). Doch dieser Tempel scheint keine Funktion zu haben; in ihm werden keine Opfer erwähnt. Die Hauptsache scheint zu sein, daß er überhaupt da ist, Symbol eines idealen Jerusalem am Ende der Zeiten.[26]

Ein Pijjut des Eleazar ha-Kallir, der um dieselbe Zeit tätig war, nimmt das gesamte Szenarium des Sefer Serubbabel auf und ergänzt so manche Details, ohne jedoch das wesentliche Konzept zu verändern.[27] Zuerst erlauben die Perser („Assur“), einen Tempel zu begründen; „und sie bauen dort einen heiligen Altar und bringen darauf heilige Schlachtopfer dar (*zibche qodesh*), doch gelingt es ihnen nicht, den Tempel zu errichten, weil noch nicht ausgegangen ist der Herrscherstab aus heiligem Stamm [d.h. der davidische Messias, vgl. Jes 11,10]“ (Z. 17–21). Zuerst kommt der kriegerische Messias aus dem Haus Efraim – offenbar erst, nachdem man in Jerusalem einen Altar errichtet und geopfert hat; er wird im

---

[26] Die etwas spätere Apokalypse Nistarot de-Rabbi Schim'on ben Jochai – Text in EBEN-SCHMUEL, Midresche Geulla, 187–198 – folgt demselben Schema: Der Messias ben Josef zieht nach Jerusalem und bringt Opfer dar, bevor es noch zu einem Wiederaufbau des Tempels kommt. Erst in einer späteren Phase kommt das himmlische Jerusalem mit dem schon erbauten Tempel auf die Erde. Dieser Tempel ist mit dem vierten Himmel (Zebul), der himmlischen Opferstätte Michaels, verbunden; von Opfern in diesem endzeitlichen Tempel ist jedoch nicht die Rede!

[27] Den Text hat FLEISCHER, Solving the Qilliri Riddle, aus Fragmenten der Geniza von Kairo publiziert. Zahlenangaben beziehen sich auf die Zeilen des Gedichts.

„kleinen Heiligtum" (*miqdash me'at* Ez 11,16), wohl einer Synagoge anstelle des noch nicht erbauten Tempels, das Volk belehren und dort auch getötet werden (Z. 22–28).

Im Schlußteil des Gedichts (Z. 226ff.) schildert ha-Kallir, wie sich das heilige Volk sammelt und nach Jerusalem zieht. Die Stadt ist in gewaltiger Größe neu erbaut, der Tempel auf den Gipfeln von Karmel, Tabor und Sinai errichtet. Zusammen mit dem Messiaskönig zieht das Volk dort ein. Eine Hallstimme erklingt aus dem Heiligtum, und Gott selbst kommt; die Tore des Tempels öffnen sich und werden hoch (vgl. Sach 14), um die heilige Lade hineinzubringen (Z. 249–253). Gott wird für immer in Jerusalem herrschen (Z. 268); sein Thron wird auf immer im Tempel stehen, der für die Welt bereitet wurde, noch ehe die Welt war (Z. 272–275).

Der ha-Kallir zugeschriebene Pijjut *Oto ha-yom*[28], der sich explizit auf den Sefer Serubbabel bezieht (Z. 32 „die Vision des [Serubbabel] ben Schealtiel"), schreibt ebenfalls, wie der Messias ben Josef, Menachem ben Ammiel, die gesammelten Israeliten nach Jerusalem führt und dort ein Opfer darbringt (Z. 52); von Heramlios (=Armilus) getötet, wird er alsbald vom davidischen Messias wieder zum Leben erweckt. Israel wird Gottes Herrlichkeit sehen, der Sohn Davids wird gerecht richten, und der Geist Gottes wird auf ihm ruhen; Fremde werden Israel als Bauern dienen und sagen: „Kommt, wir ziehen hinauf zum Berg des Herrn" (Jes 2,3). „Und es wird dort das Haus der Ewigkeit erbaut, er wird es begründen bis in die Höhen" (Z. 72–74). „‚Und die Priester stehen auf ihren Dienstposten' (II Chr 7,6) und bleiben, und die Leviten lobpreisen auf ihrem Podium. Und Er wird sagen: Zurückgekehrt bin ich nach Jerusalem in Erbarmen" (Z. 78–80); mit einer Kette von Bibelversen schließt das Gedicht. Wie im Sefer Serubbabel und im zuvor zitierten Gedicht ha-Kallirs wird also auch hier ein Opfer nur in der Anfangsphase, in der Zeit des kriegerischen Messias, erwähnt. Wenn in der eigentlichen messianischen Zeit der Tempel erbaut wird – das Passiv ist bewußt gewählt; es geschieht ohne menschliches Zutun –, dann stehen die Priester nach ihren Dienstklassen da, die Leviten singen Lobgesänge, doch Opfer werden keine mehr erwähnt, sie gehören offenbar nicht in das endzeitliche Szenarium.[29]

---

[28] Der Text wird nach der Edition von YAHALOM, On the Validity of Literary Works, und dessen Zeilenzählung zitiert.

[29] Parallelen zu den Vorstellungen des Sefer Serubbabel finden sich auch in Targum-Toseftot, die im einzelnen schwer zu datieren sind, manchmal aber doch die Perserfeldzüge des 7. Jh.s vorauszusetzen scheinen. Auch hier ist der endzeitliche Tempel nicht von Menschen errichtet; zu Sach 4,2 ist zwar von Opfern im neuen Tempel die Rede, solche spielen sonst aber auch in diesen Texten keine Rolle: Vgl. KASHER, Eschatological Ideas, 41–45.

IV. Babylonischer Talmud

Ungefähr zur selben Zeit wie die eben genannten Apokalypsen und Pijjutim wurde der babylonische Talmud (Bavli) redigiert, auch wenn er natürlich auf eine Fülle früherer Traditionen zurückgreift. Zusätzlich zum zeitlichen Abstand von der Zerstörung des Tempels kommt hier die räumliche Entfernung, die Perspektive der Diaspora, zum Tragen. Das Thema der Zerstörung gewinnt hier sowohl im Erzählerischen wie auch in der theologischen Deutung an Raum.

In aller Breite wird in bGit 55b-57b die Zerstörung des Tempels von ihrer banalen Veranlassung in der irrtümlichen Einladung Bar Qamtsas (siehe oben zu EkhaR) bis zur Heimreise des Zerstörers Titus, seinem Tod und seiner jenseitigen Bestrafung erzählt und in den größeren Rahmen der anderen Katastrophen jüdischer Geschichte gestellt. Die Zerstörung selbst wird dabei auf die Entweihung des Tempels durch Titus reduziert:

„[Vespasian] sandte nach Titus. ‚Und er sagte: Wo sind ihre Götter? Wo ist der Fels, bei dem sie Schutz suchten?' (Dtn 32,37). Das ist Titus der Frevler, der gegen Gott fluchte und lästerte. Was tat er? Er nahm eine Hure an der Hand, betrat das Allerheiligste und breitete eine Torarolle aus und versündigte sich darauf. Und er nahm das Schwert und durchschnitt den Vorhang. Da geschah ein Wunder, und Blut trat hervor, und er meinte, er habe Gott [wörtlich: sich selbst] getötet […]. Was tat er? Er nahm den Vorhang und machte daraus eine Art Behälter und brachte alle Geräte des Tempels, gab sie hinein und verlud sie auf ein Schiff, um zum Triumph in seine Stadt zu reisen" (bGit 56b).

In Diskussionen über Gegenstände des Tempels berufen sich dann auch Rabbinen darauf, daß man sie in Rom ja noch sehen kann. Den nach Rom überführten Tempelvorhang mit dem Blut der Opfertiere will R. Eleasar beR. Jose selbst in Rom gesehen haben (bYom 57a), ebenso den Goldreif, der auf der Kopfbedeckung des Hohenpriesters angebracht war, mit der Inschrift „Heilig dem Herrn" (bSuk 5a).

In die Erzählung von bGit eingefügt ist der Kommentar des Abba Chanan: „‚Herr, Gott der Heerscharen, wer ist wie du?' (Ps 89,9). Du hörst das Lästern und Schimpfen dieses Frevlers und schweigst!" Das Schweigen Gottes in dieser Extremsituation ist ein Rätsel; erst sehr viel später wird dann geschildert, wie die Strafe Gottes Titus doch noch einholt.

Was die Ursachen der Zerstörung Jerusalems (und damit auch des Tempels) betrifft, ist neben verschiedenen Einzelaussagen (wie den schon erwähnten über Bar Qamtsa oder die Skrupelhaftigkeit des Weisen bGit 55b-56a; Urteile strikt nach dem Buchstaben des Gesetzes bBM 30b) eine Liste von acht jeweils exklusiven Gründen von Interesse, die bShab 119b im Namen verschiedener Rabbinen zitiert, jeder mit einem Bibeltext belegt: Entweihung des Sabbat, Unterlassung der Rezitation des Schemá, Vernachlässigung des Unterrichts der Kinder, Mangel an Respekt voreinander, Aufhebung der sozialen Rangordnung, keine offene gegenseitige Zurechtweisung, Verachtung der Gelehrtenschüler, das Fehlen zuverlässiger Leute.

Der Text sagt nicht explizit, an welchen Tempel gedacht ist: Auf den ersten Tempel könnten die Bibelbelege weisen, auf den zweiten (oder zumindest *auch* den zweiten) die allgemeine Interessenlage der babylonischen Rabbinen. R. Goldenberg sieht hier gegenüber biblischen Aussagen, wonach die Zerstörung Strafe für eine grundlegende, den Bund insgesamt in Frage stellende Verderbtheit war, „a parody of their biblical model".[30] Auch wenn manche Rabbinen an der prophetischen Erklärung festhielten, „that national calamity resulted from pervasive national sin [...] numerous sources reflect use of the Destruction as a homiletical trope in the service of moral platitudes [...] as the subject-matter of ironic exaggerations so extreme that they inevitably suggest cynicism and even despair".[31]

Gewiß ist schon in früheren Texten so manche Begründung der Zerstörung versucht worden, die nicht ein Sichabwenden ganz Israels vom Bund, sondern bestimmte Einzelverfehlungen und ethische Einstellungen thematisiert; so gehäuft wie in bShab 119b finden wir jedoch solche Begründungen nie. Das homiletische Element ist hier wie auch sonst sicher zentral. Doch sollte man hier wirklich ironische Übertreibung, Zynismus und Verzweiflung sehen? Listen sind in rabbinischen Texten vielfach nicht eine Ansammlung von Alternativen (trotz des hier ständigen „nur"), sondern sind als Gesamtheit zu lesen. Alle acht Elemente zusammengenommen ergeben eine zwar nicht vollständige, aber doch umfassende Liste rabbinischer Wertvorstellungen vom Sabbat und dem Bekenntnis zum einen Gott im Schemá über die Erziehung der Kinder zur Tora bis zur toragemäßen sozialen Ordnung, somit gleichsam eine Grundordnung jüdischer Existenz in einer Zeit ohne Tempel.

Hätte man sich, als der Tempel noch stand, an diese Ordnung gehalten, wäre es nicht zur Zerstörung gekommen. Jetzt aber, da er nicht mehr steht, gehen diese Werte auch der Wiederherstellung des Tempels vor. Wurde einst der Tempel wegen der Vernachlässigung der Schulkinder zerstört, so gilt jetzt: „Man vernachlässigt die Kinder im Schulhaus nicht, nicht einmal für den Bau des Tempels" (bShab 119b). Allgemeiner drückt dies bMeg 16b aus: „Das Studium der Tora ist wichtiger als der Bau des Tempels. Denn solange Baruch ben Neria lebte, verließ ihn Esra nicht und zog nicht hinauf" (von Babel nach Jerusalem, um sich an der Wiedererrichtung des Tempels zu beteiligen). Da in Ex 15,17 das Wort „Heiligtum" zwischen zwei Gottesnamen steht und ebenso in I Sam 2,3 das Wort „Wissen", leitet R. Eleasar ab: „Jeder Mensch, in dem Wissen ist, ist als ob der Tempel in seinen Tagen erbaut würde" (bSan 92a). In einer Zeit ohne Tempel gilt das Studium der Opfervorschriften der Tora als Ersatz der Opfer: „Immer wenn sie darin lesen und sie lernen, rechne ich es ihnen an, als ob sie ein Opfer dargebracht hät-

---

[30] GOLDENBERG, Early Rabbinic Explanations, 520. Vgl. ebd. die Aussage: „These explanations are remarkable for their triviality".

[31] GOLDENBERG, Early Rabbinic Explanations, 522f.

ten, und verzeihe ihnen all ihre Sünden" (bMeg 31b; bTaan 27b); ja, „das Studium der Tora ist bedeutender als das Darbringen der Tamidopfer" (bMeg 3b; bEr 63b; bSan 44b; vgl. bShab 30a, bMak 10a). Die ausführlichsten Aussagen zu diesem Thema finden sich in bMen 110a:

„‚An jedem Ort wird meinem Namen ein Rauchopfer dargebracht und eine reine Opferga-be' (Mal 1,11). An jedem Ort? Was fällt dir ein! Es sagte R. Samuel bar Nachmani, es sagte R. Jonatan: Das sind die Schüler der Gelehrten, die sich an jedem Ort mit der Tora befassen. Ich rechne es ihnen an, als ob sie vor mir räucherten und opferten. ‚Eine reine Opfergabe': Das ist einer, der in Reinheit Tora lernt, der zuerst heiratet und dann Tora lernt.

‚Ein Stufenlied. Wohlan, nun preiset den Herrn all ihr Knechte des Herrn, die ihr steht im Haus des Herrn in den Nächten' (Ps 134,1). Was bedeutet ‚in den Nächten'? Es sagte R. Jochanan: Das sind die Schüler der Gelehrten, die sich in der Nacht mit der Tora befassen. Ich rechne es ihnen an, als ob sie sich mit dem Tempeldienst befaßten.

‚So ist es Israel auf ewig zur Pflicht' (II Chr 2,3). Es sagte R. Gidel, es sagte Rab: Dies ist der erbaute Altar; und Michael, der große Fürst, steht und bringt auf ihm Opfer dar.

Und R. Jochanan sagte: Das sind die Schüler der Gelehrten, die sich mit den Gesetzen des Tempeldienstes befassen. Ihnen rechnet es die Schrift an, als ob der Tempel in ihren Tagen erbaut wäre.

Es sagte Resch Laqisch: Was bedeutet die Schriftstelle ‚Das ist die Tora für das Brandopfer, Speiseopfer, Sündopfer und Schuldopfer' (Lev 7,37)? Jeder, der sich mit der Tora befaßt, ist als ob er ein Brandopfer, Speiseopfer, Sündopfer und Schuldopfer darbrächte.

Es sagte Raba: Statt ‚für das Brandopfer und für das Speiseopfer' hätte es heißen müssen ‚(die Tora) des Brandopfers und des Speiseopfers'. Vielmehr, sagte Raba, (bedeutet dies): Jeder, der sich mit der Tora befaßt, braucht weder Brandopfer noch Speiseopfer, weder Sündopfer noch Schuldopfer.

Es sagte R. Isaak: Was bedeutet die Schriftstelle ‚Das ist die Tora des Sündopfers […] und das ist die Tora des Schuldopfers' (Lev 6,18; 7,1)? Jeder, der sich mit der Tora des Sündopfers befaßt, ist als ob er ein Sündopfer darbrächte, und jeder, der sich mit der Tora des Schuldopfers befaßt, ist als ob er ein Schuldopfer darbrächte".

Hier wird also umfassend festgestellt, daß das Studium der Tora, besonders der Gesetze über die Opfer, nicht nur ein schwacher Ersatz für die Opfer im Tempel ist; wer studiert, braucht keine Opfer mehr. Studium und Unterricht darf man daher nicht einmal für den Bau des Tempels unterbrechen. In früheren Texten werden einzelne dieser Themen zwar auch angesprochen, doch nirgends so ausführlich und explizit wie im Bavli.

Wenn man überzeugt ist, im Studium der Tora, aber auch auf andere Weisen einen mehr als adäquaten Ersatz für die Tempelopfer zu haben, liegt es nur nahe, die Trauer um den verlorenen Tempel in Grenzen zu halten. Von Rabbi heißt es bMeg 5b, daß er den 9. Ab überhaupt abschaffen wollte, die anderen Weisen ihm darin aber nicht zustimmten. Ein Rabbi schränkt aber sofort ein, das habe sich nur auf den Fall bezogen, daß der 9. Ab auf einen Sabbat fiel (das Ganze auch schon yMeg 1,6,70c). In bBB 60b erzählt man auch unter Berufung auf tannaitische Tradition, daß nach der Zerstörung des zweiten Tempels viele aus Trauer kein Fleisch essen und keinen Wein trinken wollten, da Fleisch und Wein einst auf dem

Altar dargebracht wurden. Dagegen wendet sich R. Jehoschua: Dann dürfte man auch kein Wasser mehr trinken, kein Brot mehr essen, da auch das im Tempel geopfert wurde:

„Überhaupt nicht zu trauern, ist unmöglich, da das Dekret schon erlassen wurde; zuviel zu trauern ist auch unmöglich, da man kein Dekret erläßt, wenn sich nicht die Mehrheit der Gemeinschaft daran halten kann [...]. Daher sagten die Weisen: Wenn einer sein Haus verputzt, läßt er eine kleine Stelle frei [...] man bereitet ein Festmahl mit allem, was dazu gehört, läßt aber ein wenig weg [...] eine Frau trägt allen ihren Schmuck, läßt nur ein wenig weg".[32]

Alle bisher genannten Texte legen nahe, daß das babylonische Judentum mit der Erinnerung an die Zerstörung des Tempels gut zurechtgekommen ist. Man hält den Tempel und seine Opfer sehr wohl im Bewußtsein, denkt daran, doch weiß man auch, mit dem Studium der Tora mehr als einen Ersatz dafür zu haben. Die Erwartung eines erneuerten Tempels ist zwar nicht völlig aufgegeben, jedoch ohne konkrete Relevanz für den eigenen Alltag, verschoben auf das Ende der Zeiten, die Tage des Messias. Wenn man das Jahr der Zerstörung im Gedächtnis behält und im Notfall über die Zahl der Jahre seit der Zerstörung errechnen kann, im wievielten Jahr des Sabbatjahrzyklus man sich befindet, scheint dies doch primär im Blick auf die messianische Zeit zu geschehen, wie die Fortsetzung zeigt: „Es sagte R. Chanina. Sagt dir jemand vierhundert Jahre nach Zerstörung des Tempels: Kauf ein Feld, das tausend Denare wert ist, um einen Denar, nimm es nicht" (bAZ 9b). Es folgt dieselbe Aussage, diesmal aber für das Jahr 4231 nach Erschaffung der Welt. Eine Glosse bemerkt dazu, daß die beiden Aussagen um drei Jahre differieren. Damit ist klar, daß die vierhundert Jahre ab Zerstörung keine runde Zahl, sondern ab 68 n. Chr. gezählt sind. Abgesehen von dieser Stelle wird jedoch diese Zählung nie erwähnt.

Relativ häufig bringt der Bavli die Wendung *mahera jibbane bet ha-miqdasch*. Außer Kontext besagt der Satz klar den Wunsch: „Schnell möge der Tempel wieder erbaut werden". So kann man bSuk 41b = bMen 68b verstehen, wo das Verbot des neuen Getreides während des ganzen Tages, an dem im Tempel die Erstlingsgarben dargebracht wurden (siehe oben mRHSh 4,1–4), damit begründet wird, so diesen Wunsch aufrechtzuerhalten. Auch in bBes 5b begründet man damit eine der Anordnungen Jochanan ben Zakkais. An anderen Stellen begründet man Verbote (die Verletzung von Erstlingstieren, Alkohol für Priester in ihren Dienstwochen) mit dieser Formel (bTaan17b, bSan 22b, bBek 53b) in dem Sinn: „es könnte ja plötzlich der Tempel wieder erbaut werden" – dann sollte dafür alles bereitste-

---

[32] Der ganze Abschnitt findet sich fast wörtlich in tSot 15,10ff., d.h. dem Schluß des Traktats, mit größeren Unterschieden zwischen den beiden Handschriften; anders als im Bavli wird hier für die einzelnen Änderungen, die man im täglichen Leben vornimmt, ergänzt: „Erinnerung an Jerusalem". Es fällt auf, daß diese gesamte Tradition in palästinischen Texten sonst nicht vorkommt, sondern nur noch im Bavli zitiert wird – offenbar weil man darin eigene Auffassungen wiederfindet.

hen. Von einer akuten Hoffnung beziehungsweise einem dringenden Wunsch ist hier keine Rede. Wenn gelegentlich zu Erwähnungen des Tempels die Worte hinzufügt werden „der schnell erbaut werde (in unseren Tagen)" (bBer 58a; bTaan 4b.26b; bBM 28b; bTam 33b), ist dies eine aus der Liturgie vertraute Formel analog der Bitte um das Kommen des Messias und der Heimführung Israels nach Jerusalem, von Kopisten eingefügt und daher nur in einem Teil der Textüberlieferung belegt. Diese Stellen können daher nicht als Beleg konkreter und akuter Hoffnungen im babylonischen Judentum verstanden werden.

Was im Rahmen der sonstigen Aussagen des Bavli viel eher verwundern könnte, ist die hier erstmals deutlich belegte Vorstellung des über die Zerstörung seines Tempels trauernden Gottes.[33] „Drei Wachen hat die Nacht, und zu jeder einzelnen Nachtwache sitzt der Heilige, gepriesen sei er, und brüllt wie ein Löwe und sagt: Wehe den Kindern, um deren Vergehen willen ich mein Haus zerstört, meinen Tempel verbrannt und sie unter die Völker der Welt verbannt habe" (bBer 3a).[34] Seit dem Tag der Zerstörung des Tempels kennt Gott kein Lachen mehr (bAZ 3b); er wird das obere Jerusalem nicht mehr betreten, bis er wieder in das untere Jerusalem kommen kann (bTaan 5a). Gott selbst hat die Zerstörung Jerusalems bewirkt, doch seither leidet er mit Israel, für Israel eine Garantie, daß Gott es nicht vergessen hat und einmal wieder in seiner Mitte weilen wird. Der Tempel aber wird in dieser Hoffnung auf Wiederherstellung nicht explizit genannt; er ist in der Erneuerung des unteren Jerusalem wohl auch mit gemeint, doch nicht zentral, nur *ein* Aspekt der kommenden Erlösung.

V. Pesiqta Rabbati, Seder Elijahu und die „Trauernden um Zion"

In einem letzten Abschnitt ist kurz auf zwei späte Midraschim einzugehen, in denen die Trauer um den Tempel eine neue Ausprägung bekommt. Die Datierung des Seder Elijahu (auch Tanna de-be Elijahu) in das 8. bis 9. Jh. gilt weithin als gesichert (die Aussage von SER 29, daß 900 Jahre seit Zerstörung des zweiten Tempels vergangen sind, ist als Glosse eines Schreibers zu betrachten); Pesiqta Rabbati wurde früher ebenfalls in diese Zeit datiert (vor allem gestützt auf die schon erwähnte Stelle PesR 1, daß seit der Zerstörung des Tempels 777 Jahre vergangen sind, wozu eine Glosse ergänzt: „nun sind es schon 1151"; der Abschnitt ist nur in der Erstausgabe von PesR belegt), doch die Tatsache, daß sie eine

---

[33] Siehe KUHN, Gottes Trauer und Klage, 240–287, der zum Themenbereich der Klage Gottes über die Zerstörung des zweiten Tempels keine früheren Belege zitiert.

[34] Derselbe Wehruf wird einige Zeilen später als Himmelsstimme wiederholt. Die einzige womöglich frühere Parallele ist EkhaR Peticha 20; doch ist die Textüberlieferung der Petichot zu Beginn des Midrasch problematisch.

Sammlung von Predigten ist, macht pauschale Aussagen zur Schrift problematisch. Ohne hier eine Einzeldatierung von Aussagen zu präjudizieren, scheint eine
gemeinsame Behandlung der entsprechenden Aussagen zum Tempel berechtigt.

In beiden Schriften ist das Mitleiden Gottes an der Zerstörung des Tempels und
an der Bestrafung seines Volkes ein wichtiges Thema. SER 28 erzählt, wie einst R.
Zadok den Tempel betrat, ihn zerstört sah und sagte: „Mein Vater im Himmel! Du
hast deine Stadt zerstört und dein Heiligtum verbrannt und sitzt in Ruhe da. Sofort
schlief R. Zadok ein. Und er sah den Heiligen, gepriesen sei er, in Wehklagen stehen und die Dienstengel wehklagten nach ihm". Es folgt die Erzählung von R.
Natan, der den Tempel in Ruinen, doch eine Mauer noch stehen sieht. Da sieht er
plötzlich Gott selbst sich niederbeugen, sich wieder aufrichten und wehklagen,
und versteht, daß Sach 11,2 von Gott spricht, der über die gefallene Zeder, das
heißt den Tempel klagt. Wie es etwas später heißt, hat Gott selbst gleichsam mit
eigenen Händen den Tempel gemacht (Ex 15,17), den er jetzt beklagt.

„Mein Kopf ist voll Tau, aus meinen Locken tropft die Nacht" (Cant 5,2) wird
zur Aussage des seit der Zerstörung des Tempels obdachlosen Gottes, zusammen
mit Ps 91,15 zu lesen: „Mit ihm [Israel] bin ich in Not" (PesR 15,16). Auch den
leidenden Messias Efraim, der vor seiner kommenden Aufgabe verzagt, weist
Gott auf sein eigenes Mitleiden hin:

> „Jetzt soll dein Schmerz wie mein Schmerz sein. Denn seit dem Tag, da der Frevler Nebu-
> kadnezzar mein Haus zerstörte und mein Heiligtum verbrannte und meine Kinder unter die
> Völker der Welt verbannte, so wahr du lebst und so wahr mein Haupt lebt, bin ich nicht zu
> meinem Thron hineingegangen. Und wenn du nicht glaubst, sieh den Tau auf meinem Kopf,
> denn ‚mein Kopf ist voll Tau'" (PesR 36,6).[35]

PesR 36, das manche Parallelen zum Sefer Serubbabel hat, schildert später, wie
der Messias, „wenn er sich offenbart, kommt und auf dem Dach des Tempels steht
und Israel verkündet: Unterdrückte, die Zeit eurer Erlösung ist gekommen". Von
einem Wiederaufbau des Tempels war davor keine Rede, und der Tempel spielt
auch nachher keine Rolle. Es ist einfach die Stätte des Tempels, von wo aus die
Erlösung proklamiert wird – eine Erneuerung des Kults interessiert nicht.[36]

In seinem Leiden über die Zerstörung des Tempels und die Zerstreuung seines
Volkes bleibt Gott nicht allein. In PesR 34,6 kündet Gott den Gerechten aller Ge-
schlechter:

> „Gerechte der Welt – obwohl mir die Worte der Tora lieb sind –, die ihr auf meine Tora ge-
> harrt habt, aber nicht auf mein Königtum! Ich beschwöre, daß ich für jeden, der auf mein
> Königtum geharrt hat, als Zeuge zum Guten auftreten werde, wie es heißt: ‚Darum wartet

---

[35] Fast wörtlich gleich, doch hier direkt an Israel gerichtet, SEZ 21 Ende.

[36] GOLDBERG, Erlösung durch Leiden, 232f., hat größte Probleme mit dieser Stelle und damit, was das „Dach des Tempels" hier konkret bedeutet. Da die Aussage noch dazu als Baraita
eingeleitet ist (aber keine einzige rabbinische Parallele hat!), erwägt er sogar die Möglichkeit, der
Gedanke stamme aus einer Zeit, als der Tempel noch stand.

nur, Spruch des Herrn, auf den Tag, an dem ich auftreten werde als Zeuge' (Zeph 3,8), für die Trauernden, die mit mir Leid getragen haben über meinen zerstörten Tempel und mein verödetes Heiligtum. Jetzt lege ich für sie Zeugnis ab, wie es heißt: ,Mit dem Zerschlagenen und Bedrückten'. Lies nicht ,mit dem Zerschlagenen und Bedrückten', sondern: Mit mir[37] ist der Zerschlagene und Bedrückte – das sind die Trauernden Zions, die sich erniedrigt und ihre Schmach gehört, jedoch geschwiegen und es sich nicht zugute gehalten haben".

Schon früh hat man diesen Text in Beziehung zu den *Abele Zion*, den „Trauernden Zions" gesetzt, einer vor allem für das 9. Jh. belegten karäischen Gruppe, die sich in Jerusalem ansiedelte, um dort in strenger Buße um das zerstörte Heiligtum zu trauern und damit dem nahen Erlöser den Weg zu bereiten. Daß es entsprechende Tendenzen auch in rabbanitischen Kreisen gegeben hat, ist anzunehmen. Natürlich muß das nicht unbedingt auf dieselbe Zeit weisen,[38] doch liegen parallele, vielleicht durch die Zeitumstände bedingte, Entwicklungen nahe. Wie dem Text zu entnehmen ist, wurde die Büßergruppe innerhalb der jüdischen Gemeinde angegriffen – extrem asketische Tendenzen, besonders in Verbindung mit akuter Endzeiterwartung, waren im rabbinischen Judentum nie gerne gesehen.

Vielleicht darf man den eben zitierten Text und die dahinter stehenden Strömungen direkt mit SER 4 in Beziehung setzen. Dort heißt es, daß jeder, der sich ständig um die Tora bemüht, wie Mose auch nach dem Tod weiterlebt, nicht eigentlich stirbt. Daher sollte man auch nicht über alle Maßen trauern und sich demütigen – wer dies über die von den Rabbinen festgesetzten Zeiten tut, „wird an sich selbst schuldig". Einige Zeilen später heißt es:

„,Und er gedenkt der Tage der Vorzeit, seines Knechtes Mose und seines Volkes' (Jes 63,11). So ist jeder Weise aus Israel, in dem fürwahr das Wort der Tora ist, der all seine Tage wegen der Herrlichkeit des Heiligen, gepriesen sei er, und wegen der [verlorenen] Herrlichkeit Israels seufzt und der die Herrlichkeit Jerusalems, die Herrlichkeit des Tempels und die Erlösung, die bald aufblühen möge, und die Heimführung der Exilierten wünscht, ersehnt und erhofft – der heilige Geist ist in seinen Worten: ,Er legt seinen heiligen Geist in ihn' (ebd.)".

Auch dieser Text plädiert für ein ständiges Gedenken der Zerstörung und das stete Wachhalten der Hoffnung auf Erneuerung. Doch möchte sein Verfasser das in geregelten Bahnen sehen, ohne jede Übertreibung, mit der man nur an sich selbst schuldig wird. Grundlage für die richtige Einstellung ist vor allem das Studium der Tora, aus dem man bei aller Erwartung des Eingreifens Gottes auch die rechte Gelassenheit lernt. In PesR 34 standen Toragelehrte und Trauernde Zions einander gegenüber: Die allein auf die Tora warten und nicht das (endzeitliche) Königtum Gottes als Ziel haben, werden zwar – wie es in PesR 34,7 heißt – im Gericht

---

[37] Hier lese ich mit dem Vorschlag von GOLDBERG, Erlösung durch Leiden, 72, *iti* statt *oto*. Das Erste „mit mir" fehlt in MS Parma, ist aber in der editio princeps belegt und – auch hier mit Goldberg – für den Kontext notwendig.

[38] So zu Recht GOLDBERG, Erlösung durch Leiden, 131–144.

um der Tora willen ebenfalls gerechtfertigt, hier aber gilt das Zeugnis Gottes einmal denen, denen es jetzt allein um Gottes Königtum geht. Dagegen vertritt SER deutlich die Seite derer, die ihre wesentliche Aufgabe im Studium der Tora sehen, das sich mit Trauer um den Verlust des Tempels und Erwartung seiner Erneuerung sehr wohl vereinen läßt. Extreme aber lehnt man ab.

In diesem Aufsatz konnte es nicht darum gehen, eine vollständige Darstellung rabbinischer Reaktionen auf die Zerstörung des Tempels zu bieten. Viele Schriften blieben außer Betracht, und auch aus den behandelten Werken wurden nur einzelne, mir exemplarisch erscheinende Texte vorgestellt. Doch sollte deutlich geworden sein, daß die Einstellungen der hier zu Wort gekommenen Texte (und nicht eigentlich der in ihnen genannten Rabbinen) sich im Lauf der Zeit gewandelt haben. Ältere Auffassungen werden zwar über die Jahrhunderte weitergetragen, doch kommen immer wieder neue Aspekte dazu, die das Gesamtbild entscheidend verändern.

Am Anfang dominierte neben Regelungen, die durch den Untergang des Tempels notwendig geworden waren, vor allem das Bemühen, jeden menschlichen Aktivismus zurückzudrängen, der nur wieder zu Aufständen gegen Rom geführt hätte. Das gesamte Thema blieb geradezu auffällig im Hintergrund. Im Yerushalmi und den etwa gleichzeitigen Midraschim ist der Abstand schon deutlich zu spüren; die Frage nach den Ursachen der Zerstörung wird dominanter; die Klage um den Verlust, der zusammen mit allen anderen Katastrophen Israels als Einheit gesehen wird, führt nicht zum drängenden Wunsch nach Erneuerung des Verlorenen. In den Apokalypsen und Pijjutim des 7. Jh.s ist die Erneuerung der Opfer zwar eine offenbar nun konkret erlebte Möglichkeit; Aktivitäten zum Wiederaufbau des Tempels bleiben jedoch auch jetzt aus. Wenn der endzeitliche Tempel kommt, schwebt er fertig erbaut vom Himmel herab und ist im allgemeinen nicht mehr Stätte von Opfern, sondern Symbol der Gegenwart Gottes. Im babylonischen Talmud nehmen Erzählungen über die Zerstörung breiten Raum ein; frühere Versuche einer Antwort auf die Frage nach der Schuld an der Zerstörung und dem, was heute den Tempel ersetzen kann, gelangen zu einer umfassenden Synthese. Zwei späte Midraschim zeigen schließlich, wie das schon im Bavli auftauchende Thema des Mitleidens Gottes nun ein wichtiger Ansatz zur theologischen Bewältigung des Verlustes des Tempels wird, zugleich aber auch das Mitleiden Israels mit dem leidenden Gott. Gegen Bestrebungen gewisser Kreise, dies in Askese und Trauer und ständiges Gebet um die Erneuerung des Königtums Gottes umzusetzen, integriert der Seder Elijahu zwar wesentliche Motive dieser Theologie, bleibt aber dabei, daß der eigentliche Rahmen jüdischer Existenz das Studium der Tora bleiben muß.

Eine Konstante, die sich bei allen Unterschieden in allen Zeiten und Texten findet, ist auffällig: Bei aller ritualisierter Trauer um den Tempel bleibt die Hoffnung auf einen konkret erneuerten Tempel einschließlich eines regelmäßigen Op-

ferdienstes minimal; eine Rückkehr zu alten Zeiten ist offenbar nicht vorstellbar
und auch nicht erwünscht. Der Tempel ist eine Chiffre geworden, eines der Sym-
bole für das messianische Heil und die endzeitliche Erneuerung.

Literatur

M. Assis, Teshuva al qeviatah shel shnat 4838 la-yetsira, HUCA 49 (1978) hebr. Teil 1–27.

A. J. Avery-Peck, Judaism without the Temple: The Mishnah, in: H. W. Attridge / G.
Hata (Hgg.), Eusebius, Christianity, and Judaism, StPB 42, Leiden 1992, 409–431.

M. Avi-Yonah, Geschichte der Juden im Zeitalter des Talmud, SJ 2, Berlin 1962.

M. Bar-Ilan, Are *Tamid* and *Middot* Polemical Tractates?, Sidra 5 (1989), 27–40 (hebr.).

L. M. Barth, The „Three of Rebuke and Seven of Consolation" Sermons in the Pesikta de
Rav Kahana, JJS 33 (1982), 503–515.

H.-J. Becker, Earthquakes, Insects, Miracles, and the Order of Nature, in: P. Schäfer
(Hg.), The Talmud Yerushalmi and Graeco-Roman Culture I, TSAJ 71, Tübingen 1998,
387–396.

B. M. Bokser, The Origins of the Seder. The Passover Rite and Early Rabbinic Judaism,
Berkeley 1984.

S. J. D. Cohen, The Destruction: From Scripture to Midrash, Prooftexts 2 (1982) 18–39.

–, The Temple and the synagogue, in: W. Horbury / W. D. Davies / J. Sturdy (Hgg.), The
Cambridge History of Judaism III, Cambridge 1999, 298–325.

J. Eben-Schmuel, Midresche Geulla, 2. Aufl., Jerusalem – Tel Aviv 1954.

S. Fine, On the Sanctity of the Synagogue during the Greco-Roman Period, Christianity
and Judaism in Antiquity Series 11, Notre Dame 1997.

E. Fleischer, Solving the Qilliri Riddle, Tarb. 54 (1984–85), 383–427 (hebr.).

E. Frank, Talmudic and Rabbinic Chronology, Jerusalem – New York 1956, Ndr. 1977.

M. A. Friedman, Jewish Marriage in Palestine. A Cairo Geniza Study, 2 Bde., Tel Aviv –
New York 1980–1981.

A. Goldberg, Erlösung durch Leiden. Drei rabbinische Homilien über die Trauernden
Zions und den leidenden Messias Efraim (PesR 34. 36. 37), FJS 4, Frankfurt a. M. 1978.

R. Goldenberg, Early Rabbinic Explanations of the Destruction of Jerusalem, JJS 33
(1982), 517–525.

G. Hasan-Rokem, Web of Life. Folklore and Midrash in Rabbinic Literature, Stanford
2000.

J. Heinemann, Prayer in the Talmud. Forms and Patterns, SJ 9, Berlin 1977.

A. Houtman, „They direct their heart to Jerusalem"; References to Jerusalem and Temple
in Mishnah and Tosefta Berakhot, in: A. Houtman / M. J. H. M. Poorthuis / J.
Schwartz (Hgg.), Sanctity of Time and Space in Tradition and Modernity, Leiden
1998, 153–166.

R. Kasher, Eschatological Ideas in the Toseftot Targum to the Prophets, Journal for the
Aramaic Bible 2 (2000), 25–59.

R. Kimelman, The Daily Amidah and the Rhetoric of Redemption, JQR 79 (1988f.), 165–
197.

R. Kirschner, Baraita de-Melekhet ha-Mishkan. A Critical Edition with Introduction and
Translation, MHUC 15, Cincinnati 1992.

M. Kister, Legends of the Destruction of the Second Temple in Avot De-Rabbi Nathan, Tarb. 67 (1997f.), 483–529 (hebr.).

P. Kuhn, Gottes Trauer und Klage in der rabbinischen Überlieferung (Talmud und Midrasch), AGJU 13, Leiden 1978.

S. Lauer / H. Ernst (Hgg.), Tempel und Tempelzerstörung (70 n. Chr.). FS für Cl. Thoma, JudChr 15, Bern 1995.

L. I. Levine, The Ancient Synagogue. The First Thousand Years, New Haven – London 2000.

E. Mahler, Handbuch der jüdischen Chronologie, Frankfurt a. M. 1916, Ndr. Hildesheim 1967.

L. Mildenberg, The Coinage of the Bar Kokhba War, TYPOS VI, Aarau 1984.

J. Naveh, Aramaic Tombstones from Zoar, Tarb. 64 (1994f.), 477–497 (hebr.).

–, More on the Tombstones from Zoar, Tarb. 68 (1998f.), 581–586 (hebr.).

–, Seven New Epitaphs from Zoar, Tarb. 69 (1999f.), 619–635 (hebr.).

P. Schäfer, Der Bar Kokhba-Aufstand, TSAJ 1, Tübingen 1981.

S. Schreiner, Wo man Tora lernt, braucht man keinen Tempel, in: B. Ego / A. Lange / P. Pilhofer (Hgg.), Gemeinde ohne Tempel, WUNT 118, Tübingen 1999, 378–392.

G. Stemberger, Biblische Darstellungen auf Mosaikfußböden spätantiker Synagogen, JBTh 13 (1998), 145–170.

S. Stern, New Tombstones from Zoar (Mousaieff Collection), Tarb. 68 (1998f.), 177–185 (hebr.).

G. Vermes, Scripture and Tradition in Judaism. Haggadic Studies, SPB 4, Leiden 1961.

J. Yahalom, On the Validity of Literary Works as Historical Sources, Cathedra 11 (1979), 125–133 (hebr.).

Kaiser Julian und ein dritter Tempel?

Idee, Wirklichkeit und Wirkung eines gescheiterten Projektes

von

Johannes Hahn

Die Zerstörungen des Jerusalemer Tempels und die vielfältigen Strategien zur Bewältigung dieser Katastrophen stehen im Mittelpunkt der Untersuchungen dieses Bandes. Der anschließende Beitrag rückt nun die Folgen der Zerstörung des Tempels im Jahre 70 n. Chr. in den Zusammenhang der Auswirkungen späterer historischer Vorgänge – des Verlustes der Stadt Jerusalem und weiter Teile des Landes Israel im Gefolge des jüdischen Aufstandes 132–135 n. Chr. sowie der christlichen Aneignung der Wirkungsstätten Jesu –, um das Handeln und die Ziele der Protagonisten im Umfeld des Versuches im Jahr 363 n. Chr., den jüdischen Tempel und Opferkult zu erneuern, zu erklären. Der gescheiterte Versuch Kaiser Julians, das Heiligtum von Jerusalem wieder zu errichten, erweist sich dabei nur als ein Element, nicht aber als das alleinige Ziel der weitreichenden Politik dieses Herrschers, während die jüdische Bevölkerung im Reich völlig unterschiedliche Erwartungen mit dem Unternehmen verband. Christliche Autoren wiederum deuteten das Geschehen als ultimative Herausforderung des Heilsgeschehens und vermeinten, in Julian den Antichristen am Werke zu erblicken.

I. Historische Voraussetzungen

Im Jahre 70 n. Chr. verlor das jüdische Volk neuerlich seinen Tempel, wurde seines zentralen Begegnungsortes mit seinem Gott beraubt. Zwei Generationen später, 135 n. Chr., mit dem Scheitern des Bar Kochba-Aufstandes gegen die römische Besatzungsmacht, ging den Juden darüber hinaus auch noch der verbliebene zentrale religiöse und politische Bezugsort verloren: Zion-Jerusalem. Dieses war im großen Aufstand 66–70 n. Chr. zwar weitgehend zerstört, aber doch seiner Bevölkerung als Wohnort nicht genommen worden. Hadrian hingegen vertrieb 135 n. Chr. als Vergeltung für die fast vierjährige jüdische Rebellion, die das Imperium zu ungeheuren militärischen Anstrengungen gezwungen hatte,[1] die jüdi-

---

[1] Dieser Aspekt des Bar Kochba-Aufstandes, über den in der tradierten römischen Historio-

schen Bewohner Jerusalems. Die Stadt einschließlich des Tempelberges wurde anschließend systematisch eingeebnet und jede Erinnerung an sie gelöscht. Statt ihrer erstand eine völlig neue Stadt, Aelia Capitolina, eine römische Kolonie, besiedelt mit hierfür herangeführten römischen Bürgern, vor allem Veteranen.[2] Diese Neugründung wurde mit den nach römischem Sakralrecht vorgeschriebenen Zeremonien vorgenommen: Mit einem von einem Stier und einer Kuh gezogenen Pflug wurden die Grenzen der neuen Stadt markiert, die Plätze der Tempel der römischen Staatsgottheiten festgelegt und der dem Juppiter geweihte Haupttempel der Kolonie samt der gesamten Kapitolsanlage auf dem Boden des früheren jüdischen Tempelbezirks errichtet.[3] All dies erfolgte unter den persönlichen Auspizien Kaiser Hadrians: Auf Münzen zu Anlaß der Koloniegründung wird er selbst als Führer des Pfluges abgebildet, den heiligen Ritus zelebrierend.[4] Über die folgenden zwei Jahrhunderte paganer Identität Jerusalems – vor Einsetzen der christlichen Umgestaltung der Stadt – ist angesichts des Schweigens der literarischen und weitgehend auch der archäologischen Quellen dann allerdings wenig bekannt, nur einzelne Kulte sind epigraphisch und numismatisch bezeugt.[5]

Die Zerstörung der vormaligen sakralen und ethnischen Identität Jerusalems war eine vollständige, und sie war als solche intendiert: So sollen sogar Quader des jüdischen Tempels bei der Errichtung des römischen Theaters sowie der Stadtmauer der Kolonie – offenbar weithin sichtbar – Verwendung gefunden haben.[6] Nicht nur der Tempel, auch die heilige Stadt der Juden war so ausgelöscht, gewissermaßen zur Gänze überschrieben worden.[7] Bei Todesstrafe war es Juden

---

graphie allein Cassius Dio – hier zudem nur in der dürftigen Epitome des byzantinischen Mönches Xiphilinus bewahrt – berichtet, ist erst unlängst von W. Eck erkannt worden, der auch die hohen Verluste der römischen Truppen erörtert: Eck, Bar Kokhba Revolt, 78ff.

[2] Vincent – Abel, Jérusalem 2, 1–39; Abel, Histoire de la Palestine 2, 97ff.; Schürer, History I, 542.553ff.; Isaac, Roman Colonies in Judaea.

[3] Diese Lokalisierung (siehe nur Schürer, History I, 554) beruht auf der expliziten Äußerung des Cass. Dio LXIX, 12 (allerdings im Abriß des Xiphilinus) und anderer Quellen, läßt sich aus archäologischen Befunden aber bislang nicht bestätigen. Zur literarischen Tradition wie auch zur archäologischen Situation siehe nun Belayche, Iudaea-Palaestina, 137ff., die statt dessen das Kapitol der Kolonie auf dem Golgatha-Hügel lokalisieren möchte.

[4] Serv. Aen. V, 755f. mit Darlegung des Ritus; vgl. Wilken, Land Called Holy, 82. Abb. der Hadriansmünze bei Belayche, Iudaea-Palaestina, 121; zur skrupulösen Beachtung der *sacra romana* durch Hadrian beachte HA Hadr. 22,10.

[5] Vincent – Abel, Jérusalem 2, 34ff., und jetzt – unter Einbeziehung der jüngeren archäologischen Ergebnisse – umfassend zur heidnischen Identität Jerusalems Belayche, Iudaea-Palaestina, 108–170, mit Nachweis aller faßbaren Kulte. Die griechisch-römische Kultur und Identität der Bevölkerung der neuen Stadt tritt in *villae*, Kunst und Gegenständen des täglichen Lebens deutlich hervor.

[6] Chr. pasch. 119 (PG 92, 613); Coynbeare, The Dialogues of Athanasius and Zacchaeus, 98. Siehe Abel, Histoire de la Palestine 2, 97.

[7] Walker, Holy City, 5: „Jerusalem effectively no longer existed." Eus. Dem. Ev. VIII, 3 (406C), vgl. IV, 13 (273D) erklärt, daß der Tempelberg in einen römischen Gutshof verwandelt worden wäre und daß er selbst dort Stiergespanne beim Pflügen und Säen auf diesem geheiligten Boden beobachtet habe.

zudem verboten, die neue Stadt Aelia Capitolina und ihr Territorium, ein gewaltiges Areal im Herzen von Judaea, zu betreten – ja, es war ihnen untersagt, wie Eusebius es später formulierte, nur „die Erde aus der Ferne zu erblicken, die sie von ihren Vorvätern ererbt hatten".[8]

Die zeitgenössischen jüdischen Kreise, sofern sie Jerusalem überhaupt erwähnen, nahmen die Stadt nur noch als zerstört und verlassen wahr, und für die Rabbinen der Folgezeit besaß die Stadt allein noch spirituelle, nicht mehr weltliche Realität.[9] Immerhin kam in den Generationen nach der Auslöschung der jüdischen Stadt ungeachtet des strikten Verbots Hadrians eine Art von Pilgerfahrt frommer Juden nach Jerusalem-Aelia Capitolina auf: Diese suchten, vorzüglich vom Ölberg, den Blick auf die verödete Tempelstätte, um die Zerstörung des Heiligtums zu betrauern.[10] Die gewaltsame Unterdrückung der jüdischen Identität und Vergangenheit war jedoch so erfolgreich, daß im Jahr 309 n. Chr., während der Christenverfolgung, ein in Caesarea, nur eine halbe Tagesreise von Jerusalem entfernt, residierender römischer Provinzstatthalter zumindest glaubhaft vorgeben konnte, von einer Stadt Jerusalem nichts zu wissen – wenn ihm dieser Name nicht tatsächlich unbekannt war.[11]

Das Hinterland Jerusalems, ja das jüdische Palästina insgesamt, war von dem neuerlichen Scheitern nationalen Aufbegehrens 132–135 n. Chr. gegen die römische Oberhoheit kaum weniger betroffen: In Judaea, ehedem jüdisches Kernland, verblieben nur noch wenige jüdische Siedlungen.[12] Fremde nahmen das Land in Besitz, während große Teile der jüdischen Bevölkerung in die Diaspora abwanderten. Die Regierungszeit Konstantins schließlich prägte Jerusalem – hier allerdings vornehmlich den westlichen Teilen der Stadt, der Tempelbezirk selbst blieb unberührt – einen neuen Stempel auf: Mit der Erschließung Palästinas und seiner Heiligen Stätten für die christliche Kirche rückte an erster Stelle Jerusalem als Ort des Wirkens Jesu in den Mittelpunkt eines neuen intensiven religiösen Interesses.[13] Dieses christliche Interesse beschränkte sich dabei nicht auf das neue Jerusalem, seine Kirchenbauten und Pilgerziele, sondern beanspruchte alsbald mit

---

[8] Eus. HE IV, 6,3; vgl. Cass. Dio LXIX, 12, und Iust. Mart. apol. I, 47. Vgl. zur Bedeutung des hadrianischen Verbots JUSTER, Les juifs II, 173ff.

[9] HEZSER, (In)Significance of Jerusalem, 20–23.

[10] Eine lebendige Beschreibung dieser Praxis bietet Hier. in soph. 1,15–16 (CCL 76a, 673), der diesen Vorgang am Jahrestag der Tempelzerstörung, dem 9. Ab, wiederholt beobachtete. Zur Pilgerfahrt zur Stätte des zerstörten Tempels (mit weiteren Belegen) siehe WILKEN, Land Called Holy, 106f.

[11] Eus. mart. Pal. 11,10–12.

[12] Cass. Dio LXIX, 14,1f. berichtet von 50 wichtigen Festungen und 985 Dörfern, die dem Erdboden gleichgemacht worden seien; 580.000 Juden seien alleine in den Kämpfen gefallen: „So wurde fast ganz Judaea zur Einöde".

[13] HUNT, Holy Land Pilgrimage; MARAVAL, Lieux saints, 61ff.; WALKER, Holy City; WILKEN, Land Called Holy, 108ff. Zum Kirchenbau in Jerusalem siehe den ausgezeichneten Überblick bei STEMBERGER, Juden und Christen, 49ff.

Vehemenz auch das theologische Erbe des Jerusalemer Tempels beziehungsweise der verbliebenen Ruinenstätte.

II. Der Versuch des Wiederaufbaus des Tempels 363 n. Chr.

Von der eben skizzierten Vorgeschichte seit 70 n. Chr. hören wir nichts in den Quellen, die uns in bemerkenswerter Dichte und ungewöhnlich detailliert von jenem Ereignis berichten, das im Grunde kaum stattgefunden hat: dem Versuch der Wiedererrichtung des Jerusalemer Tempels durch Kaiser Julian 363 n. Chr. Dieses Bauprojekt ist in christlicher Überlieferung und einem einzigen paganen Geschichtswerk,[14] nicht aber in jüdischen Quellen bezeugt.[15] Es gelangte nie zur Ausführung, und so ist selbst die Historizität der überlieferten vorbereitenden Maßnahmen schon bezweifelt worden.[16] Doch sind es gerade das unmittelbare Scheitern des Projektes und seine mutmaßlichen oder vorgeblichen Begleitumstände, die es zu einem erstrangigen Gegenstand historischer Interpretation und theologischer Ausdeutung erhoben. Mehr noch: Die damit möglicherweise verbundenen Ziele wie umgekehrt auch die Symbolträchtigkeit des Fehlschlages und seine zeitgenössische Resonanz weisen diesem Unternehmen einen außerordentlichen Stellenwert in der Auseinandersetzung zwischen Christentum, Heidentum und Judentum in der Spätantike zu.

Die zugrundeliegenden Quellen[17] können im folgenden nicht eingehend diskutiert werden – wie ohnehin auch eine ganze Reihe von Problemen und Aspekten, die sich mit diesem Thema verbinden, hier nicht angesprochen werden kann.[18] Im Mittelpunkt sollen allein Ziel und vor allem Umfang und weiterer Zusammenhang des julianischen Programms in Jerusalem stehen.

Nur knapp zum Geschehen: Die von Julian während seines langen Antiochia-Aufenthaltes im Herbst oder Winter 362 n. Chr. befohlenen und im Frühjahr des

---

[14] Die traditionelle Kennzeichnung des ammianischen Geschichtswerkes als ‚heidnisch' verstellt den Blick auf die gegenüber religiösen Polarisierungen überaus distanzierte Perspektive seiner Annalen. Die wenig hilfreiche Kennzeichnung Ammians als ‚Heide' spiegelt sich in der (anfechtbaren) jüngsten Beurteilung Ammians als eines Christen, der unter Julian zum Heidentum abfiel: BARNES, Ammianus Marcellinus.

[15] Versuche, zumindest schwache Reflexe des julianischen Wiederaufbauversuchs in den rabbinischen Quellen zu identifizieren (so etwa BACHER, Statements of a Contemporary), dürfen wohl als gescheitert bezeichnet werden; siehe die kurze zusammenfassende Diskussion der vorgeschlagenen Textstellen bei STEMBERGER, Juden und Christen, 167f. Verweise auf archäologische Zeugnisse sind schon wegen Datierungsfragen problematisch; BLANCHETIÈRE, Julien philhellène, 68f.

[16] ADLER, Kaiser Julian, 70ff. Vgl. BROCK, A Letter Attributed to Cyril, 267.

[17] Eine Zusammenstellung aller einschlägigen Quellen findet sich im Anhang.

[18] Dies gilt insbesondere für die Frage nach dem im 4. Jahrhundert entstehenden und in der christlichen Ausdeutung des Tempelbauprojektes Julians partiell relevanten Konzept des christlichen Jerusalem (wie auch des Heiligen Landes). Hierzu WILKEN, Land Called Holy, 127ff.

Jahres 363[19] in Jerusalem unter Leitung eines Sonderbeauftragten, Alypius, auf-
genommenen Arbeiten für den geplanten Tempelneubau mußten alsbald aufgrund unerwarteter Schwierigkeiten – Feuerstürme aus dem Untergrund und anderes – abgebrochen werden:[20] Der Tod des Kaisers wenige Wochen später, am
26. Juni 363 auf dem Perserfeldzug, bedeutete ebenso das Ende aller Bemühungen um eine religiöse Restauration des Heidentums im Imperium wie auch des
Jerusalemprojektes. Ein vorgeblicher Brief des Jerusalemer Bischofs Kyrill, der
wohl erst Jahrzehnte später verfaßt wurde und zahlreiche vermutlich authentische
Informationen enthält, datiert die dramatischen Ereignisse um das Scheitern des
Bauvorhabens auf den 19. Mai 363 und verweist auf ein gewaltiges Erdbeben in
Palästina als Ursache der Katastrophe.[21]

III. Die Kirche und der Wiederaufbau des Tempels

Die christliche Kirche traf dieses Bauprojekt im Zentrum ihres Selbstverständnisses, bezeugte doch der 70 n. Chr. durch Titus zerstörte Tempel das Strafgericht
Gottes an den Juden für die Ermordung des Herrn. Zugleich stellte er den Beweis
für die Ablösung des Alten Bundes durch den Neuen dar, mithin den Übergang
der Auserwählung Israels auf die Kirche Christi. Jesu Tempelwort, „Amen, das
sage ich Euch: Kein Stein wird hier auf dem andern bleiben; alles wird niedergerissen werden" (Mt 24,2) in Verbindung mit der Prophezeiung des Daniel (9,27)
von den Greueln der Verwüstung an der heiligen Stätte in Jerusalem diente so
auch ständig als Schlüsselargument in der Auseinandersetzung mit dem Judentum, waren doch die jüdischen Gesetze und ihre Beachtung in erheblichem Umfang an die Existenz des Tempels gebunden.[22] Um dieser unwiderlegbaren Aussage und Symbolik willen wurde die Ruinenstätte auch von jedem christlichen

---

[19] Der zeitliche Ablauf der Ereignisse – er wird durch die Ankunft des Kaisers in der syrischen Metropole am 19.7.362 n. Chr. und wohl seinen Auszug zum Persien-Feldzug am 5.3. des
folgenden Jahres, vielleicht aber auch erst durch seinen Tod am 26.6. begrenzt – läßt sich nicht
präzise bestimmen, ist für die hiesige Fragestellung aber auch nur von untergeordnetem Interesse. Umstritten ist insbesondere die Chronologie des Bauprojektes in Jerusalem; siehe etwa
BOWERSOCK, Julian the Apostate, 120ff., vgl. die Literatur in Anm. 21 sowie STEMBERGER, Juden
und Christen, 172f., und zuletzt BARNES, Ammianus Marcellinus, 48f.

[20] Die Einzelheiten der Katastrophe beziehungsweise deren bilderreiche Ausgestaltung do-
minieren die überlieferten Berichte, ohne allerdings – sieht man von der Darstellung Ammians
und (in Teilen) vielleicht Ps.-Cyrills (siehe folgende Anm.) ab – historische Glaubwürdigkeit beanspruchen zu dürfen.

[21] Ps.-Cyrill. epist. (BSOAS 40, 1977, 267–286, ed. S. P. Brock); zu diesem für eine Reihe
historischer Fragen im Zusammenhang der Chronologie und des Ablaufs schlüsselhaften, wiewohl anscheinend erst Jahrzehnte nach dem Ereignis verfaßten Dokument siehe BROCK, Rebuilding of the Temple; BROCK, A Letter Attributed to Cyril (*non vidi* LEVENSON, Critical Study –
LEVENSON, Julian's Attempt, offenbar eine Art Abriß der unpublizierten Dissertation, enthält
270f. keine eigenständigen Überlegungen).

[22] STEMBERGER, Bedeutung des „Landes Israel", bes. 179.

Jerusalem-Pilger aufgesucht, der sich hier der unanfechtbaren heilsgeschichtlichen Wahrheit seines Glaubens versichern und den Beweis für die Vergeblichkeit aller anderslautenden jüdischen Erklärungen in Augenschein nehmen konnte.[23]

Eine Wiedererrichtung des Jerusalemer Heiligtums und, damit verbunden, die Wiederaufnahme des Opferkultes durch die Juden bedeutete so nicht weniger als eine Widerlegung der entscheidenden theologischen Aussagen in der Auseinandersetzung mit dem Judentum und eine grundlegende Infragestellung der christlichen Heilsgewißheit. Entsprechend heftig fiel die Reaktion christlicher Theologen auf das Tempel-Projekt Julians aus: Außer Zweifel stand ihnen, daß der eigentliche Grund für dieses der unstillbare Haß des Apostaten auf das Christentum war und somit seine eigentliche Absicht darin bestand, dieses im Mark seiner theologischen Selbstbehauptung zu treffen.

Die christliche Polemik, die unmittelbar nach dem Scheitern des Unternehmens einsetzte – die Schriften Gregors von Nazianz und Ephraims von Nisibis entstanden sicherlich binnen Monaten oder Jahresfrist nach dem Geschehen in Jerusalem[24] –, zeigt den ungeheuren Stellenwert, den der gescheiterte Tempelbau sofort und auf Dauer für die Kirche gewann: In sämtliche Kirchengeschichtswerke fand die Jerusalemer Episode Eingang.[25] Wundergeschichten kursierten vom Tage des Abbruchs des Bauvorhabens an und fanden immer weitere Ausgestaltung: So sei der tagsüber entfernte Trümmerschutt Nacht um Nacht an seinen Platz zurückgekehrt, ja, ein Jude soll in einer unter den Fundamenten freigelegten Höhle gar ein Exemplar des Johannesevangeliums in hebräischer Sprache gefunden haben.[26]

All dies kann uns hier nicht beschäftigen, doch spiegeln diese Hinweise zumindest, daß die christliche Überlieferung, und zwar von Beginn an, in ihrer Fixierung auf die skizzierte heilsgeschichtliche Semantik des Jerusalemer Heiligtums das gescheiterte Bauvorhaben Julians nur in gewissermaßen egozentrisch verengender, triumphalistisch deutender Perspektive wahrzunehmen in der Lage war. Das Urteil des Johannes Chrysostomos, eines Zeitzeugen der Vorgänge, über Julian und das Jerusalemprojekt bringt dies in knappster Form zum Ausdruck: „Christus hat die Kirche begründet, und niemand ist in der Lage sie zu zerstören; er zerstörte den Tempel, und niemand vermag ihn wiederzuerrichten."[27]

---

[23] Siehe etwa Ioh. Chrys. pan. Bab. 2,1 (PG 48, 834). MARAVAL, Lieux saints, 25ff.; WILKEN, Land Called Holy, 108ff.; WALKER, Holy City, 11ff.

[24] BERNARDI, Grégoire de Nazianze Discours 4–5, 25ff.; KURMANN, Gregor von Nazianz Oratio 4, 6ff.; LIEU, The Emperor Julian, 100f.; GRIFFITH, Ephraem the Syrian's Hymns, 241f.

[25] Philostorg. HE VII, 9 (= Artemii passio 68) (GCS 21, p. 95–97); Rufin. HE X, 38–40; Sokr. HE III, 20; Soz. HE V, 22,5ff. (sowie Anhang).

[26] Philostorg. HE VII, 9. Vgl. etwa ADLER, Kaiser Julian, 77f., und VOGT, Kaiser Julian und das Judentum, 53ff.

[27] Ioh. Chrys. hom. adv. Iud. et gent. 16 (PG 48, 835); vgl. Ioh. Chrys. hom. de s. Bab. 22 (PG 50, 567f.).

Die große Zahl der christlichen Zeugnisse und die Vehemenz der hier artikulierten polemischen und theologischen Auseinandersetzung dürfen allerdings – und dies verweist auf das Hauptproblem des gesamten Geschehens und seiner historischen Bewertung – nicht darüber hinwegtäuschen, daß wir von anderer Seite nur äußerst dürftige Hinweise auf Hintergründe, Absichten und Reichweite des julianischen Bauprojektes besitzen. Fraglich ist, ob eben jene Motive und Vorstellungen, welche die christlichen Theologen und Propagandisten dem Kaiser wie auch den beteiligten Juden unterstellen, überhaupt zutreffen. Anders formuliert: Trifft die heilsgeschichtlich fundierte Wahrnehmungsperspektive der christlichen Polemik überhaupt den Kern des Jerusalemer Vorhabens, spiegelt sie korrekt die Intentionen, ja überhaupt Reichweite und Umfang des Gesamtprojektes, schildert sie zutreffend die damit verbundenen Vorstellungen des Kaisers sowie die Erwartungen und die Deutungsperspektive der Juden?

IV. Der dritte Tempel und Kaiser Julian: Das Problem der Überlieferung

Bereits der vermeintlich zuverlässige und aussagekräftige Bericht des Ammianus Marcellinus, des heidnischen Zeitzeugen und Historikers, bietet nun dezidiert keine vollständige Schilderung der Jerusalemer Abläufe.[28] Zwar könnte diese Darstellung auf einem offiziellen Bericht des verantwortlichen Beamten vom Scheitern des Bauprojektes beruhen, doch verfolgt Ammian mit seinem Abriß unzweideutig übergreifende historiographische Deutungsperspektiven und verkürzt, ja fokussiert seine Quelle entsprechend. Der Historiker erklärt, daß Julian das Bauprojekt zur späteren Erinnerung an die Größe seiner Herrschaft habe in Angriff nehmen lassen, kritisiert aber dieses Unterfangen wegen seiner unverhältnismäßigen Kosten. Jeglicher Hinweis auf einen primär religiösen oder religionspolitischen Kontext fehlt hingegen; die Juden finden nicht einmal Erwähnung. Ammian entfaltet bei der eingehenden Beschreibung des Fehlschlags des Tempelbaus – die sich im übrigen erheblich von allen christlichen Berichten unterscheidet – durchaus ein ‚religiöses' Argument, allerdings ganz anderer Zielrichtung: Das Scheitern der Unternehmung ist eines der zahlreichen Omina, die Julian vor seinem verhängnisvollen Perserfeldzug hätten warnen sollen und die insofern dessen Scheitern und den vorzeitigen Tod des jungen Kaisers ankündigten.

Die Motive Julians, jedenfalls soweit sie mittels seiner Jerusalem- und Tempelbaupläne auf das Selbstverständnis und die geschichtliche Heilsgewißheit der

---

[28] Amm. XXIII, 1,1–3. Siehe hierzu insbesondere die ausgezeichnete Analyse von Drijvers, Ammianus Marcellinus. Beachte weiterhin Stern, Greek and Latin Authors II, 600ff., und Barnes, Ammianus Marcellinus, 47–49. Zum ‚Heiden' Ammian siehe aber oben Anm. 14.

Christen zielen, liegen angesichts seiner bekannten bitteren Ablehnung des Christentums sicherlich auf der Hand. Die Intentionen, die er darüber hinaus gegenüber der jüdischen Bevölkerungsgruppe in der Diaspora, vor allem des Ostens, in Palästina und vielleicht sogar jenseits der Grenzen des Imperiums,[29] mit seiner Politik verfolgte, bleiben daneben aber noch zu klären. In diese Richtung zielende Überlegungen können sich überlieferungsbedingt allerdings nicht auf Äußerungen oder Zeugnisse der Zielgruppe selbst stützen: Das spätrömische Judentum der Diaspora können wir heute nur noch mit den Augen christlicher Kirchenväter betrachten, das der rabbinischen Literatur aus Palästina oder Babylon schweigt sich zu Julian und seinen Plänen hartnäckig aus. Die eigenen Äußerungen Julians sind in dieser Frage gleichfalls schmerzlich unergiebig – ein Umstand, der der trümmerhaften Überlieferung seiner Briefe zuzuschreiben ist. Deren spätere Bewahrung wurde von christlichen Gegnern des Kaisers bestimmt, das überlieferte Material – nicht anders als dasjenige aus der umfangreichen Gesetzgebung des Kaisers – also gänzlich unter apologetischen und anderen Interessen ausgewählt.[30] So enthält das von Johannes Lydus bewahrte Fragment aus der Korrespondenz Julians – ein einzelner Satz aus einem anderweitig verlorenen Schreiben ‚An die Juden' – nicht zufällig nur die programmatische Erklärung des Kaisers, mit großem Eifer sich der Wiedererrichtung des Tempel widmen zu wollen.[31] Die im Kontext dieser Aussage anzunehmenden Erklärungen und Einzelheiten – von weiteren Sachzusammenhängen ganz zu schweigen – fielen hingegen der Schere dieses Gewährsmannes zum Opfer.[32]

Es darf nicht überraschen, daß die gesamte christliche Tradition jenes Bauprojekt – und seine offensichtlich antichristlichen Implikationen – in das Zentrum der historischen Darstellung und gleichermaßen der religionspolitischen Visionen und Initiativen des Apostaten Julian rückt, stellte es doch die christliche Heilszuversicht nicht allein in Frage, sondern schickte es sich vielmehr an, diese in grundsätzlicher Weise zu widerlegen. Doch schon die Tatsache, daß Julian kei-

---

[29] Verschiedentlich wird, vor allem unter Verweis auf die Darstellung Ammians XXIII 1,1–3 die Auffassung vertreten, Julians Jerusalem-Projekt habe auch der Vorbereitung seines Persien-Feldzugs gedient, indem es auf die Sympathien und die erhoffte Unterstützung der dort lebenden großen jüdischen Bevölkerungsgruppe zielte (siehe knapp etwa STEMBERGER, Juden und Christen, 166 mit Anm. 430). Dieser Aspekt ist für den hiesigen Argumentationsgang allerdings irrelevant und bedarf deshalb keiner eingehenden Diskussion (siehe zur Deutung von Amm. XXIII 1,1–3 und damit implizit gegen die genannte Forschungsauffassung aber oben S. 243).

[30] Die umfängliche Religionsgesetzgebung des heidnischen Kaisers wurde – sieht man vom (bezeichnenderweise an anderem sachlichen Ort – Cod. Theod. XIII, 3,5; Cod. Iust. X, 53,7 – rubrizierten) vieldiskutierten Schulgesetz ab – von den späteren (christlichen) Kompilatoren der großen Rechtscodices sorgfältig ausgesondert.

[31] Iul. epist. 134 (BIDEZ – CUMONT) = STERN II 486b. Zum Aussagewert beachte STERN ad loc.

[32] Man vergleiche hiermit den Ort derselben Aussage in (vollständig?) Iul. epist. 25 (HERTLEIN) = epist. 51 (WRIGHT) = STERN II 486a, dem einzigen erhaltenen Schreiben an das κοινόν der Juden.

nerlei Anstalten machte, gegen die jungen Heiligen Stätten der Christen – etwa die Grabeskirche Konstantins – vorzugehen, zeigt, daß die von den christlichen Zeugnissen vorausgesetzte ausschließlich antichristlich motivierte Vorgehensweise des Kaisers am Ort des Lebens Jesu eine irreführende Perspektive auf die Politik Julians in Jerusalem und Palästina vermittelt. Angesichts der ungeschminkten geschichtstheologischen Prämissen und der willkürlich fokussierenden Betrachtungsweise der christlichen Quellen – die zugleich unsere Hauptzeugnisse darstellen! – bleibt deshalb die Frage offen, ob die Politik Julians gegenüber seinen jüdischen Untertanen in dem Jerusalemer Tempelbauprojekt sich tatsächlich in der Wiederherstellung des alten zentralen Kultortes und der Neuerrichtung der einzigen legitimen Opferstätte erschöpfte oder aber nicht weitergehende, zugleich aus anderen politischen Motiven gespeiste Ziele verfolgte, unter denen die Wiederrichtung des Tempels nur ein, wenn auch zweifellos schlüsselhaftes Element repräsentierte.

V. Julian und das Judentum

Die Motive und Ziele des Kaisers, die in seinen eigenen überlieferten Schriften allenfalls Spuren hinterlassen haben, lassen sich nur im Zusammenhang einer Betrachtung seiner Wahrnehmung des Judentums insgesamt erschließen.[33] Hauptquelle hierfür ist sein polemisches Hauptwerk gegen die Christen, *contra Galilaeos*, das eine vielschichtige und auf vorzüglicher Kenntnis des alttestamentlichen und neutestamentlichen Schrifttums beruhende Analyse von Judentum und Christentum enthält.[34] Bei aller herablassenden Distanz gegenüber den Juden als Volk mit einer exklusiven religiösen und kulturellen Identität, aber wenig glorreichen Geschichte und mit idiosynkratischen Gottesvorstellungen und bei mancher Kritik im einzelnen ist doch die außerordentliche Faszination unverkennbar, die das zähe Festhalten der Juden an ihren überlieferten Gebräuchen – ungeachtet der Ablehnung durch die Umwelt – auf Julian ausübt.[35]

Julians Begeisterung für den jüdischen Traditionalismus spiegelt natürlich dieselbe Grundhaltung, die den Kaiser auch bei seiner Restauration des Heidentums, dessen alter Kulte und Riten leitete. Und ebenso wie es ihm dort – wenig zeitgemäß – vor allem um eine Wiedereinführung der blutigen Opfer als zentraler

---

[33] Umfassend hierzu ADLER, Kaiser Julian; ASMUS, Julians Galiläerschrift; VOGT, Kaiser Julian und das Judentum; AZIZA, Julien et le Judaisme, und besonders LEWY, Julian the Apostate; zusammenfassend auch STERN, Greek and Latin Authors II, 502–505 und passim.

[34] ASMUS, Julians Galiläerschrift; VOGT, Kaiser Julian und das Judentum, und vor allem LEWY, Julian the Apostate. Neben *contra Galilaeos* ist der Brief des Kaisers an den Archiereus von Asia, Theodoros, die zweite Hauptquelle über Julians Sicht des Judentums: Iul. epist. 89 (BIDEZ – CUMONT) = epist. 20 (WRIGHT) = STERN II 483.

[35] Siehe bes. Iul. epist. 89 (BIDEZ – CUMONT) = epist. 20 (WRIGHT) = STERN II 483.

ritueller Handlung zu tun war,[36] so war es die Stellung des Opfers im jüdischen Kult, die seine besondere Aufmerksamkeit fand.[37] Das Problem des fehlenden Tempels war Julian zweifelsfrei bekannt: Anders als die christlichen Polemiker behaupten, bedurfte er als sehr guter Kenner der Septuaginta hierfür nicht der Aufklärung durch jüdische Gesprächspartner.[38] Das nahezu völlige Fehlen von entsprechenden eigenen Äußerungen[39] erklärt sich aus dem schlichten Umstand, daß nur das erste seiner drei Bücher *contra Galilaeos* in der ausführlichen Widerlegungsschrift des Kyrill von Alexandria – und dies auch nur in Auszügen – überliefert ist. Dieses enthielt wichtige Aussagen zum Judentum, seiner Geschichtsauffassung und Gottesvorstellung.[40] Es ist kaum vorstellbar, daß Julian im weiteren nicht auch ausführliche Reflexionen über die Rolle des Tempels angestellt hätte. Fest steht, daß es ihm ein besonderes Anliegen bedeutete, später selbst, an der Seite der Juden, ihrem Gott opfern zu können.[41]

Angesichts Julians vorzüglicher Kenntnisse der Traditionen und Theologie des Judentums können der jüdische Tempel und die Notwendigkeit seiner Wiedererrichtung für die Wiederaufnahme des jüdischen Opferkultes allerdings nicht alleiniger Bezugspunkt der Überlegungen über Notwendigkeiten einer jüdischen Kultrestauration gewesen sein. Die Bedeutung der Stadt Jerusalem wie auch von Eretz Israel insgesamt für die Verwirklichung jüdischer Lebensführung und Kultpraxis für das verbliebene palästinische Judentum und nicht minder die in der Diaspora lebenden Angehörigen des Volkes war dem Kaiser unweigerlich gleichermaßen vertraut.

---

[36] Amm. XXII, 13,6 schildert die exzessiven Opfer Julians in Antiochia, die ihm in der Bevölkerung den Spottnamen *victimarius* (ebd. 14,3) eintrugen.

[37] Die Bedeutung des Opfers im jüdischen Kult ist ein zentrales Motiv in seiner Auseinandersetzung mit dem Christentum in *contra Galilaeos*, dem er vorwirft, sich in diesem grundlegenden Ritual der Gottesverehrung von seiner Ursprungsreligion gelöst zu haben; Iul. in Gal. 305E-306B und passim (STERN II 526f.). Sokrates (HE III, 20) gab dieser Affinität Julians zur jüdischen Opferpraxis akzentuiert – und motivgebend für das Tempelbauprojekt – Ausdruck: „Der Kaiser war so opferliebend (φιλοθύτης), daß er nicht sich allein am Blut der Opfer erfreute, sondern es als Schaden betrachtete, wenn andere es nicht ebenso hielten. Da er aber nur wenige dieser Art antraf, schickte er nach den Juden und befragte sie, warum sie, wiewohl ihnen doch das Gesetz des Moses es vorschrieb, nicht opferten." Julians Entscheidung, den Jerusalemer Tempel wiederzuerrichten, wäre dann auf deren Auskunft, dies nur in Jerusalem vollziehen zu können, erfolgt. Zur Bedeutung des Opfers für Julian und seine Sicht des jüdischen Opfers siehe LEWY, Julian the Apostate, 75ff.

[38] Diese Kenntnis spiegelt etwa Iul. in Gal. 305E-306A; 354B-356C; 351D. Vgl. unten Anm. 43 und 45.

[39] Beachte aber Iul. in Gal. 305D-306A und 351D.

[40] STERN, Greek and Latin Authors II, 502ff. Grundlegend LEWY, Julian the Apostate, 79ff., beachte auch SCHÄFER, Attitudes, 48ff. Zur Auseinandersetzung Julians mit der jüdischen (und christlichen) Gottesvorstellung vgl. auch MALLEY, Hellenism and Christianity, 36ff., und SMITH, Julian's Gods, 192ff.

[41] Iul. epist. 25 (HERTLEIN) = epist. 51 (WRIGHT) = STERN II 486a, Z. 26ff.

In seinem Brief an die Gemeinschaft der Juden,[42] seinem einzigen überlieferten Schreiben an diese,[43] der vor allem Auskunft über die finanzpolitische Haltung Julians gegenüber den Juden unmittelbar nach Regierungsübernahme gibt,
führt Julian so auch am Ende zwar kursorisch, aber aussagekräftig die Perspekti-
ven seiner künftigen Politik gegenüber dem Volk der Juden aus:[44] Er stellt eine
Rückgabe der Stadt Jerusalem an die Juden samt deren Wiedererrichtung durch
den Kaiser und jüdische Neubesiedlung in Aussicht und – implizit – die Restauration des Jerusalemer Tempels. Doch ist es Zion-Jerusalem, das Julian in diesem
Brief als Kern seines Vorhabens hervorhebt: verbunden mit dem Tempel und
ebenso, möchte man annehmen, wohl auch mit der Rückübereignung oder zumindest Öffnung des Landes Israel, im besonderen Judaeas, für eine neuerliche
Besiedlung durch das Volk der Juden.

Es läßt sich nur darüber spekulieren, ob Julian mit seinen Jerusalem-Plänen
ureigene Ideen umsetzte oder den entscheidenden Anstoß von jüdischer Seite erhielt. Die christliche Überlieferung bietet beide Varianten und spricht jeweils von
intensiver Kommunikation.[45] Allerdings dienen diese Berichte dem Zweck, den
Christenhaß des Kaisers wie der Juden plastisch herauszuarbeiten – ihre historische Basis ist durchaus fraglich. Eine Einbeziehung oder Mitwirkung jüdischer
Kreise, jedenfalls ab einem bestimmten Zeitpunkt, ist unstrittig und – wie christliche Quellen es ja auch behaupten, wenn nicht vielleicht sogar bezeugen[46] – spätestens für den Aufenthalt des Kaisers in Antiochia vorauszusetzen. Die Frage der

---

[42] Die früher erhobenen Einwände gegen die Authentizität dieses Briefes dürfen inzwischen
wohl als erledigt gelten; in der Forschung wird die Auffassung, daß es sich hierbei um eine jüdische Fälschung aus der Zeit um 400 handele – so ausführlich VOGT, Kaiser Julian und das Judentum, 64–68 –, nicht mehr vertreten: zusammenfassend STERN, Greek and Latin Authors II, 508–
510; BLANCHETIÈRE, Julien philhellène, 62f., und JACOBS, Institution des jüdischen Patriarchen,
294ff.; vgl. STEMBERGER, Juden und Christen, 162 mit Anm. 419.

[43] Julians Kontakte mit jüdischen Kreisen und Würdenträgern sind allerdings nur ganz unzu-
reichend dokumentiert – die christlichen Überlieferungen hierzu sind allesamt fragwürdig –, entgegen den weitgehenden Überlegungen etwa von AVI-YONAH, The Jews, 191; vgl. aber etwa
STEMBERGER, Juden und Christen, 427. Julian erwähnt in seinem hiesigen Brief immerhin zumindest ein früheres, an den Patriarchen Iulus (wohl: Hillel II.; siehe STERN, Greek and Latin Authors
II, 562; vgl. aber JACOBS, Institution des jüdischen Patriarchen, 296f.) gerichtetes Handschreiben,
das weder überliefert noch anderweitig bezeugt ist. Weiterhin lassen Greg. Naz. or. 5,3 sowie
Soz. HE V, 22,5ff. auf weitere verlorene Schreiben Julians an die jüdische Gemeinde oder ihre
Vertreter schließen. Siehe auch unten Anm. 45.

[44] Iul. epist. 25 (HERTLEIN) = epist. 51 (WRIGHT) = STERN II 486a, hier Z. 27ff.

[45] Eine (christliche) syrische, wohl im frühen 6. Jh. (in Edessa?) entstandene, stark anti-jü-
disch gefärbte romanhafte Julian-Erzählung berichtet im Detail von den Gesprächen und Ver-
handlungen zwischen Kaiser und jüdischen Repräsentanten über die Wiedererrichtung des Tempels: ed. HOFFMANN, Julianos der Abtrünnige, 108–116, engl. Übers. bei GOLLANCZ, Julian the
Apostate, 117ff., aussagekräftiger Abriß bei ADLER, Kaiser Julian, 66f. Die Tradition beginnt jedoch bereits mit Ioh. Chrys. hom. 5,11 adv. Iud. (PG 48, 900), hom. de s. Bab. 22 (PG 50,
567) und findet sich auch in der kirchenhistorischen Überlieferung: Sokr. HE III, 20; Soz. HE V,
22. Vgl. BLANCHETIÈRE, Julien philhellène, und LEVENSON, Julian's Attempt.

[46] Siehe oben Anm. 43.

ursprünglichen Initiative muß allerdings unbeantwortet bleiben. Entscheidend ist an dieser Stelle, daß eine Einflußnahme auf Julian aus Palästina (das der Kaiser nie besuchte), durch die dort residierenden führenden Repräsentanten und Theologen des Judentums, also durch den jüdischen Patriarchen (*nasi*) oder die Rabbinen, wie unten noch näher dargelegt werden wird, sicher ausgeschlossen werden kann.[47]

Immerhin: Fast die Hälfte seiner kurzen Regierungszeit verbrachte der Kaiser in Antiochia, der Metropole des Orients, das zugleich die Heimat der bedeutendsten jüdischen Diaspora-Gemeinde der östlichen Reichshälfte war.[48] Manches spricht dafür, daß Julian hier in Kontakt mit Vertretern der jüdischen Gemeinde getreten ist.[49] Sein Freund und wichtigster Vertrauensmann vor Ort, der antiochenische Redner Libanios, pflegte jedenfalls intensive Beziehungen zu den führenden jüdischen Kreisen Antiochias und nahm Patronatsaufgaben für sie wahr.[50] Zufällig wissen wir, daß dieselben Personen – aus gänzlich hellenisierten reichen Familien mit der klassischen Bildung der städtischen Eliten des griechischen Ostens – auch Verbindungen zu Israel pflegten. Ihre enge persönliche Bindung an das Land ihrer Väter dokumentierten sie dabei durch die Wahl ihres Begräbnisortes: Beth-She'arim in Eretz Israel.[51]

VI. Die spätantike Diaspora und Eretz Israel

Diese im 3. und 4. Jh. n. Chr. in der Diaspora um sich greifende Praxis, seine endgültige Ruhestätte im Land der Verheißung zu nehmen, verweist auf eine Neubestimmung des Verhältnisses des Diaspora-Judentums zu Eretz Israel. Die Gewiß-

---

[47] Siehe unten S. 253f.

[48] Zu Antiochia als Zentrum der jüdischen Diaspora siehe MEEKS / WILKEN, Jews and Christians in Antioch; WILKEN, John Chrysostom, 34ff., sowie HAHN, Jüdische Gemeinde im spätantiken Antiochia.

[49] Dies bedeutet aber nicht, daß ein solcher Kontakt in der von der kirchenhistorischen – hier natürlich apologetisch übertreibenden – Tradition später ausgemalten Weise und gemäß dem von ihr ‚dokumentierten' Ablauf stattgefunden hat (siehe oben Anm. 43 und 45), wie zuweilen noch unkritisch ausgeschrieben wird; GAGER, Origins of Anti-Semitism, 94. STEMBERGER, Juden und Christen, 165, zögert allerdings, das (frühere) Zeugnis des Johannes Chrysostomos, der immerhin als Vierzehnjähriger den Aufenthalt Julians in Antiochia erlebte, gleichfalls in Frage zu stellen.

[50] WILKEN, John Chrysostom, 58–60; HAHN, Jüdische Gemeinde im spätantiken Antiochia, 66–70. Die einschlägigen Quellen – ein knappes Dutzend Libanios-Briefe – finden sich zusammengestellt und kommentiert bei STERN, Greek and Latin Authors II, 580–597.

[51] Belege und Diskussion bei MEEKS / WILKEN, Jews and Christians in Antioch, 53–55; WILKEN, John Chrysostom, 56f.; HAHN, Jüdische Gemeinde im spätantiken Antiochia, 70f. Zur Bedeutung des Begräbnisses im Land Israel in den rabbinischen Quellen siehe STEMBERGER, Bedeutung des „Landes Israel", 191f.; WILKEN, Land Called Holy, 131 (jeweils mit Belegen sowie weiterführender Literatur). Zur Situation nach Ausweis der epigraphischen und archäologischen Quellen siehe NOY, Jews of the Diaspora.

heit, auf diesem Wege eine Vergebung der Sünden zu erreichen und am Tage des Erscheinens des Messias als einer der Gerechten diesem entgegentreten zu können, bewegte die Juden der Diaspora nicht wenig.[52] Rabbinische Quellen bezeugen die ungebrochen hohe, ja vielleicht gestiegene Wertschätzung des Landes Israel: Die Befolgung des Gebotes, im Lande zu leben, sollte gar die aller übrigen Gesetzesvorschriften aufwiegen können. In der Tat war eine Existenz als Jude, der die Gebote der Tora befolgen wollte, nur im Land Israel möglich.[53] Solche in Palästina formulierten Auffassungen fanden auch in der Diaspora Gehör, ja Anklang.

Zwar fehlen Äußerungen – wie ja überhaupt Quellen – aus der Diaspora selbst, doch christliche Autoren verweisen auf einschlägige Vorstellungen und Erwartungen in ihrem jüdischen Umfeld. Johannes Chrysostomos setzte sich mehrfach als Prediger in Antiochia mit entsprechendem umlaufenden Gedankengut auseinander und hatte in seiner Gemeinde allenthalben mit der Attraktivität zahlreicher jüdischer Bräuche, ja offenen Sympathien von christlichen Gläubigen für die jüdischen Feste zu kämpfen.[54] Die Aussicht auf eine Rückkehr in das Land Israel bedeutete in der spätantiken Diaspora und in den Kreisen ihrer Sympathisanten eine konkrete, ja sogar politische Hoffnung, die offenbar nicht zwingend zugleich an messianische Erwartungen geknüpft war; und gleichermaßen lebendig war die Vorstellung einer Rückgewinnung Jerusalems.

Das Spektrum zeitgenössischer jüdischer restaurativer Erwartungen, das etwa Hieronymus in seinen Bibelkommentaren erwähnt und das Eindrücke seiner Gespräche mit jüdischen Gelehrten in Palästina spiegelt, ist weitgespannt, zwangsläufig allerdings auch erheblich von messianischen Vorstellungen geprägt.[55] Doch ordnet es zugleich, und dies ist hier entscheidend, die Erwartung einer Wiederherstellung des Tempels samt einer Neuaufnahme des Opferkultes in eine differenzierte Abfolge oder doch Dreiheit der Wiedergewinnung des Landes, der Stadt und des zentralen Kultortes ein, weist letzterem also keinen absoluten oder isoliert-ausschließlichen Stellenwert zu. Hieronymus' Gesprächspartner artikulierten so ausdrücklich die Erwartung auf Rückgewinnung und Wiederaufbau der

---

[52] Davon legt nicht zuletzt die große Nekropole des 2. bis 4. Jh.s n. Chr. in Beth She'arim – im 2. Jh. Sitz des Sanhedrin – Zeugnis ab, die nicht nur als zentraler Friedhof für Juden aus Palästina, sondern nach Ausweis der Inschriften gerade auch Juden aus Nachbarländern als Begräbnisort diente (vgl. auch vorherige Anm.).

[53] STEMBERGER, Bedeutung des „Landes Israel", 179, sowie WILKEN, Land Called Holy, 131f., mit weiteren Belegen.

[54] MEEKS / WILKEN, Jews and Christians in Antioch; WILKEN, John Chrysostom, 66ff.; KINZIG, ‚Non-Separation'; sowie HAHN, Jüdische Gemeinde im spätantiken Antiochia, 72ff. Umfassend zum Phänomen des Judaisierens im 4. Jahrhundert siehe auch GREGO, Reazione ai Giudeo-Cristiani; SIMON, Verus Israel, 306f., und FELDMAN, Jews and Gentile, 383ff.

[55] Hier. comm. in Ez. 39,17–29 (CCL 74, 543); comm. in Jes. 65,21 (CCL 73a, 763); hom. in Dan. 11,34 (PL 25, 570). Hierzu v.a. WILKEN, Land Called Holy, 132ff. 305ff. (mit zahlreichen weiteren Belegen).

Städte Palästinas, ja auf die Rückkehr der im Exil Verstreuten und die Neubesiedlung der Städte Palästinas.[56] Es sei nur angemerkt, daß solche Hoffnungen auf
Rückkehr ins gelobte Land das spektakuläre Scheitern des julianischen Projektes
wie unberührt überdauerten: Zwei Generationen später trat auf Kreta ein neuer
‚Moses' mit der Botschaft auf, das Volk Israel aus dem Exil zurück in das Verheißene Land zu führen, und soll damit nicht wenige Anhänger gefunden haben.[57]

Besondere Beachtung verdient, daß solche Vorstellungen und ihre theologische Überzeugungskraft, die in der zeitgenössischen Konkurrenz zwischen Christentum und Judentum im Grunde ja nur jüdische Glaubenshoffnungen repräsentieren sollten, in beachtlicher Weise bis tief in christliche Kreise hineinwirkten:
Auf der Basis der gerade in syrischen Städten engen Kontakte unter einfachen
Gläubigen der beiden monotheistischen Religionen und einer in deren Folge verbreiteten Akzeptanz jüdischer Liturgie und sozialer Praktiken unter Christen verschafften sich – in eklatantem Gegensatz zu der feindseligen Rhetorik von Kir-
chenführern wie Chrysostomos oder Ephraim[58] – ausgeprägt tolerante Haltungen
Geltung. So offenbart eine umfängliche, nur auf Syrisch überlieferte, meist als
syrische Didascalia bezeichnete Kirchenordnung, deren erhaltene Fassung dem
4. Jh. n. Chr. zuzuweisen ist,[59] nicht nur eine bemerkenswert freundliche Haltung
gegenüber dem Judentum, wenn sie verlangt, Juden als Brüder zu bezeichnen.[60]
Sie fordert vor allem Christen dazu auf, mit jenen Brüdern die Zerstörung des Jerusalemer Tempels zu betrauern und zusammen zu fasten. Juden und judaisierende Christen sahen zudem erwartungsvoll dem Eintreten der Zeit entgegen, in der
sie Jerusalem betreten und den Opferdienst wieder aufnehmen könnten – ein
Zeitpunkt, zu dem nicht länger Juden zum Christentum übertreten würden, sondern im Gegenteil Christen zu Juden würden.[61] In solchen Kreisen wurde der zerstörte Tempel mithin keineswegs als Argument und Beweis der exklusiven christlichen Heilsgewißheit verstanden, sondern im Gegenteil als Symbol einer fort-
dauernden, untrennbaren Verbindung der beiden Glaubensgruppen. Das Wissen
um solche sogar die unumstößlichen Pfeiler der christlichen heilsgeschichtlichen
Wahrheit – und die eigenen Gemeinden – erfassenden judaisierenden Strömungen erklärt in nicht geringem Maße die bemerkenswert aggressiven, ja haßerfüll-

---

[56] Hier. comm. in Jes. 58,12 (CCL 73a, 672f.). Weitere Belege bei WILKEN, Land Called
Holy, 134f.

[57] Soz. HE VII, 48; beachte hierzu WILKEN, Land Called Holy, 126f.

[58] Zu Johannes Chrysostomos beachte besonders WILKEN, John Chrysostom, 95ff.

[59] Zu den komplexen Überlieferungs- und Datierungsfragen vgl. STEIMER, Didascalia, 167f.,
zur Schrift und ihrer hier interessierenden Aussage weiterhin eingehend HAYMAN, Disputation,
425f.

[60] Ähnlich moderate, wenn nicht sogar freundliche Äußerungen gegenüber zeitgenössischen
Juden lassen sich in zwischen 337 und 344/5 n. Chr. verfaßten Schriften Aphrahats finden; HAY-
MAN, Disputation, 426f.; NEUSNER, Aphrahat and Judaism.

[61] Hier. comm. in Jes. 35,10 (CCL 73, 427); vgl. Hier. comm. in Zach. 14,10f. (CCL 76a, 885)
und hierzu MILLAR, Graeco-Roman Diaspora, 113f.

ten Reaktionen der christlichen Autoren, insbesondere aus dem kleinasiatischen und syrisch-mesopotamischen Raum, auf den Initiator des Jerusalem-Projektes.

Außer Frage steht, daß die östliche Diaspora der Raum war, in dem das Unternehmen auf fruchtbaren Boden fiel. Dies bezeugt schon der Umstand, daß die zeitgenössischen christlichen Autoren, die davon berichten – Gregor von Nazianz, Ephraim von Nisibis und später Johannes Chrysostomos – alle in diesem Raum wirkten. Hingegen fehlt vom Ort des Geschehens ein Hinweis der unmittelbar betroffenen Kirchenkreise auf die Unternehmung oder die sie betreibenden Kräfte: Das Schweigen Kyrills, des Bischofs von Jerusalem, in seinem umfänglich erhaltenen Werk ist besonders markant.[62] Die beiden unmittelbar sich äußernden Zeitzeugen Ephraim und Gregor, die offenbar überwiegend eigene Eindrücke wiedergeben, heben in ihren Schilderungen die enthusiastische Reaktion der jüdischen Bevölkerungskreise auf die Verkündung der julianischen Initiative hervor: „Die Juden erfaßte rasendes Entzücken, sie stießen in die Posaune und freuten sich darüber, daß er (i.e. Julian) ein Zauberer war ...".[63] Gregor zufolge hätten sie sich „mit viel Tatkraft und Begeisterung ans Werk gemacht", jüdische Frauen hätten freudigen Herzens ihren Schmuck für die Finanzierung des Werkes hergegeben und ohne Rücksicht auf ihre Konstitution und ihr Äußeres in religiöser Begeisterung Baumaterial vor Ort geschleppt und dieser Aufgabe alles andere untergeordnet.[64] Wertvoll ist daneben vor allem der Hinweis Rufins, daß Juden nach Erteilung der Erlaubnis für das Unternehmen *ex omnibus locis atque provinciis* sich zur Verwirklichung des Tempelbaus zusammenfanden, wobei sie ein kaiserliches Kontingent zur Unterstützung des Bauvorhabens begleitete.[65] Eine hebräische Inschrift an der Westmauer des Tempelbergs – der heutigen Klagemauer – könnte, sofern ihre Datierung und Deutung zutreffen, dies bestätigen.[66]

---

[62] Die später von den Kirchenhistorikern Rufin (HE X, 38) und Sokrates (HE III, 20) angeführten Kyrill-Worte, mit denen der Bischof die laufenden Arbeiten kommentiert haben soll, sind wenig ingeniös und entlarven sich als nachträgliche Zuschreibungen. Möglicherweise wollte der um 400 entstandene, sicher authentische Informationen enthaltende und dem Kyrill zugeschriebene Brief über die Ereignisse, die zum Abbruch der Wiederaufbauarbeiten führten, hier eine Lücke schließen: Ps.-Cyrill. epist. (BSOAS 40, 1977, 267–286, ed. S. P. Brock); vgl. STEMBERGER, Juden und Christen, 166f.

[63] Ephr. Syr. hym. c. Iul. 1,16.

[64] Greg. Naz. or. 5,4 (c. Iul.).

[65] Rufin. HE X, 38.

[66] Der Ausgräber, B. Mazar, möchte die hier angebrachte, leicht veränderte Prophezeiung nach Jes 66,13f., „Wenn ihr es seht, wird euer Herz frohlocken und eure Gebeine werden sprossen wie grünes Gras", ebenso wie die in unmittelbarer Nähe feststellbare Zerstörung konstantinischer Strukturen in die Regierungszeit Julians datieren und meint, daß diese Maßnahmen in Zusammenhang mit den Anfängen des julianischen Tempelbauprojektes gestanden haben dürften; MAZAR, Archaeological Excavations, 36ff., vgl. STEMBERGER, Juden und Christen, 169.

VII. Tempel, Jerusalem, Israel – die Ziele Julians

Selbst die zitierten, auf das Faktum des geplanten Wiederaufbaus des Tempels fokussierten christlichen Autoren geben allerdings explizit oder implizit zu erkennen, daß sich das von Julian propagierte Unternehmen nicht auf die Neuerrichtung des Heiligtums beschränkte. Der Aufbruch zahlloser Juden, auch Familien, aus der Diaspora nach Palästina wird nur verständlich, wenn dort über den Tempelbau hinaus – in Jerusalem wie in Judaea – eine neue, dauerhafte jüdische Präsenz politisch gewollt und diese Absicht in der Diaspora entsprechend verbreitet worden war. Julians Vision und politische Zielvorstellung war – so meine These – nicht allein, ja wohl nicht einmal an erster Stelle, die Wiederrichtung des Jerusalemer Tempels (wiewohl diese notwendigerweise als erster Schritt verwirklicht werden mußte): Julian verfolgte und versprach vielmehr eine Neubegründung des jüdischen Jerusalem, gewissermaßen eine Verwirklichung der Prophetie Jesajas (61,4), die Ruinen wieder aufzurichten, und damit verband er die Aussicht, wenn nicht die Zusage, die Juden seines Reiches aus der Zerstreuung in das Land Israel zurückkehren zu lassen.

In der Tat erklärt Julian in dem zitierten, an das κοινόν der Juden gerichteten Schreiben, in dem er sein großes Projekt ja ohnehin nur am Ende als Ausblick, nämlich als Aufgabe für die Zeit nach seiner Rückkehr von einem siegreich geführten Perserfeldzug, kurz berührt, daß er sich mit eigenen Finanzmitteln am Wiederaufbau Jerusalems beteiligen und Neusiedler herbeiführen werde.[67]

Diese Einbettung des Wiederaufbaus des Tempels in eine Neuerrichtung und Besiedlung Jerusalems, die der zitierte Brief Julians explizit benennt, geben bezeichnenderweise gerade die beiden frühesten christlichen Zeugnisse – aber auch nur diese! – noch zu erkennen, die als unmittelbare Reaktion auf das Unternehmen und sein umgehendes Scheitern verfaßt worden sind: Gregor erklärt, der Kaiser habe die Juden dazu aufgefordert, „daß sie nunmehr in ihre Heimat zurückkehrten, ihren Tempel wieder aufbauten und die Herrlichkeit der väterlichen Bräuche wieder herstellten". Hieran schließt sich eine Schilderung des Wunders des Scheiterns des Tempelbaus an.[68] Das Zeugnis des Ephraim ist in seiner poetischen Kraft und Freiheit schwerer zu deuten, doch scheint es gleichfalls eine Rückkehr in das Verheißene Land zu evozieren:[69] Im weiteren spricht der Theolo-

---

[67] Iul. epist. 25 (HERTLEIN) = epist. 51 (WRIGHT) = STERN II 486a, Z. 29f.

[68] Greg. Naz. or. 5,3 Z. 17f. LEWY, Julian the Apostate, 74f., bietet eine bemerkenswerte weitergehende Interpretation dieser Äußerung Gregors über die erklärten Absichten des Kaisers an, indem er im Wortlaut gezielte julianische Bezugnahmen auf Textstellen der Septuaginta zu erkennen glaubt, mit deren Verwendung Julian die Juden zu gewinnen gesucht habe.

[69] Ephr. Syr. hym. c. Iul. 1,17 (bezugnehmend auf die berühmte Münzemission Julians mit dem Apisstier): „Er [Julian] ließ den Stier, das Symbol des Heidentums, der in sein Herz eingezeichnet war, in jenem Münzbilde für das Judenvolk, das ihn liebte, ausprägen. Vielleicht riefen die Juden beim Anblick dieses Stieres : ‚Israel, das sind die Götter, welche deine Gefangenschaft

ge durchgängig von Jerusalem und seiner Wiedererrichtung, nur im zweiten Teil von Vers 21 wird das Heiligtum im engeren Sinne angesprochen. [70]

Mithin war es die Aussicht auf Rückgewinnung der väterlichen Heimat und hier natürlich Jerusalems samt des Tempelplatzes, die in der Diaspora – offensichtlich vor allem in Syrien und Kleinasien – die enthusiastische Reaktion dort lebender Juden und ihres Umfeldes auslöste. Dabei ist es zweifellos kein Zufall, daß die Zeugnisse für ein Auflodern jüdischer Begeisterung gerade von christlichen Autoren rühren, die, wie oben bereits erwähnt, aus Zentren mit starken und außerordentlich lebendigen jüdischen Gemeinden stammen: Ephraim von Nisibis und Johannes Chrysostomos hatten sich nach Ausweis ihrer Schriften jedenfalls auch sonst in diesen und späteren Jahren judaisierender Tendenzen in ihren Gemeinden zu erwehren, die eine solche Intensität und Wirkung erreichten, daß sie die Identität ihrer Gemeinde bedrohten. [71]

Gänzlich unbekannt ist uns die Aufnahme der Restaurationspläne in Palästina, hier insbesondere durch Patriarchat und Rabbinat – sie hat keinerlei relevanten Niederschlag in der rabbinischen Literatur oder anderen Texten gefunden. Sie kann kaum positiv gewesen sein; und wohl deshalb wurde die Jerusalemer Unternehmung mit Schweigen übergangen. Bereits die Abschaffung der ἀποστολή, der von den Diaspora-Gemeinden an den Patriarchen zu entrichtenden Sendbotensteuer, durch Julian, eine als pro-jüdisch bezweckte Maßnahme wohl gleich zu Beginn seiner Herrschaft, bedeutete einen herben Schlag für diese Institution, welche die politische Führung des spätantiken Judentums innehatte. [72] Vor allem hätte die Rückverlegung des jüdischen politischen Zentrums von Tiberias nach Jerusalem und erst recht eine Wiedererrichtung des Tempels die Existenzberechtigung des Patriarchats und ebenso auch die wirtschaftliche und theologische Grundlage des Rabbinats in Frage gestellt. Nur die alten, mittlerweile in Bedeutungslosigkeit herabgesunkenen priesterlichen Familien mochten an Julians Projekt Erwartungen knüpfen. Den Rabbinen mußten darüber hinaus vor allem auch die messianischen Implikationen einer Restauration Jerusalems und des Tempels Unbehagen bereiten, nachdem es für Generationen gerade ihr theologisches Bemühen gewesen war, jene Endzeiterwartungen zu dämpfen. [73]

Tatsächlich gestatten die Aussagen, die der Brief Julians an das κοινόν der Juden über die zu Beginn seiner Herrschaft eingeschlagene Politik enthält, auch indirekte Schlüsse auf die Intentionen und die Reichweite seines Jerusalem-Unternehmens. Denn die im Brief dargelegten Eingriffe Julians in die traditionelle Fi-

---

[70] Ephr. Syr. hym. c. Iul. 4,18–23.

[71] Siehe oben Anm. 59 und 61.

[72] Iul. epist. 25 (HERTLEIN) = epist. 51 (WRIGHT) = STERN II 486a. Hierzu STERN ad loc.; JACOBS, Institution des jüdischen Patriarchen, 294ff.

[73] STEMBERGER, Juden und Christen, 168f.

nanzierung des Patriarchats und in die unter seinen Vorgängern den Juden aufge-
bürdeten Sondersteuern dürfen nicht abgelöst von seiner späteren Initiative in Jerusalem betrachtet werden. Die Suspendierung jeglicher staatlicher Sonderabga-
ben für die jüdische Reichsbevölkerung bedeutete zweifelsfrei eine von den Betroffenen freudig begrüßte Erleichterung. Doch kam die von Julian verfügte
Aufhebung der ἀποστολή, immerhin eine innerjüdische, wenn auch staatlich
sanktionierte Abgabe der Juden der Diaspora zugunsten des Patriarchen von Tiberias,[74] einem schweren Eingriff in die autonome Selbstverwaltung des palästinischen und des Diaspora-Judentums gleich, sofern sie dieser Institution nicht
überhaupt die ökonomische Basis entziehen mußte.[75]

Julian selbst betrachtete diese Maßnahme allerdings nicht als Schädigung der
Allgemeinheit der Juden, der das Schreiben galt, sondern als Förderung jüdischer
Interessen. Eine Schwächung oder gar Ausschaltung der Patriarchatsorganisation
des römischen Judentums samt der von ihr abhängigen politischen und gesellschaftlichen Strukturen mußte so eine Kompensation beziehungsweise eine nach
verbreiteten jüdischen Vorstellungen attraktivere und zugleich angemessenere
Form der Selbstverwaltung vorsehen. Es liegt auf der Hand, diese im Kontext von
Julians Vision, die er am Ende des Briefes knapp ankündigt und explizit mit einer
jüdischen Rückkehr zu den alten Bräuchen und Lebensweisen verbindet, zu suchen.

Umrissen wird das gewaltige Unternehmen nur mit der Ankündigung des so-
fortigen Wiederaufbaus des Tempels und des nach Julians späterer Rückkehr aus
dem Perserkrieg – und mit des Kaisers tatkräftiger finanzieller Unterstützung – in
Angriff zu nehmenden Neuaufbaus eines jüdischen Jerusalem unter Heranfüh-
rung jüdischer Siedler. Die genannten Elemente – Rückkehr zu den alten Bräuchen einschließlich Wiederaufnahme des Opferkultes, Neugründung und -be-
siedlung der Stadt (= Polis), Wiederaufrichtung des Heiligtums als Mittelpunkt
des religiösen und politischen Lebens (hier des Volkes der Juden), finanzieller
Beistand des Kaisers zur Sicherung der wirtschaftlichen Autonomie des Gemeinwesens – sind nun allesamt Maßnahmen, die Kaiser Julian in seinem neben der
religiösen Restauration zweiten – und mit ersterem gemäß seinem politisch-reli-
giösen Denken unauflöslich verbundenen – politischen Haupttätigkeitsfeld, nämlich der Wiederherstellung und Stärkung der Städte und autonomen Territorien
reichsweit propagierte.[76] Mochten die Juden der Diaspora mit der Wiedererrich-

---

[74] Zur Eigenart, Erhebungsweise und Bedeutung dieser Abgabe siehe die konzise Zusammenstellung und Diskussion der entsprechenden Quellen bei STERN, Greek and Latin Authors II,
564f.

[75] Zur Belastung der Diaspora durch die ἀποστολή und zu den überwiegend negativ urtei-
lenden (aber nicht vorurteilsfreien) zeitgenössischen Quellen, die den Patriarchen die Anhäufung
von Reichtümern vorwerfen, siehe die Zusammenstellung der Zeugnisse bei STERN, ebd., 566.

[76] BOWERSOCK, Julian the Apostate, 72ff.; PACK, Städte und Steuern. PACK, ebd., 313f., verzichtet leider auf eine Diskussion des Julian-Briefes im Sinne seiner Themenstellung wegen
Zweifel an der Echtheit des Briefes.

tung Jerusalems auch ihre eigenen Vorstellungen verbinden: Unter der dargelegten Perspektive fügte sich das Jerusalem-Projekt vor allem in den übergreifenden Rahmen der julianischen Politik der Stärkung der Städte als der administrativen und ökonomischen Wurzeln des Imperium Romanum ein.

Offen bleiben muß, welche konkreten politischen Strukturen Julian für das neue Gemeinwesen vorsah. Umfaßten seine Planungen einen jüdischen Tempelstaat um Jerusalem?[77] Wie weit sollten sich Erwartungen der jüdischen Diaspora hinsichtlich der Wiedergewinnung von Eretz Israel erfüllen? War an eine Aussiedlung der christlichen und heidnischen Bevölkerungsteile des existierenden Aelia Capitolina-Jerusalem gedacht und damit zugleich an eine Beseitigung des ‚christlichen‘ Jerusalem?[78] Eine klare territoriale Abgrenzung der nationalen jüdischen Religion lag zumindest in der Konsequenz des julianischen politischen Denkens, doch muß auch diese Überlegung angesichts des Fehlens zeitgenössischer Zeugnisse Spekulation bleiben.

Dezidierte Reichspolitik betrieb Julian, was man gleichfalls nicht übersehen sollte, übrigens auch mit dem ersten Element seines Jerusalem-Projektes, der Errichtung eines dritten jüdischen Tempels. Sein umfassendes Konzept der Verehrung aller nationalen, lokalen und anderen Gottheiten im Römischen Reich erforderte nämlich auch die kultische Verehrung des Gottes der Juden, die nur in Jerusalem in einem erst wieder zu erbauenden Tempel möglich war. Die Vision, die ganze Vielfalt der im Reich existenten, nun überwiegend verfallenen Kulte wiederzubeleben und die dort verehrten Gottheiten mit Opfern gnädig zu stimmen, war nach Julians Theologie zwingende Voraussetzung für das künftige Wohlergehen des Reiches – ja bereits für den Erfolg im bevorstehenden Perserfeldzug bedeutungsvoll, wie sein Brief an die Juden in aller Deutlichkeit zum Ausdruck bringt.[79]

Der Hauptzweck, den Julian mit der Errichtung des Jerusalemer Tempels verfolgte, war somit die Eingliederung des jüdischen Gottes in das Pantheon und die Hierarchie der heidnischen Gottheiten des Imperiums – wobei der Gott der Juden, den der Kaiser mit dem höchsten und mächtigsten Schöpfergott gleichsetzt (ὕψιστος θεός, ὁ πάντων κρείττων δημιουργὸς θεός u.a.[80]), hierüber implizit

---

[77] Die Frage stellt bereits STEMBERGER, Juden und Christen, 166.

[78] Ps.-Cyrill. epist. (BSOAS 40, 1977, 267–286, ed. S. P. Brock) läßt für das ausgehende 4. Jh. n. Chr. wohl unzweideutig auf die Existenz einer christlichen, einer heidnischen und selbst einer jüdischen Bevölkerungsgruppe, die sich nämlich in den Tagen der Tempelbauarbeiten regelmäßig in einer in der Stadt befindlichen Synagoge trifft, schließen. Eine Beseitigung des christlichen Jerusalem wird von keiner Quelle erwähnt – doch hätte sich die christliche Überlieferung eine solche Absicht Julians, sofern überhaupt bekannt geworden, kaum entgehen lassen! Beachte auch oben S. 245.

[79] Iul. epist. 25 (HERTLEIN) = epist. 51 (WRIGHT) = STERN II 486a, Z. 24ff.

[80] Ebd. Z. 20. Zu den Bezeichnungen Julians für den jüdischen Gott, den er viermal in seinen Briefen anspricht, siehe LEWY, Julian the Apostate, 80ff., und STERN, Greek and Latin Authors II, 567f.

als eine Erscheinungsform eines obersten Reichsgottes angesprochen wird.[81] Auf
der Basis dieses Verständnisses konnte Julian die Juden auffordern, bei ihrem
Gott für sein Wohlergehen und für das Heil des Reiches zu beten, wie auch ankün-
digen, später selbst gemeinsam mit ihnen im Jerusalemer Tempel Opfer darbringen zu wollen. Die Verehrung des Gottes der Juden in seinem wiedererrichteten
Heiligtum – für Julian bedeutete dies, ohne daß es seinen jüdischen Untertanen
bewußt gewesen sein dürfte, zunächst eine Form des Kaiser- und des Reichskul-
tes. Zugleich besagt dies, daß die Initiative zur Neuaufnahme des Jerusalemer
Tempelkultes – anders als Julians christliche Kritiker es verstehen wollten[82] – nur
eine von vielen Facetten des kaiserlichen religiösen Restaurationsprogramms repräsentierte, nicht aber eine isolierte, spezifisch auf die Widerlegung und die Vernichtung des Christentums zielende Maßnahme des ‚Apostaten' darstellte. Vor
dem Hintergrund dieses umfassenden politischen Konzeptes Julians sollte auch
die Frage nach der Initiative zu dem Jerusalem-Projekt im Grunde ihre Antwort
gefunden haben: Julian selbst wird der geistige Urheber des Unternehmens gewesen sein, das alle seine Leitideen gleichermaßen nachhaltig und beispielgebend
zu verwirklichen versprach.

Für die hiesige Fragestellung ist es irrelevant, daß das kaiserliche Restaura-
tionsprojekt, das unter den einfachen Juden der Diaspora solche Begeisterung
auslöste und vielen von ihnen diesen römischen Kaiser sogar als die in ihren Heiligen Schriften in Aussicht gestellte ‚kleine Hilfe' auf dem Weg der Rückgewinnung ihrer Heimat erscheinen ließ,[83] einem nüchternen jüdischen Betrachter un-
erträglich erscheinen mußte. Die Wiedererrichtung Jerusalems und seines Tempels – mithin die Verwirklichung eines messianischen Auftrages – durch einen
heidnischen Kaiser, dessen Ankündigung, hier nach Vollendung des Bauwerks
und Rückkehr vom Perserfeldzug gemeinsam mit Juden ihrem Gott opfern zu
wollen,[84] mithin an diesem Platz seinen fragwürdigen synkretistischen Gottheits-
vorstellungen zu huldigen – all dies konnte in gebildeten Kreisen, gerade vor Ort,
nur Bestürzung und Ablehnung hervorrufen.

Der dramatische Fehlschlag des Jerusalem-Vorhabens und – entscheidend –
der wenig spätere Tod Julians auf dem Perserfeldzug ließen allerdings alle Erwar-

---

[81] Ich folge hier großteils der glänzenden Analyse von LEWY, Julian the Apostate, 86.

[82] Bemerkenswert ist, daß jedenfalls dem Kirchenhistoriker Sokrates (HE III, 20) allerdings
der Zusammenhang von allgemeiner Kultrestauration im Reich und Erneuerung des jüdischen
Opferdienstes bewußt war, wenn er als Ausgangspunkt der Initiative Julians (und seiner eigenen
Darstellung des Jerusalem-Unternehmens) dessen Wunsch nach einer allgemeinen Praktizierung
des Opferkultes nennt (s.o. Anm. 37).

[83] BACHER, Statements of a Contemporary, 170f.; WILKEN, John Chrysostom, 146. Diese
Vorstellung dürfte auch der syrischen Überlieferung von der Begegnung Julians mit den jüdischen Würdenträgern, die ihm einen regelrechten Aktionskatalog präsentieren, zugrunde liegen
(siehe Anm. 45).

[84] Iul. epist. 25 (HERTLEIN) = epist. 51 (WRIGHT) = STERN II 486a, Z. 26ff.

tungen, Hoffnungen wie Befürchtungen, hinfällig werden, ob von jüdischer, christlicher oder auch heidnischer Seite.

VIII. Schlußbetrachtung

Die abschließenden Überlegungen sollen nicht resümierend die zurückliegenden Analysen aufnehmen, vielmehr das im Fortgang der Untersuchung allenthalben aufscheinende Quellenproblem allein hinsichtlich eines Aspektes noch einmal aufgreifen, der anfangs bereits einmal benannt worden war: die Fokussierung und Eigenart, vor allem die Aggressivität der christlichen Rezeption und Traditionsbildung.

In Julians Jerusalem-Projekt erblickte die Kirche im ausgehenden 4. Jh. eine tödliche Bedrohung, geboren aus Julians Haß gegen das Christentum. Johannes Chrysostomos erklärte über dessen Regierung: „Julian bemühte sich als erstes darum, den Tempel in Jerusalem […] wieder zu errichten. Er, der Heide, nahm die Interessen der Juden in seine Hände, um die Macht Christi zu brechen."[85] Allerdings vermag diese christliche Wahrnehmung – ungeachtet aller heilgeschichtlichen Implikationen – noch nicht befriedigend die enorme Resonanz der Episode in der christlichen Tradition und die noch Jahrzehnte nach Julians Tod verfaßten zahllosen Kampfschriften *contra Iulianum* zu erklären.

Verständlich wird diese heftige Reaktion auf einen Kaiser, der nicht einmal zwei Jahre herrschte und dessen religionspolitisches Programm allenthalben bereits zu seinen Lebzeiten kläglich scheiterte – und nach seinem Tod auch keinen Fortsetzer fand –, nur aus der Verbindung verschiedener Elemente. Hierzu zählen die in *contra Galilaeos* formulierte ungemein kenntnisreiche Kritik an Glaubenssätzen und historischen Argumentationsmustern der Kirche und die scharfsinnigste und wirkungsvollste Infragestellung christlicher Theologie und christlichen Selbstverständnisses, die je von heidnischer Seite formuliert worden war.[86]

Nicht weniger bedrohlich erschien die von Julian, dem *restaurator templorum*, wie Inschriften (darunter eine aus der Nähe von Caesarea Paneas im oberen Jordan-Tal) den Kaiser – zweifellos unter Rückgriff auf eine offiziöse Formulierung – nennen,[87] mit großer Energie betriebene Revitalisierung des traditionellen

---

[85] Ioh. Chrys. hom. de s. Bab. 22 (PG 50, 568).

[86] Siehe insbesondere die entsprechenden Feststellungen von Kyrill von Alexandria in seinem großen apologetischen Werk *Contra Iulianum;* hier formuliert er etwa im Vorwort (PG 76, 508C), „keiner unserer Lehrer ist fähig, die Werke Julians zurückzuweisen oder zu widerlegen." Zur Veranlassung der Apologie Kyrills siehe MALLEY, Hellenism and Christianity, 240f., zu Julian als Kritiker des Christentums die glänzende Analyse von R. L. WILKEN, The Christians, 164ff., bes. 177f. und 191f. Beachte auch LEWY, Julian the Apostate, 73ff., und WILKEN, John Chrysostom 129f.

[87] OIKONOMIDES, Ancient Inscriptions, mit den epigraphischen Belegen. Inschrift von Caesarea Paneas: NEGEV, Inscription of Emperor Julian = AE 70 (1969/70), 631. Zur Bedeutung der

Heidentums, seiner Tempel und Kulte, unter dezidierter Imitation erfolgreicher Organisationsstrukturen und sozialer Wirkfelder der christlichen Kirche.[88] Angesichts dieser von der Kirche nach der Konstantinischen Wende nicht mehr für möglich gehaltenen Infragestellung der christlichen Lehre und der erneuerten Herausforderung seitens der alten Kulte zählte es wenig, daß Julians Anstrengungen um eine Wiederherstellung Jerusalems und seines Tempels und eine Stärkung der jüdischen Identität – wie übrigens schon zuvor auch seine eigenwilligen Vorstellungen von der Erneuerung des Heidentums – bei den Betroffenen, das heißt jedenfalls in führenden jüdischen Kreisen, keine Begeisterung weckten oder nachhaltige Wirkung zeitigten. Allein die sich in Julians religionspolitischem Programm abzeichnende atemberaubende Zielstrebigkeit hin zur Verwirklichung einer politischen und gesellschaftlichen Wiedergeburt der überwunden geglaubten Gegner Heidentum und Judentum mußte die zuvor unerschütterliche geschichtstheologische Gewißheit vom unaufhaltsamen Siegeszug der christlichen Botschaft in solch beängstigender Weise in Frage stellen, daß im Auftreten dieses kaiserlichen Gegenspielers nur das Wirken des Antichristen erblickt werden konnte.

Julian verkörperte eine nicht mehr erwartete Herausforderung und als tödliche Bedrohung eingeschätzte Gefahr für die christliche Kirche, wie diese sie nach eigener Einschätzung nie zuvor – allenfalls in den Zeiten systematischer, grausamster Verfolgung, unter Decius – hatte erfahren müssen. Julians schließlich in Angriff genommenes Projekt, Israel und Jerusalem, mithin die erst seit Konstantin der Kirche gewonnenen Heiligen Stätten des Lebens Jesu und der Orte der Offenbarung, wieder Juden zur Besiedlung und Inbesitznahme zu übereignen und in Jerusalem jenen jüdischen Tempel wiederzuerrichten, der nach dem Worte Jesu nie wieder mehr sollte erstehen können, ließ sich so nur als Versuch des Apostaten, dem Christentum den Todesstoß zu versetzen, deuten. Ein christlicher Zeitgenosse Julians, Martin, der nach Ausweis seiner Vita unter dem jungen Caesar in Gallien zunächst noch als Soldat gedient hatte, soll den Kaiser früh als Antichrist – *iam in annis puerilibus constitutus* – erkannt und prophezeit haben, daß dieser nach seinem Herrschaftsantritt im Osten in Jerusalem die Stadt und den Tempel wiederaufbauen und alle Christen beschneiden lassen würde![89] Der erste christliche Universalhistoriker Orosius überlieferte ein halbes Jahrhundert nach den

---

Wiederherstellung von Tempeln in der Politik Julians siehe ATHANASSIADI-FOWDEN, Julian and Hellenism, 110f.

[88] Zu diesem zentralen Feld der julianischen Politik siehe – stellvertretend für die enorme Literatur – BOWERSOCK, Julian the Apostate, 79ff., ATHANASSIADI-FOWDEN, Julian and Hellenism, 161ff. Zur Wiederherstellung heidnischer Tempel unter Julian siehe zusammenfassend ARCE, Reconstrucciones.

[89] Sulp. Sev. dial. 2,141–144. Diese Passage fehlt wegen der Kritik des Hieronymus in einigen späteren Manuskripten; STANCLIFFE, St. Martin, 297f. Zur Begegnung Martins mit Julian, dem Martin bei der Verteilung von *donativa* den Dienst verweigert haben soll, Sulp. Sev. v. Mart. 24,4–7 (den Hinweis auf diesen Überlieferungskomplex verdanke ich Christian Becker).

Ereignissen das kaiserliche Bauprojekt sogar unter folgender geschichtstheologischer Perspektive: „Julian befahl, in Jerusalem ein Amphitheater zu erbauen, um in diesem nach seiner Rückkehr von dem Partherfeldzug Bischöfe, Mönche und alle Frommen des Ortes künstlich noch wütender gemachten wilden Tieren vorzuwerfen und ihnen beim Zerfleischen ihrer Opfer zuzuschauen".[90] Der Jerusalemer Tempel als Instrument des Antichristen und Schauplatz blutiger Christenverfolgung – dies meinten jedenfalls zeitgenössische christliche Propagandisten in dem Versuch der Wiedererrichtung des jüdischen Jerusalem und seines Heiligtums erkennen zu können.

Anhang: Die historisch einschlägigen Zeugnisse für das Jerusalemprojekt Julians[91]

Iul. epist. 25 (HERTLEIN) = epist. 51 (WRIGHT) = STERN II 486a

Iul. epist. 134 (BIDEZ – CUMONT) = STERN II 486b

Iul. epist. 89 (BIDEZ – CUMONT) = epist. 20 (WRIGHT) = STERN II 483

Greg. Naz. or. 5,3–5; 4,7 (c. Iul.)

Ephr. Syr. hym. c. Iul. 1,16–19

Ephr. Syr. hym. c. Iul. 4,18–23

Ioh. Chrys. hom. de s. Bab. 22 (PG 50, 568)

Ioh. Chrys. hom. 5,11; 6,2 adv. Iud. (PG 48, 900f. 905)

Ioh. Chrys. comm. in Ps. 110,4a (LXX) (PG 55, 285f.)

Ambr. epist. 40 (PL 16, 1148ff.)

Amm. XXIII, 1,1–3

Rufin. HE X, 38–40

Hier. hom. in Dan. 11,34 (PL 25, 570)

---

[90] Oros. VII, 30,5: *Nam et amphitheatrum Hierosolymis extrui iussit, in quo reversus a Parthis episcopos monachos omnesque eius loci sanctos bestiis etiam arte saevioribus obiceret spectaretque laniandos.* Orosius greift hierbei (ohne dies zu kennzeichnen) auf ein in der apokryphen Überlieferung zum Alten Testament ausgestaltetes Motiv zurück: 3 Mac 4,11ff. zufolge ließ Ptolemaios IV. Philopator (221–204 v. Chr.), der zuvor bei seinem Besuch Jerusalems gegen den Widerstand der Juden das Innere des Tempels betreten hatte, nach seiner Rückkehr in seine Hauptstadt und dem vergeblichen Versuch, die dortigen Juden zur Apostasie und heidnischen Götterverehrung zu bewegen, diese in der Rennbahn Alexandrias zusammentreiben, um sie dort von Elefanten zertreten zu lassen (ich danke Günter Stemberger für diesen Hinweis).

[91] Eine gute kommentierte Übersicht enthält BLANCHETIÈRE, Julien philhellène; LEVENSON, Julian's Attempt (beruhend auf der unpubliziert gebliebenen Dissertation des Autors, [LEVENSON, Critical Study]), bietet in einem Abriß über die hier erfaßten Quellen hinaus noch etwa drei Dutzend spätere Zeugnisse zum Tempelbauprojekt Julians bis in das 14. Jh. hinein; diese sind aber nur von rezeptionsgeschichtlichem und späterem theologischen Interesse. Eine Zusammenstellung (samt englischer Übersetzung) der in syrischen Quellen bewahrten Zeugnisse zu Julians Wiederaufbauversuch enthält BROCK, A Letter Attributed to Cyril, 283ff.

Ps.-Cyrill. epist. (BSOAS 40, 1977, 267–286, ed. S. P. Brock)
Philostorg. HE VII, 9 (= Artemii passio 68) (GCS 21, 95–97)
Sokr. HE III, 20
Soz. HE V, 22,5ff.
Theod. HE III, 20,6–7 (PG 82, 1112f.)

Literatur

F.-M. Abel, Histoire de la Palestine depuis la conquête d'Alexandrie jusqu'à l'invasion arabe 2: De la guerre juive à l'invasion arabe, Paris 1952.

M. Adler, The Emperor Julian and the Jews, JQR 5 (1893), 591–651 [= Der Kaiser Julian und die Juden, in: R. Klein (Hg.), Julian Apostata, Wege der Forschung 509, Darmstadt 1978, 48–111].

J. Arce, Reconstrucciones de templos paganos en época del emperador Juliano (361–363 d.C.), RSA 5 (1975), 201–215.

R. Asmus, Julians Galiläerschrift im Zusammenhang mit übrigen Werken, Freiburg 1904.

P. Athanassiadi-Fowden, Julian and Hellenism: An Intellectual Biography, Oxford 1981.

M. Avi-Yonah, The Jews under Roman and Byzantine Rule: A Political History from the Bar Kokhba War to the Arab Conquest, Jerusalem 1984.

C. Aziza, Julien et le Judaisme, in: R. Braun / J. Richer (Hgg.), L'empereur Julien. De l'histoire à la légende (331–1715), Paris 1978, 141–158.

W. Bacher, Statements of a Contemporary of the Emperor Julian on the Rebuilding of the Temple, JQR 10 (1898), 168–172.

T. D. Barnes, Ammianus Marcellinus and the Representation of Historical Reality, Cornell Studies in Classical Philology 56, Ithaca (N.Y.) / London 1999.

N. Belayche, Iudaea-Palestina. The Pagan Cults in Roman Palestine (Second to Fourth Century), Religion der Römischen Provinzen 1, Tübingen 2001.

J. Bernardi, Grégoire de Nazianze, Discours 4–5 contre Julien, Paris 1983.

F. Blanchetière, Julien philhellène, philosémite, antichrétien: L'affaire du Temple de Jerusalem (363), JJSt 31 (1980), 61–81.

G. W. Bowersock, Julian the Apostate, London 1978.

S. P. Brock, The Rebuilding of the Temple under Julian: A New Source, PalEQ 118 (1976), 103–107.

–, A Letter Attributed to Cyril of Jerusalem on the Rebuilding of the Temple, Bulletin of the School of Oriental and African Studies 40 (1977), 267–286.

F. C. Coynbeare, The Dialogues of Athanasius and Zacchaeus and of Timothy and Aquila, Oxford 1898.

H.-M. Döpp, Die Deutung der Zerstörung Jerusalems und des Zweiten Tempels im Jahre 70 in den ersten drei Jahrhunderten n. Chr., Texte und Arbeiten zum neutestamentlichen Zeitalter 24, Tübingen / Basel 1998.

J. W. Drijvers, Ammianus Marcellinus 23.1.2–3: The Rebuilding of the Temple in Jerusalem, in: J. den Boeft u.a. (Hgg.), Cognitio Gestarum. The Historiographic Art of Ammianus Marcellinus, Amsterdam 1992, 19–26.

W. Eck, The Bar Kokhba Revolt: The Roman Point of View, JRS 89 (1999), 76–89.

L. H. Feldman, Jews and Gentile in the Ancient World. Attitudes and Interactions from Alexander to Justinian, Princeton 1993.

J. G. GAGER, The Origins of Anti-Semitism: Attitudes toward Judaism in Pagan and Christian Antiquity, New York 1983.

H. GOLLANCZ, Julian the Apostate, Oxford 1928.

I. GREGO, La reazione ai Giudeo-Cristiani nel IV secolo, Jerusalem 1976.

S. H. GRIFFITH, Ephraem the Syrian's Hymns ‚Against Julian'. Meditations on History and Imperial Power, VChr 41 (1987), 238–266.

J. HAHN, Die jüdische Gemeinde im spätantiken Antiochia: Leben im Spannungsfeld von sozialer Einbindung, religiösem Wettbewerb und gewaltsamem Konflikt, in: R. JÜTTE / A. P. KUSTERMANN (Hgg.), Jüdische Gemeinden und Organisationsformen von der Antike bis zur Gegenwart, Aschkenas Beiheft 2, Wien / Köln / Weimar 1996, 53–85.

A. P. HAYMAN, The Disputation of Sergius the Stylite against a Jew, Louvain 1973.

C. HEZSER, The (In)Significance of Jerusalem in the Talmud Yerushalmi, in: P. SCHÄFER / C. HEZSER (Hgg.), The Talmud Yerushalmi and Graeco-Roman Culture II, Texts and Studies in Ancient Judaism 79, Tübingen 2000, 11–49.

J. G. HOFFMANN, Julianos der Abtrünnige, Leiden 1880.

E. D. HUNT, Holy Land Pilgrimage in the Later Roman Empire. AD 312–460, Oxford 1982.

B. ISAAC, Roman Colonies in Judaea. The Foundation of Aelia Capitolina, Talanta 12/13 (1980/81), 31–54 [= DERS., The Near East under Roman Rule. Selected Papers. Mnemosyne Suppl. 177, Leiden / New York 1998, 87–111].

M. JACOBS, Die Institution des jüdischen Patriarchen. Eine quellen- und traditionskritische Studie zur Geschichte der Juden in der Spätantike, Texte und Studien zum antiken Judentum 52, Tübingen 1995.

J. JUSTER, Les juifs dans l'empire romain. Leur condition juridique, économique et sociale I-II, Paris 1914.

S. KAZAN, Isaac of Antioch's Homily Against the Jews, Oriens Christianus 45 (1961), 30–53; 46 (1962), 87–98; 47 (1963), 89–97; 49 (1965), 57–78.

W. KINZIG, ‚Non-Separation': Closeness and Co-operation between Jews and Christians in the Fourth Century, VChr 45 (1991), 27–53.

A. KURMANN, Gregor von Nazianz Oratio 4 Gegen Julian. Ein Kommentar, Schweizerische Beiträge zur Altertumswissenschaft 19, Basel 1988.

D. B. LEVENSON, A Source and Tradition Critical Study of the Stories of Julian's Attempt to Rebuild the Jerusalem Temple, Ph.D. Thesis Harvard University, Cambridge (Mass.) 1979.

–, Julian's Attempt to Rebuild the Temple. An Inventory of Ancient and Medieval Sources, in: H. W. ATTRIDGE (Hg.), Of Scribes and Scrolls, Lanham / New York / London 1990, 261–279.

L. I. LEVINE (Hg.), The Synagogue in Late Antiquity, Philadelphia 1987.

–, The Rabbinic Class of Roman Palestine in Late Antiquity, Jerusalem / New York 1998.

H. LEWY, Emperor Julian and the Building of the Temple, The Jerusalem Cathedra 3 (1983), 70–96 (engl.) [hebr. orig. (vollständig) Zion 6 (1940/41), 1–32].

S. N. C. LIEU (Hg.), The Emperor Julian. Panegyric and Polemic, Translated Texts for Historians 2, 2. Aufl., Liverpool 1989.

W. J. MALLEY, Hellenism and Christianity. The Conflict between Hellenic and Christian Wisdom in Contra Galilaeos of Julian the Apostate and Contra Iulianum of St. Cyril, Analecta Gregoriana 210, Roma 1978.

P. MARAVAL, Lieux saints et pèlerinages d'Orient. Histoire et géographie. Des origines à la conquête arabe, Paris 1985.

B. MAZAR, The Archaeological Excavations near the Temple Mount, in: Jerusalem Revealed. Archaeology in the Holy City 1968–1974, Jerusalem 1975, 33ff.

W. MEEKS / R. WILKEN, Jews and Christians in Antioch in the First Four Centuries of the Common Era, Missoula (Mont.) 1978.

F. MILLAR, The Jews of the Graeco-Roman Diaspora between Paganism and Christianity, AD 312–438, in: J. LIEU / J. NORTH / T. RAJAK (Hgg.), The Jews among Pagans and Christians in the Roman Empire, London 1992, 97–123.

A. NEGEV, The Inscription of the Emperor Julian at Ma'ayan Barukh, IEJ 19 (1969), 170–173.

J. NEUSNER, Aphrahat and Judaism: The Christian-Jewish Argument in Fourth-Century Iran, Leiden 1971.

D. NOY, Where Were the Jews of the Diaspora Buried?, in: M. GOODMAN (Hg.), Jews in a Graeco-Roman World, Oxford 1998, 75–89.

A. N. OIKONOMIDES, Ancient Inscriptions Recording the Restoration of Greco-Roman Shrines by the Emperor Flavius Claudius Julianus (361–363 A.D.), in: AncW 15 (1987), 37–42.

E. PACK, Städte und Steuern in der Politik Julians. Untersuchungen zu den Quellen eines Kaiserbildes, Collection Latomus 194, Bruxelles 1986.

CH. R. PHILLIPS, Julian's Rebuilding of the Temple: A Sociological Study of Religious Competition, Society of Biblical Literature, Seminar Papers 17 (1979), 167–172.

P. SCHÄFER, Judeophobia. Attitudes toward the Jews in the Ancient World, Cambridge (Mass.) 1997.

E. SCHÜRER, The History of the Jewish People in the Age of Jesus Christ, revised by G. VERMES / F. MILLAR et alii, I–III, Edinburgh 1973/87.

M. SIMON, Verus Israel: A Study of Relations between Christians and Jews in the Roman Empire (AD 135–425), H. MCKEATING (Übers.), Oxford 1986 [frz. orig. Paris 1964].

R. B. E. SMITH, Julian's Gods. Religion and Philosophy in the Thought and Action of Julian the Apostate, London 1995.

C. STANCLIFFE, St. Martin and His Hagiographer, Oxford 1983.

B. STEIMER, Didascalia, in: S. Döpp / W. Geerlings (Hgg.), Lexikon der antiken christlichen Literatur, 2. Aufl., Freiburg / Basel / Wien 1999, 167f.

G. STEMBERGER, Die Bedeutung des „Landes Israel" in der rabbinischen Tradition, Kairos 25 (1983), 176–199.

–, Juden und Christen im Heiligen Land. Palästina unter Konstantin und Theodosius, München 1987.

M. STERN (Hg.), Greek and Latin Authors on Jews and Judaism I-III, Jerusalem 1974/84.

L.-H. VINCENT / F.-M. ABEL, Jérusalem. Recherches de topographie, d'archéologie et d'histoire 2: Jérusalem nouvelle, Paris 1914.

J. VOGT, Kaiser Julian und das Judentum, Morgenland 30 (1939), 1–74.

M. WAEGEMANN, Les traités „Adversus Judaeos". Aspects des relations judéo-chrétiennes dans le monde grec, Byzantion 56 (1986), 295–313.

P. W. L. WALKER, Holy City, Holy Places? Christian Attitudes to Jerusalem and the Holy Land in the Fourth Century, Oxford 1990.

R. L. WILKEN, John Chrysostom and the Jews. Rhetoric and Reality in the Late 4th Century, The Transformation of the Classical Heritage 4, Berkeley 1983.

–, The Christians as the Romans Saw Them, New Haven / London 1984.

–, The Land Called Holy. Palestine in Christian History and Thought, New Haven (CT) 1992.

Autorenverzeichnis

Prof. Dr. Rainer Albertz
Westfälische Wilhelms-Universität Münster
Alttestamentliches Seminar
der Evangelisch-Theologischen Fakultät
Universitätsstraße 13–17
48143 Münster

Ariane Cordes
Sonderforschungsbereich 493
„Funktionen von Religion in antiken
Gesellschaften des Vorderen Orients"
Wilmergasse 2
48143 Münster

Prof. Dr. Johannes Hahn, M.A.
Westfälische Wilhelms-Universität Münster
Seminar für Alte Geschichte
Domplatz 20–22
48143 Münster

Therese Hansberger
Sonderforschungsbereich 493
„Funktionen von Religion in antiken
Gesellschaften des Vorderen Orients"
Wilmergasse 2
48143 Münster

Prof. Dr. Hermann Lichtenberger
Universität Tübingen
Evangelisch-Theologisches Seminar
Institut für antikes Judentum und
hellenistische Religionsgeschichte
Liebermeisterstraße 12
72076 Tübingen

Stefan Lücking
Eifelstraße 17
48151 Münster

Prof. Dr. Walter Mayer
Ewaldigrund 16
48366 Laer

Dr. Sabine Panzram
Westfälische Wilhelms-Universität Münster
Seminar für Alte Geschichte
Domplatz 20–22
48143 Münster

Prof. Dr. Karl-Friedrich Pohlmann
Westfälische Wilhelms-Universität Münster
Alttestamentliches Seminar der Evangelisch-
Theologischen Fakultät
Universitätsstraße 13–17
48143 Münster

Prof. Dr. Konrad Schmid
Hirslanderstraße 30
CH - 8032 Zürich

Prof. Dr. Folker Siegert
Westfälische Wilhelms-Universität Münster
Institutum Judaicum Delitzschianum
Wilmergasse 1
48143 Münster

Prof. Dr. Günter Stemberger
Universität Wien
Institut für Judaistik
Universitätscampus
Spitalgasse 2–4, Hof 7
A – 1090 Wien

Prof. Dr. Erich Zenger
Westfälische Wilhelms-Universität Münster
Seminar für Zeit- und Religionsgeschichte
des Alten Testaments
der Katholisch-Theologischen Fakultät
Johannisstraße 8–10
48143 Münster

Stellenregister

Biblische Texte

Altes Testament

Genesis

1–9	70
2f.	188
4,26	83, 88
6,5	187
11	88
11,1–9	83
11,4	83, 88
14	131

Exodus

14	66
15,1–18	66, 67
15,13	68
15,16	68
15,17	68
17,1–7	66
23,13	83
25,22	137
30,13	155

Leviticus

3	136
5,7	154
12,8	154
14,22	154
16	129
26,11	212

Deuteronomium

16,16	82
30,11	195

Josua

3	66

1. Samuel

2,12–36	125
4,11	125

1. Könige

6	68
8,41–43	126

2. Könige

18,21	27, 37
19,32–34	37
20,12–19	33
23,29–25,21	16, 24
23,33	17, 24
23,35	24
24,1	25
24,7	26
24,10–17	25
24,13	25
24,14	26
24,16	26
24,20	27
25,1	27, 29
25,3f.	30
25,6	27
25,8–10	27, 31
25,8–17	23
25,13–17	31

Jesaja

10,34–11,1	104
15,2	75
37,29	79
40,1f.	194
51,9–11	67
52,7	83
55,1–5	153
56,7	116
61,4	252
65f.	200
66,6	82, 87
66,13f.	251

Jeremia

4,13–15	194

4,29f.	194	*Sacharja*	
7,1–19	92	9,9	135
7,4	35	12	102
7,6	153		
7,11	117, 143, 153	*Psalmen*	
8,18–23	51, 54–55	15	61
8,19	55	21,12	83
9,16–21	51	23	74
12,7f.	56	24	61
13,18–22	194	29	61
14,7–9	86	46	68
14,17–19	55	46–48	61
15,15	82, 85	47	74
21,2	30	48	41, 68
27,1–3	26	59,9f. LXX	75
27,16–22	31, 36	69 (68),10	117–118
28,2–4	26	72,6 LXX	77
28,3	25	72,18 LXX	77
29,1–3	26	79,1	218
31,8	83	80,5	82, 85
32,1	27	80,8–12	66
32,31	44	81,7f.	66
37,6–10	30	83,5	83
39,8	32	86,15	82, 85
51,59	26	89,15	85
52,12	27, 31	90,1f.	82, 85
52,29	28	91–93 LXX	74
		93	61, 68
Ezechiel		100	61
8,12	55–56	107,9f. LXX	75
11,22f.	46	118 (117),26	122
12,21ff.	86	132	61
12,22	84, 86	133	61
16	194	137	50, 53
17,7	27	150	61
17,14	26		
17,15	27	*Hiob*	
17,17	27	14,1	82, 85
19,10–14	52		
21,26	82	*Threni*	
21,26ff.	87	1,8f.	194
25,3	29	1,16	84
29,1	29	2	67
29,6f.	27,37	3,31–34	195
31,1	29	4,17	27
40–48	114, 125	4,22	194
Amos		*Daniel*	
8,4–7	71	2	196–197
		4,1 LXX	28
Micha		7ff.	196–197
3,11	36	7,13	120
6–7	71	12,4	84, 86
7,1–6	160	12,4–13	86
7,6	149		

Nehemia

5	71

Neues Testament

Matthäus

10,34	135
21,13	116
26,61	109, 133
27,40	109

Markus

6,35–37	152
11,1–10 parr.	135
11,11	123
11,12–14	150
11,15	155
11,15–17 parr.	123
11,15–18	143
11,15–19	151
11,17	116, 151
12,33	152
12,41–44	125, 152
13	111, 146–150, 159
13,2	99, 111, 123, 133, 153, 162
13,5–6	148
13,5b–23	147
13,8	111
13,9–13	148
13,12	149, 160
13,14	111
13,21–23	148
13,24–27	147
13,32–37	147
13,33–37	148, 160
14,18–21	160
14,22 parr.	133
14,35–41	160
14,55–64	159
14,57	108
14,58	108, 142, 143, 157
14,62–64	160
15,1	159
15,29f.	108
15,38	150

Lukas

2,41–51	116, 127
12,51	135
13,34f.	121
22,35–38	135

Johannes

2,13–22	117
2,18–22	118
2,19	117, 133
4,23	118
16,2	119

Apostelgeschichte

6,8–81	119–120
6,12ff.	120
15,13–21	24, 163
21,21	120
21,28	120

Römer

3,25	129
12,1	136

1. Korinther

3,10–16	128

2. Korinther

5,1	129
6,16	129
6,19	135

Galater

2,9	129–130
2,18	130

1. Petrus

2,4–8	135

Apokalypse

11,1–2	104
21, 22	101

Apokryphe Texte

Apokalypse des Abraham

	198, 199
27,3	199

Syrische Baruch-Apokalypse

	198, 199
7,1	199
8,2	199
10,5–19	199
10,7	194
40,1–2	104
337-341	198
497–503	197

Apokalypse des Moses

188

4. Esra

3,1	184
3,21	187
3,26	187
4,23	191
5,13	188
6,30f.	188
7,16	191
7,68	188
7,74	189
7,104	189
7,106–111	188
7,113–115	189
7,116	188
8,17	188
8,35	188
8,36	188
9–10	101
9,23–25	188
9,26–10,59	191
9,38 (pf)	192
10,21–23	184, 193, 199
10,44 (pf)	192
10,50	193
13,34–38	104
14,22	190
14,27–35	190
14,34f.	186

Äthiopisches Henochbuch

56,5–8	102
90,6–12	199
91,16	200
93,9f.	199

Jubiläen

324–327	198

Judith

2,1	28

1. Makkabäer

1,11–15	94
1,20–23	94
1,21–40	67
1,37–39	94
1,39	94
1,43–62	94
1,47	198

1,63	198
2,6	67
2,7–14	95
3,51ff.	95
3,59	95
4,38	67, 95
4,55	95

2. Makkabäer

3,35	93
4,13–15	95
4,16	96
4,42	93
5,13–20	96
6,12–17	96
6,18	198
7,1	198
7,18	97
7,33–38	97
9	93
9,14–17	93
10,4	97
11,1ff.	93

3. Makkabäer

4,11ff.	259

Psalmen Salomos

2	93
2,1–4	98
2,7	98

Weisheit Salomos

14,8	112

Sibyllinen

3,606	112
3,618	112
3,722	112
4,28a	112
5,101–110	102

Sirach

13,15f.	194
28,4	194

Vita Adae et Evae

188

Thomas Evangelium

Log. 71	115–116

Qumran–Texte

1QH

12,29–33	189
15,16–19	190
19,5f.	190
19,7–9	190
19,10f.	190

1QS

5,6	98
9,3–6	98

4Q

285	104

11QTS

29,7–10	100

Antike Autoren

Ammianus Marcellinus

XVI, 10,14	173
XXII, 13,6	246
XXII, 14,3	246
XXIII, 1,1–3	243–244

Aristoteles

poet. 1449b	158
poet. 1450a	157

Cassius Dio

LV, 10,2–5	176
LIX, 10,5	172
LXIV, 9,1	168
LXIV, 9,2	168
LXV, 1,2–4	168
LXV, 4–6	169
LXV, 6,3	103
LXV, 7,2	178
LXV, 8,1	168
LXV, 8,2	168
LXV, 12,1a	169, 178
LXV, 15,1	173
LXVI, 25	172
LXIX, 12	238
LXIX, 14,1f.	239

Chronicon Paschale

119 (PG 92, 613)	238

Kyrill von Alexandrien

c. Iul. prooem.	257
Ps.-Cyrill. epist.	241, 251, 255

Ephraem der Syrer

hym. c. Iul. 1,16–19	251–252
hym. c. Iul. 4,18–23	253

Eusebios von Caesarea

HE II, 23,19	134
HE III, 5,3	128, 134
HE IV, 6,3	239
mart. Pal. 11,10–12	239

Aulus Gellius

V, 21,9	176
XIII, 25	172
XVI, 8,2	176

Gregor von Nazianz

or. 5,3	247, 252
or. 5,4	251

Historia Augusta

Hadr. 22,10	238

Hegesippos

prol. 1.	166, 178

Hieronymus

comm. in Ez. 39,17–29	249
comm. in Jes. 35,10	250
comm. in Jes. 58,12	250
comm. in Jes. 65,21	249
comm. in Zach. 14,10f.	250
hom. in Dan. 11,34	249
in soph. 1,15–16	239

Iohannes Chrysostomos

hom. adv. Iud. et gent. 16	242
hom. 5,11 adv. Iud.	247
pan. Bab. 2,1	242
hom. de s. Bab. 22	242, 247, 257

Flavius Iosephus

ant. Iud. X, 146	28
ant. Iud. X, 181	29
ant.Iud. XVIII, 261–309	92
ant. Iud. XVIII, 307	93
ant. Iud. XX, 200	144
c. Ap. I, 154	28
c. Ap. II, 106	154
bell. Iud. I, 1–30	167
bell. Iud. II, 152	128
bell Iud. II, 184–203	92
bell. Iud. II, 209	93
bell. Iud. II, 409	156
bell. Iud. II, 409–420	126
bell. Iud. II, 427	156
bell. Iud. II, 567	128
bell. Iud. IV, 601–604	168
bell. Iud. IV, 605	168
bell. Iud. IV, 617	168
bell. Iud. V, 222	169
bell. Iud. V, 249–266	169
bell. Iud. V, 459	103
bell. Iud. VI, 109ff.	98
bell. Iud. VI, 122	105
bell. Iud. VI, 216–218	178
bell. Iud. VI, 249	100
bell. Iud. VI, 285	106
bell. Iud. VI, 288–315	168
bell. Iud. VI, 299	177
bell. Iud. VI, 311	99
bell. Iud. VI, 317	172
bell. Iud. VI, 346	99
bell. Iud. VI, 387–391	100
bell. Iud. VI, 399	100
bell. Iud. VI, 413	178
bell. Iud. VII, 1–4	178
bell. Iud. VII, 29	104
bell. Iud. VII, 29–31	149
bell. Iud. VII, 120	169
bell. Iud. VII, 123–157	169
bell. Iud. VII, 132	178
bell. Iud. VII, 132–157	167
bell. Iud. VII, 158	173
bell. Iud. VII, 158–161	175
bell. Iud. VII, 162	175
bell. Iud. VII, 437–450	114
bell. Iud. VII, 438	150

Iulian

epist. 25 (Hertlein)	244, 246–247, 252–253, 255–256
epist. 89 (Bidez – Cumont)	245
epist. 134 (Bidez – Cumont)	244
in Gal. 305D–306A	246
in Gal. 305E–306A	246
in Gal. 305E–306B	246
in Gal. 351D	246
in Gal. 354B–356C	246

Iustinos Martys

apol. I, 47	239

Iohannes Lydos

mens. IV, 53	119

Martial

epigr. 1,7–8	172
epigr. 2	172
epigr. 3	172
epigr. 6	172
epigr. 7–9	172
epigr. 11–15	172
epigr. 18	172
epigr. 26	172

Orosius

VII, 30,5	259

Ovid

fast. V, 569–578	176

Philon

Flacc. 45f.	106
Leg. 188	92–93
Leg. 198–348	92
Prov. II, 107	137
Virt. 140	194
PsPhilo 19,7	199

Philostorgios

HE VII, 9 (= Artemii passio 68)	242

Plinius maior

nat. V, 70	178
nat. XII, 94	175
nat. XVI, 200	172
nat. XXXIV, 84	176
nat. XXXV, 73f.	175
nat. XXXV, 102	175

nat. XXXV, 109 — 175
nat. XXXVI, 58 — 175
nat. XXXVI, 102 — 173, 177

Res Gestae
21 — 173, 176
35 — 177

Rufinus von Aquileia
HE X, 38–40 — 242, 251

Servius
Aen. V, 755f. — 238

Sokrates Scholasticus
HE III, 20 — 242, 246–247, 251

Sozomenos
HE V, 22,5ff. — 242, 247
HE VII, 48 — 250

Sueton
Aug. 29,2 — 176
Aug. 29,5 — 172
Cal. 21 — 172
Dom. 5 — 173
Galba 9,2–10,2 — 168
Nero 12,1 — 172
Tit. 6,1 — 169
Tit. 7,3 — 172
Vesp. 1,1 — 178
Vesp. 4,4–6 — 168
Vesp. 5 — 168
Vesp. 6,3 — 168
Vesp. 7 — 168
Vesp. 8,1 — 169
Vesp. 9,1 — 170, 173
Vesp. 16,3 — 178
Vesp. 17–19,2 — 178
Vesp. 25 — 168

Sulpicius Severus
chron. II, 30,4 — 146
chron. II, 30,6 — 169
dial. 2,141–144 — 258
v. Mart. 24,4–7 — 258

Tacitus
Agr. 10–12 — 179
ann. III, 72,1 — 172
ann. XIII, 31,1 — 172
hist. I, 4,2 — 168
hist. I, 10,3 — 168
hist. II, 77,1 — 168
hist. II, 79 — 168
hist. II, 81,1 — 168
hist. IV, 3,3 — 168
hist. IV, 9 — 178
hist. IV, 81–82 — 168
hist. V, 1 — 169
hist. V, 2–10 — 179
hist. V, 9,2 — 92
hist. V, 11–13 — 169
hist. V, 13 — 168
hist. V, 13,1 — 177

Velleius Paterculus
II, 38,1 — 177
II, 39,2 — 177

Lateinische Inschriften

CIL VI 930 — 168
CIL VI 1763 bzw. 32089 — 171
CIL VI 2059 — 172
CIL VI 8,2 944 — 176
CIL VI 8,2 953 — 173
CIL VI 8,2 31267 — 177
CIL VI 8,2 40311 — 176
CIL VI 8,2 40454a — 171

Rabbinische Texte

Mishna
mGit 8,5 — 213
mKer 1,7 — 154
mMaasSh 5,2 — 209
mMeg 3,3 — 221
mMid 2,5 — 210

mNaz 5,4 — 209
mPes 10,6 — 210
mRHSh 4,1–4 — 208
mTaan 4,6–7 — 210
mTaan 4,8 — 210, 219
mTam 7,3 — 210

Tosefta

tBer 3,1–3	222
tMen 13,22	218
tMen 13,22f.	211
tRHSh 2,9	211
tShab 1,13	211
tTaan 3,9	211
tYom 1,9	212

Palästinischer Talmud

yBer 2,4,4d	216
yBer 9,3,13c	217
yMeg 1,6,70c	229
yNaz 5,5,54a	216
yTaan 1,1,63d	216
yYom 1,1,38c	216
yYom 6,3,43c	216

Babylonischer Talmud

bAZ 3b	231
bAZ 9b	230
bBB 60b	229
bBer 3a	231
bGit 55b–57b	227
bGit 56a	87
bGit 56b	81, 227
bMeg 3b	229
bMeg 5b	229
bMeg 16b	228
bMeg 29a	222
bMeg 31b	229
bMen 110a	229
bPes 57a	155
bRhSh 24a–b	222
bSanh 96b	81
bShab 119b	228
bSuk 5a	227
bSuk 41b	230
bTaan 5a	231
bYom 57a	227

Außerkanonische Traktate

ARN 4	194

Midrashim

Sifra

Sifra Bechuqqotai Pereq 3	212
Sifra Emor Pereq 13	212
Sifra Qedoshim Pereq 7	212

Sifre Bamidbar (Sifre Numeri)

SifBam 64	213
SifBam 161	212

Sifre Devarim (Sifre Deuteronomium)

SifDev 31	212
SOR 30	213

Bereshit Rabba (Genesis Rabba)

BerR 64,10	223

Shemot Rabba (Exodus Rabba)

ShemR 51,5	81

Pesiqta deRav Kahana (Pesiqta deRab Kahana)

PesK 5,8	220
PesK 6,3	220
PesK 16,9	219
PesK 18,5	221
PesK 20,5	220
PesK 21,4	220
PesK 24,5	220

Pesiqta Rabbati

PesR 1	214, 231
PesR 15,16	232
PesR 31,3	81
PesR 34,6	232
PesR 34,7	233
PesR 36,6	232

Tanhuma (Tanchuma)

Tan Pequde 4	81
TanB Pequde 3	81

Midrash Tehillim (Midrasch Psalmen)

MTeh 64	81, 88
MTeh 79,2	87

Qohelet Rabba (Kohelet Rabba)

QohR 12,7	87

Ekha Rabba (Klagelieder Rabba)

EkhaR 1,2	219
EkhaR 1,9	218
EkhaR 1,15	218
EkhaR 2,2	219
EkhaR 2,7	87
EkhaR 3,31	219
EkhaR 4,2	218
EkhaR 4,12	219
EkhaR Pet 23	87

Ekha Zutta (Klagelieder Zutta)

EkhaZ 1,23	81
EkhaZ 2,18	81

Seder Eliyyahu Rabba (Seder Elijahu Rabba)

SER 4	233
SER 28	232
SER 29	231

Altorientalische Texte

Akkadische Texte

BBS 24	10
BM 21946 Rs. 11–13	25
BM 55467 Vs. 13f.	34
Borger, Beiträge zum Inschriftenwerk Assur-banipals, A § 41	12
Borger, Beiträge zum Inschriftenwerk Assur-banipals, F §§ 25–35	13
Frahm, Einleitung in die Sanherib-Inschriften, T 122	11
KAH 2, 122, 36–44	12
KAH 2, 122, 44–47	12
RIMA 1, 76.3	6
RIMA 1, 76.3: 35–36	6
RIMA 1, 77.1	6
RIMA 2, 87.1 II 58–62	3, 9
RIMA 2, 87.1 IV 5–6.32–39	3, 9
RIMB 2, B.2.4.5–10	10
RIMB 2, B.2.4.11	10

SAA 1,7	11
SAA 5,146	11
SAA 5,147	11
Schaudig, Inschriften Nabonids, 3.3 II 11'–13'	34
Schaudig, Inschriften Nabonids, 3.3 II 14'–31'	34
Schaudig, Inschriften Nabonids, 3.3 II 32'–41'	34
Schaudig, Inschriften Nabonids, 3.3 X 14f.'	34
Sg. 8:323	7

Hethitische Texte

Neu, Anitta-Text, 12: 44–51	5

Papyri

Papyrus Rylands IX 14,16–15,9	27

Tafeln

Lachisch Brief III	27, 29

Personenregister

Abraham 130
Adad (Wettergott) 9
Adādnērari I. 5
Adam 187–188
Ådna, Jostein 143
Aejmelaeus, Anneli 73
Ahas 16
Alexander der Große 198
Ammianus Marcellinus 240, 243
Anitta von Kušara 5
Antiochus IV. Epiphanes 67, 93, 198
Apries 29
Aristobul I. 75
Aristoteles 157–158, 194
Assur (Gott) 2, 9, 11–12
Assurbanipal 12, 17
Augustus 173, 176–178
Austermann, Frank 73

Baalis 29
Boëthos 125
Brandon, Samuel George Frederick 140–141
Buchanan, George Wesley 156

Caligula 92, 111
Cuspius Fadus 114

Domitian 168, 173, 184
Donahue, John R. 146

Eleazar 96
Eleazar ha-Kallir 225–226
Eli 125
Ephraim von Nisibis 242, 250–253
Esra 112
Eusebios von Caesarea 239

Flavius Josephus 92, 167, 175
Flusser, D. 102

Gaston, Lloyd 142
Gedalja 32, 38
Gregor von Nazianz 242, 251–252
Gundry, Robert Horton 151

Hadrian 237–239
Haldi (Gott) 2, 7, 10–11
Hannas 125
Heliodor 93
Herodes 102, 112, 124, 132
Herodot 15
Hieronymus 74, 249
Hiskia 16

Isis 169

Jakobus der Gerechte 34
Jason (Hoherpriester) 95
Jeremia 30, 26, 38, 42
Jesaja 37
Jesus, „Menschensohn" 108, 133–134
Jesus, Sohn des Ananias 99
JHWH 2, 19, 34, 35, 38
Johannes (Evangelist) 117
Johannes Chrysostomos 242, 248–251, 253, 257
Johannes von Giskala 103
Johannes Hyrkan 75
Jojachin 17, 24, 25, 38
Josephus, s. Flavius Josephus
Josia 17, 24, 26, 35
Judas 95
Julian 131, 223, 237–259

Kaiphas 119
Kelber, Werner H. 161
Konstantin I. 134, 239, 245, 258
Kyrill, Bischof von Alexandria 246, 257
Kyrill, Bischof von Jerusalem 241, 251

Libanios 248
Lukas (Evangelist) 116, 119
Lysias 93
Lysimachos 93

Manasse 17
Marduk 1, 2, 15, 19, 34, 45–46, 57
Markus (Evangelist) 108
Mattathias 94

Melchisedek 131
Menelaos 96
more haṣ-ṣedeq 125
Moses 120, 125, 137
Müller, Peter 147
Munnich, Olivier 74

Nabonid 1, 2, 15, 34, 45–46, 57
Nabopolassar, Nabupolassar 15, 25, 33–34
Nanâ (Göttin) 13
Nebukadnezar I. 10
Nebukadnezar II. 16, 17, 19, 23–28, 30, 34, 37
Necho II. 24
Nero 167, 168, 172–173, 176, 178

Orosius 258

Pax (Göttin) 174–175
Petronius (Legat) 92
Philon 92, 137
Pompeius 93
Psammetich II. 26–28

Salmanasar I. 3, 6, 7
Salmanasar V. 16
Salomo 112, 126
Šamaš-šum-ukīn 12
Sanherib 11, 12, 33, 36, 80

Sargon II. 3, 10–11, 16
Schaper, Joachim 75
Schenke, Ludger 145
Serapis 168
Simon Bar Giora 104, 167
Sossius 102
Stephanus 120

Tacitus 92
Theißen, Gerd 124, 162
Theudas 114
Tiberius Julius Alexander 168
Tiglatpilesar I. 3, 6–7, 9
Tiglatpilesar III. 16
Titus 166–167, 169, 170, 172–173, 176, 184

Uriel (Erzengel), Urielvision 185–189, 191, 193, 195

Van der Kooij, Arie 74
Venetz, Hermann Josef 74
Vespasian 167–172, 174–175, 177–178, 184
Vitellius, Vitellianer 168

Xenophon 15
Xerxes 19

Zedekia, Zedeqia 19, 25–27, 30

Sach- und Ortsregister

Abwesenheit Gottes 84, 86
Adlervision 184
Ägypten 17, 24–27, 29, 189
Aelia Capitolina (Jerusalem) 238–239, 255
Äon 196
Akītu-Haus 12
Akkad 4
Aktualisierung 72
Alexandria 74–75, 168
Allmacht Gottes 77, 79, 80
Amphitheater 172, 173
– Amphitheatrum Flavium (Kolosseum)
  167, 171, 172, 178
Anklage Gottes, s. auch Theodizee 64, 67,
  69, 72, 79, 84
Anthropologie (christlich) 187, 200
Antiochia 240, 247–248
Apokalypse, apokalyptisch 86, 126, 184,
  225,
Apokalyptik, Apokalyptiker 123, 135, 186,
  188,196, 198–199
Apostolé (jüdische Sendbotensteuer)
  253–254
Arine 6, 7, 9
Arme 71, 80
Assur, Assyrien 2, 8, 13, 15, 16
Audition 185
Aufstand 24, 27, 35, 37
aureae litterae 171–172, 173

Babel 184, 187, 192
Babylon 2, 11, 12, 19, 33
Babylonien 2, 10, 18
Babylonier 67, 87–88, 184
Babylonische Chronik 16–18, 25, 27
Bar Kochba-Aufstand 237
Barmherzigkeit 188, 195
Bekenntnisformel 188
Bethanien 123
Beth-She'arim 248–249
„Beute des Titus" 166, 170, 178
– Leuchter, siebenarmiger 167, 175
– Schaubrottisch 167, 175
– Torarolle 175

Chaos 66, 68, 70
Cherubim 137
Christen 120
cor malignum 187–188, 191

Dekalog 188
Deportation
– Kultbild 10, 15, 56–57
– Gottheit 3, 14
– Volk 5–6, 14–17, 19, 25
Deuteronomisten, deuteronomistisch 43–44,
  187
Diaspora (jüdische) 79, 89, 244, 246, 248–
  249, 251–255
Didascalia, syrische 250

Ebioniten 131
Edom, Edomiter 67
Elam, Elamer 4, 10, 12–14
Epiphanie 122
Eretz Israel 246–249, 255
Eschatologie 120, 122, 124, 126, 128, 133,
  198
Essener 123, 126, 128
evocatio 177
Exilierung 27–28
ex manibiis, ex manubis 172–173, 176
Exodus 65, 66, 68, 79
Ezechielbuch 51

fiscus Iudaicus 167, 178, 179
Forum
– Augustus-Forum 173, 176
– Forum Pacis 173
– Forum Transitorium 173–174

Galiläa, Galiläer 110, 124, 128
Gebet 123, 128
Geist 135
Geldwechsler 154–155
Gemeinde (christliche) 129, 135, 144
gens Flavia 170, 178
Geschichtstheologie 201, 242, 245, 258
Gesetz 190, 195, 196

Gesetzestheologie, gesetzestheologisch 195
Gnade 187–188, 195
– Gnadenformel 85
Götzenpolemik 112
Gottesdienst, Gottesdienst „im Himmel"
 127, 130–131, 133, 136
Gottesfeinde, Feinde Gottes 68, 71, 78, 87
Gottesorientierung 69
Gottesverehrung 132
Gottesverlust, s. auch Theodizee 69

Harrān 15, 24, 34
Hattuša 5
Hebräerbrief 130-131
Heidenchristen(tum) 120, 130
Heiligtum
– ἱερόν 99
– ναός 99
Heilsparadox 193
Herrschaft 169–170
– Legitimation 167
– Programmatik 178
– Sicherung 177–178.
Hodajot 190
Hoherpriester 116, 125
Hunusa 6–9
Hybris 77–78, 87

Iran 197
Ironie 113, 119
Irrite 5–6
Israel, s. Eretz Israel
IUDAEA (Münzlegende) 166
IUDAEA CAPTA (Münzlegende) 166, 170, 178

Jahwe-Statue 45, 56
Jeremiabuch 44, 48, 51
Jerusalem 16–19, 94, 168–169, 178, 187,
 193, 196
– Heilige Stätten 239, 258
Juda 2, 16, 18
Judäa 167, 170, 178, 239, 252
Judaisieren, judaisierende Christen 249–250
Judenchristen(tum) 121, 130–131
Jüdischer Krieg, erster 102, 126, 127, 170,
 178, 179
Julian, Schrift *contra Galilaeos* 245, 257

Kabod-Vorstellung 46
Kaige-Rezension 74–75
Kaiserkult, römischer 256
Kalah 15
Karkemisch 24–25, 27

καταλύειν 110–111
Katastrophe 42, 45, 48–50, 68, 184
Katharsis 158
Kipšuna 8
Klage 51-53, 64, 67, 72, 77, 79, 84
– Klagefeier 66
– Untergangsklage 52
Klagelieder 40, 44, 217
Klagelieder, sumerische 4
klagende Frau 186
κοινόν (Gemeinschaft) der Juden 244, 247,
 252–253
Königtum
– Gottes 65, 69–70
– Jerusalemer 53
Kosmos 66, 68, 70
– Kosmosspekulation 187
– Kosmos-Stifter 70
Kreuzzüge 136
Krise 41, 50, 67, 72, 80, 84, 86, 88
– religiöse 53, 74
– Krisenbewältigung 80
– Krisenreflektion 71
Kult 49, 116, 125, 246, 254
Kultbild 1, 10, 15, 33, 45, 48, 56–57
Kultkritik, Kultpolemik 115, 116, 132
Kumma/enê 7–8
Kumme 7–9

Lex de imperio Vespasiani 168, 178

Makkabäer, makkabäisch 95, 196
Makkabäerzeit 67
Marduk-Statue 10, 33, 57
Masada 169
Meder 15
Menschensohnvision 184
Mesopotamien 2, 189
Messianismus, messianische Vorstellungen
 131, 249, 253
Messias 114, 216, 225
Messiasgeheimnis 113, 115
Metaphorisierung, Metapher 67, 71–72, 77,
 80, 85, 135–136
Mitleiden, Trauer Gottes 231-232
Münzprägungen, römische 167, 173
Muṣaṣir 6, 9, 10–11
Muṣri 7

Namen(s)-Theologie 47, 86–87
Nazoräer 131
Neues Testament 188, 200
Ninive 2, 15

Opfer 123, 125, 131, 133, 207, 209, 210, 223–224, 229, 245–246, 250
– λατρεία 119, 136
– Opferkritik 136
– Opfertiere 154
– Opfervorschriften 220
Orakel 78, 87
– Ägyptenorakel 29

Palästina 74–75, 185, 239, 241, 244–245, 248–250, 252–253
Paradieserzählung 188
Passa, s. Pesach
Passion 113
Patriarch, jüdischer (nasi) 247–248, 254
Patriarchat 253–254
Pax Augusta 170
pax persica 198
pecca-fortiter 195
Pella 128
Perser 67
Pesach 136
Pesachseder 210
Petrusevangelium 134
Pharisäer 110, 124, 133, 136
Pijjut 225, 226
Pilger
– christliche 241–242
– jüdische 239
Poesie 62, 81, 88
Polytheismus 32
Priester 133
Priesterschrift 198
Prophet, Prophetie 47–50, 109, 121,123, 188, 197
Prophetenbuch 43–44, 48
Psalm 188, 197–198
Psalmenüberschriften 74

„Quelle Q" 121,126
Qumran 98, 125, 127, 189, 196

Rabbat-Ammon 28
Rabbinat, rabbinisch 248, 253, 183, 187
Räuberhöhle 156
Räuber (ληστής) 143
Rechte Gottes 78
Reich-Gottes 115, 132, 134
Reichsheiligtum, urartäisches 6
Reichstheologie 33, 38
Reinheit(sfrage) 123, 125
religionsgeschichtliche Schule 197
Religionspolitik 32–38, 253-259

Religionswechsel 57
Restauration des Heidentums 255–256, 258
Ritual, Ritus 127, 136
Rom 134, 166–170, 172–174, 176–177, 179

Sadduzäer 124
saeculum Augustum 173
Schem-Theologie 47
Schöpfung 200
Schuldbekenntnis 67, 85
Sefer Serubbabel 224–225
Semipelagianismus 191
Septuaginta
– Abweichungen vom hebräischen Text 73
– Interpretation 73
Septuagintapsalter
– Entstehungsort 74
– Entstehungszeit 74
– Göttinger Edition 75
– Vorlage 73
Soteriologie, soteriologisch 193
Spätjudentum 197
Spiritualisierung 135
Sumer 4–5
Susa 12–15
Synagoge 116, 221–222
Synkretismus 57

Tabuierung 5, 6, 7, 10, 14, 20
Tiberias 253–254
Tempel 133
– Jupiter 170, 177
– Mars Ultor 176–177
– Templum Pacis 167, 173–178
Tempel, Jerusalemer 92, 129, 178, 179, 237–259
– ἀχειροποίητος 112, 129, 142, 163
– ἱλαστήριον 129
– στῦλοι 129
– Ursache der Zerstörung 210–211, 216–217, 221, 227
– Wiederaufbau 124, 210–211, 214, 225, 232
– zweiter 74, 78
Tempelfrömmigkeit 61
Tempelgeräte 31, 36, 166–167, 170, 175, 178
Tempelgesangbuch 61
Tempelsteuer 154
Tempeltheologie, tempeltheologisch 35, 37–38, 66, 69, 72, 199–200
Tempelvision (Ezechiel) 101
Tempelzerstörung 1–21, 24, 31–34, 37, 199

Tempelzerstörung, Topos der 81, 86
Theodizee, s. auch Anklage Gottes 85
theokratisch 198
Titusbogen 170
Tora 127, 195
Totenklage, Totentrauer 51–53
Trauernde Zions 233
Tribut 16–19
Triumphzug (der Flavier) 167, 169–170, 172, 175, 179
Turmbau zu Babel 83, 88

Übersetzer, Übersetzung 72, 73
Ugarit 189
Universalität 131
Unreine 126
Unzerstörbarkeit 123
Urartu 2, 6, 10
Urchristentum, Urgemeinde 127, 134
Urielvision 185–189, 191, 193, 195

Vasallenvertrag, Vasalleneid 8, 18, 21
Versammlung (συναγωγή) 116
Verstockung 121
Vision 184–185, 192
Völkerwallfahrt 153, 156, 162

Wallfahrt 86, 117
Weisheit 197
Wortgottesdienst 133

Zeitrechnung ab Zerstörung des Tempels 213–214
Zeloten, zelotisch 102, 126, 128, 135
Zion 54, 55
– Zion-Jerusalem 237, 247
– Zionsgott 54
– Zionstheologie 35, 37, 47
– Zionsvision 184, 186–187,191
Zorn Gottes 44, 46, 85 ,97
Zwei-Äonen-Lehre 199

Wissenschaftliche Untersuchungen zum Neuen Testament

Alphabetische Übersicht der ersten und zweiten Reihe

Ådna, Jostein: Jesu Stellung zum Tempel. 2000. *Band II/119.*

Ådna, Jostein und *Kvalbein, Hans* (Hrsg.): The Mission of the Early Church to Jews and Gentiles. 2000. *Band 127.*

Alkier, Stefan: Wunder und Wirklichkeit in den Briefen des Apostels Paulus. 2001. *Band 134.*

Anderson, Paul N.: The Christology of the Fourth Gospel. 1996. *Band II/78.*

Appold, Mark L.: The Oneness Motif in the Fourth Gospel. 1976. *Band II/1.*

Arnold, Clinton E.: The Colossian Syncretism. 1995. *Band II/77.*

Asiedu-Peprah, Martin: Johannine Sabbath Conflicts As Juridical Controversy. 2001. *Band II/132.*

Avemarie, Friedrich: Die Tauferzählungen der Apostelgeschichte. 2002. *Band 139.*

Avemarie, Friedrich und *Hermann Lichtenberger* (Hrsg.): Auferstehung - Ressurection. 2001. *Band 135.*

Avemarie, Friedrich und *Hermann Lichtenberger* (Hrsg.): Bund und Tora. 1996. *Band 92.*

Bachmann, Michael: Sünder oder Übertreter. 1992. *Band 59.*

Baker, William R.: Personal Speech-Ethics in the Epistle of James. 1995. *Band II/68.*

Bakke, Odd Magne: 'Concord and Peace'. 2001. *Band II/143.*

Balla, Peter: Challenges to New Testament Theology. 1997. *Band II/95.*

Bammel, Ernst: Judaica. Band I 1986. *Band 37*
– Band II 1997. *Band 91.*

Bash, Anthony: Ambassadors for Christ. 1997. *Band II/92.*

Bauernfeind, Otto: Kommentar und Studien zur Apostelgeschichte. 1980. *Band 22.*

Baum, Armin Daniel: Pseudepigraphie und literarische Fälschung im frühen Christentum. 2001. *Band II/138.*

Bayer, Hans Friedrich: Jesus' Predictions of Vindication and Resurrection. 1986. *Band II/20.*

Becker, Michael: Wunder und Wundertäter im frührabbinischen Judentum. 2002. *Band II/144.*

Bell, Richard H.: Provoked to Jealousy. 1994. *Band II/63.*
– No One Seeks for God. 1998. *Band 106.*

Bennema, Cornelis: The Power of Saving Wisdom. 2002. *Band II/148.*

Bergman, Jan: siehe *Kieffer, René*

Bergmeier, Roland: Das Gesetz im Römerbrief und andere Studien zum Neuen Testament. 2000. *Band 121.*

Betz, Otto: Jesus, der Messias Israels. 1987. *Band 42.*
– Jesus, der Herr der Kirche. 1990. *Band 52.*

Beyschlag, Karlmann: Simon Magus und die christliche Gnosis. 1974. *Band 16.*

Bittner, Wolfgang J.: Jesu Zeichen im Johannesevangelium. 1987. *Band II/26.*

Bjerkelund, Carl J.: Tauta Egeneto. 1987. *Band 40.*

Blackburn, Barry Lee: Theios Anēr and the Markan Miracle Traditions. 1991. *Band II/40.*

Bock, Darrell L.: Blasphemy and Exaltation in Judaism and the Final Examination of Jesus. 1998. *Band II/106.*

Bockmuehl, Markus N.A.: Revelation and Mystery in Ancient Judaism and Pauline Christianity. 1990. *Band II/36.*

Bøe, Sverre: Gog and Magog. 2001. *Band II/ 135.*

Böhlig, Alexander: Gnosis und Synkretismus. Teil 1 1989. *Band 47* – Teil 2 1989. *Band 48.*

Böhm, Martina: Samarien und die Samaritai bei Lukas. 1999. *Band II/111.*

Böttrich, Christfried: Weltweisheit – Menschheitsethik – Urkult. 1992. *Band II/50.*

Bolyki, János: Jesu Tischgemeinschaften. 1997. *Band II/96.*

Brocke, Christoph vom: Thessaloniki – Stadt des Kassander und Gemeinde des Paulus. 2001. *Band II//125*

Büchli, Jörg: Der Poimandres – ein paganisiertes Evangelium. 1987. *Band II/27.*

Bühner, Jan A.: Der Gesandte und sein Weg im 4. Evangelium. 1977. *Band II/2.*

Burchard, Christoph: Untersuchungen zu Joseph und Aseneth. 1965. *Band 8.*
– Studien zur Theologie, Sprache und Umwelt des Neuen Testaments. Hrsg. von D. Sänger. 1998. *Band 107.*

Burnett, Richard: Karl Barth's Theological Exegesis. 2001. *Band II/145.*

Byrskog, Samuel: Story as History – History as Story. 2000. *Band 123.*

Cancik, Hubert (Hrsg.): Markus-Philologie. 1984. *Band 33.*

Capes, David B.: Old Testament Yaweh Texts in Paul's Christology. 1992. *Band II/47.*

Caragounis, Chrys C.: The Son of Man. 1986. *Band 38.*
– siehe *Fridrichsen, Anton.*
Carleton Paget, James: The Epistle of Barnabas. 1994. *Band II/64.*
Carson, D.A., O'Brien, Peter T. und *Mark Seifrid* (Hrsg.): Justification and Variegated Nomism: A Fresh Appraisal of Paul and Second Temple Judaism. Band 1: The Complexities of Second Temple Judaism. *Band II/140.*
Ciampa, Roy E.: The Presence and Function of Scripture in Galatians 1 and 2. 1998. *Band II/102.*
Classen, Carl Joachim: Rhetorical Criticsm of the New Testament. 2000. *Band 128.*
Crump, David: Jesus the Intercessor. 1992. *Band II/49.*
Dahl, Nils Alstrup: Studies in Ephesians. 2000. *Band 131.*
Deines, Roland: Jüdische Steingefäße und pharisäische Frömmigkeit. 1993. *Band II/52.*
– Die Pharisäer. 1997. *Band 101.*
Dettwiler, Andreas und *Jean Zumstein (Hrsg.):* Kreuzestheologie im Neuen Testament. 2002. *Band 151.*
Dietzfelbinger, Christian: Der Abschied des Kommenden. 1997. *Band 95.*
Dobbeler, Axel von: Glaube als Teilhabe. 1987. *Band II/22.*
Du Toit, David S.: Theios Anthropos. 1997. *Band II/91*
Dunn , James D.G. (Hrsg.): Jews and Christians. 1992. *Band 66.*
– Paul and the Mosaic Law. 1996. *Band 89.*
Dunn, James D.G., Hans Klein, Ulrich Luz und *Vasile Mihoc* (Hrsg.)*:* Auslegung der Bibel in orthodoxer und westlicher Perspektive. 2000. *Band 130.*
Ebertz, Michael N.: Das Charisma des Gekreuzigten. 1987. *Band 45.*
Eckstein, Hans-Joachim: Der Begriff Syneidesis bei Paulus. 1983. *Band II/10.*
– Verheißung und Gesetz. 1996. *Band 86.*
Ego, Beate: Im Himmel wie auf Erden. 1989. *Band II/34*
Ego, Beate und *Lange, Armin* sowie *Pilhofer, Peter (Hrsg.):* Gemeinde ohne Tempel – Community without Temple. 1999. *Band 118.*
Eisen, Ute E.: siehe *Paulsen, Henning.*
Ellis, E. Earle: Prophecy and Hermeneutic in Early Christianity. 1978. *Band 18.*
– The Old Testament in Early Christianity. 1991. *Band 54.*
Endo, Masanobu: Creation and Christology. 2002. *Band 149.*

Ennulat, Andreas: Die 'Minor Agreements'. 1994. *Band II/62.*
Ensor, Peter W.: Jesus and His 'Works'. 1996. *Band II/85.*
Eskola, Timo: Messiah and the Throne. 2001. *Band II/142.*
– Theodicy and Predestination in Pauline Soteriology. 1998. *Band II/100.*
Fatehi, Mehrdad: The Spirit's Relation to the Risen Lord in Paul. 2000. *Band II/128.*
Feldmeier, Reinhard: Die Krisis des Gottessohnes. 1987. *Band II/21.*
– Die Christen als Fremde. 1992. *Band 64.*
Feldmeier, Reinhard und *Ulrich Heckel* (Hrsg.): Die Heiden. 1994. *Band 70.*
Fletcher-Louis, Crispin H.T.: Luke-Acts: Angels, Christology and Soteriology. 1997. *Band II/94.*
Förster, Niclas: Marcus Magus. 1999. *Band 114.*
Forbes, Christopher Brian: Prophecy and Inspired Speech in Early Christianity and its Hellenistic Environment. 1995. *Band II/75.*
Fornberg, Tord: siehe *Fridrichsen, Anton.*
Fossum, Jarl E.: The Name of God and the Angel of the Lord. 1985. *Band 36.*
Frenschkowski, Marco: Offenbarung und Epiphanie. Band 1 1995. *Band II/79* – Band 2 1997. *Band II/80.*
Frey, Jörg: Eugen Drewermann und die biblische Exegese. 1995. *Band II/71.*
– Die johanneische Eschatologie. Band I. 1997. *Band 96.* – Band II. 1998. *Band 110.*
– Band III. 2000. *Band 117.*
Freyne, Sean: Galilee and Gospel. 2000. *Band 125.*
Fridrichsen, Anton: Exegetical Writings. Hrsg. von C.C. Caragounis und T. Fornberg. 1994. *Band 76.*
Garlington, Don B.: 'The Obedience of Faith'. 1991. *Band II/38.*
– Faith, Obedience, and Perseverance. 1994. *Band 79.*
Garnet, Paul: Salvation and Atonement in the Qumran Scrolls. 1977. *Band II/3.*
Gese, Michael: Das Vermächtnis des Apostels. 1997. *Band II/99.*
Gräbe, Petrus J.: The Power of God in Paul's Letters. 2000. *Band II/123.*
Gräßer, Erich: Der Alte Bund im Neuen. 1985. *Band 35.*
– Forschungen zur Apostelgeschichte. 2001. *Band 137.*
Green, Joel B.: The Death of Jesus. 1988. *Band II/33.*
Gundry Volf, Judith M.: Paul and Perseverance. 1990. *Band II/37.*

Hafemann, Scott J.: Suffering and the Spirit. 1986. *Band II/19.*
– Paul, Moses, and the History of Israel. 1995. *Band 81.*
Hahn, Johannes (Hrsg.): Zerstörungen des Jerusalemer Tempels. 2002. *Band 147.*
Hannah, Darrel D.: Michael and Christ. 1999. *Band II/109.*
Hamid-Khani, Saeed: Relevation and Concealment of Christ. 2000. *Band II/120.*
Hartman, Lars: Text-Centered New Testament Studies. Hrsg. von D. Hellholm. 1997. *Band 102.*
Hartog, Paul: Polycarp and the New Testament. 2001. *Band II/134.*
Heckel, Theo K.: Der Innere Mensch. 1993. *Band II/53.*
– Vom Evangelium des Markus zum viergestaltigen Evangelium. 1999. *Band 120.*
Heckel, Ulrich: Kraft in Schwachheit. 1993. *Band II/56.*
– Der Segen im Neuen Testament. 2002. *Band 150.*
– siehe *Feldmeier, Reinhard.*
– siehe *Hengel, Martin.*
Heiligenthal, Roman: Werke als Zeichen. 1983. *Band II/9.*
Hellholm, D.: siehe *Hartman, Lars.*
Hemer, Colin J.: The Book of Acts in the Setting of Hellenistic History. 1989. *Band 49.*
Hengel, Martin: Judentum und Hellenismus. 1969, ³1988. *Band 10.*
– Die johanneische Frage. 1993. *Band 67.*
– Judaica et Hellenistica . Kleine Schriften I. 1996. *Band 90.*
– Judaica, Hellenistica et Christiana. Kleine Schriften II. 1999. *Band 109.*
– Paulus und Jakobus. Kleine Schriften III. 2002. *Band 141.*
Hengel, Martin und *Ulrich Heckel* (Hrsg.): Paulus und das antike Judentum. 1991. *Band 58.*
Hengel, Martin und *Hermut Löhr* (Hrsg.): Schriftauslegung im antiken Judentum und im Urchristentum. 1994. *Band 73.*
Hengel, Martin und *Anna Maria Schwemer:* Paulus zwischen Damaskus und Antiochien. 1998. *Band 108.*
– Der messianische Anspruch Jesu und die Anfänge der Christologie. 2001. *Band 138.*
Hengel, Martin und *Anna Maria Schwemer* (Hrsg.): Königsherrschaft Gottes und himmlischer Kult. 1991. *Band 55.*
– Die Septuaginta. 1994. *Band 72.*
Hengel, Martin; Siegfried Mittmann und *Anna Maria Schwemer* (Ed.): La Cité de Dieu / Die Stadt Gottes. 2000. *Band 129.*

Herrenbrück, Fritz: Jesus und die Zöllner. 1990. *Band II/41.*
Herzer, Jens: Paulus oder Petrus? 1998. *Band 103.*
Hoegen-Rohls, Christina: Der nachösterliche Johannes. 1996. *Band II/84.*
Hofius, Otfried: Katapausis. 1970. *Band 11.*
– Der Vorhang vor dem Thron Gottes. 1972. *Band 14.*
– Der Christushymnus Philipper 2,6-11. 1976, ²1991. *Band 17.*
– Paulusstudien. 1989, ²1994. *Band 51.*
– Neutestamentliche Studien. 2000. *Band 132.*
– Paulusstudien II. 2002. *Band 143.*
Hofius, Otfried und *Hans-Christian Kammler:* Johannesstudien. 1996. *Band 88.*
Holtz, Traugott: Geschichte und Theologie des Urchristentums. 1991. *Band 57.*
Hommel, Hildebrecht: Sebasmata. Band 1 1983. *Band 31* – Band 2 1984. *Band 32.*
Hvalvik, Reidar: The Struggle for Scripture and Covenant. 1996. *Band II/82.*
Joubert, Stephan: Paul as Benefactor. 2000. *Band II/124.*
Jungbauer, Harry: „Ehre Vater und Mutter". 2002. *Band II/146.*
Kähler, Christoph: Jesu Gleichnisse als Poesie und Therapie. 1995. *Band 78.*
Kamlah, Ehrhard: Die Form der katalogischen Paränese im Neuen Testament. 1964. *Band 7.*
Kammler, Hans-Christian: Christologie und Eschatologie. 2000. *Band 126.*
– siehe *Hofius, Otfried.*
Kelhoffer, James A.: Miracle and Mission. 1999. *Band II/112.*
Kieffer, René und *Jan Bergman (Hrsg.)*: La Main de Dieu / Die Hand Gottes. 1997. *Band 94.*
Kim, Seyoon: The Origin of Paul's Gospel. 1981, ²1984. *Band II/4.*
– "The 'Son of Man'" as the Son of God. 1983. *Band 30.*
Klein, Hans: siehe *Dunn, James D.G..*
Kleinknecht, Karl Th.: Der leidende Gerechtfertigte. 1984, ²1988. *Band II/13.*
Klinghardt, Matthias: Gesetz und Volk Gottes. 1988. *Band II/32.*
Köhler, Wolf-Dietrich: Rezeption des Matthäusevangeliums in der Zeit vor Irenäus. 1987. *Band II/24.*
Korn, Manfred: Die Geschichte Jesu in veränderter Zeit. 1993. *Band II/51.*
Koskenniemi, Erkki: Apollonios von Tyana in der neutestamentlichen Exegese. 1994. *Band II/61.*

Kraus, Thomas J.: Sprache, Stil und historischer Ort des zweiten Petrusbriefes. 2001. *Band II/136.*

Kraus, Wolfgang: Das Volk Gottes. 1996. *Band 85.*

– siehe *Walter, Nikolaus.*

Kreplin, Matthias: Das Selbstverständnis Jesu. 2001. *Band II/141.*

Kuhn, Karl G.: Achtzehngebet und Vaterunser und der Reim. 1950. *Band 1.*

Kvalbein, Hans: siehe *Ådna, Jostein.*

Laansma, Jon: I Will Give You Rest. 1997. *Band II/98.*

Labahn, Michael: Offenbarung in Zeichen und Wort. 2000. *Band II/117.*

Lange, Armin: siehe *Ego, Beate.*

Lampe, Peter: Die stadtrömischen Christen in den ersten beiden Jahrhunderten. 1987, ²1989. *Band II/18.*

Landmesser, Christof: Wahrheit als Grundbegriff neutestamentlicher Wissenschaft. 1999. *Band 113.*

– Jüngerberufung und Zuwendung zu Gott. 2000. *Band 133.*

Lau, Andrew: Manifest in Flesh. 1996. *Band II/86.*

Lee, Pilchan: The New Jerusalem in the Book of Relevation. 2000. *Band II/129.*

Lichtenberger, Hermann: siehe *Avemarie, Friedrich.*

Lieu, Samuel N.C.: Manichaeism in the Later Roman Empire and Medieval China. ²1992. *Band 63.*

Loader, William R.G.: Jesus' Attitude Towards the Law. 1997. *Band II/97.*

Löhr, Gebhard: Verherrlichung Gottes durch Philosophie. 1997. *Band 97.*

Löhr, Hermut: siehe *Hengel, Martin.*

Löhr, Winrich Alfried: Basilides und seine Schule. 1995. *Band 83.*

Luomanen, Petri: Entering the Kingdom of Heaven. 1998. *Band II/101.*

Luz, Ulrich: siehe *Dunn, James D.G..*

Maier, Gerhard: Mensch und freier Wille. 1971. *Band 12.*

– Die Johannesoffenbarung und die Kirche. 1981. *Band 25.*

Markschies, Christoph: Valentinus Gnosticus? 1992. *Band 65.*

Marshall, Peter: Enmity in Corinth: Social Conventions in Paul's Relations with the Corinthians. 1987. *Band II/23.*

McDonough, Sean M.: YHWH at Patmos: Rev. 1:4 in its Hellenistic and Early Jewish Setting. 1999. *Band II/107.*

McGlynn, Moyna: Divine Judgement and Divine Benevolence in the Book of Wisdom. 2001. *Band II/139.*

Meade, David G.: Pseudonymity and Canon. 1986. *Band 39.*

Meadors, Edward P.: Jesus the Messianic Herald of Salvation. 1995. *Band II/72.*

Meißner, Stefan: Die Heimholung des Ketzers. 1996. *Band II/87.*

Mell, Ulrich: Die „anderen" Winzer. 1994. *Band 77.*

Mengel, Berthold: Studien zum Philipperbrief. 1982. *Band II/8.*

Merkel, Helmut: Die Widersprüche zwischen den Evangelien. 1971. *Band 13.*

Merklein, Helmut: Studien zu Jesus und Paulus. Band 1 1987. *Band 43.* – Band 2 1998. *Band 105.*

Metzler, Karin: Der griechische Begriff des Verzeihens. 1991. *Band II/44.*

Metzner, Rainer: Die Rezeption des Matthäusevangeliums im 1. Petrusbrief. 1995. *Band II/74.*

– Das Verständnis der Sünde im Johannesevangelium. 2000. *Band 122.*

Mihoc, Vasile: siehe *Dunn, James D.G..*

Mittmann, Siegfried: siehe *Hengel, Martin.*

Mittmann-Richert, Ulrike: Magnifikat und Benediktus. *1996. Band II/90.*

Mußner, Franz: Jesus von Nazareth im Umfeld Israels und der Urkirche. Hrsg. von M. Theobald. 1998. *Band 111.*

Niebuhr, Karl-Wilhelm: Gesetz und Paränese. 1987. *Band II/28.*

– Heidenapostel aus Israel. 1992. *Band 62.*

Nielsen, Anders E.: "Until it is Fullfilled". 2000. *Band II/126.*

Nissen, Andreas: Gott und der Nächste im antiken Judentum. 1974. *Band 15.*

Noack, Christian: Gottesbewußtsein. 2000. *Band II/116.*

Noormann, Rolf: Irenäus als Paulusinterpret. 1994. *Band II/66.*

Obermann, Andreas: Die christologische Erfüllung der Schrift im Johannesevangelium. 1996. *Band II/83.*

Okure, Teresa: The Johannine Approach to Mission. 1988. *Band II/31.*

Oropeza, B. J.: Paul and Apostasy. 2000. *Band II/115.*

Ostmeyer, Karl-Heinrich: Taufe und Typos. 2000. *Band II/118.*

Paulsen, Henning: Studien zur Literatur und Geschichte des frühen Christentums. Hrsg. von Ute E. Eisen. 1997. *Band 99.*

Pao, David W.: Acts and the Isaianic New Exodus. 2000. *Band II/130.*

Park, Eung Chun: The Mission Discourse in Matthew's Interpretation. 1995. *Band II/81.*

Park, Joseph S.: Conceptions of Afterlife in Jewish Insriptions. 2000. *Band II/121.*

Pate, C. Marvin: The Reverse of the Curse. 2000. *Band II/114.*

Philonenko, Marc (Hrsg.): Le Trône de Dieu. 1993. *Band 69.*

Pilhofer, Peter: Presbyteron Kreitton. 1990. *Band II/39.*

– Philippi. Band 1 1995. *Band 87.* – Band 2 2000. *Band 119.*

– Die frühen Christen und ihre Welt. 2002. *Band 145.*

– siehe *Ego, Beate.*

Pöhlmann, Wolfgang: Der Verlorene Sohn und das Haus. 1993. *Band 68.*

Pokorný, Petr und *Josef B. Souček:* Bibelauslegung als Theologie. 1997. *Band 100.*

Porter, Stanley E.: The Paul of Acts. 1999. *Band 115.*

Prieur, Alexander: Die Verkündigung der Gottesherrschaft. 1996. *Band II/89.*

Probst, Hermann: Paulus und der Brief. 1991. *Band II/45.*

Räisänen, Heikki: Paul and the Law. 1983, [2]1987. *Band 29.*

Rehkopf, Friedrich: Die lukanische Sonderquelle. 1959. *Band 5.*

Rein, Matthias: Die Heilung des Blindgeborenen (Joh 9). 1995. *Band II/73.*

Reinmuth, Eckart: Pseudo-Philo und Lukas. 1994. *Band 74.*

Reiser, Marius: Syntax und Stil des Markusevangeliums. 1984. *Band II/11.*

Richards, E. Randolph: The Secretary in the Letters of Paul. 1991. *Band II/42.*

Riesner, Rainer: Jesus als Lehrer. 1981, [3]1988. *Band II/7.*

– Die Frühzeit des Apostels Paulus. 1994. *Band 71.*

Rissi, Mathias: Die Theologie des Hebräerbriefs. 1987. *Band 41.*

Röhser, Günter: Metaphorik und Personifikation der Sünde. 1987. *Band II/25.*

Rose, Christian: Die Wolke der Zeugen. 1994. *Band II/60.*

Rüger, Hans Peter: Die Weisheitsschrift aus der Kairoer Geniza. 1991. *Band 53.*

Sänger, Dieter: Antikes Judentum und die Mysterien. 1980. *Band II/5.*

– Die Verkündigung des Gekreuzigten und Israel. 1994. *Band 75.*

– siehe *Burchard, Christoph*

Salzmann, Jorg Christian: Lehren und Ermahnen. 1994. *Band II/59.*

Sandnes, Karl Olav: Paul – One of the Prophets? 1991. *Band II/43.*

Sato, Migaku: Q und Prophetie. 1988. *Band II/29.*

Schaper, Joachim: Eschatology in the Greek Psalter. 1995. *Band II/76.*

Schimanowski, Gottfried: Weisheit und Messias. 1985. *Band II/17.*

Schlichting, Günter: Ein jüdisches Leben Jesu. 1982. *Band 24.*

Schnabel, Eckhard J.: Law and Wisdom from Ben Sira to Paul. 1985. *Band II/16.*

Schutter, William L.: Hermeneutic and Composition in I Peter. 1989. *Band II/30.*

Schwartz, Daniel R.: Studies in the Jewish Background of Christianity. 1992. *Band 60.*

Schwemer, Anna Maria: siehe *Hengel, Martin*

Scott, James M.: Adoption as Sons of God. 1992. *Band II/48.*

– Paul and the Nations. 1995. *Band 84.*

Schwindt, Rainer: Das Weltbild des Epheserbriefes. 2002. *Band 148.*

Siegert, Folker: Drei hellenistisch-jüdische Predigten. Teil I 1980. *Band 20* – Teil II 1992. *Band 61.*

– Nag-Hammadi-Register. 1982. *Band 26.*

– Argumentation bei Paulus. 1985. *Band 34.*

– Philon von Alexandrien. 1988. *Band 46.*

Simon, Marcel: Le christianisme antique et son contexte religieux I/II. 1981. *Band 23.*

Snodgrass, Klyne: The Parable of the Wicked Tenants. 1983. *Band 27.*

Söding, Thomas: Das Wort vom Kreuz. 1997. *Band 93.*

– siehe *Thüsing, Wilhelm.*

Sommer, Urs: Die Passionsgeschichte des Markusevangeliums. 1993. *Band II/58.*

Souček, Josef B.: siehe *Pokorný, Petr.*

Spangenberg, Volker: Herrlichkeit des Neuen Bundes. 1993. *Band II/55.*

Spanje, T.E. van: Inconsistency in Paul? 1999. *Band II/110.*

Speyer, Wolfgang: Frühes Christentum im antiken Strahlungsfeld. Band I: 1989. *Band 50.*

– Band II: 1999. *Band 116.*

Stadelmann, Helge: Ben Sira als Schriftgelehrter. 1980. *Band II/6.*

Stenschke, Christoph W.: Luke's Portrait of Gentiles Prior to Their Coming to Faith. *Band II/108.*

Stettler, Christian: Der Kolosserhymnus. 2000. *Band II/131.*

Stettler, Hanna: Die Christologie der Pastoralbriefe. 1998. *Band II/105.*

Strobel, August: Die Stunde der Wahrheit. 1980. *Band 21.*

Stroumsa, Guy G.: Barbarian Philosophy. 1999. *Band 112.*

Stuckenbruck, Loren T.: Angel Veneration and Christology. 1995. *Band II/70.*

Stuhlmacher, Peter (Hrsg.): Das Evangelium und die Evangelien. 1983. *Band 28.*

– Biblische Theologie und Evangelium. 2002. *Band 146.*

Sung, Chong-Hyon: Vergebung der Sünden. 1993. *Band II/57.*

Tajra, Harry W.: The Trial of St. Paul. 1989. *Band II/35.*

– The Martyrdom of St.Paul. 1994. *Band II/67.*

Theißen, Gerd: Studien zur Soziologie des Urchristentums. 1979, ³1989. *Band 19.*

Theobald, Michael: Studien zum Römerbrief. 2001. *Band 136.*

Theobald, Michael: siehe *Mußner, Franz.*

Thornton, Claus-Jürgen: Der Zeuge des Zeugen. 1991. *Band 56.*

Thüsing, Wilhelm: Studien zur neutestamentlichen Theologie. Hrsg. von Thomas Söding. 1995. *Band 82.*

Thurén, Lauri: Derhethorizing Paul. 2000. *Band 124.*

Treloar, Geoffrey R.: Lightfoot the Historian. 1998. *Band II/103.*

Tsuji, Manabu: Glaube zwischen Vollkommenheit und Verweltlichung. 1997. *Band II/93*

Twelftree, Graham H.: Jesus the Exorcist. 1993. *Band II/54.*

Urban, Christina: Das Menschenbild nach dem Johannesevangelium. 2001. *Band II/137.*

Visotzky, Burton L.: Fathers of the World. 1995. *Band 80.*

Vollenweider, Samuel: Horizonte neutestamentlicher Christologie. 2002. *Band 144.*

Wagener, Ulrike: Die Ordnung des „Hauses Gottes". 1994. *Band II/65.*

Vos, Johan S.: Die Kunst der Argumentation bei Paulus. 2002. *Band 149.*

Walter, Nikolaus: Praeparatio Evangelica. Hrsg. von Wolfgang Kraus und Florian Wilk. 1997. *Band 98.*

Wander, Bernd: Gottesfürchtige und Sympathisanten. 1998. *Band 104.*

Watts, Rikki: Isaiah's New Exodus and Mark. 1997. *Band II/88.*

Wedderburn, A.J.M.: Baptism and Resurrection. 1987. *Band 44.*

Wegner, Uwe: Der Hauptmann von Kafarnaum. 1985. *Band II/14.*

Welck, Christian: Erzählte ‚Zeichen'. 1994. *Band II/69.*

Wiarda, Timothy: Peter in the Gospels . 2000. *Band II/127.*

Wilk, Florian: siehe *Walter, Nikolaus.*

Williams, Catrin H.: I am He. 2000. *Band II/113.*

Wilson, Walter T.: Love without Pretense. 1991. *Band II/46.*

Wisdom, Jeffrey: Blessing for the Nations and the Curse of the Law. 2001. *Band II/133.*

Wucherpfennig, Ansgar: Heracleon Philologus. 2002. *Band 142.*

Yeung, Maureen: Faith in Jesus and Paul. 2002. *Band II/147.*

Zimmermann, Alfred E.: Die urchristlichen Lehrer. 1984, ²1988. *Band II/12.*

Zimmermann, Johannes: Messianische Texte aus Qumran. 1998. *Band II/104.*

Zimmermann, Ruben: Geschlechtermetaphorik und Geschlechterverhältnis. 2000. *Band II/122.*

Zumstein, Jean: siehe *Dettwiler, Andreas*

Einen Gesamtkatalog erhalten Sie gerne vom Verlag
Mohr Siebeck – Postfach 2040 – D–72010 Tübingen
Neueste Informationen im Internet unter www.mohr.de

Wissenschaftliche Untersuchungen zum Neuen Testament

Herausgegeben von
Jörg Frey, Martin Hengel, Otfried Hofius

147